嵌合型社会资本与乡村纠纷

毛高杰 著

厦门大学出版社
国家一级出版社
全国百佳图书出版单位

图书在版编目（CIP）数据

嵌合型社会资本与乡村纠纷 = Chimeric Social Capital and Rural Disputes / 毛高杰著. -- 厦门：厦门大学出版社，2024.10. -- ISBN 978-7-5615-9509-1

Ⅰ. F014.391

中国国家版本馆 CIP 数据核字第 20248C12D1 号

责任编辑	李　宁
美术编辑	李夏凌
技术编辑	许克华

出版发行　厦门大学出版社
社　　址　厦门市软件园二期望海路 39 号
邮政编码　361008
总　　机　0592-2181111　0592-2181406（传真）
营销中心　0592-2184458　0592-2181365
网　　址　http://www.xmupress.com
邮　　箱　xmup@xmupress.com
印　　刷　厦门集大印刷有限公司

开本　720 mm×1 020 mm　1/16
印张　19.75
字数　378 千字
版次　2024 年 10 月第 1 版
印次　2024 年 10 月第 1 次印刷
定价　88.00 元

本书如有印装质量问题请直接寄承印厂调换

国家社科基金后期资助项目
出版说明

　　后期资助项目是国家社科基金设立的一类重要项目，旨在鼓励广大社科研究者潜心治学，支持基础研究多出优秀成果。它是经过严格评审，从接近完成的科研成果中遴选立项的。为扩大后期资助项目的影响，更好地推动学术发展，促进成果转化，全国哲学社会科学工作办公室按照"统一设计、统一标识、统一版式、形成系列"的总体要求，组织出版国家社科基金后期资助项目成果。

全国哲学社会科学工作办公室

目录

第一章 导论 /1

    第一节 乡村纠纷解决研究概述 /1

    第二节 嵌合型社会资本与乡村纠纷研究的意义 /5

    第三节 嵌合型社会资本与乡村纠纷研究的方法与思路 /8

第二章 乡村嵌合型社会资本的形成 /11

    第一节 作为分析基础的 A 县王村及其他 /12

    第二节 乡村多元社会关系的出现 /19

    第三节 乡村多元价值选择的形成 /22

    第四节 嵌合型乡村社会的形成 /25

    第五节 嵌合型社会资本初步形成 /30

第三章 嵌合型社会资本与纠纷解决 /38

    第一节 嵌合型社会资本的理论演进 /39

    第二节 嵌合型社会资本与纠纷的社会结构 /59

    第三节 嵌合型社会资本对纠纷的影响 /65

    第四节 透过纠纷解决的社会秩序再生产 /85

第四章 嵌合型社会资本对乡村纠纷解决的影响 /94

    第一节 嵌合型社会资本与纠纷变化 /94

    第二节 嵌合型社会资本与私力救济 /111

第三节　嵌合型社会资本与社会型救济 / 118
第四节　嵌合型社会资本与公力救济 / 130

第五章　嵌合型社会资本与纠纷解决具体运作 / 139
第一节　嵌合型社会资本影响乡村纠纷的要素 / 139
第二节　嵌合型社会资本影响个体对法律的态度 / 167

第六章　嵌合型社会资本与乡村纠纷解决的内在逻辑 / 186
第一节　嵌合型社会资本提供了实践理性基础 / 187
第二节　嵌合型社会资本影响纠纷解决方式选择的基础 / 197
第三节　嵌合型社会资本促进乡村纠纷解决多重目标统一 / 230

第七章　嵌合型社会资本视角下的乡村社会秩序再造 / 249
第一节　嵌合型社会资本与乡村多元纠纷解决机制 / 250
第二节　嵌合型社会资本与社会秩序再造的内在机理 / 260
第三节　纠纷解决与社会资本的再造 / 270
第四节　通过纠纷化解再造乡村社会秩序 / 277

结语 / 286

参考文献 / 296

第一章 导 论

第一节 乡村纠纷解决研究概述

一、引论

不同历史时期的社会状况决定了纠纷的形态、性质、解决动力机制和解决效果,也通过纠纷解决再造特定的社会秩序。宏观上的国家意志、中观上的地方风俗习惯、微观上的个体偏好通过纠纷解决形成连贯的有机体,构成涵盖不同维度意志、规范、利益的网络,在社会资本的支持下不断再造新的社会秩序,推进社会秩序不断发展。乡村纠纷解决是纠纷解决的一个具体形态,与乡村社会密切相连,在受到乡村社会资本约束的同时,也维持着乡村社会秩序的不断发展。

随着城乡之间人员、信息和物流等便利沟通,乡村社会传统社会资本、国家权力、政党权力、技术权力等相互融合,形成了新型的嵌合型社会状态,国家主导的法治形态获得对乡村社会主导性的同时,乡村社会本身也拥有更多的自我整合能力,一个融合传统价值和现代价值的乡村社会秩序已经形成,支撑起来以国家法治为核心的多元纠纷解决机制在乡村重新塑造。中国乡村社会秩序的巨大变迁,更提供了巨大的社会实验场地,对乡村纠纷解决机制的研究,不仅是理解乡村社会秩序变迁的基本作业,也是完成中国法治建设的基本作业。

近年来,国内外学者在研究乡村纠纷时,有些已经触及社会资本理论,对乡村纠纷解决运行的研究已涉及社会结构问题。[1] 但尚缺乏对乡村纠纷解决机制与社会资本变迁相关联的系统研究,无法对乡村纠纷解决在不同的社

---

[1] 比较有代表性的著作有易军:《结构与过程:乡村纠纷解决中的权力研究》,中国政法大学出版社 2020 年版;于语和、刘晓梅、刘志松:《中国农村纠纷解决机制研究》,中国法制出版社 2013 年版;[日] 棚濑孝雄:《纠纷的解决与审判制度》,王亚新译,中国政法大学出版社 2004 年版;赵旭东:《纠纷与纠纷解决原论:从成因到理论的深度分析》,北京大学出版社 2009 年版;[日] 小岛武司、伊藤真:《诉讼外纠纷解决法》,丁婕译,中国政法大学出版社 2005 年版。代表性的学位论文有牛文欢:《桂乡司法所纠纷解决机制的运行与构建》,云南大学 2017 年博士学位论文;张小雨:《后乡土社会纠纷解决和权威结构》,华东政法大学 2022 年硕士学位论文。截至 2023 年 10 月 30 日,以乡村纠纷解决为关键词,在知网可以搜到 50 篇学位论文,98 篇期刊论文。

会历史条件下的运作机制进行深入理解，难以对乡村纠纷解决机制及围绕乡村纠纷解决机制所形成的乡村社会秩序生产和再造进行准确定位，直接影响整个国家对乡村问题的定位和引导是否能够回应乡村社会现实需求的重要问题。本书是将社会资本理论运用到流动社会中的乡村纠纷解决的一个探索，并不着重于通过该研究为乡村纠纷解决机制的建构提供完美的解决方案。相反，本书试图通过嵌合型社会资本这一分析工具提供一个更好的理解乡村纠纷的角度，描述一个之所以如此的乡村纠纷解决方式的运行现状，对近几年在治理主义下展开的一系列乡村治理行为中乡村多元纠纷解决或者化解机制展开理论思考，对如"枫桥经验""龙山经验""无讼社区""无讼村庄""诉源治理"等乡村治理实践中的乡村纠纷解决机制运行的逻辑进行分析，进而为解释通过纠纷解决的乡村社会秩序再造提供一个切口。

二、乡村纠纷解决研究检视

进入 21 世纪以后，纠纷解决研究逐步转入以本土为主要对象的新阶段，无论是从非诉讼的替代性纠纷解决的角度，还是从视野更为开阔的多元化纠纷解决视角，其成果都呈现了更加深入、细致的特点。[1] 这些研究把纠纷及其解决机制作为社会秩序构建的一个重要部分，着力解释变迁社会中的社会秩序变化和整合的逻辑，虽然未将纠纷及其解决机制作为根本目的，但纠纷及其解决机制研究本身具有多学科融合的特点，在社会学、人类学、经济学、政治学等学科中均有广泛的涉及。[2]

---

[1] 张勤：《当代中国农村土地纠纷解决研究——以广东省为例》，中国政法大学出版社 2018 年版，第 32~34 页。

[2] 这部分研究成果具有代表性的有郑永流：《农民法律意识与乡村法律发展：来自湖北农村的实证研究》，中国政法大学出版社 2004 年版；苏力：《送法下乡：中国基层司法制度研究》，北京大学出版社 2022 年第 3 版；谢晖：《民间法的视野》，法律出版社 2016 年版；高其才：《多元司法：中国社会的纠纷解决方式及其变革》，法律出版社 2009 年版；赵旭东：《权力与公正：乡土社会的纠纷解决与权威多元》，天津古籍出版社 2003 年版；陆益龙：《后乡土中国》，商务印书馆 2017 年版；朱晓阳：《罪过与惩罚：小村故事（1931—1997）》，天津古籍出版社 2003 年版；王铭铭、[英]王斯福：《乡土社会的秩序、公正与权威》，中国政法大学出版社 2007 年版；贺хив仁：《无讼的世界：和解理性与新熟人社会》，北京大学出版社 2009 年版；[美]埃里克森：《无需法律的秩序：邻人如何解决纠纷》，苏力译，中国政法大学出版社 2003 年版；左伟民：《变革时代的纠纷解决：法学与社会学的初步考察》，北京大学出版社 2007 年版；[美]梅丽：《诉讼的话语：生活在美国社会底层人的法律意识》，郭星华、王晓蓓、王平译，北京大学出版社 2007 年版；徐昕：《论私力救济》，中国政法大学出版社 2005 年版；董磊明：《宋村的调解：巨变时代的权威与秩序》，法律出版社 2008 年版；刘思达：《割据的逻辑：中国法律服务市场的生态分析》（增订本），译林出版社 2017 年版；宋明：《人民调解纠纷解决机制的法社会学研究》，吉林大学 2006 年博士学位论文；[美]波斯纳：《法律与社会规范》，沈明译，中国政法大学出版社 2004 年版；贺雪峰：《乡村社会关键词：进入 21 世纪的中国乡村素描》，山东人民出版社 2010 年版等。除此之外，还有谢晖主持的《民间法》丛刊和黄宗智主持的《中国乡村研究》丛刊关注乡村纠纷和乡村社会秩序，以及众多"法律多元""乡村治理""民间法"题域下的论文和著作。

（一）纠纷解决研究的进路

对乡村纠纷解决方式的研究从以下三个方面展开。

1. 在法治现代化题域下展开，认为现代化是线性的替代过程，将非诉讼纠纷解决方式看作法律不健全、权利意识淡漠、法治观念不强的消极后果，是法治进程中需要治疗和剔除的病症。

这一视野下的乡村纠纷解决机制不具有正当性，只是现代化进程的一个不完整形态，其最终形态应该是法律中心主义下的法治。该进路普遍认为现阶段我国农民的法律意识整体来看还相对落后，主要原因有两个：一是我国传统法律观念的影响，如权力至上、权大于法，传统文化中权利意识淡薄，如德主刑辅，重德治、轻法治的传统法律观念等。二是现实因素的影响，如农民的文化程度、经济发展水平、司法制度的不健全以及法律的宣传和教育力度不够等。伦理化的传统法律产生于宗法政治、血缘家庭的自然经济，以礼教为核心的传统文化——不讲权利、没有个人、追求绝对和谐，以国家、家庭为本位造就了传统法律文化的基本格调，也形成了农民传统法律观念的典型特征，它的产生有历史必然性。[①] 这种思路把纠纷的实践性割裂开来，试图以理想型的法治形态孤立替换乡村纠纷解决的实践形态，以抽象的理性建构秩序替代日常生活中的乡村社会秩序演化。

2. 在社会治理的题域下展开，将农村非诉讼解决看成整个转型社会中社会治理的一部分。对于纠纷解决机制的研究，从费孝通开始，一直是法学、经济学、社会学、政治学和人类学等学科的热点问题，也是贺雪峰等人所倡导的"乡村治理"的主要研究内容。[②] 赵旭东从村庄权威多元入手，详细分析了村庄纠纷解决机制的运行，认为用来解决纠纷的绝不是国家法律这个单一向度，它是通过多方面权力混合在一起而对纠纷的解决产生效力的。[③] 易军则从权力结构的场域出发，法治视野下的自治—法治模式构成乡村现代化建设的关键，其中国家权力，尤其是法律居于核心，是实现乡村社会现代化的核心。换言之，只有以法治为本质追求，进而建构一套符合法律、法治的乡村权力体系才是自治—法治模式所追求的目标。[④]

3. 在法律多元的题域下展开，探究不同社会条件之下的纠纷解决机

[①] 梁治平：《法辨：中国法的过去、现在与未来》，中国政法大学出版社2002年版，第114页。
[②] 详细参见"三农中国"网站系列文章，http://www.snzg.cn/indexa.php；武汉大学中国乡村治理研究中心网站系列文章，http://www.honggehui.org/snzg/，最后访问日期：2023年9月23日。
[③] 赵旭东：《权力与公正：乡土社会的纠纷解决与权威多元》，天津古籍出版社2003年版，第143页。
[④] 易军：《乡村纠纷解决中的权力研究》，云南大学2017年博士学位论文。

制。乡村纠纷解决是整个社会多元法律运行机制的有机组成部分。中国乡村社会秩序的建构既有传统礼治秩序的力量，也有国家法律调控的法治秩序的作用，乡村社会秩序的组成和建构包含礼治秩序和法治秩序。[①]随着市场经济向农村社会的渗透，纠纷的类型更加多样、数量不断增多、复杂程度也逐渐加深。当事人在对纠纷解决方式的选择上，既有对司法诉讼的需求，比如那些对当事人影响较大、危害较重的人身伤害等纠纷的处理；同时也有很多非诉讼纠纷解决方式的需求，使他们可以根据现有纠纷的特点、权利救济的利益成本、预期的效果等选择和解、调解、仲裁或行政裁决等不同的纠纷解决方式。因此，多元化的纠纷解决方式，顺应了乡村纠纷解决需求多样化的特点，能够使多种相互冲突的利益达到最大限度的公平与协调，以宽容的态度使多元价值和利益和平共处。

（二）乡村纠纷解决研究的角度

1. 纯粹的法学角度的研究，一般将"韦伯式"的形式理性作为建设乡村纠纷解决的最终标准，这一进路较少考虑乡村纠纷解决的现实社会背景，导致仅仅将乡村纠纷解决机制看作一个不完善社会状态下的不完善机制。其隐含的纠纷解决机制具有的进化论思想将乡村纠纷解决机制看作乡村落后的一个面相，或者是导致乡村落后的一个重要因素。

2. 法社会学角度的研究，认为我国乡村纠纷及其解决机制依然具有传统中国的非理性形态，与现代西方的形式理性相比较是一种落后的形态。只有乡村社会发展到具有西方陌生人社会结构之后[②]，乡村纠纷解决机制才能够真正演变为具有现代法治所要求的形式理性模式。受制于法社会学研究视角的限制，这种进路多采用涂尔干、帕森斯等人偏重于宏观建构理性的法社会学模式，一方面过于关注宏观的统计层面的研究，对经验意义上的、活生生的纠纷解决实践本身缺少足够的解释力，执着于一个高度自足的逻辑体系的建构神话；另一方面建立在简单的社会形态和纠纷解决机制的线性联系上，忽略了乡村纠纷解决的多样性。法人类学对乡村纠纷解决的关注比较丰富，但集中在对少数民族特殊社会文化和宗教条件下的分析，扩展到一般领域时则存在较多局限。

3. 从法经济学的角度去研究乡村纠纷解决机制，认为乡村的不同纠纷解决机制是在不同的选择成本收益比较下的理性选择。这种简化的方式

[①] 赵旭东、张洁：《乡土社会秩序的巨变——文化转型背景下乡村社会生活秩序的再调适》，载《中国农业大学学报（社会科学版）》2017年第2期。

[②] [美]弗里德曼：《选择的共和国：法律、权威与文化》，高鸿钧等译，清华大学出版社2005年版，第86页。

将具体而丰富的乡村纠纷解决机制简化为刻板的数学比较，尤其是将成本收益简化为纯粹的经济利益，根本无法对涉及复杂的社会关系交换问题的解释，更无法解释具有密切的地域、身份和文化一致性的乡村纠纷解决主体在家风家教运行中的多元化回报需求。不同学科的研究在提供观察纠纷解决实践的多样性时，提供了分析的工具和大量的经验性材料，这些都是进一步分析乡村纠纷解决机制的重要基础。

已有研究更多关注国家层面的规范文本表达，或者从间接的问卷调查入手，直接预设现代法治对于乡村纠纷解决的线性适用逻辑，相对于只关注国家法的普法派有很大的进步，但并没有对纠纷解决方式的内在社会基础和逻辑基础给出充分的解释。即便采取了法社会学和法人类学的一些研究方法和研究范式，[①]也无法摆脱预设的深层影响。这些欠缺导致了对于纠纷解决实践的认识的疏离，尤其是对于纠纷解决运行的动力机制缺少足够分析，简单认为现代化即城镇化，只要乡村中城市化要素增强，法治要素自然增强，沿用了西方城镇化和法制化的线性发展模式，将西方文明长时间的结构特征等同于具体的短时间尺度上的国家和社会的特征，将理论上的完善等同于实践上的完善，无法准确地认识乡村纠纷解决的运行及其效力机制。尤其重要的是这些研究都未对我国乡村纠纷解决的运作基础进行系统的描绘，脱离我国乡村发展的社会基础，进行了悬浮式的研究，这必然导致相关研究无法产生足够的创新效力，也无法对我国乡村社会秩序的快速发展进行充分的描述，孤立的理论创新脱离了丰富的乡村社会实践，越来越接近西方、越来越细化精致也越来越不接地气的"学术规范"，大量停留在理论自身的内卷式研究，同样无法解释新时代以来乡村发生的总体性变迁，也无法解释一个稳定的新型乡村社会秩序运作的规范基础。

第二节　嵌合型社会资本与乡村纠纷研究的意义

本书研究的意义体现在以下三个方面。

一、为乡村多元纠纷解决提供一个理论解释框架

在法学研究视野中，乡村纠纷化解的发展方向应当是以法律和司法为目标的，最终实现提高乡村纠纷解决中的法律和司法全覆盖，其背后

[①] 参见陆益龙、杨敏：《关系网络对乡村纠纷过程的影响——基于CGSS的法社会学研究》，载《学海》2010年第3期；赵旭东：《权力与公正：乡土社会的纠纷解决与权威多元》，天津古籍出版社2003年版，第326~328页。

假定了一个乡村社会全面市民化的逻辑前提。受制于方法论的限制，对于农村秩序的理解、解释和重建问题，无论是国家还是研究者，基本都预设了现代对于传统的优先性，更将这一理想型移植到纠纷解决的实践上，通过"熟人社会""伦理社会""ADR"等标签将纠纷解决的具体约束删除掉，进而比对现代法治的理想型作出判断。即便有法社会学和法律人类学对乡村纠纷化解的研究，也多将乡村社会生活、文化观念和生产方式等作为影响乡村法治的因素，认为通过不断提高乡村社会经济水平、供给现代观念等就可以完成法治化建设的基础，对于社会经济水平和现代观念等因素影响纠纷化解机制的内在因素则缺乏足够的理论研究。

进入新时代以来的乡村多元纠纷化解机制的经验与法学理论预设的理想目标并不完全相同，而是形成了更具行政主导的模式，进一步将乡村多元纠纷化解机制纳入乡村治理的具体框架，如"枫桥经验""龙山经验"等基层治理方式构成了乡村纠纷化解机制的具体背景。如何解释乡村社会变迁和以党政主导的各种资源下乡的方式共同塑造的乡村社会形态，以及这种社会形态与多元乡村纠纷化解机制之间的关系，需要新的分析概念和分析框架。结合乡村社会变迁带来的社会资本变化的现实，本书提出嵌合型社会资本这一分析框架可以为社会基础影响乡村纠纷化解机制提供一个可资解释的理论框架，从更加具体的社会资本中社会形态和纠纷化解机制的角度分析乡村多元纠纷化解的机制。通过对乡村嵌合型社会资本与乡村纠纷关系的多角度描述，初步解释了乡村纠纷与乡村社会秩序再造之间的关系，在乡村纠纷解决的定性研究之外提供一个描述性解释框架。

二、对乡村纠纷解决已有研究的补充

在乡村振兴背景下将乡村纠纷解决置于乡村社会秩序再造的环节予以分析，认为乡村纠纷解决是实践理性展开最为具体的场域，并通过社会资本分析工具连接国家的治理话语和乡村社会成员的纠纷解决。乡村纠纷解决研究的前提多基于现代和传统、国家与社会、城市和乡村的二元对立上，尤其是将韦伯的"实质非理性"和"形式理性"作为分析评价我国乡村纠纷解决的逻辑前提。

这种预设并不考虑乡村内部的社会结构和社会资本变迁问题，也不考虑纠纷解决过程中参与人的行动选择动力问题，因此对于具体纠纷解决的解决方式选择问题并不能给出充分有效的解释。更为重要的是，在描述乡村纠纷解决时，并没有将乡村的组织、地域特色与城镇的组织、地域特色作区别，只是简单假定城市的现代化必然意味着城市的社会秩序优于乡村的社会秩序。从根本上忽略了任何社会状态的社会秩序本身并不具有道德上的或者伦理上的优劣之分，更不能由此推断某种社会秩序必须接受另一种社会规范体系的支配，甚至另外一个社会的个体有道德上的优势去改变其他社会秩序的类型。① 对任何一种社会秩序来说，都是由社会成员在现实的社会条件下作出选择之后的一个宏观显现，不受任何目的性塑造的强制。社会条件通过更进一步的压力传导机制实现，在社会学理论中能够描述这种压力传导机制的一个理论资源就是社会资本，直接连接起个体行动和社会结构性条件。

从这一角度来说，任何一个社会状态的秩序类型都是在具体社会资本条件下选择而非理性设计的结果。传统的纠纷解决与法治间的关系都假设了国家法律的优先性，国家法的不足并不能湮灭社会秩序建构和纠纷解决的现实需要，此时，为了解决现实问题，必须从国家法之外寻求规范救济。② 这样的观念不假思索地假定了社会秩序中对规范的需求具有一定的排序问题，更加隐含的是法律规范道德上的支配性正当性。苏力指出语境化理解的实质就是"设身处地、历史地理解任何一种相对长期存在的法律制度、规则的历史正当性和合理性"③，后续的研究并未能充分将语境化扩展为更加具有场景性的纠纷解决和社会秩序间的互动过程。今天研究村庄的纠纷解决机制依然需要对作为一个有机联系的整体的村庄生活进行把握，借助村庄自然环境、社会环境和其他村庄政治社会现象的了解，帮助我们解读存在的规范体系，在纠纷解决场景中实现社会秩序的再造。有必要把政治学、人类学、社会学、社会心理学等学科为了分析过程而精心构成的分析工具积极地导入纠纷解决过程的研究领域。④ 对于乡村纠纷解决的理解来说，社会资本理论也能够弥补宏观分析缺少对具体纠纷解决实践关注的不足。

三、为乡村转型社会秩序再造提供微观分析基础

进入新时代之后，乡村社会转型研究依然延续了更加实用主义的解

---

① 这里很明显隐含了从近代以来救亡图存思路下对传统予以贬低，进而赋予现代以道德上优势的前提。参见[美]沙培德：《战争与革命交织的近代中国（1895—1949）》，高波译，中国人民大学出版社2016年版，第432页。
② 汪全军：《民间法·软法·地方法制：三种新兴法学理论的比较研究》，载谢晖、陈金钊、蒋传光主编：《民间法》（2019年上卷·总第23卷），厦门大学出版社2020年版，第62页。
③ 苏力：《也许正在发生：转变中的中国法学》，法律出版社2004年版，第235页。
④ [日]棚濑孝雄：《纠纷的解决与审判制度》，王亚新译，中国政法大学出版社2004年版，第6~7页。

释和对策形式，从乡村社会主体角度进行研究的较少，对乡村社会秩序变迁的研究也较少，而更多是从城市和现代化的角度对乡村进行俯视式研究。这种研究进路存在两个方面问题：一个是以贺雪峰研究的强调乡村社会秩序对于整个国家社会秩序安全的基础作用，对乡村纠纷解决在新时代以来的机理变迁分析不够。① 另一个是以汤玉权、徐勇等人研究的偏重乡村社会秩序的政治维度研究。② 在乡村振兴战略下，乡村如何在快速现代化的进程中保持文化、生态和粮食等功能上的良性发展，避免从通过政治的汲取转向通过市场和技术的汲取带来的新风险，通过纠纷解决再造出来良性的具有乡村本体地位的社会秩序就具有绝对的优先性。

本书将乡村纠纷解决置于乡村社会结构变迁进程中，对改革开放以来的乡村社会资本变迁进行梳理，尤其是着重分析新时代以来在党和国家的政治资源统一分配下，社会资源、技术资源、文化资源等自上而下建制化进入乡村社会，构成了嵌合型社会秩序，形成了对乡村社会秩序的全方位治理格局，带来乡村社会秩序生产的根本变化，影响了乡村纠纷解决的运作逻辑。乡村纠纷解决成为国家治理行动中各种社会资本相互作用的场域，被裹挟进新的乡村社会秩序再造过程中，更是构成了国家快速城镇化进程的重要环节。③ 乡村固有价值借助新型乡村权威合法性的逐渐树立，④ 以更加具有现代理性的方式形成了对乡村社会秩序的凝聚与团结。正式权威、基层法治资源供给、社会精英等微观因素在乡村社会形成相对稳定的格局，影响乡村纠纷解决的运行，乡村纠纷解决也直接构成了乡村社会秩序再造的重要机制，最终影响乡村振兴的全面实现和治理现代化的中国特色建构。

第三节　嵌合型社会资本与乡村纠纷研究的方法与思路

一、研究方法

作为一个问题导向的研究，纠纷研究必然要吸收不同学科的理论资源，本书也遵从这一惯例。

---

① 贺雪峰：《乡村治理的制度选择》，载《武汉大学学报（人文科学版）》2016年第2期。
② 汤玉权、徐勇：《回归自治：村民自治的新发展与新问题》，载《社会科学研究》2015年第2期。
③ 可以说，乡村纠纷解决在实践理性中的实用道德主义演化，为国家总体上现代化提供基本的社会基础，否则就会出现快速城镇化过程中城中村的治理问题。
④ 付翠莲：《我国乡村治理模式的变迁、困境与内生权威嵌入的新乡贤治理》，载《地方治理研究》2016年第1期。

1. 社会资本理论分析框架。在传统的法学研究中，要么将纠纷解决的主体当作"过度社会化"的社会人，要么假定为"低度社会化"的理性人，相对忽视纠纷解决的具体社会约束，更不考虑社会基础以何种方式对社会秩序产生影响。[①] 社会资本理论则将纠纷解决过程中的各方参与者当作处在特定的社会结构中，受到多重的社会资本的约束，并且通过动员自己的相关社会资本进行交换的过程。

2. 功能结构主义的研究思路。将纠纷及其解决机制的生成和运作看作整个乡村社会结构的部分，进而将乡村纠纷解决的系统分为几个更加具体的构成要素，以考察在变迁社会中乡村纠纷及其解决的内在机理。本书在静态的空间结构维度上加入时间维度，将纠纷解决的各种次级结构功能的历时演化予以叠加，从而形成包含时空要素的纠纷解决和社会秩序再造系统。

3. 比较法。乡村社会秩序变化既有本土历史性一面，也有通过同一时空交流互动相互影响的一面，必然需要引入纵向和横向的比较分析。纵向通过我国乡村社会自晚清以来的乡村治理模式变迁的纵向比较分析；横向通过我国乡村社会秩序和国外的乡村社会秩序变迁比较，对我国乡村振兴语境下的乡村社会秩序进行概括。

4. 个案法。采取这一方法主要考虑中国乡村的多样性，通过一个具体县域中几个村庄纠纷解决的考察所得出的结论具有多大的适用性，取决于在研究中所采用的分析方式。只有将该研究看作特定社会结构下相关因素之间的有机互动，通过在更广阔的社会领域中的解释性应用才能更好确定其价值，至少这种研究方式可以为我们提供解释乡村纠纷解决之所以如此运行的一个有效视角。

二、研究思路

第一章通过对乡村纠纷解决研究的历时性梳理，描述法学、社会学、政治学等领域对中国乡村纠纷解决研究的概貌，提出本书研究的意义和研究思路。

第二章对乡村社会和社会资本变迁进行多维度历时性描述，为本书分析提供经验基础。以A县王村为个案，结合2020年以来对H省农业农村厅和LB市、DF市、GY市的乡村进行的调研和党员干部的访谈，以及民进中央2020年"提升基层治理效能，促进社会和谐稳定"大调研汇编资料，形成乡村社会秩序及嵌合型社会资本变迁的基

[①] ［美］格兰诺维特：《镶嵌：社会网与经济行动》，罗家德译，社会科学文献出版社2015年版，第6页。

本描述。

第三章通过对社会资本理论的发展脉络梳理，结合我国乡村社会发展的特点，深化嵌合型社会资本概念，构建嵌合型社会资本基本分析框架，并进一步分析嵌合型社会资本与纠纷之间的关系。

第四章全面描述嵌合型社会资本对乡村纠纷解决的影响机制。不同的社会资本产生不同的纠纷，并蕴含先验的纠纷解决方式及其效果的预期，不能强制性以外来规范替代内在的纠纷解决期望。在不同纠纷解决方式运作逻辑动力分析的基础上，形成嵌合型纠纷解决模式，实现社会秩序再造的良性运行。

第五章从乡村社会生活实践的角度分析嵌合型社会资本影响纠纷解决的动力机制和内在逻辑。日常生活中的权威、压力和国家权力多方面影响乡村纠纷运作，在此基础上形成敬畏与利用法律的具体行动，最终作出纠纷解决行动选择，形成当事人、第三方、党和国家三方在一个乡村纠纷解决运作中的嵌合型关系，实现嵌合型社会秩序的再造。

第六章分析嵌合型社会资本对乡村纠纷解决影响的内在逻辑，建构治理话语、社会资本、纠纷解决行动、社会秩序四种要素相互影响的纠纷解决实践理性模式，连接乡村纠纷解决与国家城镇化社会秩序，以更进一步理解乡村社会秩序再造的动态机制。

第七章分析嵌合型社会资本下与乡村社会秩序再造的内在机理。通过对乡村纠纷化解运作的分析，以解释乡村纠纷解决的内在动力机制和约束条件，最终形成描述和解释乡村社会秩序演化形态。

在前述分析基础上，本书认为中国乡村社会逐渐形成了嵌合型社会资本，纠纷解决也具有更多的法治色彩。如何保持这一模式继续发展的乡村社会资本，并最终形成具有实质自我管理自我治理自我参与自我发展能力的乡村社会秩序，是现有乡村纠纷解决需要更长时间尺度进行观察的重要问题。

本书主要目标在于提出一个初步的分析框架，以更好地解释社会变迁影响乡村纠纷化解机制的直接原因，以补充有关研究中影响机制较为薄弱的问题。其中难免存在分析框架的不足，这一分析框架尚需要在更多的乡村多元纠纷化解经验研究中进行检验验证，在后续研究中进行逐渐完善修正。

第二章 乡村嵌合型社会资本的形成

20世纪80年代至21世纪初期，改革开放带来市场冲击，产生了农村剩余劳动力大规模流动现象。国家在对乡村完成汲取之后开始通过减免农业税费等方式反哺乡村，通过基建投资拉动经济的方式普及了乡村交通设施和通信设施，现代信息技术在全国城乡普遍展开，给乡村带来了基本与城镇同步的社会信息。第一代、第二代和新生代农民工的演化逐渐模糊了乡村和城镇的身份认同，更加统一在国家公民身份之下。这一阶段的剧烈变动冲击了原有的乡村社会秩序，尤其是传统乡村权威受到剧烈冲击，官方权威和道德权威均不同程度衰落，整个乡村社会成为政治、经济、法律和社会意义上落后和愚昧的代名词。乡村未及时形成新的社会资本支持，全国范围内的乡村形成高度分化的类型。[1]整个乡村社会资本也随之溃败，国家送法下乡的资源未得到充分施展，原有秩序的快速衰落带来了乡村社会秩序的空白期。[2]加上传统乡村审美理想和道德理想的想象，更是放大了乡村冲击的严重后果，忽视了这一时期乡村社会秩序转型的潜在动力。[3]

从21世纪初开始，中国乡村进入一个新的社会秩序阶段。一方面是乡村社会秩序的新型内生力量逐渐形成，乡村社会成员对乡村社会秩序、伦理道德、价值观、生活方式、婚姻养老、社会关系等都形成了更加稳定的认知，在共同过好生活这一追求下形成了新的社会互动模式。另一方面是在国家全面主导的乡村振兴战略影响下，国家政策、财政、文化、人力等多种资源快速进入乡村，通过精准扶贫等政治和经济手段的强力供给。在公共基础设施建设、公共安全建设、农业生产多方位建设等方面给乡村社会提供了完善而必备的公共设施，快速改变了上一阶段所遗留的乡村治理混乱的局面，尊重乡村本身主体性的乡村治理秩序也逐渐

---

[1] 彭大鹏、吴毅：《单向度的农村：对转型期乡村社会性质的一项探索》，湖北人民出版社2008年版，第30-31页。

[2] 董磊明：《宋村的调解：巨变时代的权威与秩序》，法律出版社2008年版，第203页。

[3] 这一时期出现了一批具有广泛影响的叙述乡村衰败的作品，这类作品大多在新写实主义下展开对乡村衰败场景的艺术化描述。详细参见梁鸿：《中国在梁庄》，江苏人民出版社2010年版；熊培云：《一个村庄里的中国》，新星出版社2011年版；吴毅：《记述村庄的政治》，湖北人民出版社2007年版。

形成。这种尊重在政策上核心的体现是乡村振兴战略的提出，具体是"金山银山"的提法，尤其是习近平总书记提出的要坚持乡村全面振兴，抓重点、补短板、强弱项，实现乡村产业振兴、人才振兴、文化振兴、生态振兴、组织振兴，推动农业全面升级、农村全面进步、农民全面发展。要尊重广大农民意愿，激发广大农民积极性、主动性、创造性，激活乡村振兴内生动力，让广大农民在乡村振兴中有更多获得感、幸福感、安全感。要坚持以实干促振兴，遵循乡村发展规律，规划先行，分类推进，加大投入，扎实苦干，推动乡村振兴不断取得新成效。[1] 习近平总书记在参加十三届全国人大四次会议青海代表团审议时强调："要推进城乡区域协调发展，全面实施乡村振兴战略，实现巩固拓展脱贫攻坚成果同乡村振兴有效衔接，改善城乡居民生产生活条件，加强农村人居环境整治，培育文明乡风，建设美丽宜人、业兴人和的社会主义新乡村。"[2]

第一节 作为分析基础的 A 县王村及其他[3]

之所以选择 A 县作为研究的主要基础，有以下几个方面的考虑：首先是自己对 A 县调查资源的易得性上，笔者具有先天的优势。其次是在调查过程中不可避免地会遇到需要动员各种社会资源的问题，而笔者在 A 县的社会关系网保证了所需要调查的各方资源的易获得性。再次是 A 县的各个方面都和笔者的个人成长史密切相关，更加容易理解各种社会问题的深层原因，也容易理解纠纷解决参与人在特定纠纷解决中的行为选择以及其背后的动力机制。最后是 A 县在 20 世纪 80 年代后期到新时代以来的发展具有很明显的阶段性转变，并且 A 县存在从西北部相对贫穷落后的丘陵地区到东南部临近 P 市等相对发达的城镇化区域，较明显地体现了社会经济文化的分层变化，可以说是一个浓缩了的中国中西部乡村变迁样本。因此，对 A 县王村的观察分析具有更强的一般扩展性。

本书选择王村等村庄作为分析来源的主要基础。王村位于 A 县西北部，北临箕山山地，古时这里是通往洛阳、汝州、南阳等地的交通要道，

---

[1] 《习近平：把实施乡村振兴战略摆在优先位置 让乡村振兴成为全党全社会的共同行动》，http://www.xinhuanet.com/politics/2018-07/05/c_1123085019.htm，最后访问日期：2024 年 1 月 20 日。

[2] 《关于乡村振兴，总书记这样强调》，http://www.qstheory.cn/laigao/ycjx/2021-03/11/c_1127198193.htm，最后访问日期：2023 年 11 月 10 日。

[3] 出于学术伦理考虑，本书案例涉及的地名和人名均作技术化处理，人名和地名仅是一个代码，不关联任何具体地点和个人。

文化遗产丰厚，现村子保存有完整的明清四合院和几处地坑四合院，离镇政府所在地 6 公里，离县城 30 公里。

王村是一个比较典型的杂姓混居村，有 10 个姓氏，按姓氏人数从多到少排列，分别是张、李、赵、秦、丁、单、刘、史、杨、魏。王村和相邻的另外 2 个村 H 村、D 村原本属于一个生产大队，但在 20 世纪 80 年代初的分田到户改革中，拆分为 3 个行政村，王村在最南面，H 村在王村的北方，D 村在王村的东北方。王村的所有田地都在王村的西南面，全村共有约 1000 口人，人均约 1.14 亩土地，全村共有约 1200 亩地。2010 年的时候，因为设立河南省产业集聚区，征用了王村 300 亩地以及邻村 F 村 2000 亩地，建了一个共 2300 亩地的产业园，该产业园为钙镁建材循环产业园区。另外还有几个注册地点在王村的工业加工企业，这一产业园对王村以及其周边村庄的人际关系纠纷解决方式的转变有着深远的影响。

对应当时的社会经济发展变革，王村在 20 世纪 80 年代前后以及 2010 年以来，都比较明显地体现了社会网络基础的变化，尤其可以明显看到不同集团和派系的网络连接与变化。

一、以姓氏为基础的集团和派系

一般来说，在村庄中，家族的势力与人数有密切关系[1]，进而体现在乡村治理和纠纷解决中家族权威和官方权威高度统一的色彩。[2] 但在王村，这一特点并不特别明显，主要体现在：一方面，和该村数量最多的家族优势不明显有关，在全村没有任何一个家族拥有绝对的支配地位，因此家族优势不能得到很好的积累。另一方面，该村没有一个由村庄或者某一姓氏能够绝对垄断的资源，因此无法形成有效的集体行动。在我国乡村社会中，非正式制度与正式制度通常是相互嵌套运行的，正式规

---

[1] 关于中国传统乡村中家族特点的研究有诸多争议，通说认为家族对乡村社会秩序影响比较重要。这种观点假定了全国乡村的高度一致性，具有抽象的道德文化均等分布的社会结构，无疑与我国乡村本身的多样性、历史变迁的多样性存在差距。对这种前提认识的不同，出现了关于家族在乡村社会秩序中作用的诸多争议。在严重依赖自然资源、社会缺乏分化和流动、生产技术水平低下的传统农耕社会，塑造乡村社会秩序的决定性因素主要有乡村的居住格局、经济形态、水利模式和权力半径等。南方是以血亲为核心的宗族小共同体形态。在两湖地区，尽管也存在政权和宗族力量，但形成了显著异于南北的秩序形态，即多中心互嵌的秩序形态。吴雪梅：《多中心互嵌：乡村社会秩序的又一种类型》，载《光明日报》2011 年 12 月 15 日第 11 版。

[2] 贺雪峰：《兄弟多的人更容易当村干部》，https://mp.weixin.qq.com/s/_-3bhtipGsyDfOxV2V7Xbg，最后访问日期：2021 年 1 月 27 日。

范通常被运用于正式治理之中，非正式规范主要由农村关系网络维系。[①]当村庄利益格局处于非均衡状态之时，公共物品的供给或者破坏可能会作为一种派系博弈手段而出现。当村庄利益格局进入相对稳定的状态时，派系网络则会更多嵌入正式制度中发挥维持稳态的作用，村庄公共物品的供给或纠纷将趋于正常态。[②]

在王村，一个家族的力量主要体现在以下四个方面：

第一个方面是家族在整个村庄的官方治理机制中有着或明或暗的影响力和支配力。在王村的村干部任职历史上，除了杨姓和丁姓没有任过任何村干部之外，其他几个姓氏都出任过村干部，其中在2003年之前村委书记一直在张姓和赵姓之间轮换，其他姓氏都没有出任过村委书记。村委会主任则由张、李、赵、单、刘等几家轮换。

第二个方面是对村庄公共事件的影响和支配。在王村的历史上，属于公共事件的有几个典型。例如20世纪80年代的分田到户，当时姓氏人口较多的张、李、赵、单、刘等几家分得了村庄中相对较好的地块。

第三个方面是王村"春会"的发起。当地所说的"春会"，大都集中在春节前后的两个月内，在这两个月内固定的某一天作为一个村庄的"春会"。对于王村和其周边的村庄来说，一个村庄要想设立"春会"或者"会"，在地理上需要具备几个条件。首先，该村庄具有便利的交通条件，能够成为周边几个村庄的地理上的局域性中心。王村向北是进入A县西北山区的唯一通道，向东北是进入禹州、新密的唯一通道，向南是通向镇政府的通道，向西10多公里就可以进入汝州。相邻的5个村庄B村、D村、F村、S村、D村都不具有这一地理条件。其次，该村庄的村民人数能够支撑得起"会"的基本规模，对于王村来说，在设立"会"的1985年，全村的村民人数有500多口人，基本能够满足"会"的最低规模。最后，该村有较为一致的设立会的需求，因为设立会的过程需要动员全村的村民提供举办村会的启动经费，只有全村大多数人同意设立，村干部才能够通过几年的努力设立村会。在分田到户之前，王村并没有自己独立的"春会"，而是与D村、B村共享同一天"春会"。后来经张、李、赵、单、刘等几家倡议，在每年农历二月初六设立春会。为了宣传，从1985年开始，接连5年的时间在春会前后搭台唱戏5~7天，在唱戏的

[①] Tsai, L. L. Cadres, Temple and Lineage Institutions, and Governance in Rural China, *The China Journal*, 2002, 48(7), pp. 1-27.

[②] 贾小虎、秦国庆、马恒运：《派系网络对农村公共物品供给的影响研究——以河南省S村为例》，载《河南牧业经济学院学报》2020年第4期。

前奏中宣布王村要在每月的初六设立村会，每年要花费的这项费用，一部分从村集体的有关费用中出，其余由几家倡议的家族筹集，每家每户也可以自愿捐助。到了 2019 年，常规的会也从每月初六增加为每月的初六、十六、二十六举办。

第四个方面是在乡村灌溉上的影响和支配力。王村所在的地方没有很好的地下水源，因此在干旱季节要依靠 7 公里之外的乡镇水库引水灌溉，当地俗称种庄稼为"望天收"，意为收成好坏全凭一年的天气。在 2010 年的时候，因为多年没有引水灌溉致使引水渠损毁严重，但 2010 年春旱严重，于是张姓、刘姓几家联合起来，动员了全村一半的农户，由刘姓自己筹钱 3 万元，其余农户每户出钱 50~100 元，共筹到 5 万元，将引水渠修葺一新，顺利解决了当年的严重春旱。但之后水渠就没有再得到系统修缮，影响到王村整个农业种植效率提升。在 2020 年的调研中，王村的引水渠已经基本全部废弃，政府出钱打的机井也没有得到充分利用。①

二、以经济资本为基础的集团和派系

在传统乡村社会中，经济条件和宗族社会地位基本成正比，家族规模和该家族在经济上的优势地位直接相关。对于没有绝对支配优势大家族的村庄来说，经济优势具有更大的影响力。在王村因为姓氏较多的缘故，基本没有一个家族完全具有主导地位的社会基础，人们更多遵从经济条件决定村民的社会地位。典型的如丁姓和杨姓两家，丁姓是从 20 世纪 80 年代末从外地迁来的，可以说相对应王村来说是"外人"，但因为丁家有一个女儿在村镇有正式工作，另一个女婿是 A 县某机关的官员，因此，丁家的经济条件和社会地位在村中都比较高，并没有被人们很明显地排斥。

对于于姓来说其家庭社会地位从 20 世纪 80 年代初到 2010 年之间，可以说发生了极为戏剧性的变化。20 世纪 80 年代初，因为于家有兄弟 4 人，但整个家庭非常穷困，全家 7 口人，只有 3 间破烂的瓦房。因为家庭贫困，只有老大娶了一个聋哑人，3 年之后老大家生了 3 个孩子，整个家庭的居住条件更加窘迫。兄弟几人都是衣着破烂，经常成为村民取笑的对象，时间久了，于家兄弟几个也习惯了被嘲讽。直到 20 世纪 90 年代末，因为附近煤矿的发展，于家兄弟几个尤其是老三和老四，因为

---

① 更多调研显示，在乡村振兴驱动下，财政支持小型农田水利高效节水灌溉试点重点县建设项目建了很多机井，在建成之后都未得到充分利用，主要原因在于村民各自的配套成本较高。

一直没钱娶媳妇，在煤矿挖煤的时候非常努力。大约经过了5年的时间，于家兄弟几个积攒了钱盖起了2处住宅，并在2004年的时候都娶了媳妇。在笔者调查的时候，于家已经是当地经济条件比较好的家庭了。2019年在P市投资建设本村的抖音基地之后，尤其是老四家的媳妇以主播的身份得到了更多人的认同，也提升了于家在社会文化方面的影响力。而村民对这家的看法更多的是用来激励其他年轻人，说于家怎么样就过上了让人羡慕的生活，人只要肯踏实干活就可以过好日子。

直到21世纪最初十年，王村及其周边的乡村，乃至A县的大部分乡村，都未出现较明显的种植市场化模式。主要原因在于A县大部分乡村处于丘陵地区，交通和灌溉条件都比较差，一般粮食作物产量仅能保证家庭食用，以及留存下来以应对荒年。烟叶虽然可以为农户提供主要的经济来源，但烟叶由国家统一收购，不存在自由的市场，少数跨区域的烟叶交易也容易受到当地政府有组织的查禁，最终形成总体上商品化程度比较薄弱的现象。在A县见不到纯粹因种植业而成为乡村精英的农民，即便是通过流转的种田大户也很难单独通过种植而获得经济和社会地位上的成功，这种状况从全国范围来说，也并不少见。[①]

21世纪初以前，王村几乎每家都种植烟叶，每到夏季的时候正是采摘烟叶和烤烟、筛检、售卖的季节。因为烟叶的加工工艺较为复杂，在这一工艺流程中，几乎每个环节都需要多个家庭相互帮扶。首先是烟炕的筑造需要一个建立独立功能的建筑，因为每家的种植规模都较小，由多个家庭之间联合用一个烟炕比较经济。其次是炕烟的过程需要相互协助，从入炕到出炕需要连续三四天的时间加热，并且要根据烟叶情况和气温调整烟炕温度，需要多人轮换才能完成。最后是炕烟过程的短期集中性，从田地采摘烟叶、上烟、装炕、炕烟、出炕、分拣、包扎、卖烟等连续的环节，都集中在两个月左右的时间。同时玉米、花生、大豆、红薯等庄稼也需要及时打理，只有相互协助才能不耽误农时，保证田地里的烟叶最后能够变成一年最重要的经济收入，又不过于耽误其他庄稼收割和管理。

20世纪90年代中期到21世纪初期，几个经济派系具有较明显的区隔，并且有着明显的生活方式、联络习惯、消费习惯、等级结构。第一类群体以在苏州打工者为主，主要是村中张姓和马姓年轻人。苏州打工者具有多方面的优势，最明显的就是该群体具有更明显的外向特点，与

---

① 以河南省家庭农场和合作社等代表着乡村规模化生产方式为标准，如果纯粹种植粮食作物，亩均也大约只有1000元毛利，纯利润会更低。

周边几个县的打工者具有较密切的联系，春节回家时也经常跨县域驾驶私家车走动，社交的广度远超传统乡村走亲戚范畴。这种经历带来的文化和生活方式的现代性对村庄的其他年轻人具有最强的示范效应，形成了持续的影响力。在乡村振兴战略实施后，也是这类群体最先具有返乡创业的动力，将在苏州等地务工经商的经济积累和社会关系带入当地社会经济发展。墨菲的经验研究非常明显地支持这种现象，也说明乡村当地精英在外出务工和本土机会之间选择的理性特点。① 这类群体事实上占据着城乡流动的节点位置，拥有伯特式的结构洞优势，也具有格兰诺维特所说的弱连接优势。通过结构洞优势，这类群体可以将在苏州等现代化城市的观念、习惯、审美、规范、机会、关系等带入乡村，同时能够通过经济和信息上的优势连接本土的人力资源和政策资源，与乡村振兴中对新乡贤的政策支持相呼应，进一步强化了这类群体在乡村中的支配优势。在王村的抖音基地建设、寨门修复、公共设施建设、环境整治等事务中，这类群体充分展示了对乡村公共事务的关心，也通过这类群体的弱连带优势动员周边演艺群体和观看者的参与，同时强化了基于血缘地缘的传统强连带优势。其中两个具体的场景最能显示这类群体在乡村的影响力。一个是抖音基地在开播之后，为了吸引演艺群体参加和观众参与，王村采取免费供应午饭的方式，只要在演艺日期来到王村，都可以免费吃揽锅菜。其中一部分费用由村民丁某等3人承担，他们均是在外出务工经商比较有成就的村民。另一个是抖音基地建设的基本设备购置，由村民马某自费提供，类似的邻村F也由村民自费购置音响等设备。他们的初衷都是为了能够更好地发展本村抖音基地，使本村的各种资源更好地宣传出去，增加村民的营收。

第二类群体是在新疆卖菜者，年龄相对较大，加上卖菜离家比较远，在21世纪初期有几位都回到王村，或者去省会郑州从事蔬菜贩卖经营。因为早期去新疆卖菜从小摊贩做起，可以说赚的都是辛苦钱，加上年龄较大，子女的教育和婚嫁费用负担较重，这类群体总体上比较保守，也没有太强的主动对其他人的引导。能够出去的一般都具有较强的亲属关系，在王村属于专注过好自己日子的一类人，对乡村的社会秩序和公共事务一般不直接参与，但也不反对村干部和年轻村民的各类倡议。从某种程度上说这一类群体构成了乡村相对稳定的因素。

第三类群体是年龄较大的短期务工者，也是目前乡村的主体，没有

---

① ［爱尔兰］墨菲：《农民工改变中国农村》，黄涛、王静译，浙江人民出版社2009年版，第119页。

脱离自身的农业生产，也会利用农闲时间从事短期务工。这类群体基本都以被动的方式等待相应的务工机会，在王村主要有从事建筑和农业雇佣两种。王村有两个比较稳定的建筑施工队，在周边20公里范围内承接乡村房屋建设，也会有少量公共设施建设。这类群体一般依赖一个能够招揽业务的村民和一个具有一定专业技术的村民，其他的杂活小工可以由任何村民承担。在20世纪八九十年代的房屋建设过程中，相互帮扶的习俗训练出来男性村民基本都能够从事砌砖墙、打地基、批墙、预制等工作，更有几家类似家传的木匠手艺，施工队的基本员工并不难找。农业雇佣者为第一类返乡流转土地的村民提供短期劳务，如麦收和秋收的短工，以及烟叶和少数季节性的工作。也有少数外地的农业种植投资者雇佣村民。这一类群体与乡村社会的关系更紧密，基本上没有长期离开乡村社会，在道德和规范意识上最具有传统性。因为经济上并不占优势，也缺乏通过外出带来的更多新资源，这类群体和前一类群体共同构成了乡村社会的主要群体，是王村等类似乡村中最支持传统伦理道德的群体，也维持了传统乡村社会秩序的连续和稳定。

第四类是纯粹务农的群体，完全以农业种植为经济来源。在王村基本不存在纯粹务农的群体，大多与第二和第三类相互交错，只是存在是否有更多的时间用在农业生产上的区别。最为明显的是第五类群体的变化，第五类群体是完全从事第二、三产业的村民。这类群体主要从事农产品的初级加工或养殖业，或者从事商业、演艺等第三产业，即从事第二和第三产业成员的增多。前述四类都有转向第二、三产业的可能，尤其是随着网络和智能手机的普及、抖音基地建设和直播带货的发展，乡村振兴战略下政府的大力支持，王村的村貌发生了巨大改变，古村落的建设定位带动了第二、三产业的快速发展，正如村民所感受的，自己的村庄有了电视上的感觉，自己能够上电视上网了，也有些乡村旅游点的自豪感了。

随着这些新型经济网络的发展，王村的社会资本也发生了快速变化，基本不存在完全封闭的村民社会关系，也不存在完全封闭的价值观念。随着五类群体之间的相互交流和转化，王村的日常社会生活发生了较为明显的变化，整个村庄形成了兼有传统乡村和城镇观念的融合型生活方式，最明显的变化是随着互联网和智能手机的普及带来的观念和审美的变化。2019年王村成立了抖音基地，与A县其他村落的抖音基地进行了活跃的交流，当地各类群体都通过抖音等媒体形式产生了不同程度的变化。①随着对生活方式新认同的产生，乡村价值和生活世界也逐渐稳定下来，各种群体都形成了对本身社会位置的稳定认知。村民对未来生活选择多样性有了更多的期待，正像在民进中央大调研中所展示的，乡村社会成员的经济、文化等密度不断增加，必然带来乡村社会秩序的现代化。国家实施的乡村振兴战略不仅提供了村民的更多选择，也隐含了乡村社会秩序的新变迁。国家和乡村、城市和乡村都需要进行相应的调适，需要通过新的乡村纠纷解决机制的不断完善，以更好地实现乡村治理现代化，最终推动城乡一体化发展。②

除 A 县乡村外，项目主持人在 2020 年又通过民进河南省委和民进中央进行了一些调研，其中主要包括对 LB 市乡村治理的调研和对河南省农业农村厅的调研，通过调研最终形成了民进中央的《民进中央 2020 年重点考察调研成果汇编》和民进河南省委组织的调研资料汇编。为更进一步了解最新情况，笔者又对 GY 市一个包村干部、DF 市一个包村干部，以及本单位派出的驻村第一书记等人进行了访谈，对研究中的一些假设和推论进行了验证。由此，本书的研究思路和分析框架基本可以成立。本书并不着重对乡村社会进行全面描述，更偏重通过对乡村社会的结构化分析，初步构建通过嵌合型社会资本连接乡村治理和社会秩序再造之间的理论框架。

第二节 乡村多元社会关系的出现

20 世纪 90 年代之后，随着社会关系的多元化，村民越来越重视经济利益的算计，行为的价值主要参照是否能够获得更多的经济利益。首先，人们不再简单注重个人的道德品性，也不单以是否有一定的村干部身份来评价，不以好人坏人作评价，而是以是否有钱来评价。钱的来源并不

---

① 在抖音基地建成前，王村出现人员最多元形态的时间是春节，也基本上由周边 20 公里内的亲戚朋友构成。抖音基地的投入使用，使得几乎每一天都是王村人口密度和构成复杂度高的时间，不仅大量人员涌入王村观看和参与表演，这些人员更主要扩展到了周边 100 公里的范围，尤其是一些高流动性的网红带来更加陌生化的审美、生活方式和艺术形式。

② 民进中央 2020 年重点考察调研主题为"提升基层治理效能，促进社会和谐稳定"，民进中央教育委员会以教育领域为切入点，围绕"街道（乡镇）、社区（乡村）参与教育服务供给与教育治理"开展调研。在北京市朝阳区奥运村街道科学园社区开展实地调研，并通过网络问卷调研向北京、辽宁、山东、浙江、湖北、四川、陕西 7 个省、直辖市发放调研问卷，共回收问卷 129 份（街道、乡镇问卷 47 份，社区、村问卷 53 份，在基层工作的民进会员问卷 29 份），最终形成《民进中央 2020 年重点考察调研成果汇编》，本结论通过对汇编资料进行综合分析得出，书中其他地方的结论也结合了本汇编资料。

重要，获取财富的方式不为人们所关注，更不评价。只要有钱就能够在村庄中占有较高的社会地位，可以支配更多的社会资源。其次，在对待各种具体事务的评判标准上，逐渐单一地以能否交换经济收益来衡量。

20 世纪 90 年代前，王村的社会分层还以是否是村干部、兄弟多、辈分长、有文化、家中有吃商品粮的为标准，到了 20 世纪 90 年代之后，单一以经济地位为分层的标准越来越受到村民的认可。从全国来说，最明显的是村干部逐渐转向村庄的"能人""富人"，尤其是在发展乡村党员的时候，更加偏向于具有较强的经济能力的村民。新乡贤往往为特定乡村的公益事业、文化进步或建设发展作出过突出贡献。在实践层面，对地方经济社会文化等的贡献大小，是衡量个人能力和品德的重要标尺，也是个人获得社会声誉的主要支撑。[①]有钱人和普通村民形成了较为明显的分化。一是体现在房屋的建造规格上，一段时期形成了乡村建房的攀比风潮，新建的房屋一定比周边的房屋地基和屋顶要高，尤其是在风水影响下，房屋建设出现了浪费性消费现象，可以说在乡村一看房屋的格局就可以看出来这一家庭在乡村的社会地位。21 世纪 10 年代以来，随着部分村民开始向县城或者镇上买房，加上国家对乡村住宅的严格控制，乡村的房屋建设攀比渐趋减弱。二是在村庄公共事务的参与和影响力上，经济能力强的村民具有更强的参与热情和动员能力。

1. 现代交通和信息的便捷，带来村民选择的更加多样化。中国乡村自 20 世纪 80 年代初实行家庭联产承包责任制后，生产队几乎全部解散，农民则处于一种"无组织"的状态。[②]在董磊明看来，村民的功利化取向影响了人际关系，也影响了乡村的公共生活。[③]每个人都忙着赚钱，同时村民都拥有不同的生活方式和话题。出外打工的人也分散在不同的地方，做着不同的工作，在外做生意和打工的，在家开商店、搞运输和养殖等，不同群体的人之间缺少交流的基础。同时村庄的公共活动也减少了，缺少了集体记忆，村民在精神和感情上隔离开来，村庄也不再是个亲密社群、熟人社会和共同体。这种深刻的变化在乡村的公共舆论方面，突出地表现为公共舆论的去公共化。人们在公共场所不再关心公共话题，不再对公共事务以及村庄的个人行为进行道德上的评判，而是更多退隐到关于个体的私人话题。这就导致很难再出现村庄的共同情感，也导致对

---

① 徐学庆：《新乡贤的特征及其在乡村振兴中的作用》，载《中州学刊》2021 年第 6 期。
② 肖静文：《农村人际关系疏远 专家呼吁传统互助精神回归》，载《环球时报》2005 年 5 月 8 日。
③ 董磊明：《宋村的调解：巨变时代的权威与秩序》，法律出版社 2008 年版，第 67 页。

于村庄的认同感减弱。人们偶尔会讨论与自己社区无关的"大话题",这些大话题不仅失却了在地性,也失却了公共规范的功能。①这些都会对村庄的治理与伦理道德产生影响,进而影响村庄的纠纷解决方式的运行。贺雪峰通过对汝南宋庄村的考察,认为当前人际关系变得理性化了。②这种理性化体现在人际关系和人生目标的理性化上,也体现在村庄权威的理性化上。随之而来的是乡村纠纷解决运行的选择更加复杂而多元,但在这些方式之间并没有建立起有机的联系。

从 2000 年开始,中国乡村在三个不同层面发生了巨变。首先是乡村的税费改革,从 2001 年到 2006 年,中国乡村的税费完成了天翻地覆的变化,农民和国家以及基层政府的关系焕然一新。其次是市场经济对于乡村的强烈而广泛的渗透,这些导致了村庄内部结构快速瓦解。随着城乡之间劳动力、工商业资本以及文化传媒等全方位流动,城市和乡村之间在各个层次上都发生了或主动或被动的多元联系,直接或间接地影响了乡村的社会秩序。最后是农民价值系统或意义系统正在发生变化。传统乡村的价值和意义受到了现代性的全方位冲击,建立在现代经济理性基础上的理性计算精神在乡村社会逐渐被认同,并对传统的互让伦理产生了冲击,乡村社会秩序正在进行新的组合与分化。③

2.打工者的城乡流动带来乡村社会文化资本的多元化。随着外出打工者返乡和打工者在城乡之间的流动,打工者和乡村的关系从原来的疏离又演变为新的整合。打工者一方面将外部的社会文化资源带回乡村,同时也改变着乡村社会的固有形态。在乡村振兴战略支持下,更多资源流向乡村,具有城乡多重社会关系优势的村民通过城市社交和交易网络获取更多的机会,更多村民利用国家的政策返乡投资或者返乡创业,这些村民带着更新的眼光重新审视乡村,在获取更多资源优势和政治优势的同时也形成了新的公共话题。高建民通过综合劳动分工、经济基础、生产方式以及生活方式等几个方面要素的考虑,认为我国乡村的村民可以分为农业劳动者、在乡农民工、进城农民工、乡村企业管理者、乡村服

---

① 吴理财:《乡村文化"公共性消解"加剧》,http://snzg.cn/article/2012/0401/article_28076.html,最后访问日期:2021 年 1 月 20 日。

② 贺雪峰:《乡村社会关键词:进入 21 世纪的中国乡村素描》,山东人民出版社 2010 年版,第 254~257 页。

③ 贺雪峰:《乡村社会关键词:进入 21 世纪的中国乡村素描》,山东人民出版社 2010 年版,第 1 页。

务业者、乡村手工业者以及乡村基层组织管理者。[①] 每一个阶层都具有自己相对明确的群体特征，这些特征体现在各个方面，既有传统的经济地位所影响的社会位置，也有因为职业偏好等原因导致的群体边界。不管从哪个角度说，现在的乡村已经无法找到很明显和统一描述农民群体形象的概念，需要在更加细分的层面上对农民的各种次级群体进行分析，以更好地理解农民的日常互动行为，这些是理解乡村纠纷以及纠纷解决的必要社会基础。在流动背景下，更需要超越农民和农村理解乡村社会的丰富性。

3. 精准扶贫和乡村振兴战略的实施给乡村带来更多资源，城镇化发展也促进乡村本身的经济社会发展，为乡村提供了新的二、三产机会。打工者从原来单一的外出机会变成多重机会，只要新的机会收益超过原来外出务工的收益，村民就会选择离开。这进一步为村民在乡村的社会关系交错提供了基础，不同机会就连接起不同的群体，进而在群体的中心人物之间形成新的网络，最终形成一个高度交错的嵌合型社会结构。经济发展增加了村民的选择，同时嵌合型结构也意味着受到多重结构的约束，一旦选择不合作行动，就可能形成一个连锁的负面效应，带来的损失远大于不合作的收益。同时乡村振兴和精准扶贫等工作更加具体地进入乡村，乡村的党组织也更加明确主动地开展乡村建设工作，自上而下的公共资源供给和自下而上的公共利益关心结合到一起，村民的公共意识重新兴起，逐渐改变了原来松散和离散的乡村社会秩序，转向基于利益和分工的社会秩序。乡村社会的纠纷及内嵌的解决方式和解决动力也随之受到嵌合型社会资本的影响，一个建立在多元社会资本结构基础上的实践理性更加明显地出现在王村这样的乡村社会。

第三节　乡村多元价值选择的形成

在传统法学研究中，更多是将人情、面子、关系等因素作为与现代法治理念相背离的因素而加以批判，认为面子文化对法律规则的渗透无孔不入，导致了面子规则对于确定性法律规则的消解，带来事实被遮蔽、人格的平等被消解、正当权利被损害，最终导致法律信任缺失。[②] 现在的基层司法官员依然遵循着和古代相同的基本规则，在纠纷解决中依然重

---

① 高建民：《当代中国农民与农村经济社会矛盾分析》，中国经济出版社 2009 年版，第 55-58 页。

② 周安平：《面子与法律——基于法社会学的视角》，载《法制与社会发展》2008 年第 4 期。

视情理法。法律并没有在乡村建立起合法的道德权威，在义化上和内心中都不被农民真正地认同，仅仅发挥着工具性的价值。因此需要我们理性地运用本土资源，顺应时势来建构适合社会需要的正式制度。①

随着社会发展，原来的社会关系发生了急剧的转变，距离城镇越近的乡村，越明显地受到来自资本和政治的冲击。深入一个村庄的社会秩序，尤其是日常的社会秩序，就会发现人际关系不是消失了，而是在一个愈来愈理性化的历史中被重新解释和利用。这种变化与其说是不重视人情、面子、关系等传统因素，倒不如说是更加理性地对待所能带来的回报问题。② 在社会发生巨大变迁的历史背景下，原来的差序格局所遵循的"血缘"和"拟血缘"对于村民的发展渐渐居于次要地位。如果通过某种人际关系可以带来可计算的经济上的利益，村民就会通过各种方式去建立、加强特定的人际关系，通过多种交换方式来换取更大的社会资本，并通过这种关系的建立给自己提供更加广泛的担保。

这种行为选择的理性化带来了多方面的结果。从积极的方面来看，个体的主体意识更加明显，表现在几个日常的方面。在20世纪90年代以前，农闲时期农民之间的日常活动非常多，比如相互串门聊天、打牌、逛庙会等活动，这些活动更多属于"情感性关系"或者"混合性关系"中偏情感性的一面，人们在行动选择上并不怎么考虑可计算的代价和收益问题。自20世纪90年代后期，尤其是2000年以后，乡村中的日常公共活动明显减少，这一方面是农民共同利益的弱化，另一方面是村庄边界的打破为村民提供了更多的选择，也同时从外界引入了多元文化。比如王村中有不同的打工次级群体，有在村庄内部因为姓氏而形成的家族派系，也有因为在乡镇做生意而形成的派系。同时因为村民候鸟型的打工模式，将不同城市的文化带回乡村，形成了乡村文化的异质性，并且这种异质性没有经过有序的演变，而是在市场等力量的冲击下同时进入乡村这一空间。这带来了个人价值观更加注重个人和家庭尤其是以子女为核心的家庭关系的组织上，阎云翔通认为农民的权利意识由乡村村民的爱情自由表达和婚姻自主性的增长

---

① 徐祖澜：《论基层司法中的脸面与法律——基于"炕上开庭，依法收贷"案的再分析》，载《理论界》2010年第3期。

② 对于中国传统的乡村伦理，无论是家庭层面还是家族层面，都围绕着"家天下"三个层次展开，都具有非常明显的功利性，如著名的钱氏家训："利在一身勿谋也，利在天下必谋之；利在一时不谋也，利在万世必谋之；心术不可得罪于天地，言行不可有愧于圣贤；子孙虽愚，诗书必读，勤俭为本，忠厚传家，乃能长。"

开始，[1] 董磊明认为这种变迁内在地产生了"迎法下乡"的需求。[2]

作为后发现代化国家，中国乡村社会的理性化具有更加明显的结构特点。

第一，乡村社会理性化由"经济理性"推动，进而形成更加多维的社会理性。从传统社会生产方式来说，中国乡村具有相对封闭的经济社会体特点，以家户制为基础的生活生产方式并没有形成完整的市场化导向，而是一直维持在满足国家的税费汲取和基本生存层面。传统社会中的理性化并不明显，基本不涉及过多需要仔细算账的机会，也就无法衍生出更加系统的理性化生活方式。20 世纪上半期的乡村经济社会发展，被更多裹挟进各方力量的竞争。从新中国成立到 20 世纪 50 年代，国家通过对乡村的改革，快速完成了工业发展基础积累。改革开放的基础也是由乡村的生计问题驱动，并转化为现代化进程中发展主义驱动的模式。改革开放使得剩余劳动力可以相对自由地选择务工机会，被裹挟进消费主义潮流中，乡村社会规范和价值随之被经济地位支配，赚钱和能人等概念成为乡村社会等级地位分化的重要甚至唯一标准。

第二，经济理性从单一向多元转变，涌现出社会理性。乡村社会从改革开放到 21 世纪第一个十年，基本处于乡村资源、人才等流出阶段，虽然在南方发达地区的乡村和近郊乡村已经具有较明显的反哺乡村现象，总体上乡村社会依然处于流出地位。无论是快速城镇化带来的乡村土地、房屋、户口等预期收益的增加，还是乡村社会中群体分化的结构性增加，抑或国家政策反哺乡村的资源供给，嵌合型乡村社会资本都逐渐获取了黏合乡村社会的力量。建立在经济基础上的理性依然具有主导性，但新的职业团结、文化认同、传统价值再发现等，都展现了新的价值，赋予乡村社会更加具有现代意义的理性类型，一个建立在多维理性结构基础上的社会理性在乡村社会涌现。人情、关系、面子并未从乡村社会消失，而是与现代话语结合，以更加具有现代性的色彩出现。在不断吸纳新的理论成果与实践成果进行调适完善，赋予新的时代内涵，以治理效能为核心，构建具有中国特色的多元化纠纷解决机制的背景下，[3] 法官在考量非法律因素时，要考虑天理和人情，将天理、人情和法律的精神三者融

---

[1] 阎云翔：《私人生活的变革：一个中国村庄里的爱情、家庭与亲密关系（1949—1999）》，龚小夏译，上海书店出版社 2006 年版，第 53 页。
[2] 董磊明：《宋村的调解：巨变时代的权威与秩序》，法律出版社 2008 年版，第 206~207 页。
[3] 廖永安、江和平：《构建中国特色多元化纠纷解决机制》，载《人民法院报》，https://www.chinacourt.org/article/detail/2021/04/id/5944410.shtml，最后访问日期：2023 年 11 月 9 日。

通起来，兼顾不同的价值取向，力戒法律教条主义和机械执法的做法。

第三，在党和国家的主导下，乡村社会理性具有更加明显的设计特点。与我国党政特色相关的是把乡村发展列入国家现代化框架中，在社会主义现代化的主题之下展开乡村发展的政策设计。对乡村社会秩序更加直接影响的是在法治现代化理念下不断展开的送法下乡活动，乡村振兴战略提出之后为之配套的各种制度、项目、人力、财政、政策等，尤其在乡村治理框架下展开的"雪亮工程""数字乡村"等技术基础设施建设，以及主动预防、诉源治理等纠纷预防模式的不断广泛应用，一个建立在乡村自治和国家设计共同基础上的理性乡村社会模式正在快速形成。正是这种快速变迁，与嵌合型社会资本共同作用于乡村纠纷解决，形塑了具有中国特色的乡村社会现代化秩序演化模式。

第四节 嵌合型乡村社会的形成

随着21世纪初期各种力量在乡村的多元组合稳定下来，同时在治理现代化的政策驱动下，数字乡村和乡村治理数字化等也在乡村广泛展开，形成了乡村社会关系全面进入数字空间的发展格局，乡村出现了嵌合型社会形态。在这里用"嵌合型"以涵盖两个方面的乡村社会秩序新形态，并不简单等同于传统乡村社会中不存在嵌合型因素，只是对乡村社会变迁过程中嵌合型因素更加明显、对社会秩序影响更加直接的特点的描述。从广义来说，嵌合型与社会分工、阶层分化相伴而生，可以视为对基于社会分工和阶层分化的利益连带关系的独立形式化描述。

一、现代乡村社会出现的群体分化更加具有现代理性色彩

改革开放之前的乡村社会群体分化有几个阶段，即在传统士绅为核心的阶段，大体遵循"皇权不下县"的模式，乡村通过士绅和其他具有公权力代理职能的群体进行治理，以家户制为基础的家族治理模式。尽管存在家族治理强弱的区分，但在家户制基础上形成具有血缘和姻缘关系的社会关系基础网络，以及由此拟制的家族网络关系，是传统社会群体分化的基础。20世纪初期到三四十年代，中国乡村社会出现剧烈的变迁，在不同势力争夺乡村和农民的同时，也塑造了乡村社会群体分类的基础，一直延续到新中国成立。经过公社制的乡村发展后，系统性的乡村身份管理模式出现，个体只有极微弱的身份选择能力，几乎谈不上个体身份

的选择，也就无法出现乡村群体分类的变化问题。身份选择能力的增强自20世纪80年代开始，通过外出务工经商等更加多样化的方式，原来乡村稳定的身份随着更多的选择不断变化，同一个身份也会随着时间和空间变化而变化，随之而来的就是不同的群体划分以及各种次级群体利益连带的复杂化。

二、乡村社会中的文化、观念、审美、习惯、消费等具有更加多元取向

乡村文化从单一传统和国家政治供给两方面转向市场、技术、娱乐等多种途径，传统的文化观念在新的消费主义包装下得到再发现，通过互联网等技术手段得到呈现，更进一步得到国家政策的明确支持，赋予乡村传统文化新时代的意义和价值，乡村社会的观念也出现更加多元情形。主要包括对党和国家的认识、对代际关系的认识、对社会位置的认识，这些方面的认识转变提供了具有包容性的乡村社会认知基础。更加具体且具有发展意义的是乡村社会成员审美上的消费主义变化，虽然早期抖音、快手等视频中的乡村社会形象具有边缘性，但随着审美变化和乡村自身价值在主流话语中的确认，具有绿水青山和乡愁属性的乡村自然和人文景观以及地方审美具有不同价值，呈现了混合传统和现代、主流与边缘的奇异景观。

21世纪初期，返乡青年男女在乡村结婚生子形成了新的家庭类型，更多早期打工青年男女在乡村获得了明确的社会认知，不再像早期一样追求城市的生活方式和审美潮流，而是试图借助现代媒体展现乡村本身的审美和价值，并通过网络得到了广泛关注。最为典型的是2019年3月在王村成立抖音基地之后，村中年轻人尤其是年轻女性表现出来的表演欲望，以及在当地基层乡镇政府的支持下开展的丰收节等多种演艺和农产品贸易活动，都带有非常明显的以本地农产品、山货、本地文化特色、乡村容貌等作为表现内容的变化。20世纪末期乡村对城市的仰望和向往色彩明显淡化，二者之间具有更加明显的平等认知模式。习惯和消费等方面的转变直接体现为乡村生产方式与市场的紧密结合。以缴纳税费和保持温饱以及应对天灾等风险的色彩逐渐减弱，包括王村在内的乡村生产被裹挟进更加紧密的市场和社会进程，出现随着经济危机和疫情而转变的城乡流动变化。

三、乡村社会的嵌合型转向

第一，乡村的地理和文化空间被打破，多重要素快速进入乡村。传统乡村社会中社会资本的单一性主要由地理和文化空间的封闭性导致，在较长的时间尺度上保持稳定性。改革开放以来的乡村则受到快速的冲击，随着交通和网络的发展，地理空间和文化空间不再能够严格约束乡村社会，尤其是从改革开放到今天的乡村能人单向度流向城镇，又在乡村振兴的国家战略指引下返回乡村，混合了城乡乃至国际的因素与乡村形成多维度的联通。叠加脱贫攻坚任务带来的多项资源流入乡村，乡村社会空间具有现代与传统、主动与被动等多重要素，乡村社会成员自身的现代化和外部成员借助政治、经济、技术等通道进入乡村，快速改变了乡村单一的社会资本构成基础。

第二，乡村内部的身份关系嵌入更多维度。在改革开放前和初期，村庄内部的村民身份相对单一，所有村民相对处于封闭的村庄范围内，即处于较为稳定的血缘和地缘结构稳定节点上，无论是生活方式、文化传统还是价值观念，相互之间都有很强的共同性。改革开放后尤其是随着外出打工和电视、网络、手机的普及，村民在纵向和横向上的分化开始变得明显起来，纵向上村庄的精英和普通村民之间开始形成明显区别的一整套行为和符号的不同，在横向上不同利益以及兴趣的次级群体开始多样化起来。在纵向上的交流变得较为稀少，同时交流的方向也逐渐向单向化转变，精英阶层逐渐获得对于乡村话语的主导权；在横向的群体之间共同话语也逐渐减少。这一方面使得具有一定自治性的次级群体得到一定程度的发展，另一方面也孕育出一定的个体认同意识。

最为明显的变化是随着互联网和智能手机的普及，王村成立了抖音基地，与A县其他村落的抖音基地形成了活跃的交流。随着对生活方式新的认同的形成，乡村价值和生活世界也逐渐稳定下来，各种群体都形成了对本身社会位置的稳定认知。在此基础上，乡村社会成员形成了更加广泛的职业和商业合作关系，并进一步嵌入更大的城镇社会关系网，远远超出传统乡村社会通过士绅联结乡村和城市的格局。这带来不同社会关系之间的直接或间接联结更加密切，并且具有不确定性，进一步加剧了乡村社会成员社会资本在结构上和时间上的多维连带性，进而强化了社会资本的嵌合属性。

第三，国家对乡村社会秩序的资源供给更加多元。中国乡村社会变化的主导性因素依然是国家，延续了晚清以来现代国家力量进入乡村社会的格局。具有特殊性的是20世纪20年代以来的以现代政党为基础的国家形态和政治系统在乡村的全面展开，尤其是共产党通过苏维埃建设和后来的土地革命，从乡村社会关系、社会价值到日常话语的全面塑造，自上而下的主导性计划性供给最终成为系统的支配。① 在国家退出税费征收、计划生育等传统领域后，以乡村振兴和脱贫攻坚战略为基础的全面资源供给逐渐展开，更是带来同时具有经济、社会、政治、文化、技术、艺术等全方位的要素。以党建引领为核心，资源供给在脱贫攻坚、全面振兴等不同层面全方位展开，这也意味着党和国家对乡村的供给会形成至少较长时间段的连续运行，与信息技术、消费主义等要素共同塑造乡村社会资本的高度嵌合。在当前的社会建设中，党组织具有广泛而深入的群众联系，也有严格的组织纪律和意识形态特征，再通过党和国家的制度安排，构成了中国治理实践的内在逻辑。对于中国共产党来说连接这种随时代变迁而具有强大包容性和文化根脉传承性稳定性的重要机制，就是通过基层党组织的动员和领导，多维度嵌入乡村社会各个领域，形成观念、组织、社会网络等多要素镶嵌，在乡村社会秩序的具体治理情景和国家的宏观目标之间建立良好的制度化传导机制，为中国乡村社会治理现代化提供制度化社会结构。

党的十九大将"治理有效"确立为新时代中国特色社会主义乡村治理新的目标要求，指明了乡村治理理论与实践探索的方向。② 有效意味着在国家维度、村庄维度和个体维度都能很好实现治理的目标，使多元参与主体都能够从中获得各种利益，关键是得到各主体的认同，使得整个乡村社会秩序建构进更大的社会进程中。这要求在乡村建立完善的政治网络，将党和国家的意志与多元参与主体的行动结合起来。在"枫桥经验"的变迁中，始终一以贯之把党的领导作为根本保证，把人民主体作为根本立场，把自治、法治、德治、心治、智治相结合作为根本方式，③ 实现了乡村社会网络与党和国家政治意志贯彻网络的相互融合，成为嵌入乡村社会秩序的主导性社会资本。

第四，乡村价值体系快速重构。支持嵌合型社会的最根本要素是价值体系，为快速变迁的乡村社会关系提供了可以正当化的基础，如果缺

---

① 学界主流观点认为近代以来国家力量不断进入乡村，将国家和基层社会假定为强制和反应的关系。张静认为这种观点忽略乡村社会建构自主性空间或者防卫来自外部的"管辖权"的竞争方面，详见张静：《基层政权：乡村制度诸问题》，社会科学文献出版社2019年版，第310~321页。

② 习近平：《决胜全面建成小康社会 夺取新时代中国特色社会主义伟大胜利——在中国共产党第十九次全国代表大会上的报告》，人民出版社2017年版，第32页。

③ 侯宏伟、马培衢：《"自治、法治、德治"三治融合体系下治理主体嵌入型共治机制的构建》，载《华南师范大学学报（社会科学版）》2018年第6期。

乏价值的快速重构，依然处于20世纪90年代到21世纪初期的快速崩解阶段，快速变化的内外部要素不仅不能提供乡村的黏合，反而会出现快速崩解现象。[①] 乡村价值体系快速重构的因素有以下几个：

1. 传统中国流传下来的思变传统。传统乡村社会长时期保持了稳定的文化和伦理内核以及社会关系，从内在的角度来说恰恰是面对自然和社会强大变迁的变化和适应的深层次文化根基，无论是传统帝制时代的王朝变迁，还是20世纪上半期动荡不安的局面，乡村社会总是具有快速应对剧烈变迁并重新形成新的稳定社会秩序的能力。改革开放以来的社会变迁，事实上都未从根基上损害乡村的基本团结方式，也总是能够以强韧的方式将变迁的冲击转变为具有韧性的连接方式。在党和国家在乡村振兴战略下以更加积极的方式供给乡村资源的时候，党和国家的统一话语和意识形态资源，具有更强的政治动员能力，与乡村自身价值的重新发现形成叠加效应，以更为强大的方式包容了新的乡村社会价值。

2. 多种价值借助强大的政治、技术和社会流动涌入乡村社会。从更长时间尺度来说，改革开放40多年并不算太长，但从改革开放前的相对隔离到各种外部因素快速涌入乡村社会，则是一个很长的时间体验。改革开放前的价值变化更多侧重于政治和意识形态层面，乡村自身的价值取向总体上依然停留在较为传统的阶段，整个社会也未出现明显的经济、社会、文化等现代化色彩。改革开放带来的价值变革则是总体性，在乡村传统家户制核心基础和公社制留下来的集体所有制等框架下，以党和国家的政治引领、权力安排和市场、技术等为主，通过每年大量农民工流动和快速的城镇化，多种价值短时间、高密度、单向度流入乡村，面对基本的结构性压力，乡村价值出现了快速的冲击—滑坡—重构的过程，在实践理性主导下快速统合在一起。在基本生存问题解决后具有实践理性的价值提供了当下的应对。改革开放以来乡村最大的变化是转变了生存伦理，尤其是乡村振兴战略提升了乡村本体相对城市的远期价值，无论是户口还是房屋等资源，都提供了更多选择的基础。

3. 内外部因素带来的选择压力与思变传统结合形成应对快速变迁的基

[①] 当时具有代表性的作品有陈桂棣、春桃：《中国农民调查》，人民文学出版社2004年版；梁鸿：《中国在梁庄》，江苏人民出版社2010年版；梁鸿：《出梁庄记》，花城出版社2013年版；熊培云：《一个村庄里的中国》，新星出版社2011年版；张柠：《土地的黄昏：中国乡村经验的微观权力分析》，东方出版社2005年版。

础，国家主动供给、城乡流动、技术和交通等因素提供了快速重构的动力机制。区别于之前的乡村社会变迁，改革开放之后的乡村社会具有更加明确的党和国家的政策指引和制度资源配套，全面乡村振兴更是通过政治动员集合了各项资源汇入乡村，城乡流动对乡村社会的意外改变和塑造，叠加信息技术和交通发展，内外部因素共同作用于乡村社会资本变迁。一个既有明确的现代社会主义价值指引和党建引领的乡村社会变迁模式，同时乡村自治和集体经济组织不断明确的法律地位，传统的家户制向现代家户制转型，个体在家户、乡村、城镇之间形成更加多维的选择空间，促进嵌合型社会资本快速形成。

第五节　嵌合型社会资本初步形成

在一个较为稳定或者演化较为平和的社会中，总会以某一时期的主导性观念统合乃至遮蔽其他群体的社会结构类型，从而构成社会理论中的宏大理论。经典社会资本理论中的信任、规范和网络都具有高度嵌合的形态，在我国乡村社会中又呈现更有中国特色的形态。21 世纪初期以来，乡村社会变迁进入加速时期，各方面结构要素都发生急剧变迁。呈现为典型的嵌合型社会结构，出现了嵌合型社会资本。

一、乡村社会力量提供了不同层次的结构性要素

改革开放带来更多选择空间之后，乡村社会的各种力量逐渐稳定下来，为乡村社会的嵌合型社会资本提供了不同层次的结构性要素。

（一）微观上，社会成员的流动提供了社会成员基础

对于任何一个乡村来说，社会成员的流动是基本要素。只有既能够自由选择，又有一定的固定牵连关系制约，才能够保持一个地方的群体存在一个抽象的群体结构的同时，个体也能自由流动更新，从而带来一个有序的嵌合型社会成员基础。传统乡村具有较为稳定的伦理、文化和政治地位，与士绅社会结构、科举考试、官员任免致仕回乡等制度密切相关，保持了传统社会中城乡流动的稳定性。[1] 相比城市社会成员，农村社会成员在传统文化、价值观、社会关系、制度空间等各方面虽然与城市社会成员不同，但都具有相同的约束功能。乡村约束要素对乡村社会成员的强制力由两个方面决定：一个是约束要素是否与权力强制相一致，

---

[1] 徐祖澜：《绅权的法理及其现实观照》，载《法治现代化研究》2021 年第 3 期。

另一个是乡村社会成员是否能够在别的地方得到更好的生活生存。这两个要素从正反方向决定着乡村约束的强制力。

从晚清以来的中国乡村社会成员流动来说，受制于现实的选择能力，难以超越空间上的制约，乡村社会事实上形成强有力的地方约束形态，在地方文化强化地理上的约束之后，乡村社会就基本上成为一个具有自足性的区域。虽然有小规模的市集圈层的扩展，[①]但地方生活生产发展的内卷性无法在更大规模、更高层次上得到解决。[②]改革开放之后，国家的强制约束逐渐放松，在承认农民工利益保护的时候，就完全认可了乡村社会成员自由流动的合法性。乡村社会成员的流动性随着市场经济发展逐渐增强，尤其是随着农民工不断更新，传统意义上的农民角色逐渐退化，农业生产和农村转变为一种选择手段，这不仅带来20世纪末期到21世纪初期较大范围的土地撂荒问题，也带来了乡村社会成员在价值选择上的自由性。从固有的乡村定位来看，社会转型造成了乡村价值体系的混乱。随着社会的转型，形形色色的价值观在社会舞台上亮相，乡村的价值体系进入了一种混乱、迷惑的境地，使得农民无所适从。市场经济的突然来临，缺乏必要思想准备的农民，面对市场竞争的残酷性、自由性，社会贫富差距的扩大，"一切向钱看"的冲击，广大农民对社会主义理想价值观的认同受到影响，一部分农民产生了信仰危机。在一些农村，农民什么都不怕，什么都不相信，什么都敢干，除了物质利益，没有什么能让农民动心的了。[③]也正是这种冲击，使得乡村社会成员获得了观念上自由选择的认知，不再单纯将乡村看作不能割舍和改变的状态。再加上市场经济所提供将赚钱能力当作评价个体社会地位和能力的标准，乡村原有的道德和伦理价值就退隐到社会行为的背后，而官方对原来经济上取得成就的社会成员给予一些政治上的利益的时候，[④]更是将经济上的利益置于重要位置，乡村社会成员的选择就更加基于纯粹的经济利益，传统的伦理、人情和面子自然逐渐减弱，交往更为理性化，[⑤]为乡村社会成员从微观上更加自由选择提供个体的认知和选择基础。

（二）中观上，村庄的抽象符号化消解了村庄的具体场景约束

村庄由具体的权力、政治、文化、价值、经济、社会等关系构成的

---

① [美]施坚雅：《中国农村的市场和社会结构》，史建云、徐秀丽译，中国社会科学出版社1998年版，第26页。
② 黄宗智：《再论内卷化，兼论去内卷化》，载《开放时代》2021年第1期。
③ 长子中：《重振转型期乡村价值世界》，载《社会科学报》2011年12月1日第2版。
④ 李金哲：《困境与路径：以新乡贤推进当代乡村治理》，载《求实》2017年第6期。
⑤ 董磊明：《宋村的调解：巨变时代的权威与秩序》，法律出版社2008年版，第139页。

整体转变为更加明确的地理空间上的同一，村庄已经转化为一个抽象的符号背景，对于我国乡村来说具有极为根本的意义。对于乡村社会成员来说，只有少数人通过科举考试、外出经商等方式离开乡村，进入城市生活或者其他乡村。乡村本体则依靠家庭、家族所形成社会和文化力量为乡村社会成员提供生活和发展担保，而乡村社会成员也反向被约束在乡村空间内，构成一个相对自足的地理和社会空间结合体。这种状态在新中国成立之后到改革开放之前一段时间被更加严格地以政治和意识形态的力量所强化，但同时也使得乡村本身的社会和文化功能严重衰退。这一方面意味着乡村在文化上的约束能力在核心力量上严重减弱，同时也意味着在乡村社会成员对于乡村在功利性因素上具有更多的排斥心态，这直接导致在改革开放后乡村社会成员更加规模化地向城市流动的态势。能够将乡村社会成员约束在乡村的要素只有较为薄弱的几个。乡村社会成员的自然年龄因素，对于早期的乡村社会成员来说，在城市生活一段时间之后，年龄上没有更多的优势，同时又缺乏足够的技能，只能被动选择返回乡村生活，这就是一般所说的第一代农民工的正常人生轨迹。但以后的农民工就具有更强的选择能力，只要具有能够脱离乡村的机会，乡村社会成员几乎都会抓住，行为的道德和法律性质则不具有重要的参考地位。这也是在作为考察对象的王村出现的一个非常有代表性的现象。

相比城市的行政事业单位或者公司企业，乡村除了地理空间上的意义之外，很难再提供无形的制度化或者道德化的约束。从改革开放以来的单干到外出打工的单干，从各自过好小日子到村庄为乡村社会成员提供的近乎为零的公共服务，都导致乡村社会成员之间再也难以建立起内在的文化和道德上的共同体，乡村在更大限度上转化为一个在精英和国家看来带有更加浓厚的乡愁意味的象征性符号，但无法在现实生活中为乡村社会成员提供有效的归属价值。因此，对于乡村社会成员来说，其通过不断的努力离开乡村，无论是通过个人的非道德或非法的行为获取财富，或者通过婚姻交换关系获得在城市里的生活机会，选择离开乡村几乎是每一个乡村社会成员共同的模式。

（三）宏观上，外部环境提供了乡村形成嵌合型社会的结构性条件

在传统社会中，乡村知识和世界图景事实上支配着整个传统中国的社会运作。这种状况一直延续到晚清都未曾改变，乡村相对于城市被修辞为落后愚昧的符号，是随着西方现代观念的兴起和输入而逐渐塑造出来的。自军阀混战一直到20世纪五六十年代，一系列历史性冲击导致乡

村彻底成为一个矛盾而落后的符号，在政治上具有重要的基础性地位，在文化和认知上却又成为愚昧落后的象征，连带着乡村的一切都在现实的操作中被塑造为需要城市和现代文明改造和拯救的对象，只有在小说等文学作品中，还依然保留着淡淡的以乡村为怀念对象的余韵。从某种意义上说，那个村庄就等同于是中国的过去和今天；是过去和今天，中国全部的历史、文化和现实的一个浓缩版；是中国的现实、历史和"中国人"在今天最生动的存在和发生。[1]

随着支撑传统乡绅地位和价值的社会结构渐次消解，地方精英向城市单向流动。改革开放后的乡村精英具有更加复杂的形态，大致包括改革开放初期以乡村道德权威[2]、乡村干部、退伍军人、中学毕业生等几个较有代表性的群体，其中道德权威和乡村干部为支配乡村社会秩序的核心群体，退伍军人和中学毕业生只有通过转化为道德权威或者乡村干部才能获得实质上的支配性，否则只是停留在文化话语系统内部，对现实的乡村社会秩序没有支配力，尤其是在与乡村干部和道德权威相冲突时，必须服从前者。王村一个村民马某在20世纪80年代初期从军队转业，做了一届村支书，因为不能得到支持未能继任。在调研时候，该村民因为缺乏专业技能，又碍于早期的自我想象，无法在商业等领域作出成绩，已经在王村没有什么特殊的威望。在改革开放初期，受制于严格的户籍管理制度，再加上经济对农村闲散劳动力需求较少，大部分乡村权威依然维持着传统社会秩序，城市的拉力和乡村的推力之间尚未形成明显的合力。也正是在这一状态下，乡村社会的各个群体依然延续新中国成立后所进行的一系列乡村社会秩序的变革影响，出现了国家权威在经济社会上的渐趋退场和政治上的抽象在场的二元结构。

比较明显的变化发生在2010年之后，一方面，乡村中经济因素的影响占据了事实上的支配地位，不但一般村民追求单纯的经济收益，带来种土地撂荒的全国性问题，传统的村干部也不再以本职工作为绝对中心，出现了普遍的乡村干部外出打工或者主要精力在经济业务上的问题。另一方面，随着乡村精准扶贫和乡村振兴战略的实施，党建引领的乡村振兴将传统的经济能人吸纳转化为地方精英，以乡贤会等不同形式赋予经济能人以乡

---

[1] 阎连科：《纽曼华语文学奖获奖感言》，https://news.sina.com.cn/c/2021-03-10/doc-ikkntiak7542150.shtml，最后访问日期：2023年11月9日。

[2] 包括宗族、宗教、巫术等领域的权威。

治理的政治功能。① 这样，乡村内部的社会结构通过党政组织力量的不断强化，形成了乡村社会资本无可避免的多重嵌入要素。对于王村来说，国家战略的影响全方位展开，对王村的社会结构变化产生了直接影响。

二、嵌合型社会资本形成的技术条件

改革开放后，市场经济、网络信息技术等多重要素为嵌合型社会资本的形成提供了技术条件。

（一）市场化为乡村社会成员的城乡流动提供了基本空间与动力

当市场流动形成较为稳定的生产和交易结构的时候，人力和物资就会在特定空间和时间聚集起来，形成市集和城市。而市集和城市的人力和物资聚集又进一步提出更多的发展要求，进一步从乡村吸引人力和物资。

21 世纪初期，随着暂住证等制度彻底取消，直接的制度化障碍消除，但依然保留着制度的结构性影响因素。对于具体的乡村社会成员来说，个人的选择空间有了更大的自由度，只要一个地方能够给出超出本地收入预期的机会，乡村社会成员就会流动到相应的地方。这时候，起到直接具体作用的就不再是城乡制度结构，而是微观的社会成员的社会联系，以及受到这一微观联系影响的次级群体行为。② 乡村社会成员在市场结构下的自由选择空间事实上已经架空原来城乡二元结构的根本影响，尤其是能够通过经济收入这一单一要素就可以获得在城市里生活的资格和能力，就更加增强了乡村社会成员在城乡之间自由选择的机会。虽然在第一代和第二代农民工时期，因为观念和能力的问题，大多数依然返回乡村生活，但更新的农民工在观念和能力上都转变之后，在城市生活就成为大部分乡村社会成员的选择。其中虽然有选择层级的不同，但已经形成一个从大城市到乡镇都有购房定居的格局。最为明显的体现就是在调查的王村，能够走出去获得最大能力的人在苏州、珠海、郑州等地获得

---

① 陈涛：《外生型新乡贤有效参与乡村治理研究——基于嵌入理论的分析视角》，载《湖南行政学院学报》2023 年第 5 期。

② 对于城乡二元化的研究过多关注制度结构的影响，并且将制度结构的影响看作单向的，实际上忽略了市场对劳动力需求的成本变迁。只要在一个全球相对较低的范围内，劳动力成本的变化也会相应约束市场的支出。因此中国的乡村社会成员随着工资水平和其他机会收入的变化而变化，总体上形成工资水平逐渐提高的情形，构成乡村社会收入中重要部分。与此对应，乡村社会成员的选择空间也构成了事实上对国家基本结构的成功回避，甚至某种程度上成为乡村社会成员相对城市局面更优的生存选择机会，在贺雪峰的研究中，提到意识到乡村具有更强的保险性质的特点。参见贺雪峰：《进城农民要有返乡退路 农村是现代化稳定器和蓄水池》，https://www.thepaper.cn/newsDetail_forward_1277817，最后访问日期：2023 年 9 月 15 日。

生存能力，甚至少数定居在这些地方。在最近几年更是出现了本地女孩找对象结婚时要求男方能够在县城或者在镇里买房的要求，经过若干代之后，没有能力满足女孩要求的男性将逐渐退出乡村婚姻市场，最终形成一个乡村和城市对于经济和文化相对一致的社会状态。

（二）交通网络影响了乡村社会秩序变迁

在我国现代化交通广泛应用之前，除了近水区域可以借助水路交通进行较大范围常规流动之外，其他区域的流动范围与施坚雅的市场圈大致重合。在华北乡村，从20世纪初期开始，与社会动荡的大范围长时间相对应，乡村社会发生了大规模的流动。在改革开放之后再加上西方文化的传入，一旦有交通便利，人口的大规模常态流动便成为现实，乡村社会成员在社会空间和社会秩序的转移上就是一个必须面对的问题。事实上人口流动只要具有技术上的可能性，具体的制度约束就自然会逐渐架空。这可以解释我国城乡二元基本制度未做实质变动的情况下，通过自发流动改变城乡结构。当乡村流动的事实已经形成，并且对乡村社会经济产生巨大影响后，国家才对城乡二元结构的基本制度进行调整。尤其是国家发展改革委发布了《2020年新型城镇化建设和城乡融合发展重点任务》之后，城乡之间区别的制度影响只有公共设施和医疗保障等因素，但对于精英或者其他有能力离开乡村的人来说都可以通过对更多回报机会的选择而规避。国家对城镇化的追求除了改变原来地理空间上接近的区域之外，真正具有吸引力的要素就是交通上便利，为城乡之间多元化的流动提供交通技术支持。

在改革开放之后，选择空间的放开，同时交通基础设施也愈加完善。尤其是2004年开始"村村通"工程之后，公路网连接起乡村基础的毛细血管，同时通过城镇连接起整个国家乃至世界。随着铁路、公路、机场、水利等政府主导的重大基础设施建设开展，综合性的交通网络将各个村庄联系起来。按照中国境内目前运行时间最长的火车K594/K595次列车来说，也不过不到3天时间，加上从乡村到车站的过程，也不会超过4天时间基本可以在国内任意两个地点之间流动。在流动过程中，会出现一系列改变乡村社会成员习俗、观念、价值、审美的外部力量。

（三）信息技术的普及改变了乡村社会圈层

在任何一个社会中，通信网络既保持着一个国家和社会的即时信息沟通回馈，更在长时间段上形成一个文化的具体容器。对于一个社会或者国家来说，信息网络与相应的支配范围和支配方式密切相关。如果将一个稳定的国家或者社会看作一个系统，信息网络和支配范围支配方式就是其具体构成模式。对于不同历史阶段的信息技术来说，相应的信息网络构成也不相同。随着互联网和智能手机等技术的普及，带来乡村社会中与集市圈差不多的信息网络圈。对于乡村来说，通过互联网、智能手机、抖音等新媒体活动与城市社会差不多的信息圈，但在地方共享社会生活的影响下，形成在乡村社会中较为稳定的以共享生活世界为背景的地方知识，其支配范围也仅限于交通圈和集市圈，从而形成交通圈、集市圈和信息圈的高度一致。交通技术广泛应用之后，乡村社会成员的流动范围扩大，但受到信息圈的影响，乡村社会成员并不能真正进入另外社会圈层。乡村社会成员向城市流动之后，其信息圈需要重新建立，但又无法按照城市方式建立，最终形成了各种以地方为标志的网络社群，①这意味着乡村社会圈层存在更多的流动性和复杂性。

三、乡村治理变化带来了嵌合型社会资本的主导力量

（一）党建引领下的"三治融合"

"三治融合"的乡村治理体系是国家和社会关系变革外部驱动、乡村治理结构内源优化和围绕着新时代"以人民为中心"价值立场生成的新逻辑结构，其实践机制总体包括促进国家治理和社会治理深度融合、推动乡村治理结构整体优化和实现乡村治理目标系统转化三个维度，具体路径是推动政府联合社会力量在建构制度供给与内生秩序的联通机制、形成振兴乡村的现代化治理体系和设计治理民生化为导向的政策方面深入推进"三治融合"的基层建制。②

（二）村党组织书记"一肩挑"和乡村干部逐渐行政化

面对乡村振兴的要求，加强党的领导必然要求充分发挥基层党组织在乡村治理中的核心地位。同时为了提高乡村干部的积极性，国家通过提高工资水平和职位晋升空间，吸引更多人才进入乡村治理。其突出表现在两个方面：一个是乡村干部任命受上级影响更强，村级管理组织中上级派驻的人员更多，参与的事务更广泛。另一个是村干部的专职化更明显，成为工作在乡村，生活在城市的专职村干部。③村"两委"已经基

---

① 徐婧、汪甜甜：《"快手"中的乡土中国：乡村青年的媒介呈现与生活展演》，载《新闻与传播评论》2021 年第 2 期。
② 张明皓：《新时代"三治融合"乡村治理体系的理论逻辑与实践机制》，载《西北农林科技大学学报（社会科学版）》2019 年第 5 期。
③ 贺雪峰：《村干部实行职业化管理的成效及思考》，载《人民论坛》2021 年第 31 期。

本纳入乡镇政府的行政体制之内。相较于基层自治组织，将其定义为乡镇政府的"派出机构"更加贴切。[①] 这些转变强化了党和国家在乡村治理中的主导能力，是乡村嵌合型社会资本中的主导力量，既保证了乡村社会资本的现代性和开放性，也保证了嵌合型社会资本的价值取向和基本方向，关系着乡村嵌合型社会资本的根本属性。

（三）地方政府将乡村振兴任务包干化

在乡村振兴和精准扶贫、防止返贫等具体目标下，加上乡村治理的不断条块化，从"厕所革命"到人居环境整治，从传统村落保护到各种名号的特色乡村开发，地方政府通过包干化手段，运用项目制管理方式，将资源供给和乡村治理高度融合起来，乡村社会秩序成为获得更多更好国家资源的重要指标。该模式能够重构政府与农民的关系，并激活基层民主，从而有效激发农民承担"落地成本"的意识与意愿，实现对农民不合作行为的有效治理。"村社包干"模式的提出为资源下乡背景下的村级公共品供给工作提供了一个新思路。[②] 这种机制混合了政治、经济和治理，具有更加灵活的资源配置能力，可以为党中央确定的政策措施提供快速有效的社会基础支持，从而为嵌合型社会资本快速培育提供经验化基础。

（四）地方政府对乡村社会秩序的全面管理

借助风险排查、诉源管理等治理手段，无论是"枫桥经验""龙山经验"，还是陕西省新时代"十个没有"（平安建设）、成都市中院诉源治理，都将以司法为核心的多元纠纷化解机制的重心前置，通过对社会基础要素的详细操控，以更加精准地对乡村纠纷进行全流程管理。基层党组织和政府的广泛介入，形成了乡村嵌合型社会资本的特有属性，在纠纷化解领域，主要体现在党和国家对乡村纠纷的全流程影响，使得乡村社会秩序再造和乡村纠纷化解具有更强的中国特色。

[①] 朱政、徐铜柱：《村级治理的"行政化"与村级治理体系的重建》，载《社会主义研究》2018年第1期。

[②] 望超凡：《村社包干：资源下乡背景下村级公共品供给的有效路径——基于对广西星村的经验考察》，载《农村经济》2021年第10期。

第三章　嵌合型社会资本与纠纷解决

纠纷是社会成员对资源分配出现争议的后果，其本身就是社会关系出现偏离的一种表现形式。从形式的角度将纠纷隔离出来进行研究，尤其是以严格的西方形式法学的范式进行研究，就会忽略纠纷运行的本质要素，也会忽略纠纷背后的社会秩序生产和再造的动力机制。

20 世纪 90 年代初西方学者系统提出社会资本理论时，国内一些敏锐的学者就注意到了该理论的解释力及其在中国社会的适用性。[①] 在经济学、政治学、社会学、管理学、人类学、历史学等诸多学科中得到了广泛的应用，并且取得了相当丰富的研究成果。[②] 社会资本研究和应用已经渗透到社会科学研究的多个领域，同时在人力资本建设、经济发展、金融投资、行政管理、资源管理、政府制度创新、社区制度建设、乡村发展、民主政治建设等诸多领域得到了广泛应用。[③] 但相关研究在纠纷解决中并没有被重视，也较少有人用社会资本来解释乡村纠纷解决方式的运行机制及其变迁的基础。相反，传统的法学研究较为排斥人情、关系、面子等传统的社会因素对于纠纷解决的影响，认为只有以法律为依据或者至少"在法律的阴影下"的纠纷解决才符合法学的理论预设，才能获得理论和实践上的正当性。可以说在现代法治视野下，直接将纠纷解决的实践场景性特征排除在外，在社会资本理论中，既关注正式规范如法律，也关注非正式规范如各种社会规范的运行。社会资本理论具有连接纠纷解决行动者微观动力机制的理论能力，也有将社会结构进一步细分为中观和微观的分析对象的能力，可以多层次解释纠纷解决在乡村社会场景

[①] 周红云：《社会资本与中国农村治理改革》，中央编译出版社 2007 年版，第 7 页。

[②] 主要著作有汪红梅：《社会资本与中国农村经济发展》，人民出版社 2018 年版；王贵斌：《虚拟社区中的社会资本：基于网络民族志的考察》，中国传媒大学出版社 2020 年版；郑晓云：《社会资本与农村发展》，中国社会科学出版社 2009 年版；胡荣：《社会资本与地方治理》，社会科学文献出版社 2009 年版；奂平清：《社会资本与乡村社区发展：以西北乡村为例》，中国社会出版社 2008 年版；徐勇：《现代国家乡土社会与制度建构》，中国物资出版社 2009 年版。主要论文有林聚任、刘翠霞：《山东农村社会资本状况调查》，载《开放时代》2005 年第 4 期；马长山：《社会资本、民间社会组织与法治秩序》，载《环球法律评论》2004 年第 3 期；周艳玲：《社会资本与中国民营企业发展》，中央民族大学 2010 年博士学位论文；王文彬：《社会资本情境与个人选择行为》，吉林大学 2006 年博士学位论文；臧倩：《社会资本视野下的现代农村纠纷治理研究》，郑州大学 2012 年硕士学位论文。

[③] 郑晓云：《社会资本与农村发展》，中国社会科学出版社 2009 年版，第 1 页。

中的运行逻辑，尤其具有解释乡村纠纷解决在历史变迁中的内在动力机制的功能。

中国乡村社会的变迁带来不同阶段不同形态的社会资本，也影响相应纠纷解决机制的运行，形成了不同阶段乡村纠纷解决在社会秩序生产和再造中的不同机制。进入21世纪以来，中国乡村社会发展出现明显的内外部模式转换，形成了具有明显嵌合型特征的社会资本。通过乡村纠纷解决、乡村治理和国家治理现代化实践逐渐形成更加具有多元色彩的"三治融合"模式，乡村纠纷解决也从原来送法下乡、迎法下乡转变为在乡村治理活动中追求善治的实践理性模式。

第一节 嵌合型社会资本的理论演进

一、社会资本理论概要

最早使用社会资本概念的是汉尼芬，他认为"社会资本是指作为人们日常生活的大部分的可触知的资产，即良好的愿望、遵循、同情以及构成一个社会单位的个人和家庭之间的社会交往"。[①] 布尔迪厄提出了具有现代意义的社会资本概念，认为社会资本就是实际的或潜在的资源集合体，这些资源依赖于一个密切而持久的关系网络，只有占据了这一关系网络的特定位置，才能够得到相应的资源，这对于每一个成员都具有相同的价值，每一个成员都可以因为占有特定的网络位置而获得相应的资源。对于一个成员来说，其所占有的社会资本由两个条件决定：一个是行动者可以动员的网络的规模，另一个是每个成员所拥有的资本的总量。在布尔迪厄看来，社会资本不能被还原为经济资本和文化资本，也不能离开经济资本和文化资本孤立存在，但社会资本具有重要的地位，可以通过社会资本的动员增强或者减弱经济资本和文化资本的价值。[②]

科尔曼试图从微观向宏观转化角度运用社会资本探析社会结构演化的可能。[③] 在对自霍布斯以来关于个体行动的理论进行批判的基础上，科尔曼认为那种假设个人行动完全独立的思路是不现实的。现实生活中，

---

① 奂平清:《社会资本与乡村社区发展：以西北乡村为例》,中国社会出版社2008年版,第21页。
② [法]布尔迪厄:《文化资本与社会炼金术：布尔迪厄访谈录》,包亚明译,上海人民出版社1997年版,第202页。
③ [美]科尔曼:《社会理论的基础》(上),邓方译,社会科学文献出版社2008年版,第277页。

个人并非独立的行动，目标也并非能够完全独立地实现，个人也不总是追求完全以个人利益为中心的利益，如何利用社会资源对个人获得职业成就有重要影响。在此基础上，科尔曼把社会结构资源作为个人拥有的资本财产，即社会资本。[①] 社会系统由行动者和资源两部分组成，只有以社会系统为分析基础，才能够对个人的行为进行研究。人一出生就具有先赋的人力资本、物质资本以及所处的社会环境构成的社会资本。社会资本存在于人际关系和结构之中，能够为行动者提供行动便利。每个人都处在关系之中，没有人能够摆脱与他人的连带和受到别人的约束。科尔曼更加强调社会资本的结构功能，认为社会资本既具有社会结构特征也具有公共品性质，从而认为行动者可以借这种结构性资源实现自身利益。同时社会资本不仅是增加个人利益的手段，也是解决集体行动问题的重要资源。

林南通过对社会网的研究提出社会资源理论，并在此基础上提出了社会资本理论。[②] 社会资本可以被定义为嵌入一种社会结构中的可以在有目的的行动中摄取或动员的资源，这些植根于社会关系网络中，是一个结构性的概念，离开社会关系，就无法确定社会资本。更进一步，林南把社会行动分为工具性行动、情感性行动两种，对于工具性行动来说，社会资本是行动者通过动员而获得的结构性资源，是为了实现某一功利性的目的，而在情感性行动中，社会资本是巩固和防止资源损失的一种工具。在此基础上，无论哪种社会资本形式，都取决于嵌入网络的资源关系，社会资本在行动者情感性和功利性行为中被动员起来，可以通过不同的交换方式进行生产和再造。

在《弱连带的优势》一文中，格兰诺维特提出了"连带的强度"的概念，[③] 认为弱连带充当着信息桥梁的角色，弱连带在传播信息、社会流动、政治组织以及一般的社会凝聚力上都具有重要作用。这一分析利用社会网分析的优势，提供了一个有效联结微观与宏观层次的桥梁，以分析一个具体的微观行为如何转变为一个大规模的结构形态，同时宏观的结构形态又如何反过来影响了微观的互动行为。尤其是在求职过程中，弱关系的作用比强联系的作用更突出。但边燕杰认为，在中国的文化背景下，

---

① [美]科尔曼：《社会理论的基础》（上），邓方译，社会科学文献出版社2008年版，第278~279页。

② [美]林南：《社会资本：关于社会结构与行动的理论》，张磊译，上海人民出版社2005年版，第24页。

③ [美]格兰诺维特：《镶嵌：社会网与经济行动》，罗家德译，社会科学文献出版社2015年版，第69页。

人们的求职过程更加注重强关系的作用。①崔学伟则进一步研究认为,之所以造成这种差异,在于格兰诺维特采用的是基于西方个人主义的假设,并且假设所传递的信息是完全可信的,不考虑信息源的可信度问题,边燕杰的研究则加入了行动者对于信息源的信任程度的问题,因此更加强调结构洞的竞争性。②

格兰诺维特认为经济行动其实是适度地镶嵌于社会结构当中的,③我们应该从具体的社会关系入手来解释人们的经济行为,也就是说由于所处的社会关系网络不同而使人们的行为存在着具体的差异,即强调了社会网络结构对人们行为的制约作用。在弱连带理论的基础上,伯特认为结构洞更能够解释玩家的地位和竞争性。④社会资本是竞争中获胜的最后仲裁者,一个竞争者通过占有结构洞,可以获得竞争中的优势,这一优势由网络结构所决定。

周红云通过社会资本理论的梳理,认为社会资本就是存在于特定共同体中的以信任、互惠和合作为主要表征的参与网络。具有社会结构资源的性质,其中,信任、互惠和合作构成了社会资本的三大基本要素。⑤杨雪冬认为社会资本是通过与组织内成员和组织外成员之间进行的一系列互动所形成的相互认同关系,这些认同关系建立在长期的相互交往以及互惠的基础之上。在这些认同关系背后,包含相互共享的历史传统以及行为方式。⑥张国芳在实地调查的基础上,对我国乡村社会变迁状态下的传统社会资本向现代社会资本转变的形态做了描述。⑦在乡村振兴和精准扶贫的背景下,增强农村居民社会资本、防范弱势群体收入向下流动,成为降低收入不平等的关键。⑧

布朗认为社会资本是一个过程系统,这一系统按照个体所结成的关

---

① 边燕杰:《找回强关系:中国的间接关系、网络桥梁和求职》,载《国外社会学》1998年第2期。
② 翟学伟:《社会流动与关系信任》,载《社会学研究》2003年第1期。
③ [美]格兰诺维特:《镶嵌:社会网与经济行动》,罗家德译,社会科学文献出版社2015年版,第8页。
④ [美]伯特:《结构洞:竞争的社会结构》,任敏、李璐、林虹译,格致出版社2008年版,第12~13页。
⑤ 周红云:《社会资本与中国农村治理改革》,中央编译出版社2007年版,第56页。
⑥ 杨雪冬:《社会资本:对一种新解释范式的探索》,载李惠斌、杨雪冬主编:《社会资本与社会发展》,社会科学文献出版社2000年版,第36页。
⑦ 张国芳等:《社会资本与村庄治理转型的社区机制》,浙江工商大学出版社2019年版,第170~171页。
⑧ 邓大松、杨晶、孙飞:《收入流动、社会资本与农村居民收入不平等——来自中国家庭追踪调查(CFPS)的证据》,载《武汉大学学报(哲学社会科学版)》2020年第3期。

系类型来分配整个资源。微观层面的社会资本强调个体的动员力量，这一动员力量通过行动者所嵌入的社会网络展开，受到个体所在网络的总体性制约。[1]中观层面的社会资本由特定的网络构成，这一网络和特定的连接方式、地理以及规模相联结，因为这种连接方式而形成某一群体的动员力量和成员的行动背景。宏观层面的社会资本是"外在"文化、政治和宏观经济对网络中的社会联系的影响、对网络结构的影响，以及对网络构建、变化和转移的动力的影响。布朗对社会资本的表述提供了研究社会资本的新视角，社会资本这三个层面的分析并不互相排斥，它们之间的相互作用根据讨论问题的不同而各有侧重，任何给定的问题都需要在这三个层面上分析。

"社会资本实际上是在一定的文化模式的普遍影响下，人们对其所处社会生存环境的理解而做出的理性选择行为。"[2]社会资本不是一个抽象的概念，抽离了具体的关系网络，社会资本就无法存在。[3]正是通过人与人之间的"互为关联和镶嵌"，人的生活、发展和价值得到不断发展和再造，也使得社会秩序和社会价值得以不断再造。纠纷解决行动正是人的社会实践的一部分，通过纠纷解决实践建构人的价值和生活，使社会关系得到不断的再造，社会秩序得以不断再造。在中国乡村纠纷解决实践，在解决了村民的社会冲突的同时，也实现了党和国家权力与制度在乡村社会中的不断强化和贯彻，把社会主义法治的理念、价值、规范、信任等要素带入乡村社会中。在党和政府主导的乡村治理格局中，外来的资源和内生资源相互融合，柔性治理和刚性治理相互协同，形成了极具中国特色的乡村纠纷解决机制。

二、嵌合型社会资本的经验基础

在社会理论中，为了分析的方便，会通过对某种社会形态的高度简化以形成特定的理论基础。在社会学和法学关于纠纷解决的研究中，有众多研究者将乡村纠纷解决的弱法治性归结为传统社会或者乡土社会，与此相对应的是市民社会或者现代社会。但在每一种社会类型中，都单一设定了某些必须具备的社会条件。诸如市民社会或者现代社会具有较强的法治属性，社会成员在安排社会行动时会更加考虑国家法律规则的

---

[1] [美]布朗:《社会资本理论综述》，木子西译，载《马克思主义与现实》2000年第2期。
[2] 卜长莉:《社会资本与社会和谐》，社会科学文献出版社2005年版，第381页。
[3] 奂平清:《社会资本与乡村社区发展：以西北乡村为例》，中国社会出版社2008年版，第59页。

约束。但这一假定前提具有很强的虚构性，我们并不能在社会学领域中找到一个特别普遍的学说，该学说明确断言一个现代性的国家与社会行动的法治属性较强之间有密切关系。事实上，在这一假定中，忽略了一个更加基本的要素，即一个社会中具有较强的法治属性和社会成员的社会行动之间是如何勾连起来的，对这一问题的预设根本上影响到一个社会中法治属性强弱的要素与社会成员的个人选择之间的关系，如果不厘清这些问题，我们在描述和解释乡土社会、陌生人社会、市民社会、现代社会、半熟人社会等概念的时候，都会出现模棱两可的弊端。

对于任何一个社会来说，结构上的复杂性和分层性都意味着存在多样的社会秩序，特定的社会秩序和社会资本之间又形成了相互影响的关系。除非绝对离散的社会状态，哪怕是最为严重的社会崩溃，也依然存在最基本的社会资本，并支撑起最低限度的社会秩序，或可表述为"丛林法则"。

面对更加现实的社会形态，在现有的社会理论中并不能找到贴切的表述。一般总是通过简单的社会形态划分，将一个后续社会形态当作对前一个社会形态的整体性替代，前一个社会形态的社会结构要素就会被全部剔除或者吸收，只留下一个对整个社会秩序具有垄断性的形态，可以描述为传统和现代、现代和后现代等。这种理论描述的方便选择，与其说是对整个社会秩序属性的描述，不如说是对当时主流知识模式的描述，与社会秩序本身是两个完全不同的问题。

基层社会治理的本质是治理主体协作关系的结构化，即一定时期内相对稳定的治理结构。即使在社会秩序形成中，国家更多采用命令的手段，社会更多体现服从的特性，国家与社会的多种行动主体也都不会是"缺场"的，公共秩序的本质特征就是"公共性"。[1] 当我们将视角转向个体的微观行为模式的时候，并不能将社会理论所预设的上帝视角一并纳入进来，而是应当考虑个体行动的具体选择空间。在这一选择空间内，个体可以获得信息是有限的，必须通过对某些要素做索引化处理，即不再将某些信息当作必须有意识获取辨别的对象，直接将这些信息或者其他社会要素当作行动背景，从而凸显出个体行动的意识层面属性。但个体行动的具体选择空间只能从具体的社会互动中得以辨识，凸显何种属性必须由特定社会互动所处的社会资本作出保证。可以说如果离开社会资本，孤立地去描述某种行动的属性，就会出现过度简化社会行动及社

---

[1] 刘学：《回到"基层"逻辑：新中国成立 70 年基层治理变迁的重新叙述》，载《经济社会体制比较》2019 年第 5 期。

会秩序的丰富性，将具体的社会行动刻板化为某种社会理论的证据。

（一）微观上的社会资本经验基础

对于社会资本来说，在微观层面上个体行动的社会资本有多重，其取决于社会互动主体能够动员的社会力量具有何种属性，以及该种社会力量会支持哪一种社会信任，从而保证相应的社会规范可以生效，产生对相应社会成员的约束力。这意味着对于个体来说，处于不同的社会互动关系中时，也会面对不同的社会资本，特定的社会规范也会以或现或隐的方式对行动模式产生影响。一个比较典型的场景是社会成员拥有完全均衡的社会动员能力，其所形成的社会资本对于所有成员均无差别施加压力，这会导致两个完全相反的社会秩序类型。一个是因为没有差别就不会形成任何互动的动力机制，整个社会陷入一个高度独立自主的静止状态，成为小国寡民。"使民有什伯之器而不用；使民重死而不远徙；虽有舟舆，无所乘之；虽有甲兵，无所陈之；使民复结绳而用之。甘其食，美其服，安其居，乐其俗。邻国相望，鸡犬之声相闻，民至老死，不相往来。"[①] 小国寡民的社会理想就是一个完全独立自主而缺乏足够社会互动的状态。另一个极端社会状态是绝对冲突，因为具有无差别的能力，在社会互动中就会形成连续的双方互动行为，直到双方的动力全部消除。这两种极端状态在个体微观行动中都不会遇到，真正遇到的情景更多的是随着互动对象和互动场景的变化而出现随机变化。可以说在微观层面上，没有人在具体社会互动中是完全目的性选择特定的行动方式，而是通过多重社会线索将自身行动嵌入各种社会互动关系中。

（二）中观上的社会资本经验基础

不同的群体关系或者文化地理等条件区隔，会形成不同层面的社会结构和组织模式。在该社会结构中，具有相同属性的群体形成不同的相互依赖与约束的关系，有些是显性的或者正式的，如通过某种具有层级化组织结构而关联起来的群体，在任何一个历史时期都会存在的宗教团体、政党团体等，本身具有极为严格的层级化结构，并且通过对层级化社会规范的严格遵守，而形成古今广泛存在的超法律或者法律外社会群体。从马克思主义的角度来说，一旦某些群体处在统治阶级的层面，就可以通过将自身意志法律化的方式而保护自身的社会规范和自身利益。即便不是在国家层面上，如果有一个具有较为明显的层级化组织结构的群体，也会在法律规范和内部的社会群体规范之间进行明显的选择排序。

[①] 王弼：《老子道德经注校释》，中华书局2016年版，第190页。

尽管从国家层面来说，法律或者法治具有绝对的优先性，但在宏观层面实行的时候，任何一个具有较为层级化的组织结构的群体都会首先选择穷尽群体内部规范之后才选择法律规范的过程，只有不属于任何层级化组织的社会成员才会在行动时选择法律规范作为其行动理由，这就形成了一个观念上和实践上的镜像行动系统。在观念上人们受到国家对法律规范强制性宣传的影响，在公共话语系统中形成以法律规范为最高位阶的规范系统，其他规范从属于法律规范，并且其他社会规范由法律规范赋予道德上的正当性，即形成以法律构建的范围内的社会和私人规范系统。但在行动上，个体能够动员的社会支持永远是由个体、社会、国家渐次向外这一圈层系统，并且严格遵循由内至外的顺序。这种镜像系统决定了个体行动时规范选择的复杂性，尤其是镜像系统和个体的社会位置相互作用之后，会形成更加复杂的规范选择体系。

（三）宏观上的社会资本经验基础

在宏观层面，某个群体形成可识别的稳定行为模式，就可以将这一群体的行为模式标示为不同的概念标签。正是在这一意义上，乡村社会秩序和城市社会秩序才被建构起来。但二者更加基础的社会规范模式是何种因素，即元行为模式是什么则需要进一步探讨，二者才是真正理解乡村社会中纠纷解决和城市中纠纷解决在动力机制和效力保障上的一致性问题。否则就会认为建构出乡村社会与城市社会在纠纷解决中具有不同的逻辑前提，更进一步将村民和市民当作具有完全不同认知、偏好、价值观和道德动机的群体，而忽略宏观上群体行动的共同基础。

宏观上群体的稳定行动模式由共同的组织性加以描述，包括行动上的习惯性、观念上的一致性、伦理上的统一性。行动上的习惯性即指在相同的社会情境下，人们的行动选择在外观上趋同，这是一个宏观群体能够组织在一起的根本基础。观念上的一致性指的是人们对于社会现象以及他人的行动处在相同或者相近的语境下，可以赋予其相同或者相近的意义，从而形成人们的稳定互动链条。伦理上的统一性更加基础，在一般意义上，人类无论何种文化都能够进行沟通的基础就在于对相互的行动能够解释为统一的伦理观念。最为基础的伦理观念可以从彼此期望存续和避险这两个基本需求延伸出来，都是服从于这一人类最基本的目的，或者是所有生物乃至所有存在最基本的目的。① 这三个要素如何产生，如果采取一个更加实证的视角，从而将这三个要素转化为可以分析和度量的要素，社会资本理论就是一个最为适合的框架，尤其是加上现在的计算社会学的相应工具，更加可以从宏观层面描述人类行为的规范模式。

在这一层面上，乡村社会秩序与城市社会秩序遵循的根本逻辑并无差别，人们在面对行动选择空间上的习惯、伦理和观念都遵循个体利益的稳定获得，传统社会中乡村通过实质上的自治系统实现秩序的稳定，并且通过文化与其具体承载者与国家权威建立联系。② 新中国成立后在国家宏观发展战略下将乡村当作支持工业优先发展的重要资源，通过政治和意识形态上的动员，将乡村社会成员转化为国家战略实现的重要保障机制。乡村社会成员在政治、意识形态和经济社会等多重约束下，将自身的社会互动与其社会资源结合起来，同时在城市更加明显的是在工商业领域中采取明确的计划经济，个体只不过是整个经济社会体系的一个符号，与相应的身份和利益相联系。这种宏观资源的约束，乡村和城镇都被严格收敛在有限的组织体内，成为一个通过制度人为设置的单性群体。

改革开放之后在城乡都实施了社会主义市场经济，虽然因为城乡二元结构在数十年的时间内造成的城乡资源和机会分布严重差异。尤其在城乡之间存在的各种社会支持具有根本差别，造成如今城乡之间在社会层面上的更大差距，存在经济社会发展不平衡的问题。③ 但城乡社会成员在资源的支配和社会资本的拥有上也高度相似，尤其是二者在面对资源不同约束条件下所采取的行动模式高度相似。城市社会成员因为身份的原因似乎可以较为自由地流动，但需要遵循更加体系化的各种经济法律法规；乡村社会成员因为缺乏身份上的利益，但可以在城乡之间自由转换，同时乡村在经济和文化意义上

---

① 从更加广义的角度来说，如果不将人的意向性作为目的的根本前提，而是将存在向另一个可以稳定存续的状态转换的机制都视为目的性，那么可以将整个世界解释为目的性的过程，人类是整个目的性过程中的一个产物，这有些类似于某些激进理论中的模拟宇宙假说。但人类在具体的某一历史阶段或者之后的解释行为，都通过一个柏拉图式的理念作为解释的逻辑前提，从而赋予实在以意义，进而推动人类行为，这即意向性问题。

② 传统乡村在文化上并不具有劣势，真正将乡村传统当作一个落后愚昧的符号建立起来的是我国开始现代革命之后，在西方资产阶级思想尤其是追求西式自由等价值的修辞下将乡村传统建构为一个落后愚昧的对象，并且在整个价值和话语系统中固定下来，这背后是一个类似于"东方主义"的现代对传统、城市对乡村的话语殖民和剥夺。

③ 陆学艺：《"三农"续论：当代中国农业、农村、农民问题研究》，重庆出版社 2013 年版，第 295 页。

都构成了乡村社会成员自由转换的终极保障。① 在这种更加多元的选择空间中，乡村社会成员虽然在社会和经济支持层面与城市有较大区别，但是在行动选择空间的多样性上比城镇要更加多元，也是乡村组织在变动时期统一的组织性减弱的一个后果。在乡村社会成员可以在城乡之间自由转换的时候，这种自由转换的级别并不高，或者说质量很低，但不能与选择的多样性相混同，更不能简单认为乡村社会成员在社会行动选择上非常狭窄。

三、中国乡村社会变迁对社会资本理论的冲击

自晚清到新中国成立之前，乡村社会固有的社会关系和文化价值体系受到严重冲击，在各种战争派系斗争中形成带有"武化"色彩的乡村派系又构成了新的社会结构和文化价值的基础，是传统乡村社会资本溃败衰落的一个时期。② 在中国共产党的带领下，经过抗日战争和解放战争，乡村社会在经济形式上得到了相对统一，文化上建立起以共产党领导为核心的体系，组织上形成以基层党组织嵌入的现代政党引领的理性化乡村治理机制，为乡村之后的发展奠定了思想、经济、文化和组织上的早期原点。

新中国成立后，中国乡村成为相对现代城市而言的空间、文化、价值、意识形态和伦理共同体。在 20 世纪 50 年代又成为以地理空间和制度空间为基础约束的共同体，受到权力全面渗透和流动严格限制的双重影响，中国乡村成为被制度化强制隔离的地方共同体，村庄内部高度同质，村庄之间和城乡之间高度分离，进一步强化了乡村内部的差序格局，同时形成了党和政府高度渗透的社会结构，构成了影响至今的基本结构要素。这一时期的特点是传统伦理的淡化和"政治—经济—意识形态混合体"的强化，既去除了 19 世纪乡村控制机制中士绅等传统权威的影响，又强化了国家权力对乡村的整体性渗透，压缩了乡村社会内生的多元化规范机制运行空间。经过改革开放以来的发展模式、国家政策、交通技术、市场发展、技术渗透、文化普及、农民工流动等多重因素的发展，在传统社会结构和文化的基础上，以 20 世纪 50 年代的基本结构为主导，在呈现二元结构的制度基础未得到全面变革的情况下，中国乡村社会出现了一系列与西方社会资本

---

① 这点贺雪峰的研究中有提到，可以将乡村的土地等利益看作一种保险，以应对因为衰老或者社会变迁等情形带来的重大风险。农村、农业和农民能维持在传统的低水平内卷化生产生活方式，但城市、工业和市民不能。

② 张鸣：《乡村社会权力和文化结构的变迁（1903—1953）》，陕西人民出版社 2008 年版，第 63 页。

理论假设前提和社会基础不同的要素，对社会资本理论形成了一系列挑战。

（一）社会资本理论假定的成员自由选择结社权面临挑战

在经典的社会资本理论中，普特南和科尔曼都以社会自发选择为基础，个体通过理性选择行为建立起社会互动，进而形成更大范围的国家与社会的二元互动关系，形成具有现代色彩的社会资本，支撑起西方资本主义社会体系，尤其是其中的法治体系，构成了西方法学和社会学中国家社会二元结构的基础。对于中国乡村社会来说，新中国成立之前的传统乡村社会秩序并没有个人选择的文化基础，所有成员都以伦理上的身份确定自己的社会位置和法权上的能力，并不存在选择问题，只能作为一个抽象血统延续中的符号。这种社会资本具有很强的先赋性，也不存在可以进入西方理性选择的可能，这直接导致传统中国乡村社会秩序变化基本没有现代意义上的再造，而是随同小农生产的内卷化经济生产形成社会秩序的内卷，长时间不发生结构性的变化。从秦汉时期的乡村治理到民国时期的保甲制度，从官民或者皇权与民权的关系来说，本质上并没有太大改变，内在的控制逻辑也未发生根本的改变。[①]

在 20 世纪初期，共产党以更强的对乡村的全面动员影响了中国乡村社会秩序的变迁。通过将马克思主义与乡村社会在革命战争、抗日战争和解放战争中的命运联系起来，形成了具有高度组织性的乡村社会。改革开放至农业税费取消之前，乡村社会受到城市拉力和乡村推力的双重影响，以自发方式成为城乡之间流动的农民工群体，随着城镇化进程不断转变职业、生活和社会关系。乡村社会的治理模式也经历了传统的双轨制，新中国成立之后的"政社合一""乡政村治""三治融合"等多种形式，背后更是经历了国家的单方面汲取、悬浮、项目制进村、党建引领、"三治融合"等主导力量的变迁。中国乡村社会结社自由的空间限制、文化限制和制度限制综合作用于乡村社会。这种情形的乡村社会资本具有更强的区域分割特点，在传统的乡村社会中形成高度以血缘和地缘为依据的社会资本，家族势力与个人魅力同时缠绕进国家的政治话语和正式制度。这一基础在党组织嵌入之后形成了更加具有中国乡村特点的社会资本，并不是由西方自由主义意义上的个体行动选择形成，而是由不同的派系之间的互动形成，单个的农村社会成员很难作为一个有效的分析单位，作为一个团体就容易得到很好的解释。中国乡村社会成员之间的互动更接近不同群体类型之间的互动，呈现的个体特点只有在群体之间

---

① 董建辉：《明清乡约：理论演进与实践发展》，厦门大学出版社 2008 年版，第 302~303 页。

交错冲突时才会显露出来。这一特点在传统乡村社会中很难显露的原因在于乡村只具有较为单一的血缘地缘团体，缺乏技术支持的情况下也很难出现交错，个体特点几乎没有显露的需要，只需要固有的乡村社会网络中的伦理符号就可以维持，年龄和道德等符号和乡村权威具有基本等价的关系。

经历了改革开放之后的变迁，乡村社会的次级团体逐渐增加，既有被动改变了生活和工作环境的，也有主动选择改变生活和工作环境的。技术因素带来价值的快速变迁和多元化，团体之间的交错更加频繁，个体的价值逐渐凸显出来，原来由稳定的伦理符号代表的乡村权威被在经济文化和经济上具有支配和选择能力的个体所取代。[1]再加上党组织和基层行政力量，乡村社会成员的行为更多由组织性的团体意志和具有选择能力的个体共同塑造，沉默的大多数作为跟随力量进一步强化乡村网络结构，进而影响纠纷在乡村的运行机制。

（二）社会资本理论的理性选择基础面临挑战

社会资本理论依赖个体的理性选择行动，在西方的理论体系中，理性是人的本质，建立在从希腊哲学开启的基础之上，经由康德和黑格尔等人建立起来抽象的理性结构。抽离了与其相配套的个人自由主义社会结构，西方的理性也就失去了社会支持基础，个体行动的理性与其社会结构之间的关系也就不能得到解释。这种解释一方面以个体理性为基础，另一方面又以中国传统社会的总体文化为基础，存在明显的理论误置问题。将中国乡村社会成员的行动脱离社会基础与西方脱离社会基础的抽象理论进行比对，并以中国经验不能验证西方理论为依据，进一步批评中国乡村社会落后与愚昧，构成了西方理论对中国经验的逻辑闭环攻击。一旦将理性与相应的社会基础联系起来，通过经验和理论之间相互促进，就会塑造中国乡村社会逐渐接近经典抽象理性模型。

作为一个文化建构的产物，理性至少具有两个不同维度。一个是作为人的本质与自然之间关系的理性，即人能够通过对世界的不断假设验证以调整与世界的关系，这种理性是古希腊哲学中确立人自身主体地位的核心，也是后世笛卡儿确立的"我思故我在"的认识论基础。尽管在后

---

[1] 这种情形在晚清到民国初期也出现过，新式教育消除了传统士绅的文化知识基础，市场化打破了乡村相互扶助为主要功能的宗族基础，乡村成为新旧精英争夺的一个场域，新式精英借助文化、政治和经济优势全面取代了传统士绅对乡村的支配。详细参见[美]李怀印：《华北村治：晚清和民国时期的国家与乡村》，岁有生、王士皓译，中华书局2008年版，第311~312页。

来的理性类型中细分出自然理性、逻辑理性、实践理性等类型,都未能脱离理性本身所具有的人与世界的关系这一维度。尽管实践理性将道德内容考虑进来,但未进一步将社会结构与实践理性的互动关系考虑进来,而是将互动关系看作受实践理性支配的结果。另一个是人在社会行动中作出选择的依据,从最简单的趋利避害的生物行为到最复杂的国际关系,个体行动选择总是基于特定理由。在简化的基础上,个体行动遵循信息不完备情况下的效用最大化或者至少是损失最小化的选择模式,可以看作二选一的方案选择问题。分析个人的行动,就需要考虑个人并不严格遵循对所有方案的完备性对比,而是在较为稳定的社会结构中,参照临时性的场景线索,通过结构化的利益直觉进行选择。结构较为简单而稳定时,固化于不同群体的行为模式直接影响选择行为,具有极强的伦理特性、稳定性和情感性,极容易在对抗中走向极端的暴力冲突。结构较为复杂而稳定时,为了选择的简化起见,行动者倾向于采取积极的保守方式,以尽可能维持自身嵌入的社会结构的稳定性,进一步换来个体的利益稳定,表现出来即个体的公共意识。

中国乡村的变迁在提供乡村社会成员多样化选择能力的同时,因为党政力量、市场力量和技术力量的影响形成职业和派系上的分化。城乡二元结构又决定了大部分乡村社会成员的空间和伦理要素依然限制在乡村这一想象共同体中,形成了以初级共同体贯穿次级共同体的情形,初级共同体与次级共同体随着利益变化对乡村社会资本强弱也产生影响。总体上出现在更多初级共同体对未来收益进行选择的现象,导致更加具有妥协色彩的乡村社会互动模式出现,具有与西方实践理性表面上相似的社会基础,一般描述为陌生人社会。其与西方陌生人社会的自由选择基础不一样的有两个要素:一个是中国乡村社会的选择空间很大程度上由党和国家根据宏观的战略需求设定,通过政策和意识形态系统加以实施,因此具有宏观上的设计色彩和微观上的妥协色彩,共同构成了中国乡村社会资本的底色,这也是中国乡村社会行动的根本逻辑。另一个是以市场为基础的选择能力增强和选择空间扩大缺乏足够的道德培育过程,即中国乡村社会成员并未经历公民道德的养成过程,而是直接由市场或者党政力量推向更广阔的选择空间,这种选择理性的基础只留下简单粗暴的经济利益,与消费主义渗透乡村相对应,在所有领域都出现以经济为基础的理性就严重排挤了传统道德的适用。这种社会互动带来的乡村社会资本可以快速满足抽象的西方陌生人社会标准,也可以快速出现撕破脸面的对簿公堂,这种低水平又不稳定的社会资本急需更多传统和现代伦理道德重新进入，可以说正是乡村振兴中德治和自治的重要价值。如何培育和演化，则要对党建引领如何在传统和现代之间作出权衡指引进行长时间段的观察。这种受多种因素影响的乡村社会个体和团体的选择行为变化，并不能用经典的理性选择加以解释。只有通过对乡村社会结构日渐复杂的初级共同体的分化进行分析，在具有更加多元的选择之后，乡村社会成员的行动才更加具有形式理性所要求的表面特征。真正推动乡村社会成员行动理性化的，并不是建立在个体和世界之间的假设与验证关系，而是面对他人的时候的选择空间多元化问题。

（三）社会资本理论对公权力排斥的挑战

在西方经典社会资本理论中，更加关注基于社会成员自由选择而形成的社会资本，其天然具有与国家公权力相互分离的属性，并进而形成西方经典的社会—国家二元模型。对于中国乡村社会来说，晚清以后的乡村社会秩序就失去了以自生自发为主的发展模式，转向了各种外部力量强制改变乡村社会的模式，形成总体上以理性设计为主，自生自发秩序为辅的乡村社会发展模式。

改革开放后，乡村社会经历了几个关键性变革。从治理模式变化来说，第一个是从政社合一的高度理性设计转向部分放开的乡政村治模式，第二个是乡政村治向"三治融合"等的转变。治理结构和治理要素形成了早期的党、政、社、经一体，甚至是党政包办乡村社会和经济生产，后来的有限政治力量和国家力量在乡村社会维持低度的社会公共秩序，一旦乡村社会成员有机会又有能力就会快速流出乡村社会。[①] "三治融合"背后则是更加多元的乡村社会动力结构，包括政治和意识形态驱动的党组织领导，以党建引领的具体方式构成乡村生活在更新近的时期展开社会秩序的理性建构。具体是社会秩序建构上，它通过一系列党和国家的政策设置各项资源进入乡村，最终形成以党和国家权力支配乡村生产生活的新型支配模式。从影响乡村社会变迁的因素来说，技术、交通、通信等一系列因素构成了乡村社会成员价值转变、知识形成和群体认同的基础。乡村价值从原来单一的血缘伦理转变为更加复杂的来源体系，既有血缘认同和地缘认同，也有纯粹的市场经济认同，还有通过媒体的各类想象共同体的认同，尤其是通过党和基层组织的意识形态宣传形成的认同。知识形成从单一的经验传播转变为通过教育、文字、各类宣传学

---

① 这方面最具有代表性的是梁鸿和熊培云，其作品都详细描写了乡村能人通过各种努力走出乡村的生命历程，详细参见梁鸿：《中国在梁庄》，江苏人民出版社 2010 年版；熊培云：《一个乡村里的中国》，新星出版社 2011 年版。

习，在电视进入乡村之后的媒体快速变迁，事实上没法在任何单一的层面上完成乡村知识体系的生产和传播，这正是目前国家加紧对媒体治理的重要背景。群体认同更是与各种技术因素密切相关，一些新的次级群体不断生成，形成新的群体认同和社会规范。

在此基础上，党和基层政府在政策和意识形态上构成了乡村社会资本中最为核心和稳定的部分，进而分离出社会和经济领域的部分要素，在设置的基本结构空间中进行组合。这种意义上的乡村自治结构具有极强的权力主导属性，而只具有较为稀薄的或者较弱的自我选择空间。尤其是在二元结构下，现在以城市反哺乡村、以现代反哺乡村具有更强的伦理上的正当性，快速推进了各项资源在乡村的重新分配，包括通过积极的城镇化改变乡村的空间结构、生活场景和社会关系，也包括以国家重大政治承诺推动的脱贫攻坚和乡村振兴。脱贫攻坚的重大胜利，为实现第一个百年奋斗目标打下坚实基础，极大增强了人民群众获得感、幸福感、安全感，彻底改变了贫困地区的面貌，改善了生产生活条件，提高了群众生活质量，"两不愁三保障"全面实现。还有以各种项目建设为载体的乡村建设推进，辅之以乡村环境建设和产业发展，在经济社会主动供给的基础上，以积极的权力推动资源分配快速提升了乡村的现代化色彩。但这种发展模式与乡村社会的内生模式存在一定的差距，在社会资本的外部性和公共性溢出方面难以完全解决后续问题。

（四）社会资本理论面临中国乡村社会的多元嵌合要素的挑战

社会资本理论建立在一个较为简单的线性进化基础上，在不同的社会资本理论中，更多关注的是一个相对独立的社会中各个层面社会资本的演化或者功能。无论是科尔曼还是伯特，都只是采取不同的分析视角，并不关注一个社会结构内部各项要素的时间和空间的多维关系，因此社会资本理论框架总是在单独的维度上分析。对于中国乡村来说，社会资本多元嵌合格局随着时间和技术发展快速迭代，很难将乡村作为稳定的分析对象，更难以将其作为一个具有独立性的历史演化过程进行描述。

在当前的中国乡村社会中，经过多年的城市拉力和乡村推力的筛选，乡村社会成员并不能在各个方面构成乡村发展的主导性群体，多种力量进入乡村这一复杂的空间之后，在不同层面上营造出一个多维度的乡村社会形象。乡村社会形象与现代化进程密切相关，是现代理论对传统凝视的结果，也是多年来东方主义在中国乡村形象建构的结果。乡村社会如何运行如何发展，又应该走向何处去，是现代主义自上而下俯视的结果。现代主义话语的各种力量采取了具有想象性的上帝视角，将乡村的过去作为一个落后的符号，包含乡村的文化、社会规范、伦理以及乡村社会秩序的价值。其试图通过现代性要素的输入以改造乡村社会，在政治、文化等资源方面全方位输入乡村，以形成具有更强黏合性的现代社会形态。输入性要素虽然具有政治伦理上的优越性，却遮蔽了乡村本身的话语体系，形成了现代话语系统中被建构的乡村话语系统。这种话语上的一致性同时也遮蔽了乡村更多维度上话语的存在。

在互联网等技术进入乡村社会之前，乡村本身的话语很难通过更多途径表达出来。宏观想象的乡村社会或者书面上的乡村社会成为分析乡村社会秩序的重要基础，乡村社会秩序本身的正当性就转变为待拯救的问题，连带着恢复自身社会秩序状态的纠纷解决模式也成为问题。这段时期既是艺术作品展示乡村社会秩序的尴尬状态的时期，也是法学理论中关注法律要素输入的时期，主体的法律理论带有通过现代法律拯救乡村社会的色彩，连带着把陌生人社会和形式理性等理想型也带入对乡村社会的改造中。在互联网等信息技术进入乡村社会之后，加上早期农民工在乡村与城市之间的流动，到目前城市资本向乡村的流动，乡村社会的形象具有更加多元的维度，连带着乡村社会秩序和纠纷解决方式也具有合理性。这种变化带来一定的话语竞争，精英的现代主义不再具有绝对的真理性，只是在解决具体的问题时的一个选项，需要按照党和国家的需要进行重新选择。

更加重要的是目前乡村中有几个主要类别的力量构成了乡村社会资本生产和再造的基础，不同力量具有各异的运行逻辑。对于主导力量来说，其核心是党的政策，通过几次政策上的转换，乡村的价值在多个维度上得到重新确认。在向治理话语转向后，乡村社会秩序和纠纷解决就有了得到权威认同的价值，对于"枫桥经验""龙山经验"等基层治理模式来说，乡村社会场景作为能指被遮蔽，而成为各种力量的展示舞台，情景化的乡村社会秩序具有符号、物质的多重交叠特点。基层的社会修复模式与党的政策的总体目标一致时，乡村自身的社会修复机制就会被认可。多元参与事实上是对改革开放到21世纪初期对乡村社会秩序认识的调整，其带来的后果是乡村社会秩序的时空交错，与多重选择机会的开放相伴随，乡村社会成员的利益纠缠也更加多元。一个经由社会结构变化带来的行动逻辑更加具有妥协色彩，更加具有实用道德主义表面特征，满足了关于陌生人社会的表面设定。这种表面符合并不等于乡村社会资本生成逻辑与经典的社会资本一致，而是在主导动力机制和结构的时空结合上都不相同，纠纷就具有需要多重社会资本共同驱动的特色，传统的社会规范和纠纷解决模式也就有了正当性，各种地方性的纠纷解决方式同时进入一个统一的乡村治理体系。这些远远超出了传统社会资本对乡村社会秩序的解释力，也超出了纠纷解决与社会资本之间的相互作用以再造社会秩序的功能。

四、嵌合型社会资本的理论样态

从前述分析来看，中国乡村社会秩序变迁的特殊形态挑战了传统社会资本分析框架和前提，需要进一步完善社会资本在描述中国乡村社会变迁中更加详细的机理。为更好地描述中国乡村社会秩序变迁的特点，需要在经典社会资本理论基础上加以调整，既保留社会资本具有的结构功能主义特点，又能够更好地适应独特变迁机制的中国乡村社会。

基于上述问题，本书将中国乡村社会的多样化嵌合特点与社会资本的理性化特点相结合，提出嵌合型社会资本概念，意指静态结构上具有城市和乡村混合特征、动态上具有现代传统混合特征的乡村社会资本形态，以描述中国乡村社会秩序变迁带来的社会资本特性，更好地解释在嵌合型社会资本下的乡村社会秩序，以及通过纠纷实现社会秩序再造的特点。我国现在的乡村社会中存在来源多样、时间错杂、文化交叠的社会资本，形成"半熟人社会""流动性社会""半耕半农社会""半耕半网"等新的类型，呈现社会网络、规范、观念、行动和规范体系上由国家权力、市场权力和文化权力共同塑造的社会场景。在此基础上形成的社会资本具有融合现代与传统、乡村与城市、经验与想象的社会资本形态，既有社会资本理论的结构特点，也有时间贯穿的历时特点；既有社会资本理论的静态结构，也有各个结构要素之间快速迭代的流变。嵌合型社会资本一方面可以更加完整准确描述乡村社会变迁带来的社会关系变化、乡村团结形式的变化以及乡村纠纷解决动机和效果的变化；另一方面，嵌合型社会资本可以更加针对性解释乡村社会中不同社会成员行动逻辑，涵盖乡村社会中复杂的群体分化、阶层分化、文化分化带来的不同行动逻辑在同一乡村社会空间中的冲突和协调现象。

对于任何一个社会来说，结构上的复杂性和分层都意味着存在多样的社会秩序，特定的社会秩序和社会资本之间又形成了相互影响的关系，蕴含着时间维度上的演化问题。除非绝对离散的社会状态，否则哪怕是最为严重的社会崩溃，也依然存在最基本的社会资本，提供行动者所需要的最低限度预期线索，支持起最低限度的社会秩序。

如果将社会秩序划分为微观、中观和宏观三个层次，这一最低限度的社会秩序和相应的社会资本就具有更加丰富的形态，加上任何一个层次在时间维度上还会不断地演化，在这三个层次之间各种社会要素又会产生丰富的流动交互，最终形成一个具有静态的横向结构和动态的历史脉络上的多元社会形态，成为一个具有时间维度的事件网络。面对这一更加现实的社会形态，在现有的社会理论中并不能找到贴切的表述。只能通过简单的社会形态划分，将一个后续社会形态当作对前一个社会形态的整体性替代，前一个社会形态的社会结构要素就会被全部剔除或者吸收，只留下一个对整个社会秩序具有垄断性的形态，可以描述为传统和现代、现代和后现代等，这种理论描述的简化选择，与其说是对整个社会秩序属性的描述，不如说是对当时主流知识模式的描述，与社会秩序本身是两个完全不同的问题，这也正是社会资本理论在解释乡村社会秩序的形成、演化中的重要价值。

（一）嵌合型社会资本的微观形态

对于社会资本来说，在微观层面上个体行动的社会资本有多个维度，其取决于社会互动主体能够动员的社会力量具有何种属性即社会资本的嵌合形态，以及该种社会力量会支持哪一种社会信任，从而保证相应的社会规范可以有效运行，产生对相应社会成员的约束力。这意味着对于个体来说，处于不同的社会互动关系中的时候，也会面对不同的社会资本，特定的社会规范也会以或现或隐的方式对行动模式产生影响。一个比较典型的场景就是社会成员拥有完全均衡的社会动员能力，其所形成的社会资本对于所有成员均无差别施加压力，这会导致两个完全相反的社会秩序类型。一个是因为没有差别就不会形成任何互动的动力机制，整个社会陷入一个高度独立自主的静止状态。与黄宗智描述的"内卷"化生产方式相对应，另一个极端社会状态是绝对冲突，因为具有无差别的能力，在社会互动中就会形成连续的双方互动行为，直到双方的动力全部消除。这两种极端状态在个体微观行动中都不会遇到，真正遇到的情景更多是随着互动对象和互动场景的变化而出现随机变化。可以说在微观层面上，没有人在具体社会互动中是完全目的性选择特定的行动方式，而是通过多重社会线索将自身行动嵌入各种社会互动关系。在一个纠纷解决过程中，纠纷解决的参与方甚至作为背景的其他个体，都通过纠纷解决中的行动选择而实现个体的社会关系的转化，某些个体间的关系借助特定的纠纷解决得以正向演化，形成更加紧密的认同关系，包括直接的利益相关者，也包括只是在形式上展示价值认同者。这实际上提供了科尔曼对有效规范所需要的多方控制基础，[①] 即嵌合型社会资本使得行动者能够形成将自己的行动和利益的控制权部分委托给他人的基础，从而能够最大限度避免控制权的不平衡，无论是分离性规范还是共同性规范，嵌合型社会资本都会形成一个结构性的控制权相互交换和转让，并且不依赖社会中个体的利益类型和能力。所有的纠纷参与者和作为背景的个体都通过纠纷在外观上显示一定的价值认同，以强化某一社会群体的团结，同时在内心的认同上形成对未来的期望，共同作用于特定的社会秩序再造，这就将纠纷解决在社会资本和社会秩序再造之间的相互作用呈现出来。呈现在乡村纠纷解决中就是可以选择的纠纷解决方式愈加复杂化，因为纠纷背后牵连的社会资本愈加多样，既有现实的权利义务的冲突协调问题，也有象征性的社会文化和服从问题；既有具体情境中的即时情感、尊严、面子等利益，也有长时间的经济利益、社会位置等利益，导致任何一个乡村纠纷解决都具有嵌合型社会资本互动竞争的色彩。

（二）嵌合型社会资本的中观形态

在中观层面，受不同的群体关系或者文化地理等条件区隔，会形成不同层面的社会结构和组织模式。在该社会结构中，具有相同属性的群体形成不同的相互依赖与约束的关系，有些是显性的或者正式的，如通过某种具有层级化组织结构而关联起来的群体，在任何一个历史时期都会存在的宗教团体、派系等，本身具有极为严格的层级化结构，并且通过对层级化社会规范的严格遵守，形成古今广泛存在的超法律或者法律外社会群体。

从国家层面来说，法律或者法治具有绝对的优先性，但在宏观层面实行的时候，任何一个具有较为层级化的组织结构的群体都会首先选择穷尽群体内部规范之后才选择法律规范，只有不属于任何层级化组织的社会成员才会在行动时首先选择法律规范作为其行动理由，这就形成了一个观念上和实践上的镜像行动系统。在观念上人们受到国家对法律规范强制性宣传的影响，在公共话语系统中形成以法律规范为最高位阶的规范系统，其他规范从属于法律规范，并且其他社会规范由法律规范赋予道德上的正当性，即形成以法律构建的范围内的社会和私人规范系统。

---

① ［美］科尔曼：《社会理论的基础》（上），邓方译，社会科学文献出版社2008年版，第245页。

但在行动上，个体能够动员的社会支持永远是由个体、社会、国家渐次向外这一圈层系统，并且严格遵循由内至外的顺序。这种镜像系统决定了个体行动时规范选择的复杂性，尤其是镜像系统和个体的社会位置相互作用之后，会形成更加复杂的规范选择体系。

从嵌合型社会资本角度来说，乡村纠纷解决就是不同次级群体之间社会资本的相互竞争问题。在传统乡村社会中群体结构较为稳定，基本上不会发生太大的群体结构变迁。在快速流动的乡村社会中，一方面传统群体观念变淡或者变得更加功利化，其中的情感和伦理因素减弱，共同的经济目标变强。随之而来的是新的次级群体不断生成又消灭，逐渐形成新时代的乡村次级群体类型和结构，形成乡村社会中以经济利益和政治利益为核心的群体竞争。另一方面，随着群体利益竞争的理性化，乡村纠纷解决中新兴的乡村精英及其代表的嵌合型社会资本具有更加广泛而深入的影响力，纠纷解决更加注重对新兴乡村精英的行动规范和价值体系的援引，如多地将新乡贤制度化纳入乡村调解体系，在政治和社会地位方面将新兴乡村精英看作乡村未来发展的一个方向，从而使得嵌合型社会资本通过纠纷解决产生对社会团结的黏合力量。

（三）嵌合型社会资本的宏观形态

在宏观层面，群体形成可识别的稳定行为模式，就可以将这一群体的行为模式标示为不同的概念标签。在群体内部，行为模式标签固化为社会关系的相互嵌合，成为群体行动框架的最大公约数，乃至进入所有社会成员行动的潜意识。这种标签在区分出自身和他人的同时，也将个体和群体联系在一起。尽管一个群体能够涌现出标志性的文化要素，构成一个群体社会秩序的根本框架，但在群体之间往往构成更加强烈的嵌合型社会资本的竞争和冲突。

如果说在微观和中观层面上的嵌合型社会资本尚未成为区分不同群体的无意识基础，那么在宏观层面上的社会资本因微观和中观上的不同群体差异而形成社会资本的竞争，进而推动社会关系团结的纽带的竞争。无论是一个社会的历时性阶段的竞争还是同一时期的不同群体的竞争，都由其所嵌入的社会资本的实质性动员能力而决定。因此，关于一个社会的秩序可以通过对其背后的社会资本的嵌合形态和动员能力而确定。一个宏观上的群体行动模式既可以归于文化资源，也可以归于地理环境等原因，能够在一个框架中融合所有资源和动力模式的必须考虑由行动者构成的社会网络之间的连接关系。稳定的行为模式包括规范、行动、解释系统和恢复系统，即在宏观上必须形成规范指引、行动实践、面对不确定的意义补全和秩序偏离的纠正等要素，这些要素的主导和组合方式构成宏观秩序的呈现形态，其背后的嵌合型社会资本则提供了广泛的动力支持。

选择的自由和多样是造成乡村社会结构嵌合的重要原因，与全国城乡之间的多层次分化具有对应关系。这种选择上的多样化并不仅仅体现在职业选择和工作居住的暂时性选择，更包括非常具体的价值观念选择、审美、语言、身体形象等一系列从外到内、从有形到无形的选择。在此基础上，形成了远超原来有形空间限制的群体认同，也远超原来基于物理空间的群体认同，而是随着新的要素的不断衍生在变化，不再具有经典群体划分的绝对静态界限，这进一步带来了乡村社会群体对未来行动预期的妥协性。这种状况经历了大致变迁过程，20世纪90年代至21世纪初期，因为过快的社会变迁带来乡村社会群体认同的快速崩解，同时乡村社会成员又未形成对未来的预期适应性，在多个学科中都认为出现了严重的道德滑坡和生活世界价值世界的坍塌，这种静止的观念忽视了乡村社会成员认识的演化，也忽视了乡村社会秩序变化的多样性，因此存在过度解读地放大乡村秩序短期混乱的弊端。

21世纪第二个十年以来，城乡流动、返乡农民工、乡村投资者、基层政府官员、各级组织派驻的干部等构成乡村社会更加具有支配性的群体，这些群体身上融合了跨城乡、跨现代和传统等一系列要素，同时具有国家赋予的正式和非正式权威。互联网、智能手机等媒体进入乡村，信息技术已经成为新生代农民工日常生活中最重要的组成部分，信息技术已经再造了他们的生活方式，并对其意识和行动产生了一定影响。[1] 国家和资本更进一步推进互联网、大数据、人工智能等信息技术进入乡村，形成了覆盖农业、农村、农民的数字乡村基础建设网络，更进一步强化了乡村社会的多维度多层次社会结构，乡村社会成员因此更加习惯原来群体关系破裂之后的新型社会关系的重建。

当原来建立在固化的乡村伦理、道德、风俗等基础上的规范系统和价值系统不再能够提供行动预期，原有的信任基础弱化甚至崩解之后，相应的社会规范缺乏足够的社会资本支持，但社会秩序依然要延续，就反过来要求乡村社会成员对更大的不确定性逐渐接受和妥协的认同，出现了更加具有现代色彩的道德实用主义理性，也正是前面提到的结构理

---

[1] 汪建华、郭于华：《作为主体的消费者和使用者——新生代农民工与信息技术》，载《清华社会学评论》2020年第1期。

性的出现。这并不必然取决于某种特定的文化或者思维方式等假定前提，只需要群体处于特定结构中就能够予以判定。在这一系列包括乡村社会成员结构、技术基础、文化、制度等内外部要素的共同作用下，乡村社会成员的选择自由与嵌合型社会资本共同强化，不断再造出新的乡村社会秩序，更进一步构成我国城镇化发展的未来社会形态演化基础。这正是乡村社会秩序对于中国总体发展的历时性意义，也是 2021 年中央农村工作会议提出"从中华民族伟大复兴战略全局看，民族要复兴，乡村必振兴"的重要历史内涵。

第二节 嵌合型社会资本与纠纷的社会结构

一、纠纷的理性社会秩序假设

定义纠纷需要设定一个完备而理想的社会秩序。（1）各个社会关系在时间序列上不存在个体认知和结构稳定的影响因素，行动者现在的行动总是能够与未来的期望一致，微观到宏观的群体规范在伦理上具有内在一致性。（2）所有的个体总是能够通过对现在的社会关系和秩序的认识，稳定提出对未来的预期，同时在各个层次上的群体期望也保持稳定。这要求一系列严格到几乎不可能稳定具备的假定，从纠纷涉及的具体社会互动和主体持有的观念来看，纠纷并不纯粹是一个社会秩序偏离的问题，而是在特定的社会结构中对某种社会秩序改变的文化认知。这种文化认知可以简化为个体和群体对社会秩序偏离的整体性道德评价，即个体对社会偏离的诉求得到了群体的道德支持。这可以更加清晰地将纯粹个人的认知与获得群体支持的冲突分离开来，从而将缺乏群体支持的个人认知归于病理性范畴。[①] 纠纷是否能够得到解决，本质上是一个群体中的成员是否能对新的社会关系形成认同，并建立起对未来互动模式的共同期望。在现代法治视野下，还需要考虑以硬法为核心的法治话语能否与群体支持相互协调。

同样的社会秩序偏离，在不同的社会结构中会被认为具有不同的意义。只有被认定为在文化上具有待纠正待消除的社会偏离，才会转化为纠纷，同时在识别为纠纷的过程中，也就预设了纠纷解决机制的一般结构和内在

---

① 这里借鉴了福柯的观念，并结合了越轨社会学的内容，即纠纷解决并不处理缺乏群体支持的诉求，而是通过更多的机制直接排斥这种诉求，只留下可以获得群体支持的部分。

动力。① 这可以看作正义在纠纷处理中的自然形态，群体预期不仅蕴含着对社会秩序恢复状态的道德期盼，也蕴含着对恢复方式的程序性期盼。这种期盼蕴含了自然法意义上的道德内容，即未来的社会秩序恢复形态是符合基本的正义观念，受到损害的或者与群体秩序稳定状态冲突的社会关系被重新接受，可以再造延续稳定状态的内容。也包含了参与社会秩序恢复过程的群体角色与义务，在既定的社会规范中共同促成社会秩序向新的形态和阶段发展。从这个意义上来说，纠纷的微观社会形态具有产生现代法治体系的元规范基础，并不区分实体和程序，而是一个整体，观察法治的角度只有在纠纷中才存在完整的自足性，不因为专业知识的区别而被隔离。

二、嵌合型社会资本下社会秩序偏离的形态

社会秩序偏离的形态有多种，根据导致偏离的原因来源把社会秩序偏离划分为自然性偏离、社会性偏离和压迫性偏离。

（一）自然性偏离

自然性偏离指的是内嵌于世界的结构分化，具有先验特点并且不可通过人类的意向性行动加以改变，最多只能进行理解和解释。自然性偏离在根本上与整个世界的多元分化相一致，可以认为是对人类纯粹意义上的生理和心理，以及认知模式特异性的描述。自然性偏离的根本动力在于自然世界的纯粹自然演化，人类的生物性状本身存在着横向和纵向的不断分化和自然选择。纵向的自然选择意味着任何一个后代都具有前一代不具有的生物性状优势，具有替代和上一代的自然倾向。横向的不断分化意味着不同个体之间存在差异，在面对共同的资源约束条件时，个体对资源的控制能力和依赖程度不同，就会产生个体之间的不同相对优势，一些个体便具有支配另一些个体的权力。

自然性偏离在得到文化上的解释之后，并不会进入世俗的规范体系，而是进入宗教、艺术等领域，通过对整个世界的原初力量的合理化来解释自然性偏离的正当性，但不会提供消除和纠正这一自然性偏离的规范性体系。最多将这一偏离转化为适应的方式，作为不同文化正当性的先验前提，这点在不同的宗教体系中都存在，也存在不同文化类型之间的相互界定理由中，即人们可以通过对这些终极力量的适应而获得更高程度的升华，除非不同宗教派别和文化之间的斗争，否则不会出现试图更改这些基本力量的社会行动。

---

① 这可以从最具有道德意义和生命价值领域中的"山坟之争"的演变看出社会变化对社会关系偏离认识的变化，在清朝，尚存在"县庭词讼日昴然，十有六七告坟墓"的现象，现在乡村很少因为山坟之争出现纠纷，更不用说古代的婚约之争现在失去社会基础。

（二）社会性偏离

社会性偏离与不同文明的分化发展相关联，可以分为不同文明之间的差别和同一文明内部的差别。不同文明之间的差别在任何一个量级上都会转化为较为剧烈的冲突，从最早期的不同人种之间的冲突到如今不同文化之间的冲突，都呈现为较为激烈的斗争形态，只不过这种冲突形态都处在一个更大的时间尺度上，一般不进入对特定社会历史条件的分析，也就意味着不进入一般特定时代的知识体系。对于不同文明之间的社会性偏离，不存在可以统一适用的规范体系，最多存在道德上特定假设。同一文明内部，则会出现第一种偏离形态与特定社会环境相互作用而产生的初始条件的约束，形成不同的文明体系内部的社会性偏离状态。这一层次社会性偏离的解决更多通过战争或者贸易等方式解决，可以视为与第一种自然性偏离相一致，解决的是宏观的社会秩序偏离问题。这一类社会性偏离也不会进入纠纷认知领域，而是直接被归入文明的冲突。[1]

（三）压迫性偏离

压迫性偏离是某些社会个体采取压迫性手段影响到社会秩序的变化。在这一社会性偏离状态中，个体对社会秩序的偏离开始形成明确的伦理上的评价，并且将道德上的诉求当作秩序偏离纠正的正当性基础，进而采取目的性行动，通过动员不同层面和形态的社会资本维持和恢复自己的诉求。

压迫性偏离包括三个特征：（1）个体在社会位置上的偏离出于非自愿的原因，并且可以将这些原因追溯到明确的个体或者团体的行动，这即法律上义务的根本来源，如果社会偏离不能在群体文化意义上被归因于某个体或群体，社会偏离就会被归入宗教或者医学范畴，通过不可知的信仰、巫术等因素寻求超越俗世的秩序，从而进入一个隔离世俗意义上的社会规范的世界；或者通过归因于生理或者心理上的病态因素，以医学规范加以治疗。（2）这一个体原因出于对个体自由意志的确认，即个体行动是纯粹自身意向性的结果，不能归于自然偏离和社会偏离的原因[2]，或者自然偏离和社会偏离强化了个体行动。（3）这种压迫性偏离本身具有结构性对抗机制，这意味着所有个体都有压迫性的动力，即都想通过一定的手段在违背其他个体的意愿情况下获得一定社会偏离的优势。同时在道德上所有个体都有想要对抗这种压迫性偏离的动机，即都想借

---

[1] ［美］亨廷顿：《文明的冲突与世界秩序的重建》，周琪、刘绯、张立平等译，新华出版社2010年版，第161页。

[2] 这一限制随着法哲学和政治哲学的发展有将自然和社会原因道德化的倾向，但依然保持了较强的个体自由意志限制。

助于道德理由保持自己不被其他人的压迫性行为所支配。这种内在的结构性对抗机制是生成纠纷的根本要素，提供了纠纷参与者和作为背景的社会成员的动力。(4)在(3)的基础上，形成了将偏离定义为纠纷的社会认知。所有社会形态中出现被定义为纠纷的社会偏离状态时，一定意味着不同个体之间的结构性对抗，以及由个体为连接点的群体之间的结构性对抗，纠纷就是结构性对抗的特定呈现模式。从这一视角分析纠纷，就会发现一个更加复杂的状态，即纠纷永远是融合了不同群体社会资本的混合形态，是不同社会资本之间的对抗和再造，从而形成一个类似于物理学或者数学领域中的统一场，法治或者法律对纠纷的影响就只是社会秩序再造中的一个维度。

与这种社会结构对应的纠纷认知事实上包含了一整套对社会秩序正当运行的评价体系，该评价体系内嵌于特定的社会结构，由相应的社会资本支持。作为评价基础的社会认知只能是群体性的，即特定群体固定的认知模式才能形成知识，而固定的认知模式必然与群体内部和群体之间的信任和社会支持相关，也就意味着只有出现了特定的社会资本才会出现相应的社会认知，纠纷才能被明确定义下来，成为认同社会秩序偏离的基础。正是在这一意义上纠纷的地方性才能够得到具体的解释，即纠纷的定义要素内嵌于特定的社会资本，对纠纷解决的未来期待也内嵌于特定的社会资本。对于不同的社会资本来说，都存在对于社会偏离的认知差异，也意味着社会资本强的群体倾向于对抗更高社会资本约束的动力，这进一步强化了不同群体的内聚力。如果没有更高水平的嵌合型社会资本，相互分离的紧密群体可能在内部形成更多社会资本，在公共秩序中则会出现低水平的社会资本。如何在群体内部、社会和国家之间形成平衡，除了国家权力、官僚体制、政党组织等力量外，必须有连接群体间的嵌合型机制，即群体必须同时属于多个不同身份，并且有可以自由选择进入和退出的能力，这既保证了群体的合意基础，也保证了任何单一群体不会出现绝对的内部垄断。这种群体间的竞争也可以不断提升群体的形态和水平，提升公共秩序的维持水平。

三、嵌合型社会资本下秩序偏离向纠纷的转化

在嵌合型社会资本生成之后，前述三种社会秩序偏离类型才会转换为不同的认知模式：一是将自然偏离转换为宗教和信仰问题，通过对人类自身的不断解释和服从来获得人与自然之间的协调。二是将社会性偏离转换为文化冲突等模式，以便可以合理利用暴力机制实现不同文化的

征服。三是将压迫性偏离归为个人可以对其控制并进而负责的纠纷，借助体系化的规范系统加以解决。这也决定了纠纷本身的社会结构有以下几个特点：(1)纠纷的地方性。在吉尔兹以深描范式对地方社会秩序进行研究之后，可以明显呈现出纠纷的地方性。[1] 纠纷的地方性来源于群体构成的地方性，即群体结构是在自然偏离和社会偏离基础上特定群体社会活动相互作用的结果。(2)纠纷内涵道德属性的特定性。纠纷的道德内涵是特定社会认同在社会秩序偏离认同上的体现，并且道德属性具有支配其他属性的地位。同一个纠纷在不同的社会环境下会有不同的认知，其中核心就是对其道德属性的认知偏差。(3)纠纷内涵的功利属性具有趋同性。纠纷功利属性的趋同性与技术和经济的全球化有密切关系，事实上是全球范围内具有支配性文化和技术的一个结果。这直接带来纠纷认知中全球范围的高度一致，这些领域被市场中技术化要素所支配，出现被设计被教育地接受。同时也改变了一些原来地方性的纠纷认知，被转化为非纠纷领域，但具有更加明显的市场拜物教色彩。经济全球化和现代科技的全球化使纠纷的内在属性也具有更加明显的功利驱动色彩。(4)纠纷是具体社会秩序的认知问题，自然偏离所产生的道德认知和社会偏离所产生的暴力认知，都是纠纷的抽象基础。其提供了对压迫性偏离更加多变的情形，即如果个体能够具有将抽象基础与压迫性偏离结合的社会资源，就会采取更加能够动用暴力和道德评价的手段，最终形成复杂多变的纠纷认知体系。

至此，法学或者社会学意义上的纠纷才最终从社会偏离中生成，并蕴含了特定的社会资本所赋予的不同要素。(1)纠纷类型的特定性。纠纷类型是社会秩序偏离的一个体现，不同社会秩序所呈现的纠纷类型并不相同。具体表现在时间尺度和空间尺度上的差异，时间尺度上的差异是社会关系变化和人们观念变化的结果，假定其他要素不变的情况下，社会关系会不断累积演化，同时人们会对这种演化产生不同的认识。同样的群体互动，模式在发生变化，人们对其认知也发生变化，与这种变化相对应就会出现不同的纠纷认知。在空间尺度上，地理条件不仅会对特定的社会互动模式产生约束，也会对人们的认知产生约束，从而形成基于地理约束的认知特例。(2)纠纷期望的特定性。纠纷本身就蕴含着对社会秩序的纠正动力，但期望又受到特定社会资本的影响，从而出现不同的纠纷期望。纠纷期望是纠纷解决的直接动力，也是对社会秩序偏

---

[1] [美]吉尔兹：《地方性知识——阐释人类学论文集》，王海龙译，中央编译出版社2000年版，第277页。

离主观认知的直接结果。在自然偏离和社会偏离中，因为人们无法将解决的原因归结于任何明确的个体，并且稳定地归结为明确的个体，也就意味着无法形成确定的纠纷期望。在这两类社会偏离中，就形成了借助于抽象而偶然的因素加以合理化的方式，通过内心的建构获得认同。对于压迫性偏离可以归结为明确的个体，进而将社会秩序的纠正纳入明确的社会关系中。但一种期望是否能够成为纠纷的动力，则是更加复杂的社会资本互动的结果。这也是社会上纠纷多样且与社会变迁同步的根本原因，在特定的区域和特定的文化中，纠纷的特定性永远无法真正描述完整。这种不确定性事实上构成了纠纷不断发展演化的结构性要素，即如果没有这一不确定性，在社会偏离出现之后，就会形成稳定的社会期望，人们的行为就会进入一个稳定的模式，也就不会出现新的纠纷。只有不确定性的存在，才保证了任何一个纠纷的期望对于后续的纠纷期望只有有限的参考，但总是会面对不确定性，进而需要在任何一个纠纷中考虑特定的社会资本问题。(3) 纠纷解决与群体秩序再造关系的稳定性。谈论纠纷解决模式都假定了一个稳定的社会秩序，无论这种秩序群体的大小。缺乏稳定社会秩序预期，也就没有纠纷解决结果的稳定预期，也就不存在纠纷解决方式问题，一切都会归于最简单粗暴的生存问题，所有价值都从属于暴力支配。一旦社会秩序稳定下来，固定的群体联系带来社会资本支持，建立在各种规范之上的社会互动逐渐支配群体行动，偶然性的生存暴力让位于规范的指引，群体秩序再造模式就在特定时期内稳定下来。

　　群体秩序再造模式存在三种可能类型。第一种是简单的自我复制式的社会秩序再造，物质、文化和思想等要素都维持不变，人际关系的内容与形态也维持不变，接近于内卷化的社会秩序再造模式。第二种是在物质、文化和思想等方面都逐渐衰败，最终导致社会秩序失去社会资本支持而陷入溃败。第三种是物质、文化和思想等方面不断更新，获得更强大的影响力，在该社会秩序影响下人际关系具有开放性，不断再造出更高水准的社会秩序和社会资本形态，并且形成对其他社会群体的支配性。这三种形态中任一种都具有相对的稳定性，只不过稳定性形态不同。自我复制式的社会秩序再造具有高度的稳定性，纠纷解决方式也追求向过去恢复，可以说当然蕴含了一种以过去的伦理道德为支配的社会秩序类型。[①] 逐渐消退式的社会秩序再造不具有可持续性，往往在一个社会走

---

① 这点既体现在传统社会中"祖宗之法不可变"的观念，也体现在对法律保守性偏重的认识上。

向崩溃的前期出现，纠纷解决包含着潜在的暴力转化色彩。[①] 在社会秩序开放式的再造模式中，个体和群体因为再造模式获得更多的物质利益、社会支持、文化认同和心理满足，会更强烈遵守社会规范的指引。纠纷主体、纠纷背景和纠纷解决效果都会获得稳定有力的支持，形成提供纠纷解决再造出更高水准的社会秩序模式。[②]

第三节　嵌合型社会资本对纠纷的影响

并不存在完全抽象的纠纷解决机制，纠纷产生及其解决都是处在具体的社会场景中，渗透着纠纷解决行动主体的社会互动行为，并在社会秩序的中观和宏观场景中展开。一般的纠纷都停留在当事人的核心社会圈层构成的社会资本中，只有牵涉更多跨阶层的情况下，纠纷才会不断转换为更多社会资本的对抗。[③] 纠纷跨阶层的情况与纠纷性质没有必然关系，与纠纷参与者所具有的社会属性有密切关系。在纠纷产生及解决的研究中，都会涉及对于社会资本的直接或间接的论述，如对纠纷产生的原因理解上，李祖军认为，"由于个人情感恩怨、利益归属及价值取向等因素的存在，人类社会从其产生的那一天开始，便伴随着各种不同的纠纷和冲突"[④]。在纠纷解决上，范愉认为，纠纷的原因包括主观的和客观的原因。[⑤] 当事人对于自己能力的认识，对于对方能力和社会地位的认识，以及对于通过纠纷解决行为所要达到的目的等一系列问题的判断都是主观原因。当事人所处的社会位置以及相应的社会资本是纠纷的客观原因，主观原因和客观原因的来源与构成直接决定于社会资本，即一个社群或者国家能够对某种社会秩序提供的信任机制，当事人可以通过规范系统获得稳定的恢复预期。这些原因某种程度上说是导致当事人采取具体的纠纷解决行为的内在动因，也间接地影响到了当事人采取纠纷解决方式的性质与强度。

---

① 从20世纪90年代到21世纪初期，乡村社会秩序快速变动带来乡村治理的"灰化""黑化"现象就比较突出。
② [美]诺思等：《暴力与社会秩序：诠释有文字记载的人类历史的一个概念性框架》，杭行、王亮译，格致出版社2013年版，第154~156页。
③ "杨乃武与小白菜"的案件发展过程可以清晰地显露出一个普通案件如何逐渐牵涉不同层级的社会资本对抗的过程。对于未被全程审视的案件来说，也可以通过案件动员的社会资本进行对比，当法院按照标的额大小为依据划分一审管辖权配置，或者按照需要动员的资源繁简程度划分出各种专业法院的时候，都潜意识地将社会资本的对抗作为内在的依据。
④ 李祖军：《民事诉讼目的论》，法律出版社2000年版，第24页。
⑤ 范愉：《纠纷解决的理论与实践》，清华大学出版社2007年版，第75页。

美国法律社会学家布莱克利用这一原理来测量不同纠纷解决形式与其社会结构之间的同构关联，他认为，"冲突处理与其社会场域是同构的"，从纠纷的不同解决形式中，"冲突处理可以诊断性地标示出社会空间中的不同位置。最终，它甚至可能揭示社会生活的基本形式"[①]。从另一个角度来说，冲突就是社会资本提供的社会互动秩序的内在动力，正是通过纠纷使社会资本得以产生带有破坏性的再造，从而打破社会秩序的内卷化。

从微观上来说，每一个纠纷解决都有其具体的发生和发展的情景，脱离具体纠纷解决的情景，就无法理解纠纷产生发展以及加以解决的契机所在。每一个纠纷都是特定主体在特定的情境下的选择或者反应，每一个纠纷所处的特定情景也内在地决定着解决该纠纷的最优解决方案。在纠纷解决过程中，纠纷参与者都在运用某种共同的知识来促成纠纷的及时化解，动员抽象和具体的资源进行博弈，通过相互的言语互动甚至是争吵而将纠纷事实与能够帮助纠纷化解的社会场域引入。纠纷主体的能动性不仅包括纠纷现场双方的话语行为，也包含通过话语行为所引入并加以利用的各种社会规则和资源。从某种意义上讲，纠纷主体借助纠纷发生场域中的现场环境以及乡土社会场域的结构性特征来促成纠纷的场域性解决。构成场域动力的来源包含个人的主观认知、情绪等偏好，也包含群体道德伦理期望等，以此推动更加明确的利益交换与恢复。

从某种程度上说，纠纷解决的最优方案不是由当事人主观想象决定的，也不是由国家预先设定的法律规范所决定的[②]，而是由纠纷发生当时的情景内在决定的，这些情景包含了当地的地理环境约束、文化约束、经济条件约束和社会关系约束。在群体内部能够通过自身压力解决的冲突和矛盾，基本不会外溢到社会国家二元对抗层面。纠纷解决的最主要和最直接目的是恢复当事人的利益和社会关系，既包括近期的恢复，也包括能否增强未来社会互动中社会地位提高、经济机会的增减。当事人的利益和社会关系只有在具体的情境下才能够准确把握，当事人自己最清楚需要恢复的性质、方式和程度，当事人的认知和选择必然以特定的方式呈现于公众面前，也就意味着当事人对纠纷的表达与恢复社会秩序

---

① ［美］布莱克：《法律的运作行为》，唐越、苏力译，中国政法大学出版社1994年版，第17页。

② 从法律规范的立法目的来说，它混合了多重预期，即在不同的场景下，一个规范能够连接起来的各种社会资源的强弱多少。以此来看，任何一个规范，不论是最具有硬法色彩的公法，还是具有软法色彩的民法乃至领域法，与其说一个独立的法律文本构成了法律基本单位，不如说一个蕴含了运作资源的单一法律规范才是可被操作的基本单元。

的期望必然是一个修辞过程，是一个赢得更多群体支持的过程。正如苏力所言："要提供一种诉求的途径，提供功能上可以替代原先的纠纷解决方法的法律制度，其中包括正式的诉讼机制和其他非诉机制，来获得或享有这种权利。"[1] 这种分析已经将研究角度置于纠纷解决行动上，但尚未将行动的社会要素更系统地考虑进来。在有关习惯法或者民间法的研究中，都注意到了正式制度在运行中对非正式制度的依赖，同时众多关于乡村社会秩序研究的学者也都注意到了因为乡村社会变迁而带来的纠纷及其解决方式的变迁问题。[2]

　　实践表明，仅依靠正式的司法程序难以满足社会纠纷解决的需求，而一种建立在法治基础上的多元化纠纷解决机制更符合社会和法治的可持续发展的需要。[3] 李怀印从治理角度，对乡村场景中非正式制度在乡村治理活动中的运行机制进行了分析，认为乡村社会秩序具有更加复杂的形态，国家权力和乡村自治在动态的复杂互动中合作共存。当乡村制度能够保证税赋缴纳和基本社会稳定时，国家权力并不会主动介入。[4] 周红云发现，非制度性因素对中国乡村治理的影响恰恰显得特别突出，人们通常所说的宗族、家族、亲属、同乡、朋友、邻居等各种"关系"对乡村治理有着重要影响。[5] 有关乡村基层司法的大量研究也注意到了在乡村特定的社会结构中，社会资本影响着乡村纠纷的产生以及相应的解决方式。[6] 因此，刘荣军认为，"毫不隐讳地说，一些制度建设不但不能消除纠纷，却反过来助长纠纷的生成"。[7] 同样的观点在费孝通先生的研究中也得到清晰地描述，单把法律和法庭推行下乡，结果法治秩序的好处未得，而破坏礼治秩序的弊病却已发生了。[8] 社会资本理论的研究表明，在缺少社会资本的地方，个人生活、社会运作都将陷入困境。[9] 对于纠纷解

---

[1] 苏力：《法治及其本土资源》，中国政法大学出版社1996年版，第33页。
[2] 可以参见贺雪峰：《乡村社会关键词：进入21世纪的中国乡村素描》，山东人民出版社2010年版，第255~257页；董磊明：《宋村的调解：巨变时代的权威与秩序》，法律出版社2008年版，第140~142页。
[3] 范愉：《当代中国非诉讼纠纷解决机制的完善与发展》，载《学海》2003年第1期。
[4] ［美］李怀印：《华北村治：晚清和民国时期的国家与乡村》，岁有生、王士皓译，中华书局2008年版，第14页。
[5] 周红云：《社会资本与中国农村治理改革》，中央编译出版社2007年版，第246~247页。
[6] 高其才、周伟平、姜振业：《乡土司法：社会变迁中的杨村人民法庭实证分析》，法律出版社2009年版，第365~366页。
[7] 刘荣军：《论纠纷解决与民事诉讼制度的机能》，载《中外法学》1999年第4期。
[8] 费孝通：《乡土中国　生育制度》，北京大学出版社1998年版，第58页。
[9] 刘淑影、于芳：《论中国公民社会的成长与社会资本的培育》，载《北方论丛》2006年第2期。

决来说，其既是当事人利益和人际关系的修复与重建的过程，也是整个当事人所处的社会秩序生产和再造的过程。同时，对于纠纷参与人与作为背景的社会来说，其也是不同社会资本相互交换的过程。通过不同社会资本的交换，群体内部和群体之间形成了更见多元嵌合的社会资本形态，群体内部和群体间的社会资本也得到更进一步的再造，最终使社会秩序向更加多元嵌合的模式转变，更加具有现代属性的社会秩序得以不断再造。缺乏嵌合型社会资本就会导致社会秩序向更加分散隔离的状态发展，社会秩序向更加离散的形态发展，放大社会资本的负面效应，建立在统一规范基础上的法治形态无法建立，二者间的负面作用更进一步强化。

党的十八届四中全会作出决定，专门对推进多层次多领域的依法治理提出了要求，特别提到要发挥市民公约、乡规民约等在社会治理中的积极作用，为我们推进乡村治理廓清了思维误区。通过乡村治理社会权力的构建与遵守，真正实现社会自治。在党委、政府的主导下，注重"由社会的组织，用社会的权力，解决社会的纠纷"，达到"善治"的效果，使"枫桥经验"永葆旺盛的生命力。与此同时，在乡村治理背景下，通过多层级多主体的乡村治理软硬件的完善，以动员型纠纷解决模式对乡村社会秩序形成了全方位的进入。[①]对于乡村纠纷解决来说，一个外在的社会转变类型与原有的社会资本形成更加深度的嵌合，为通过纠纷解决再造更加具有中国特色的现代乡村社会秩序提供了社会资本支持，与此同时，各种外来的社会资本与乡村固有社会资本之间的快速相遇也带来了诸多亟须解决的问题，需要以党建为引领的独特资源维持乡村社会秩序的核心稳定，以保证纠纷解决过程与社会资本的正向再造相呼应，避免通过纠纷解决弱化甚至恶化乡村社会秩序的非预期后果。

嵌合型社会资本影响纠纷解决的机制在于更加直接地影响纠纷在社会中的形成、纠纷解决中各个参与者的行动动机来源、效果等，从嵌合型社会资本角度切入纠纷解决问题的研究，可以更加细致地描述多元纠纷化解机制的运行，并进一步解释不同主体进入纠纷解决的动机和理由来源，从而为法治建设提供微观的经验和理论基础。法治意味着一个国

---

① 从2021年调研来看，无论是以"枫桥经验"为代表的发达地区如浙江和上海的乡村社会治理，还是以河南、四川、陕西为代表的中西部乡村社会治理，以更多的人力和制度投入对乡村纠纷的管理都具有政治上的正确性，也被不同地方政府以典型或者治理创新示范给国家有关部门上报评比，并进而获得地方总体上治理更好的评价，最终获得资金和政治资源上的支持。这点与20世纪50年代初期乡村治理的动员机制有内在的一致性。2021年中央一号文件更是明确将"健全乡村振兴考核落实机制"规定下来。这种背景下，带有更强政治性的政策和基层的政法活动具有更加直接的影响力，法律或者说司法仅仅成为整个乡村基层政权建设的一部分。

家或者群体中的成员在处理纠纷时都会以具有公共色彩的国家法作为核心参照，而国家法通过规范上的价值指引和行动模式指引实现对成员的支配，并以此形成符合国家公共利益的社会秩序再生产。嵌合型社会资本与法治的内在关系在于价值和规范模式上高度一致性。法治社会是指全部社会生活的法治化，包括各社会组织的自主自治，各企事业单位、社会团体等在法治轨道上运转，社会力量在法治范围内对国家权力进行监督与制约，以及公民个人的思维方式和行为都符合法治精神。[①]《关于改革社会组织管理制度促进社会组织健康有序发展的意见》明确指出："以社会团体、基金会和社会服务机构为主体组成的社会组织，是我国社会主义现代化建设的重要力量。"这些提法背后都预设了多元主体对法治建设的重要意义，但如何解释这些多元主体与纠纷解决的法治化之间的关系则相对缺乏更细致的分析工具。

一、嵌合型社会资本影响纠纷的类型和性质

纠纷深深嵌入特定的社会结构中，受相应社会资本的影响，是一个行为、价值和情感伦理混合体系。从纠纷结构来说，任何一个纠纷都必然包含纠纷参与者和纠纷背景两个方面，纠纷参与者既是个体，也至少是一个群体的成员，享有成员的身份、资格，受到群体的共同影响。同时纠纷背景既包含个体，也包含共同的文化、语言、价值、身份、地理环境、经济条件、生活方式等要素，参与者也总是从特定的角度影响对纠纷的认知，并通过社会成员的间接行动影响纠纷解决的发展。

对于纠纷参与者和作为背景的群体来说，建立在过去社会资本上的预期也反过来驱动各种社会行动向特定方向发展。这一结构化动力机制混合了客观的社会结构和主观的个体认知，脱离社会资本就无法分析任何一个纠纷解决运行的完整机制，既无法理解当事人将社会偏离标示为纠纷的内在目的，无法理解社会群体在纠纷解决之后认同或排斥抑或误解纠纷解决所象征的价值导向，也无法预见纠纷解决模式所提供的未来社会互动参照标准的解释方向。

理解纠纷必须从一个先验的状态开始，即所有社会关系处于一个绝对秩序中，不会出现任何与主体认知和期望相错位的情形，也就意味着这是一个绝对无纠纷的社会状态。出现社会纠纷就意味着主体认知和期望与实际社会秩序运行之间出现错位，具体包括以下几种不同类型。

---

① 郭道晖：《法治的基础在社会》，http://theory.people.com.cn/n1/2016/0204/c40555-28109871.html，最后访问日期：2022年7月20日。

（一）偶然因素导致的社会主体对资源和机会占有与支配能力的区别

从复杂性理论来说，任何一个初始条件的差别在运行到足够多代之后，都会出现涌现现象，产生非设计非预期的后果。①纠纷作为社会秩序的一个特定形态，具有涌现的特征。对于个人和社会来说，乃至对于国家来说，都不希望出现纠纷。但社会关系的复杂性以及社会资本的多元嵌合形态总是会导致主观认知和客观社会关系不一致的情形，并且不受任何目的性的设置影响。在这一层面上，任何一个社会中的各种社会规范都只能起到有限的索引功能，为特定社会环境中的个体行动提供参考，形成更大范围的社会背景，这也是制度经济学中把法律等规范体系当作一个形成预期的索引的重要原因。

对于社会秩序来说，即便假定最为简单的二人社会，也会因为偶然因素的加入带来相对优势和弱势及其连续演化，并不存在完全确定的发展模式。即便二人社会不存在人为的社会规范，也会因为对自然的依赖程度的差别而产生支配关系，进而在二人之间形成客观社会位置和主观社会认知的相互调适模式。在客观社会位置以及由此如果获得的社会利益等进一步放大社会位置之间的差异，主观社会认知就会进一步识别为纠纷，并同时产生恢复该社会位置偏离的预期。只有未来的社会位置回复到可以接受的程度，形成具有包容性的社会资本，这种社会关系才可以稳定地延续下去。二人社会状态不会产生任何足够可以被识别为社会位置偏离的问题，也就不存在纠纷产生的社会基础，但不等于二人社会中不存在社会偏离，只是缺乏作为背景的其他群体，也就无法形成独立的第三方驱动的社会偏离回复机制，就无法形成法治意义上乃至社会意义上的纠纷解决模式。

对于更加复杂的社会群体来说，在极端条件下也会出现简单的二元社会结构，在这种宏观的二元结构中，依然不存在可以识别为纠纷的社会基础。这种二元模式可以将任何具有国家结构的社会群体涵盖进来，即在国家和社会之间，事实上不存在可以识别的纠纷问题，而是通过知识体系尤其是意识形态系统将这种二元支配结构完全内化为一个当然的社会状态。还有诸如宗教/黑帮等具有严格二元对立模式的社会中，都不存在法治意义上的纠纷解决，而是进入更加依赖原始暴力的秩序再造方式。正是通过原始暴力方式和规范化暴力/强制卡里斯玛和自然卡里斯玛等方式的区分，法治意义上的纠纷解决就从社会中独立出来，形成与社会资本相互融合的

---

① ［美］米歇尔：《复杂》，唐璐译，湖南科学技术出版社2011年版，第13~14页。

形态。这也是纠纷解决理论都不涉及国家内部统治问题的重要原因,而是将这一社会关系归入更加基本的社会关系,即统治阶级和被统治阶级的社会发展阶段问题中。

(二)能够识别为社会关系的偏离但不会作为纠纷对待的社会关系

一旦特定的模式形成,从一个稳定的不带任何目的性的原初状态开始涌现出某种稳定的支配模式,处于不同位置的个体或者群体就会将相应的社会规范内化,无论这种社会规范是来源于无意识的自生自发秩序,① 还是来自一方目的性控制的结果,一个稳定模式与各方的期待就高度一致。② 从社会资本的角度来说,这种稳定模式即社会资本核心的要素,可以保证所有社会成员能够对未来社会秩序有稳定期望。这种期望包括一个社会中的所有正式分层和非正式分层,也包括各种目的性组织和临时性组织,也就构成了一个社会信任的核心要素。可以说是社会冲突理论中保持一个社会整体不会断裂或者不会消亡的根本要素。③

(三)被识别为纠纷的社会关系偏离

偏离能够被识别为一种文化现象,无法通过目的性机制解决,从而被视为纠纷。对于个体和组织来说,一旦加入认知上的因素,会进一步形成各种认知和期望之间的不一致,进而将这种偏离识别为纠纷。这时候面临着一个延伸性问题,即识别为纠纷之后如何加以解决。

对于来源不同的纠纷,内在包含着解决的可能性和解决问题的方式。纠纷解决的可能性是文化和心理上的认知问题,是由一个社会的道德和价值观决定的,加上纠纷解决的具体情境,就会出现认知上必须加以解决的认知不协调问题。如何解决认知失调,纠纷解决一般理论并不考虑,也是为什么会出现秋

---

① [英]哈耶克:《法律、立法与自由》(第一卷),邓正来、张守东、李静冰译,中国大百科全书出版社2000年版,第55页。
② [美]罗尔斯:《正义论》,何怀宏、何包钢、廖申白译,中国社会科学出版社2001年版,第9页。
③ 这一层级的社会秩序更多来自文化和地理因素的制约,从历史地理的角度可以划分为不同的文明系统,诸如历史轴心期所形成的几个支配性文明出现在中国、西方和印度等。

菊打官司式的官方话语和经验认知的不一致问题。①主观的认识在何种条件下都会呈现出来,从而形成一种群体性的社会偏离的象征符号,与个体的认识和当时的情景有密切关系。并不是任何主观上认为是纠纷的社会偏离都会呈现出来,只有极其有限的部分才会呈现出来,有些是纯粹主观主动呈现的,还有更多的是在特定的情境下被动呈现出来的。主观呈现出来的社会偏离与社会资本的评价如果一致的话,这类纠纷就会进入纠纷解决机制,并且会以比较明确的正式规范加以解决。这也是为什么在乡村社会中一旦有社会成员在城乡之间流动,并且具有较强的脱离乡村社会环境的能力之后,遇到纠纷时更加主动选择法律手段加以解决的重要原因。对于被动的呈现来说,因为主观认知和对社会资本之间的认知不一致,只有当社会情境压力够大的时候,才会强制个体选择法律纠纷解决方式。但选择这种方式的时候较少关注绝对的经济利益,而是更多将这种方式当作宣示自己社会位置的一种手段。也正是这个原因,乡村纠纷解决中很容易遇到非理性的纠纷解决方式。如果细究非理性产生根源的话,受到社会情境压力影响的非理性更加难以解决,因为其已经不是一个可以通过妥协的方式能够解决的问题。尤其是在单一的乡村社会中,社会资本比较单一的时候,没有能够提供更多维度妥协的选择空间,也就不能缓解心理上的非理性宣泄。如果一个家庭存在更多社会分化,比如最基本的传统的半耕半读模式,或者改革开放以来的半耕半工模式,或者家庭中有人在城市拥有正式工作,都会极大程度减弱乡村社会成员采取信访手段的动力。从社会群体层面来说,并不存在严格可以度量的形式理性问题,能度量的只能是行动者选择的多样性,并且这些多样性之间具有更高层级的纠缠关系。②

在一个具有良好社会资本的社会中,因为具有足够的信任、规范系

---

① 在法学理论中一般都把这种认知差别归结为乡村落后愚昧的一种表现,根本上忽略了任何一个社会群体中都存在的规范适用竞争问题。在城市生活中,纠纷发生以后很容易被单位、公司、社会组织、次级群体等各种规范加以解决,即便最后走向法律手段加以解决,也会因为对法律和司法话语的熟悉接受而未表现出来。但并不等于城市纠纷在通过司法解决的时候没有认知的区别,只是不会与官方话语产生直接的对抗,而是形成潜规则的运作机制。这也是诉讼中当事人和律师都着意于满足法官偏好的重要原因,也是指导性案例能够事实上具有支配法官判决的重要心理依据。

② 这方面可以通过城乡之间的家庭身份结构加以比较。对于乡村家庭来说,在大规模农民工流动之前,家庭成员没有实质性职业分工,最多只存在性别分工,更多是身份区别。再高一层级是家族,但家族间区别是一个伦理区分,并不是更大范围的职业分工,更不能看作一个能够动员不同社会力量的理性组织。城市家庭正常是多元分工结构,家庭内部具有更加偏向理性的分工模式,家庭成员本身会因为不同职业而处在不同的单位、企业、其他组织中,每一个人都同时兼有多重社会身份。不同单位、企业、其他组织之间的联系基本没有明显的道德关系,在社会分工之下形成的多重利益交换问题,这也是为什么单位内部成员之间、单位成员和单位成员之间较少直接形成实质非理性利益冲突的重要结构性因素。

统和参与网络，社会偏离虽然存在，但可以通过多元而分散的非正式机制之间的充分协调而得以解决，从而呈现出金字塔形的纠纷解决结构，大量的纠纷并不会以剧烈的可以被整个社会关注到的方式呈现出来。即便出现冲突程度较大的纠纷，也可能因为社会压力而通过激烈程度较小的方式得到解决，无须通过激烈程度更大的方式加以解决。这里似乎有一个与经验相背离的认知误区，即冲突的强度和解决的激烈程度呈正相关关系，越重大的社会偏离越倾向于法律手段加以解决。纠纷解决与社会资本密切相关，与冲突的强度没有直接关联。对于极小的社会偏离和极大的社会偏离都会选择规避法律手段加以解决，这是因为对于前者来说法律手段对于群体社会资本是一个负面影响，是过度不合作的象征。对于后者来说，法律是一个无法处理的问题，可以说是法律无能的领域。这个领域包括极度封闭的组织，如政党、严重敌对的团体、宗教团体、犯罪团伙、国家朝代更替等，任何一个都远远超出了法律的传统规范体系。[1]

如果没有良好的社会资本，一个社会或者组织就缺少足够组织能力，相应的组织性也较差，作为公共品的各种规范就难以获得支持，规范的惩罚效力就无法得到保证，在根本的层面上影响组织或者社会的秩序。如果基层系统没有提供足够的纠纷解决途径，人们无法通过多元而分散的方式得到解决，上升到法律系统的纠纷就会越多。[2] 这会带来两个方面的负面后果：一个是在冲突程度不太激烈的情况下无法有效解决，会导致一部分纠纷演变为更为激烈的程度，在纠纷的发展过程中出现滚雪球现象，导致纠纷的冲突强度增大，对社会秩序的危害程度也增大。在纠纷解决中，也意味着上升到法律系统的纠纷激烈程度会较大。另一个是如果不对法律解决纠纷的机制作出限制，法律系统会面临纠纷解决的过大压力，在司法解决的程序刚性影响下，比较难以大幅度提高司法解决纠纷的能力，这会进一步导致司法手段的效果受到削弱，最终影响司法的权威性和国家权力的尊严。

纠纷金字塔理论实际上倾向于将社会文化等结构性因素视为影响纠纷解决机制的主要因素，即强调社会文化中存在的纠纷解决途径或机会

---

[1] 参见［美］曼彻斯特：《黎明破晓的世界：中世纪思潮与文艺复兴》，张晓璐、罗志强译，化学工业出版社2017年版；［美］伯尔曼：《法律与革命：西方法律传统的形成》，贺卫方译，中国大百科全书出版社1993年版。

[2] Felstiner, W., R. Abel, and A. Sarat, The Emergence and Transformation of Disputes: Naming, Blaming, Claiming, *Law and Society Review*, 1980, pp.631-654.

的多少，以及解决机制的成本与收益，影响纠纷金字塔的结构形态。麦宜生（Michelson）通过对中国6个县30个村庄的调查，提出了宝塔理论。该理论认为社会中纠纷及纠纷解决方式总体结构呈现宝塔形态。这意味着纠纷究竟如何解决，必须与当事人的选择行为结合起来理解。乡村纠纷解决中，人们诉诸行政系统和法律系统来解决自己所遇到的纠纷，一个重要原因是因为他们可能认识这些系统中的人。[①] 这种现象在美国也同样存在，梅丽（Merry）在其对美国邻里纠纷化解的经验研究中，也提出了类似的理论观点，即认为混杂的社会组织结构是多族群混居区居民乐意到法庭上解决邻里纠纷的重要原因。[②] 这些研究都隐含着一个前提，即采取某一种纠纷解决方式，并不仅仅取决于制度的供给，而且受到社会资本的深刻影响。这才是纠纷解决运行的实践逻辑，是个体在多重社会资本约束下的选择过程，至于选择的主观认识和动力机制是否符合国家的法律目标，则是一个后续的修辞问题。

从社会发展的历史进程来说，当社会分化足够复杂，利益交换的差异性足够大，标准化的博弈规则或者产权规则才变得更加需要。[③] 从这个角度来说，除了最原初的生存和繁衍的规则，后续的任何社会规范都是一个替代性纠纷解决手段，法律至少是目前社会中最后出现的替代性纠纷解决机制。如果一个社会中的社会资本受到了严重的冲击，人们不再具有充分的信任、规范系统和参与网络，人们之间的冲突就会增多，但能够形成约束的机制则减少，这会导致大量的纠纷无法得到及时有效的解决，从而将大量的纠纷推到有限的纠纷解决方式中。在社会资本无法有效支撑的情况下，有序的民间纠纷解决方式也无法充分发挥其效果，各种非常规性的纠纷解决方式就会出现，包括各种暴力性的解决手段以及群体性事件。

对于一个组织来说，无论是正式组织还是非正式组织，都存在维护自身存续的文化和物质要素，组织中的各个要素之间要保持持续性的存在和发展，才能形成一个稳定的秩序，为组织内部成员提供稳定的行为预期，同时能够为组织成员提供内部行动规范。因此，组织性既体现在

---

① Michelson, E. ,Climbingthe Dispute Pagoda: Grievance and Appeals to the Official Justice System in Rural China, *American Sociological Review*, 2007, pp.459-485.

② Merry, S. ,Goingto Court: Strategiesof Dispute Management in an American Urban Neighborhood, *Law and Society Review*, 1979, p.891.

③ 参见[美]威廉姆森、温特：《企业的性质：起源、演变和发展》，姚海鑫、邢源源译，商务印书馆2007年版，第25页；张维迎：《信息、信任与法律》，生活·读书·新知三联书店2003年版，第72~73页。

整个群体的层面，可以通过宏观上的指标特征辨别出不同的组织，同时也能够在成员的行为上体现出来。而一个组织的组织性强弱和社会资本有密切联系，一个社会资本良好的组织和群体能够具有较强的动员力量，也可以为组织成员提供积极有效的资源，使得成员能够通过对于组织规范的服从获得身份、经济、文化等方面的收益。只有成员的行为符合该群体的内部规范，才能识别出成员的身份，比如一些次级群体，其成员可以通过发型、服饰以及特征性动作体现，如果想要加入该群体，就必须遵循这一特征身份标示。① 对于一些暴力性对抗群体来说，更是要采取明确而严重的违法行为才能获得基本资格。

对于无组织性的孤立个体来说，利益的竞争可能会产生冲突，但因为是绝对孤立的，严格来说并不会产生社会学和法学意义上的冲突，因为孤立个体仅仅依凭自身的生理优势和运气进行对抗，一方总会确定地处在被支配的地位，从而形成齐美尔的"两人群体"②，并不会产生严重的冲突，也不需要复杂的文化和制度进行规制。在社会结构的意义上，个体永远属于某一群体，或者某些群体。对于具有组织性的个体来说，冲突不仅有自身的利益冲突，也有组织性的冲突。在自身利益层面有认知冲突、利益冲突、身份冲突等，通过个体身份嵌入的组织性冲突则有具体物质利益冲突和抽象身份价值冲突。一个群体的组织性越强，其自身对于秩序的自组织能力就越强，其成员就愈有能力通过组织的规范加以解决。在自组织能力越强的群体之间也越存在两极分化的情形，如果没有凌驾不同自组织能力强的群体的超越性力量，自组织能力强的群体之间越倾向于采取放大符号化利益的方式，以获得更强的组织吸引力，也就意味着越容易以超越性的道义为依据。诸如犯罪群体、黑社会、宗教群体等，都会出现这种现象。欧美的犯罪类影视作品中，都会看到非常艺术化的表现形式。在宗教群体间存在的则是更加激烈，西方的十字军

---

① 对社会上需要获得更多关注的群体来说都存在这一问题，面对镜头的演员都会以特殊的服饰和身体语言来表现，而理发师、小工、官员等都有自己独特的身体语言和口头语言。参见[美]戈夫曼：《日常生活中的自我呈现》，冯钢译，北京大学出版社2016年版，第212~214页。瑞斯曼在《看不见的法律》中对观看、排队、谈话等日常行为进行了形式社会学的分析，运用精细的社会观察来说明微观法律体系如何在日常生活中发挥作用。参见[美]瑞斯曼：《看不见的法律》，高忠义、杨婉苓译，法律出版社2007年版，第203~204页。波斯纳在《法律与社会规范》中以博弈论中的信号理论进行了规范遵循的细致分析，人们相互之间建立合作关系的意向导致了某些模仿性行为，这些行为的模式就是所谓的社会规范，参见[美]波斯纳：《法律与社会规范》，沈明译，中国政法大学出版社2004年版，第31~32页。

② [德]齐美尔：《社会是如何可能的：齐美尔社会学文选》，林荣远编译，广西师范大学出版社2002年版，第365页。

东征和中国历次佛道冲突,都是这种结构化的群体对抗的典型形式。

一个群体成员在利益冲突时,可以通过不同的规范加以解决,既可以通过其他内部的规范加以解决,也可以通过更高一级的规范加以解决。在现代国家,可以通过各种次级群体的内部规范加以解决,也可以通过国家法律手段加以解决。不同的冲突解决方式都和相应的群体适应,在一个具有较强组织性的群体中,只有少量的冲突需要越过群体的边界而求助于更高一级的规范;而在一个组织性较弱的群体中,因为无法有效地动员起群体的社会性压力,无法为其成员提供有效的纠纷解决手段,其成员只能依靠更高的规范加以解决。

但这并不意味着只能在各种群体内加以解决或者依靠法律加以解决,而是在国家法律的解决和依赖群体的内部规范的解决之间建立起动态的相互衔接关系,这种衔接不仅是在制度层面上设置从下一级规范向上一级规范转移的机制,同时也要培育出高度支持内部规范的社会资本。只有这样,才能在群体内部建立起稳定的冲突解决机制,同时不会对国家权威造成威胁,不会导致社会的解组。

二、嵌合型社会资本影响纠纷运作

在纠纷中,参与者是与自身角色相关联的一系列社会关系的焦点。纠纷解决参与者的纠纷解决行为既是个体行为,也是某一群体的关联性行为,并不存在完全孤立的个体间的纠纷。因为个体所具有的社会资本大小强弱之别,导致不同个体所关联的社会阶层利益的大小不同,对社会的连带影响也并不相同。纠纷解决过程中的参与者所处的社会结构,所能够动员的资源,都会通过直接或间接的方式介入纠纷解决的过程中。

在传统的法社会学和法经济学研究中,虽然都对纠纷解决中的当事人进行了较多的关注,但因为相关理论假设的原因,存在"低度社会化"的法经济学假设。在这一假设中,将纠纷解决的当事人看作一个完全理性人,通过成本和收益的比较而作出自己的纠纷解决方案的选择。① 在这一场景中,纠纷解决被完全抽象为一个脱离社会基础的独立系统,只受制于法律理性的制度性规定,是一个严格的系统对生活的支配领域。在法社会学的研究中,则更多采用"过度社会化"的假设,而认为当事人完全受制于所处的社会环境,不具有自己的能动性。格兰诺维特提出的

---

① 参见[美]贝克尔:《人类行为的经济分析》,王业宇、陈琪译,生活•读书•新知三联书店2008年版,第101页;[美]波斯纳:《法律的经济分析》,蒋兆康译,中国百科全书出版社1997年版,第4页。

镶嵌结构试图将这两种极端的假设连接起来，认为人不是脱离社会结构、社会关系原子式地进行决策和行动，而是"嵌入"具体的、当下的社会结构、社会关系中作出符合自己主观目的的行为选择。[①] 这一分析思路可以为研究纠纷及其解决的运行提供一个更加具有现实性的视角。

（一）纠纷参与者嵌入的社会资本影响纠纷解决进程

纠纷参与者都嵌入相应的社会关系，拥有不同的社会资本，无论是否具有正式的制度身份，参与进一个纠纷解决过程的主体都是一个利用自己的社会资本动员各种力量进行交换的过程。在这一过程中，不同主体所付出和获得的也并不相同，但只有参与主体的行为获得相关社会资本的支持，才能够实现纠纷解决的预期效果。对于纠纷当事人来说，更加直接和纠纷所要解决的利益相关联，该项利益本身也嵌入在社会结构之中，既有理性化的经济利益，也有和相关群体连带而产生的社会地位，还存在由该利益而表征的社会关系。纠纷既包含具体维度的利益和社会关系，也包含符号、象征、面子等抽象要素。在具体的纠纷解决运作中，各方参与者都是带有不同社会资本要素的互动。当事人通过纠纷解决期望获得的恢复并不仅仅指可计算的经济层利益，更重要的是要能够为当事人的未来人际关系提供一个积极的可以再造的起点。这一个起点包含明确的可计算利益恢复、社会关系的修复，也包括不可见的价值观认同、面子维护、人情交换，具体和抽象的双重要素最终维护了纠纷解决在整个社会秩序中的地位和效用。

对于纠纷解决中的第三方来说，通过纠纷解决所要获得的收益则相应更复杂一些，这和第三方的权威来源相关。对于民间权威来说，多因为第三方在社会生活的某一方面所具有的影响力或者支配力，这种影响力和支配力并不是通过国家的权威资源配置而取得，而是通过政治的、文化的、权力的、血缘的、经济的、知识的、人际关系的或者暴力的方式取得。如果得到官方认同，就会进入由官方构建的治理系统。如《关于加强法治乡村建设的意见》提出"坚持和发展新时代'枫桥经验'，加强诉源治理，畅通和规范群众诉求表达、利益协调、权益保障通道，完善社会矛盾多元预防调处化解综合机制，努力将矛盾化解在基层，做到'小事不出村、大事不出乡'"。[②] 为建立递进式的矛盾纠纷分层过滤体系拉起的第一层过滤网，

---

① ［美］格兰诺维特：《镶嵌：社会网与经济行动》，罗家德译，社会科学文献出版社2015年版，第29页。

② 中央全面依法治国委员会：《关于加强法治乡村建设的意见》，http://www.moj.gov.cn/pub/sfbgw/qmyfzg/202003/t20200325_150392.html，最后访问日期：2023年10月20日。

是对于大量属地性强、涉民生的纠纷，依靠基层人民调解组织发挥矛盾化解的基础作用，将大量琐细矛盾解决在基层、消灭在萌芽阶段；第二层过滤网针对的是专业性、类型化纠纷，主要是发挥行业性、专业性调解组织的专业优势，进行纠纷化解；第三层过滤网面对的是重大敏感、群体性等矛盾纠纷，重在发挥基层党政机关的力量，通过协调和解、行政调解等方式进行化解；经过以上三层过滤之后，仍然无法化解的纠纷，则进入第四层，由法院进行诉讼调解或裁判化解。① 不能进入官方话语系统的第三方影响因素则会借用官方权威机制产生影响，形成基础复杂的纠纷解决操作形式。

尽管每一种民间权威的来源并不完全相同，但都可以在某一方面对相应的社会秩序产生影响和支配，进而更多地介入纠纷解决过程中。对于这些民间权威来说，通过对纠纷解决的影响甚至导向，可以加强民间权威的社会地位，从而建构起更为广泛和强大的社会资本。纠纷当事人也可以通过对民间权威的接受和服从而获得和民间权威的社会关系强化，从而获得某些民间权威的庇护。接受民间权威的影响，可以说是给权威以"面子"，这种"面子"不仅包含传统所说的人情因素，其更是这一话语标签背后广泛的社会资本，给面子就不仅是一个个人行为，而且是一个不同群体之间社会交换的行为，通过这一交换实现各方的需求。纠纷的解决方式往往与社会场域相适应，这种社会控制机制与社会结构基础相同质性的状态便是布莱克所说的"同构"。正是村庄社会关系的等级性、社会势力基于血缘的同质性、村庄舆论的批判性和地方性规范的有效性使得乡村纠纷的社会救济成为可能。②

对于法官和乡镇干部来说，介入纠纷解决并影响纠纷解决的进展，既有法律上的要求，也有政治上的要求。③ 法在具体的乡村纠纷解决中，法官和官员同时也嵌入当地的社会结构之中。法官和官员这类官方权威在纠纷解决中需要考虑的因素更为复杂，地方非正式权威影响也更加直

---

① 张纵华：《从实际出发推进多元化纠纷解决机制建设》，载《人民法院报》2019年7月21日第2版。

② 印子：《纠纷主体的能动性与纠纷解决的社会场域：一起乡土纠纷的田野考察》，载谢晖、陈金钊主编：《民间法》（第13卷），厦门大学出版社2014年版，第135页。

③ 在党和国家主导的乡村治理模式下，法官和乡镇、村干部都同时面临多重社会资本的约束，也需要在多个社会资本中获得交换。最重要的是要满足自上而下的治理设计的展开，将乡村社会秩序看作一个顶层设计模式的一个具体展开。因此，会出现中部某县开展的"六无"村创建，通过市、乡、村三级层层签订责任书，形成全市总动员、全民共参与的基层平安创建工作模式。其实质是将竞争机制引入乡村治理，将乡村纠纷解决当作满足上级考核要求的一个指标。

接。对于不同的纠纷所采取的策略也不完全相同。① 在乡村纠纷解决运行中，通过主动多元纠纷解决建设，中部 LB 市从政府部门选派 355 名优秀党员政法干警担任全市 367 个行政村兼职法治副书记，充分发挥法治建设宣传员、法律服务咨询员、矛盾纠纷调解员、平安建设谋划员、基层服务办事员"五大员"职责。同时又在律师、基层法律服务工作者，公证员，专职人民调解员，司法所长中则又选调 87 名法律工作者，担任村居法律顾问，实现一村一顾问，积极入村开展各项法律服务活动。在本县某镇，每月召开一次综治民调工作例会，及时排查不稳定因素和矛盾纠纷，对阶段性信访、综治工作进行研判和安排，对矛盾纠纷做到早预警、早排查、早调处。这事实上是从纠纷解决的源头甚至预兆着手，对纠纷解决进行了全流程的管控。② 从全球视野来看，西方主要国家走的是"社会造国家，国家造政党"的资本主义道路，中国走的是一条"政党造国家，国家造社会"的社会主义道路。③

在纠纷解决过程中，能够实现三者的协调是第三方权威所期待的最理想状态，纠纷解决实践的复杂性往往会打破这一均衡，这种情况下当事人和官方权威就会通过纠纷解决的日常细节加以调和，每一种绝对的追求都会处在一个妥协的过程中，任何一种追求都可能被另外一些现实的需求所压制。④ 因此官方权威参与纠纷解决，会出现政治上的某些违反，法律上的某些规避，或者官方权威的日常社会关系的削弱。当事人通过对于官方权威的服从，可以获得权威性的保护，并且可以通过这一过程在某种程度上建立和官方权威的日常人际关系。这种现象在某些话语中可能表现为更加单一的法律支配的局面，遮蔽隐藏在权威机制的阴影下的非正式权威。但在纠纷解决运作中，能够遮蔽的是非正式权威、非正式纠纷解决机制、非正式社会资本的话语表达，并非非正式纠纷解

---

① 这里需要考虑的是第三方介入纠纷解决并改变纠纷解决的行进方向，其必然是在某些角度上和纠纷当事人以及社会公众进行了社会资本的交换，使得第三方的社会地位和社会资本得到了再造。参见[美]布劳：《社会生活中的交换与权力》，李国武译，商务印书馆 2008 年版，第 153 页。

② 从这一调研资料来看，在乡村纠纷解决中提供的纠纷解决资源，尤其是形式多样的正式权威资源并不缺乏，如果从人均获得的纠纷解决资源供给量来计算的话，即便比照城市也存在某种程度上的过剩，才会出现纠纷预警和溯源的工作模式。这也正是乡村纠纷解决运行新出现的特殊现象，构成了乡村纠纷解决运行的刚性约束机制，如何解释被遮蔽的纠纷解决主体的行动逻辑就更加需要从社会资本的角度深入研究。

③ 储建国：《国家治理现代化的新意》，载《人民论坛》2013 年第 12 期。

④ 赵晓力：《关系/事件、行动策略和法律的叙事》，载谢立中：《结构—制度分析，还是过程—事件分析？》，社会科学文献出版社 2010 年版，第 110~131 页。

决运作本身。这里存在的是纠纷解决研究中将话语与实践、经验与价值等不同层面的问题混淆于纠纷解决实践的问题，导致纠纷解决研究在多重维度上存在话语和实践前提逻辑的混乱。

（二）嵌合型社会资本形塑了多元纠纷解决

如果不同参与者所追求的目的并不相同，同时也无法在权威话语体系中通过社会资本获得支持，就会出现纠纷解决的参与者在名义上和实践上的偏差。梅丽注意到了在研究纠纷解决时，纠纷这一概念没有包含人们对冲突的不同理解。[①] 对纠纷解决的多元性正是渗透在社会资本中，嵌合型社会资本从根本上形塑了纠纷解决多元性的各种线索。新型城镇化和国家治理现代化战略目标提出和实施的背景下，"乡政村治"体制的发展方向应该是构建政府主导型的多元共治，即构建"政党领导、政府主导、农民主体、市场运作、全社会共同参与"型乡村治理体制。[②] 虽然纠纷作为法律上的分析必然会得到一个结果，但作为问题的纠纷并不一定，只不过在法学研究中更多倾向于将程序所不能解释的问题排除在外。这会导致两种结果：一种是如果纠纷解决的参与者高度依赖非正式的社会资本，比如各种初级关系或者在实践中具有高度依赖性的关系，这种情况下会通过非常系统的方式规避正式法律的适用。诸如苏力和强世功等人所选择的规避案例已经有相当程度的删减，[③] 在实践中所调查得到的系统化的规避法律适用的案例更加突出，不仅在民事纠纷等可以自由处分的权利范围内会规避法律的适用，在刑事、行政等领域内也会出现法律的规避。规避又可以进一步区分为自发性规避与目的性规避。自发性规避与纠纷性质和所处的社会环境密切相关，是一个自然秩序下各种规范竞争的结果，本身没有太强的道德性。目的性规避则是通过对正式权威所依赖的社会资本构成要素进行操作，以形式上合法的方式实现对法律适用的排斥。它具有道德上的可谴责性，尤其是相对于正式权威，它往往被描述为非法行为，在道德上是意识落后愚昧的一种表现。

纠纷通过理性化的形式程序得以解决，但作为问题的纠纷并不能够真正结束，而是转化为人际其他冲突形式，甚至是转化为严重的刑事犯

[①] ［美］梅丽：《诉讼的话语：生活在美国社会底层人的法律意识》，郭星华、王晓蓓、王平译，北京大学出版社 2007 年版，第 127~148 页。

[②] 朱余斌：《建国以来乡村治理体制的演变与发展研究》，上海社会科学院 2017 年博士学位论文。

[③] 苏力：《送法下乡：中国基层司法制度研究》，北京大学出版社 2022 年第 3 版，第 183~184 页；强世功：《乡村社会的司法实践：知识、技术与权力——一起乡村民事调解案》，载《战略与管理》1997 年第 4 期。

罪。在乡村，因为民事纠纷没有得到及时有效解决而转化为严重刑事犯罪的占有很高的比重。这些起因大都是因为日常生活中熟人之间的微小摩擦引起，在没有能够得到有效的社会规范的解决的情况下，另一方采取激烈的暴力行为。其不仅会导致具体的村民本身的人身和家庭损害，也会导致乡村社会秩序的暴力化。

通过社会资本理论的视角，将所有进入纠纷解决过程的主体全都看作动员自己的不同社会资本力量进行相互的合作和交换，最终实现一个社会秩序的再造的过程，只有所有的参与者都获得了相应的交换利益，并且和所嵌入的多重社会结构相适应，纠纷解决才能够在各个层次上实现协调，得到形式和实质意义上的双重解决。

三、嵌合型社会资本保障纠纷解决效果的实现

纠纷解决只有得到所有参与人所处的社会结构的支持，纠纷解决的实际效果才能够实现。乡村社会的发展是国家行政力与乡村内生成长力共同发挥作用的结果，否定前者或后者都是不可取的，乡村治理模式是在两者博弈的基础上完成的，形制于外而成乎于内。[1]任何一个纠纷得到解决，都既有纯粹形式意义上的结束，也有实质意义上的人际关系和社会秩序的再造，这些都建立在纠纷解决的效果得到各方认同的基础之上。布莱克认为，"每种冲突处理形式皆再造其社会环境，冲突处理可以诊断性地标示出社会空间中的不同位置。最终，它甚至可能揭示社会生活的基本形式"。[2]在纠纷解决过程中，不仅社会秩序得到了再造，而且更重要的是纠纷解决过程中对社会场域资源和地方性规范的利用使得乡土社会中的社会规范得到了强化和再造，使得类似的纠纷解决保持了一种纠纷处理的惯例，也融通了民间法与国家法的适用衔接。在此基础上，与纠纷解决方式相适应的社会场域被再造出来。

纠纷解决效果由法律和社会施加在当事人身上的约束加以保证，可以用社会学意义上的惩罚加以描述，即社会秩序偏离的修复过程必须对当事人进行有效惩罚，纠纷解决效果才能得到保证。涂尔干描述过一个理想的惩罚场面：我们只要看看，尤其是小镇里发生的伤风败俗的事情就足够了。人们总是停下脚步，走家串户，或者在特定的场合来津津乐道这件事情，这样，一种共同的愤恨情绪就表现出来了。在所有交织在

---

[1] 任吉东：《两种力呈推动近代乡村发展》，载《中国社会科学报》2016年8月1日第4版。
[2] ［美］布莱克：《正义的纯粹社会学》，徐昕、田璐译，浙江人民出版社2009年版，第93页。

一起的共同感受里,在所有不同的愤慨中,一股愤怒的情绪发泄了出来,尽管在特定情况下这种愤怒还不太确定,但它毕竟是所有人的愤怒,这就是所谓的公愤。① 阿克塞尔罗德将这种协调行为和冲突解决机制归结为存在规范,并将规范定义为:在给定的社会环境中,个人总是按照一种特定的方式行动,并且看到不遵循这种方式行动的人被给予惩罚,规则就存在了。② 但关键是怎么去为惩罚者提供激励,尤其是存在"二级搭便车"问题时,实行惩罚措施不可避免地为实施者造成损失。③ 阿克塞尔罗德提出了"元规范"的方式,即惩罚那些不支持它的人。这等于要建立一种规范,使得一个人必须惩罚那些不惩罚背叛者的人。通过元规范博弈的模拟,表明元规范的存在使得一种规范开始获得运作的动力。并且一旦它被确立,元规范就对它提供保护。④ 其他支持规范的机制也很重要。这些机制包括支配、内化、威慑、社会认同、成员身份、法律以及声誉。在某些情况下,规范的结果是等级制而非平均化,合作带有强迫而非完全自愿。⑤ 受阿克塞尔罗德和波斯纳的影响,桑本谦认为,惩罚之所以能够促成合作,是因为惩罚改变恶劣相对人关于合作和背叛的预期报酬。不同群体的情况非常不同。在一个群体的"自控型秩序"在另一个群体完全可能成为"受控型秩序",这就是为什么法治传统或相当一部分法律制度如合同法,在西方国家是一种"自控型",而在中国是必须借助于公共权力来强制实施的"受控型"。惩罚强化了背叛的成本,使背叛得不偿失,也使合作变得有利可图。⑥ 对于惩罚来说,如果缺少社会性的支持,惩罚就无法实现。在经验意义上,惩罚更依赖于在一个微观互动情境中的有效结构。按照镶嵌的观点⑦,只有具体的社会关系以及关系结构,才能决定是否会产生惩罚、产生什么样的惩罚,以及惩罚如何有效等问题。

无论从价值预设,还是从实践机理来看,合作治理都可以有效回应

---

① [法]涂尔干:《社会分工论》,渠东译,生活·读书·新知三联书店 2000 年版,第 65 页。
② [美]阿克塞尔罗德:《合作的复杂性:基于参与者竞争与合作的模型》,梁捷、高笑梅等译,上海世纪出版集团 2008 年版,第 48~49 页。
③ [美]科尔曼:《社会理论的基础》(上),邓方译,社会科学文献出版社 2008 年版,第 251 页。
④ [美]阿克塞尔罗德:《合作的复杂性:基于参与者竞争与合作的模型》,梁捷、高笑梅等译,上海世纪出版集团 2008 年版,第 58 页。
⑤ [美]阿克塞尔罗德:《合作的复杂性:基于参与者竞争与合作的模型》,梁捷、高笑梅等译,上海世纪出版集团 2008 年版,第 68 页。
⑥ 桑本谦:《私人之间的监控与惩罚:一个经济学的进路》,山东人民出版社 2005 年版,第 62 页。
⑦ [美]格兰诺维特:《镶嵌:社会网与经济行动》,罗家德译,社会科学文献出版社 2015 年版,第 8 页。

乡村社会主体日益多元化和乡村公共事务发展日益复杂化的现实态势。[①] 因此，如果社会资本缺失，或者各个群体的和层级的社会资本之间无法有效协调，规范就无法得到人们的支持，对于规范的违反就变成了一种无社会压力的行为，纠纷解决的效果就无法得到实现。所谓法不责众，或者紧急状态无法律等说法，并不是因为法律本身效力消失，而是因为这种状态之下没有足够的社会资本支持，法律的惩罚无法获得正当性所导致。比如对于现在的乡村社会来说，因为社会结构的变迁，婚姻家庭纠纷逐渐弱化了其道德色彩，由传统社会压力所保证的道德和风俗对于婚姻家庭纠纷愈来愈缺少足够的约束力，导致乡村婚姻家庭纠纷某种程度的去道德化。这在赡养纠纷中可以得到充分的体现，比如陈柏峰在李圩村调查时遇到了子女不赡养老人的众多案例，因为农民价值世界的缺失，同时也为每一个农民提供了更多替代性选择的机会，尤其是子女相对于父母来说具有更强的能力摆脱父母，赡养老人就不再仅仅具有传统孝的含义，而变成了更为理性化的一种选择。[②] 传统的孝道文化要起到作用，需要这一规范能够对当事人产生压力，并且能够使得当事人的社会利益和经济利益受到严重的削弱，这些都依赖于村庄作为一个亲密的共同体，凭借其强而有力的舆论监督机制，足以规范人们对传统代际伦理这一共识的实践，村庄所提供的社会资本足以保证这一规范的实现。但社会变迁为农民尤其是年轻一代的农民提供了更多的选择，原来的乡村社会规范已经不能很好地约束农民的行为。因此，乡村的赡养纠纷虽然可以在形式上得到解决，但背后的亲情和传统的孝道文化已经受到了严重的冲击。[③]

社会资本支持纠纷解决效果的逻辑有以下三个方面：

（一）纠纷解决效果取决于当事人能否在未来的社会中获得更好的认同

这既包括获得具体的法律上的物质、资格或者机会救济，也包括所处的社会持有的规范认同和价值认同问题。法理上的救济某种程度上可以完全脱离社会群体的支持，只依赖国家强制力就可以实现。重要的是

[①] 庞娟：《农村基层治理空间重构：一个三维框架》，载《领导科学》2014年第11期。
[②] 陈柏峰、郭俊霞：《农民生活及其价值世界：皖北李圩村调查》，山东人民出版社2009年版，第145页。
[③] 在董磊明、贺雪峰的研究中都提到了这种问题，并且这一问题具有相当的广泛性。参见董磊明：《宋村的调解：巨变时代的权威与秩序》，法律出版社2008年版，第105~106页；贺雪峰：《乡村社会关键词：进入21世纪的中国乡村素描》，山东人民出版社2010年版，第123~124页。

当事人在特定社会中能否得到认同，直接关系个人未来的收益。当法律支持的收益弱于群体支持的未来收益时，法律救济的效果就难以实现，群体的社会规范也会破坏。当纠纷解决选取的方式和依据的规范与群体社会资本相一致时，群体的压力与国家的压力同频共振，形成一致的压力，保证纠纷解决效果的最优化。

（二）社会资本提供规范得以动员的基本力量

规范类型不同，在纠纷解决中被援引的方式不同，指引人们行动的方式也不同。规范可能是内生于社会群体，有可能是被强制给予。内生的规范与群体成员的利益、利害趋避天性等一致，呈现出互惠利他主义模式，行动、规范和群体期望之间具有高度一致性。强制给予的规范被动员、援引和指引的方式最为复杂。因为缺乏群体社会资本的支持，甚至群体对强制性规范及其代表的群体的排斥或者敌意，强制性规范在纠纷解决中效力既依赖强制的力度与可逃避性，也依赖强制性规范的压力持续性。缺乏足够的控制，或者群体能够选择离开特定群体，超出强制性规范的效力范围，通过强制性规范指引的纠纷解决就无法起到预期效果。强制性规范依赖更多的暴力机制支持，意味着强制性规范需要消耗更多的资源。对于暴力控制者群体来说，能否获得长时间的资源汲取以支持暴力持续，直接关系该种纠纷解决效果的预期。

（三）社会资本决定规范通过纠纷解决的一般性扩展效力

纠纷解决具有公共性，每一次纠纷解决都是一个公共品的生产消费过程，社会资本决定了该公共品的最终价值。从范围上说，纠纷解决的结果被越广泛的个体认同越好，能够形成跨文化跨种族的认同最好。纠纷解决做到当事人认可只具有最弱的效力，向外扩张时面临两个方面的影响。一个是规范本身的一般性程度，这里的一般性既包括国家法律意愿上的理性化设置程度，也包括人类本性所具有的趋利避害等功利性行动模式。越具有一般性的规范，越具有潜在的扩张潜力，同时也意味着越依赖具体社会资本的支持。另一个是社会资本的支持程度，对于稳定的社会秩序来说，无论是单一的社会资本还是嵌合型社会资本，都提供某种核心的规范支持，以换取更长时间上的预期收益。对处于衰败阶段的社会秩序来说，会回归更加暴力的小范围社会支持。对更加具有流动性和变异性的社会秩序来说，事实上存在一个规范竞争的过程，也是社会资本竞争的过程。这就形成国家强制规范体系和群体内生的规范体系之间的相互竞争问题，从而形成国家强制规范体系在不同部门法和不同规范之间的竞争，在执法和司法等领域的竞争，也形成群体内生规范通过选择性利用强制性规范的竞争，最终形成内生规范与强制规范既相互竞争又合作的局面，纠纷解决的效果也由此而确定。

第四节　透过纠纷解决的社会秩序再生产

纠纷解决是社会主体对自身社会位置偏离之后的行动选择，本身内嵌在特定的社会资本中。社会资本影响了主体对社会偏离是否构成纠纷的认识，进而采取特定的纠纷解决方式，使得社会偏离能够在特定的社会结构中得到修复，进而促进社会再生产。因此，脱离社会资本去理解、评价和设置纠纷解决机制，都会出现与社会秩序再生产相违背的情形，可以说这种思路是马克思社会物质基础和上层建筑之间互动的一个具体领域。

一、从社会资本角度理解纠纷

纠纷并不是当然的，对纠纷的认识也不是跨文化和跨历史的，而是需要从纠纷的实质内核进行分析。从社会秩序的动态发展来说，社会关系的偏离是一个常态现象，也是社会进步的常态现象。何种偏离不需要明确地解决就可以自动纳入社会秩序再生产，何种社会偏离不能自动纳入社会再生产，而必须通过特定机制予以恢复，都依赖具体的社会资本的约束。如果将社会发展看作偏离的动态集合的话，那么需要通过特定机制加以解决的社会偏离只是被认为属于纠纷的部分偏离，超出了社会资本提供的自动社会秩序修复机制。如果一个社会中社会资本提供了足够的信任机制，能够在社会偏离中形成动态的稳定结构，这些偏离就构成了哈耶克意义上的自生自发社会秩序。[1] 如果被识别为纠纷，就意味着社会资本所提供的信任机制不能将这种偏离约束进社会秩序本身，也就不能再依赖自生自发社会机制实现社会秩序的再生产。这就意味着纠纷的识别受到两个方面因素的影响：一个是观念的影响，另一个是社会偏离的影响。对于观念的影响来说，与社会秩序相协调的观念更加认同本社会的固有秩序形态，对于社会偏离的认识也更加能够内化为当然的社会秩序。这点可以通过对任何封闭社会的秩序的研究得到，无论是封闭的原始部落，还是拥有相对独立地理空间的传统封建社会，抑或是现

---

[1] ［英］哈耶克：《法律、立法与自由》（第一卷），邓正来、张守东、李静冰译，中国大百科全书出版社2000年版，第55页。

代美国境内的地方社群,又或是网络上的新型社群,都有自身的独有社会资本。可以说,一个群体能够从社会中被独立识别出来,就一定意味着特定的社会偏离形态被内化为特定的社会秩序,形成特定的社会资本,为整个社会群体的稳定存续提供规范基础和价值基础。

二、识别纠纷就蕴含纠纷解决方案

纠纷一旦被识别出来,就先验地包含纠纷解决的所有可能解决方案。从社会资本结构来说,纠纷被识别出来并不是单纯个人对社会偏离的主观认知,而是纠纷参与者所处的社会资本对社会偏离的结构性诱导所致。对于一个纠纷来说,其既包含微观的社会偏离及其对未来秩序再生产的预期,也包含多重社会资本的约束。在核心层面,社会偏离与个人价值实现和自我认同密切相关,无论对外呈现为何种话语,是诉诸道德、人情、宗教、法律等,或是诉诸暴力威胁、权力压制,都不能忽略核心的认知修复问题。如果对历史上的经典事件进行微观分析的话,都能够找到行动的最底层动机,即个人认知修复问题,比较艺术化的简化表达是"江山美人"的关系,即个人对于支配他人的权力的欲求满足与对于欲望的满足,其他的都是这两个因素的不同话语形式,无论是底层的社会偏离,还是社会顶层的权力斗争,都先验蕴含着修复认知的底层问题。再外一层就是个体所处社会位置所结合的社会资本,在乡村社会中,自从改革开放之后事实上增强了农民的相对选择能力,原来相对固定的单一的社会资本出现了快速流动和重塑,人们对纠纷的认识和期望也变得复杂起来。对于乡村纠纷解决来说,它正是在这一层面呈现为多元纠纷解决格局,这反映了乡村纠纷所嵌入社会资本的多样化嵌合关系。最外层的党和国家的话语和制度提供了纠纷解决的一个可能参照系统,并且提供了实践理性的合法化基础,尽管纠纷的认识和期望与党和国家的制度目标并不完全一致,但通过话语的包容性机制实现了国家宏观层面上社会资本的稳定统一和纠纷解决微观层面上的稳定统一。这种转变可以说是目前我国乡村纠纷解决最具有现代性,也最具有中国特色的一点,很好融合了党和国家通过政治话语和制度刚性对乡村社会的支配,避免存在广泛差异的乡村社会秩序走向完全无序,也避免了乡村社会走向完全僵化。更为重要的是,当前的嵌合型社会结构给乡村社会秩序变迁提供了结构理性基础,在乡村治理实践中实现了更加具有开放性的社会秩序再生产。

三、嵌合型社会资本决定了纠纷解决的多元化

一般纠纷解决研究都遵循法律研究的抽象模式,将法律中的程序化尤其是司法解决方式作为衡量和评价乡村纠纷解决的标准。这种分析实证主义的研究模式并不能扩展到纠纷解决这种更加强调实践理性的场域,必须通过加入社会资本的要素对社会秩序再生产的影响进行深入分析,才能对纠纷解决的内在逻辑作出准确刻画。2020年笔者随民进河南省委组织去LB市调研,当地的一起纠纷具有很强的代表性,是乡村多元纠纷解决机制充分动员的一个案例。在描述案例之前先简单介绍一下纠纷得以最终解决的几个背景性因素。该案例发生在当地的一个村庄,该村庄在LB市的治安工作评比中一直处于优秀行列,是当地创新性的治理工作创新示范点,有常设的调解工作室、包村律师、法治副书记等完整的纠纷解决机制。[①] 具体案件是相邻两家田地因为喷洒农药导致对方农作物损害的纠纷,最后在司法所工作人员主导下,上述人员耐心与当事人做工作,并且去田地中实地考察,从天气、风向、作物特性等一系列事实入手,并且提出可以通过司法鉴定确定责任,但同时告知司法鉴定的成本和不确定性,最后双方达成调解。理解该纠纷最终的解决显然不能单独考虑孤立因素,而是要将不同角色和不同维度的因素全考虑进去,才能看到嵌合型社会资本通过具体纠纷解决行动的影响。该纠纷解决参与者非常多元,也体现了不同角色所代表的社会资本在一个具体纠纷解决场景中的不同参与方式和发挥的功能,纠纷得到解决就不仅是当事人社会关系的恢复,更是管理者目标实现、参与者功能发挥、制度价值彰显的过程,最后形成法治乡村建设的一个具体事例。

纠纷是社会偏离在文化上的一个反映,是社会主体对社会偏离不予认同的一个纠正机制。在社会秩序的演化过程中,无论是出于资源分配的先天不平衡,还是个体和社会发展过程中面临的偶然因素影响,一个充满偏离状态的社会是常态,只有不能被社会资本提供的信任机制修复的社会偏离才会通过纠纷解决机制予以处理。这就需要将纠纷解决置于社会秩序之下加以理解

[①] 2023年8月笔者去P市WG县调研,得到类似的地方乡村治理法治化资料。2021年以来,WG县聚焦"选、育、管、用"四个环节,以村干部、村(居)妇联执委、人民调解员、网格员、村(居)民小组长、退役军人、青年致富带头人等为重点,大力开展"法律明白人"培养工作,到2022年年底共培育"法律明白人"1412名。全市220个村(居)实现执业律师全覆盖,为基层群众提供便捷的法律服务。2022年全市村(居)法律顾问共提供现场法律服务2800余人次,开展法治讲座900余次,参与调解矛盾纠纷95件,基层群众知法守法、依法办事、依法维权的观念逐步增强。类似的情况在XC市也同样遇到。

解释。

在传统的纠纷解决理论中，都倾向于孤立地认识和评价纠纷解决机制，并且将纠纷解决自身的独立价值作为评价纠纷解决机制甚至其所处的社会秩序的价值基础。正是这一思路将纠纷解决和社会秩序的关系的认识带进了系统性的混乱。在西方分析法学中，为了更好地认识法律运作的特征，以与其他社会规范区别开来，人为构建起一个抽象的规范体系，并认为通过人为设置的理性结构就可以保证法律的独立价值。一旦将法学理论的理论预设直接用在纠纷解决中，就会出现理想型与经验的不协调。尤其是在中国的乡村纠纷解决运作中，更是面临中国乡村社会快速变迁的多样性现实，以法律单一引导社会秩序的理论预设就会出现问题。

在纠纷解决实践中，没有任何一方能够完全简化为一个抽象的理性人，即便在抽象的理性人意义上也不能完全剥离所处的社会结构和所受的社会资本的支持。如果法律或者纠纷解决机制完全具有独立的价值，整个社会的意义乃至个体的意义就完全消失了，就会转变为少数立法者理性设计的结果，这当然与更加广泛的西方自由主义政治和法律哲学基础前提相违背。在西方社会结构中，因为社会资本对纠纷解决和社会秩序的内在连接，法律也只是在社会意义上具有解决特定社会偏离的功能，因此并不会带来更多的社会秩序和规范的系统错位问题。在我国法治建设中，一开始就假设了法律运作的独立理性建构价值，并且将这种只是分析的理想型策略直接等同于社会秩序和规范之间的互动，更是忽略社会资本在二者之间的连接机制，当面对我国社会秩序快速变迁，社会资本出现衰败的乡村社会秩序，出现越来越多的法律和越来越多的社会秩序失调相伴随的诡异现象。只有将纠纷解决置于社会结构中进行理解，才能对法律等社会规范与社会秩序、社会资本等要素之间的互动关系进行更为深入的描述，进而连接起实践理性对社会秩序的影响。

在缺乏社会资本支持的情况下，对于社会规范的认知就会存在偏差和误解，更不用说能够被特定的社会予以有效接纳和认同。归根结底，一定还是被转化为特定社会资本支持规范认知和适用方式才能够产生效果，但被转化后的适用方式和效果已经不能用最初的规范引进目的来衡量。[1]微观法律不能纳入法律的研究视野，其主要原因在于西方政治以及法律概念一直深受霍布斯以及博丹二人的主权观念的影响，他们认为社会秩序的维护依赖权威的中央集权国家机器。[2]人们一谈到法律，就会持续专断地指涉正式的国家机构与机制这类法律思想。从法学的方面来观察，在现代民族国家的形成过程中，它所创建的统一的、普遍的、理性的规则逐渐凌驾于各种地方的、民间的、传统的习俗或规范之上，最终成为独占"法律"的王冠和尊荣的规则。真正发挥作用的依然是社会结构和社会资本约束下的纠纷解决选择行动，因此对纠纷解决选择行动的动力机制和内在逻辑进行分析才能够真正连接起规范和社会秩序再生产的完整闭环。

四、嵌合型社会资本中的纠纷解决选择

纠纷解决选择行动可以进一步细分为认知、评估和选择三个步骤，将每一个步骤置于特定的社会结构和社会资本中进行分析，才能够对纠纷解决行动与社会秩序之间的连接关系进行细致全面描述。

（一）对纠纷解决的认知镶嵌在社会关系中，受社会资本的直接影响

社会偏离被识别为纠纷是一个社会和文化的结果，离开社会和文化就无法准确认识在何种意义上被识别为纠纷。在整个人类社会中，按照人类生存的最基本物质和社会关系必须依赖的条件来说，绝对无法脱离的要素都会被纳入自然状态中，这种自然状态并不是霍布斯、卢梭等人作为理论前提所设想出来的自然状态，更不包含任何道德的因素，可以被认为是构成前智人状态甚至尼安德特人状态的人类自然和群体关系，只是社群生存和延续的需要。这种状态不会也不能受外在规范的影响，更不会因为不同群体而具有差异性。尽管这一种假设也有较强的前提依赖，但相比将规范作为人类社会文化和社会现象则是一个较弱的假设。

---

[1] 这点在我国的不同法律规范引进中都面临这样的问题，尤其是直接移植西方的法律规范，最直接的就是合同法领域引进的严格程序规范，到目前也未能在社会中成为自觉的行动模式，而是依然遵循以社会关系确定合同签订履行的问题。这种现象并不仅仅属于中国社会，在美国同样存在这种依赖社会关系和社会资本的合同签订和履行问题。但在法律研究中存在选择性忽视的情形，认为国外尤其是欧美社会秩序完全采取法律规范为依据。参见［美］埃里克森：《无需法律的秩序：邻人如何解决纠纷》，苏力译，中国政法大学出版社2003年版；［美］波斯纳：《法律与社会规范》，沈明译，中国政法大学出版社2004年版；［美］瑞斯曼：《看不见的法律》，高忠义、杨婉苓译，法律出版社2007年版。

[2] 参见［英］霍布斯：《利维坦》，黎思复、黎廷弼译，商务印书馆1985年版；［法］博丹：《易于认识历史的方法》，朱琦译，华东师范大学出版社2020年版。

可以说纠纷是与人类社会产生相伴随，是人类主体性产生之后对于自然偏离的一个主观映射。但在群体选择空间较小，事实上构成单一选择空间的时候，比如只能在单一群体或者自然与社会之间进行选择的时候，即便认识到是一个偏离，也会在社会化过程中当作一个先验的社会前提而固化下来，可以说，正是这种过程构成了人类社会最为稳定的基础，或者称为"集体无意识"[①]，构成了社会结构可识别性和正当性的基础。

社会偏离或者自然偏离随着两个方面的发展被识别出来：一个是社会群体分化使得单一选择变成一个群体现象，个体就可以借助于群体的社会资本加以表达出来。另一个是不同群体形成较差碰撞，相互识别为纠纷，但其实质上还是群体性的社会认知问题。如果没有识别为群体性社会偏离，就不存在纠纷的问题。在单一社会群体中，自然分化并不会形成纠纷，因为任何分散的孤立的社会偏离都缺乏稳定的参照系统，个体就无法对自己的社会偏离进行群体可接受的评价，也就无法产生纠纷认知。只有形成群体性的社会偏离分化，也就是说社会偏离具有群体性，并且能够被识别为特定的概念，纠纷才会作为社会现象被表达出来。对于群体之间的交叉碰撞形成的社会偏离，是更大规模上的群体间关系。从人类历史发展来说，早期的社会偏离应当是从群体间的交流碰撞开始出现的，因为单一群体内部都处在自然偏离状态，任何单一个体都无法产生稳定的社会偏离模式。只有群体间的社会交流和碰撞才会形成稳定的大规模的社会偏离模式，才能被识别出来。这点在早期的人类社会传说或者是文字历史中广泛存在，无论是古希腊的神话传说还是先秦的三皇五帝，都是在部落群体之间的对抗中形成稳定的社会偏离模式，并被识别为纠纷，相应的纠纷解决方式才成为必需。随着社会互动的复杂化，群体内部发生更多分化，尤其是到了现代民族国家，资本主义思想、市场经济等带来更多社会分化和群体组合，也就出现了更多的纠纷识别。

纠纷与群体的关系事实上就是纠纷与社会资本的关系，由社会资本驱动了特定的认知模式，也固化了特定的纠纷模式。因此，识别为纠纷就是不同层次和不同类型社会资本之间对社会偏离的某种模式化表述，是社会偏离在社会规模上的呈现形式。与此同时，社会资本对于纠纷的道德和功利属性都有潜在的索引功能，无论是何种意义上的规范实现，

[①] ［瑞士］荣格：《原型与集体无意识》，徐德林译，国际文化出版公司 2011 年版，第 20 页。

都需要对社会资本的内在探寻。①

（二）对纠纷进行评估受嵌合型社会资本约束

作为一种社会现象，纠纷解决从来都不固守单一标准。从韦伯式的"理想型"来说，所有的社会偏离都应当通过法律机制加以解决，这一强假设必须将个体直接置于国家权力面前，并且剔除掉任何国家之下的任意群体形式，即假设国家之下的任何个体均呈现为绝对离散状态，不具有任何次级群体和社会资本。这种假设与西方理想型国家所预设的另一个市民社会的强假设存在明显的冲突，只能是这种认识忽略了对纠纷评估的多元性。

评估行动具有多层次和多维性。多层次体现在从行动者内心主观认识到临时情境压力，再到社会集体无意识、宣传等一系列层级。在主观认识层面，它与个人的价值取向和生命史有密切关系，也可以认为与个人的性格人格有关，这是整个纠纷解决评估的基础和核心。如果一个人倾向于严格维护自己利益，并且将任何偏离都看作一个对自己的冒犯，就会对所有的行动采取对抗方式，这事实上就是一种精神病状态，一个可以理性评估的就是能够约束自己避免过激反应，通过道德、习惯、风俗、人际关系等对人的主观反应进行约束，这实质上就是社会学中的社会化过程。一般个体在这一层面都是较为理性地采取对应方式，因为只需要考虑内心的安稳，最多考虑抽象的道德，不具有现实的压力，只是认知协调的问题。一旦被他人知晓，即特定社会偏离被敞开在公众面前，一个社会偏离的评估就会牵连更加多元的问题。首先，纠纷从原来个人主观认知转变为群体认知，个体主观认知具有天然的自由度，而群体认知天然受具体结构的影响和约束。一旦纠纷变成一个公共事件，个体必须将自己的纠纷解决评估看作社会环境压力之下的不同方案的衡量问题，这个时候无论是中国式的面子人情问题转化，还是西方的社会公正等修辞转化，都意味着必须能够在公共场景下进行正当性论证。其次，纠纷解决力量的评估对象从个体转向社会网络。个体理性化的纠纷解决评估假设了一个严格的隔离环境，即个体的纠纷解决行动只在一个封闭的环境内进行补偿满足的流动，个体可以通过纠纷解决使得自己的利益得到修复。在社会网络

---

① 这不仅是具有道德性的调解等规范化的纠纷解决机制运行的内在动力来源，也是个体忍受、躲避、无视等方式的内在动力。即便是司法的运作，也是通过"自由心证"机制解决事实和价值之间的连接问题，依然是借助法官等制度化要素进入社会结构，探寻能够使纠纷解决正当化的机制。

中的纠纷解决评估必须考虑所有涉及纠纷解决的社会网络以及不同社会网络背后的群体社会资本。因此，在美国的陪审员选择中会将阶层的多样性作为重要的一个理由。在中国也存在将地方群体抽象后的一般纠纷解决方案选择，如民不与官斗，或者不要轻易与年轻人发生冲突等社会知识。最后，纠纷解决的评估要素从个体的具体利益转向群体抽象利益。在纠纷转化为公共问题之前，个人会将具体的即时的要素作为纠纷解决的最直接原因，包括退让容忍甚至服输，这种情况下的即时要素都是可以计算和即时评估的要素。一旦公开化，嵌合型社会资本的要素就会接管即时要素，从而转化为不同群体嵌合型社会资本的群体利益对抗。对于群体利益来说，既有远期的历史渊源下的群体利益，也有抽象的道德、伦理和理想的群体利益。

（三）纠纷解决方式选择受嵌合型社会资本约束

一个纠纷解决方式就是一个个体和其所处群体嵌合型社会资本的再生产机制，既影响个体自身的内在一致性和社会网络再生产，也影响群体的组织性和群体结构的再生产，因此必然形成纠纷解决方式选择和嵌合型社会资本相互影响的格局。

1. 有稳定嵌合型社会资本的群体优先选择群体内部所蕴含的纠纷解决机制。这里的内部蕴含纠纷解决机制并不需要由传统的纠纷解决类型进行描述，对于当事人来说也几乎不需要明确意识到。这种意义上的纠纷解决具有严格的内部性。无论是"枫桥经验"的矛盾不上交，还是受平台交易规则约束的电商贸易，这里群体内部的冲突都优先选择内部蕴含的纠纷解决机制。

2. 不稳定的嵌合型社会资本会带来纠纷解决方式的实质性多元化。多元化是主体的嵌合型社会资本带来的必然结果，是主体都有多元选择之后的结果。当群体内部成员都有相互不依赖的外部社会资本时，不同的外部社会资本以及利益和文化的复杂性就会带来主体选择的多样性。

3. 法治意义上的纠纷解决多元机制建立在法律权威之上，为多元纠纷解决提供框架性指引，从而消除纯形式意义上多元纠纷解决带来的社会组织弱化问题。这点正是我国近年来所进行的"诉源治理"的根本目标，通过将多元纠纷解决机制与嵌合型社会资本的互动，充分发挥各种力量社会资本能力，从而建立起一个现代版的无讼理想形态。《最高人民法院关于深化人民法院司法体制综合配套改革的意见——人民法院第五个五年改革纲要（2019—2023）》提出，创新发展新时代"枫桥经验"，完善"诉源治理"机制，坚持把非诉讼纠纷解决机制挺在前面，推动从源头上减少诉讼增量。以"枫桥经验"为主的无讼机制在不同领域展开，形成多元无讼实践形态。

第四章　嵌合型社会资本对乡村纠纷解决的影响

纠纷是社会关系偏离的一个表征，其本质上是社会关系脱离正常进程的群体预期之后产生的一个回应。纠纷的类型、性质，纠纷解决的动力机制和纠纷解决评判都依赖特定的社会关系，群体预期构成了纠纷的内在动力，而群体预期只不过是社会资本互动的结果。随着社会的变迁，乡村社会结构变得更加复杂，无论是人员流动还是观念流动，都呈现明显的相互交织状态。乡村的纠纷类型也发生了巨大的变化，相应的纠纷及纠纷解决所处的社会结构也不同，纠纷解决的需求也不同，背后的社会资本类型也影响纠纷解决运作的变迁。

第一节　嵌合型社会资本与纠纷变化

在传统社会中，因为地理环境的相对封闭、文化的相对单一、信息的相对一致、身份上的相对稳定、村民之间的连带性较强等原因，当事人之间的纠纷多带有较强的情感性和非理性的特征，并不需要太强的经济理性的算计，更多的是通过一个持续性的共存关系为未来的收益提供强力的担保。[①] 这里的情感性和非理性特征并不等同于无须经济理性算计。现代社会以文字为基础的知识架构决定了交往信息更多通过纸面方式呈现，解释和接受信息变成文化和政治上必须解决的问题，这才出现了对解释和接受的规范化机制，包括私人的契约书面化和国家权力行为的制度化，理性个人主义才成为必须采用的方法论。这意味着现代主义下的理性和非理性更多是对知识架构的一个标识，与理性本身并不等同。乡村纠纷是否依赖书面规范和制度化的权力行为，与乡村社会信息的稳定性密切相关，直接受到乡村社会资本的影响。

在无法确定脱离社会关系的长远预期影响之下，村民相互之间的未来合作需要现在作出更多的容忍，也更容易将社会关系偏差固化为当然

[①] 这里有一个悖论，即纠纷事实上是对社会关系偏离的一种文化审视，是一种浸透了主观认知的文化现象。这也是在外部看来是纠纷的问题，在内部作为当然的社会前提而不意识的重要原因，也是内部和外部对社会关系偏离在文化上定性的不同。

的社会结构。① 这种容忍并不需要进行复杂的评估,只需要遵从固有的社会结构就基本能够确定,表现为乡村纠纷中较少具有思辨色彩的处理描述,并且将纠纷解决的日常方式简化为固定标准的发誓、赌咒、暴力等。乡村在稳定时期严格遵循伦理上的差序格局,同时强化不同身份上附着的经济利益,就如同在任何封闭的圈层中固定的关系。在一个封建社会家庭中存在固定的主人和奴婢的区别,在公司中存在主管与员工的区别,在任何建立在现代官僚机制上的组织都会严格区分不同等级的权力范围和行动方式。只不过乡村社会秩序建立在自然形成的社会圈层中,后者建立在理性设计的官僚体系中。在社会变动较小的时期,无论乡村还是城市,处理纠纷时都会倾向于选择将固定的社会关系作为情感和价值背景的行动。一旦进入变动剧烈的时期,所有人都会采取最大限度短期可变现的利益衡量方式。

在社会关系和互动所提供的信息预期是明确的情况下,诉诸书面和正式制度是一个不必要的选择,无论是乡村社会还是任何有明确制度体系的组织都是如此。大多数农民在安排自己行为的时候会采取社会心理账户的方式,通过乡村的各种互惠行为保证村民之间行为的合作性,为整个乡村提供较为良好的社会资本,这种互惠建立的基础是社会关系稳定,对未来行动的预期明确。费孝通先生曾把中国乡村称为"熟人社会"②,熟人社会的社会结构是"差序格局",行事注重亲情和礼俗规约,但讲究亲疏远近有别。③ 亲情和礼俗都是稳定社会中长期信息的担保,当事人之所以将某种利益受到侵害认为是一种纠纷,并且需要通过一种公开的方式加以解决,从当事人的内心来说,涉及当事人对于某一种利益的认识。当然这种信任处于较低水平,不具有扩展性,也不具有创新性,而是维持着乡村低水平的社会互动秩序。这种利益又嵌入具体的社会情境,具体的情景内生出对于纠纷解决方式的特殊需求,纠纷不仅是个人认知问题,更是社会情景的一个反射。熟人社会的行动逻辑包括情、理、力、法等混合的因素,哪些利益会被认为需要转化为法律意义上的纠纷,哪些仅仅是停留在社会学意义上的纠纷,取决于当事人的认识。当事人的社会关系也客观地决定了纠纷对当事人的价值,以及整个社会所能够

---

① 这里并不假定具体乡村秩序类型,因为无论在传统中国还是现在中国,乡村存在巨大的差别,贺雪峰从村庄社会结构维度将中国农村划分为南方农村、北方农村和中部农村三大区域,不同区域乡村的经济形式、村庄价值、社会关系等因素都不同,也形成不同的社会秩序类型。参见贺雪峰:《村庄类型及其区域分布》,载《中国乡村发现》2018年第5期。
② 费孝通:《乡土中国 生育制度》,北京大学出版社1998年版,第9页。
③ 费孝通:《乡土中国 生育制度》,北京大学出版社1998年版,第30页。

提供的社会压力和解决动力。如果缺少这一参照背景，当事人对纠纷的认识以及意图通过纠纷解决所获得的收益就无法得到准确判断，对当事人在冲突中的行动就无法作出准确预期，也就无从建立有效的纠纷解决机制。

在传统社会中，纯粹的人际间冲突很难转化为现代法律意义上的纠纷，更多停留在社会学意义上的纠纷阶段。因为这些冲突深深嵌入乡土社会中，并且决定着相应的纠纷解决方式的运行逻辑。社会结构没有根本变化时，社会资本也较为稳定，出现社会偏离的时候，当事人和纠纷背景都不需要作出过大的变化，自身就暗含了确定的解决方式，使乡村社会关系恢复到基本稳定的状态，维持乡村社会秩序再造的内卷化或者低度进化状态。当事人无须借助外来的法律规范，只需要内生的各种社会规范提供行为标准即可带来长时间的稳定有序。在当事人具有摆脱固定圈层约束的能力时，原来的社会关系偏离才会转化为更加激烈的纠纷。这在稳定的传统乡村社会或者在改革开放之前的乡村社会中都普遍存在，总体上呈现为现代意义上纠纷较少的局面。少数具有更多村庄之外资源的个体，诸如商人、仕宦、学子等，一旦不接受乡村固有的社会结构，将原来的社会关系偏离认定为纠纷甚至采取法律手段，都会成为乡村社会的反叛者，被乡村社会以道德上的堕落加以评价。这种现象在改革开放30年左右最为突出，乡村能人开始采用法律手段解决原来乡村问题，以至于出现乡村社会道德滑坡的认识。[①] 这种冲突虽然表面上是一个法律问题，事实上是乡村社会变迁之后社会资本脱嵌造成的，原来的社会规范缺乏社会资本支持之后，同样的行为就无法获得规范上的支持，而是直接转化为个体和国家的法律问题，从而剥离了道德和社会依赖，更进一步强化了乡村社会秩序的分离，导致社会资本的进一步衰败。

随着社会的变迁，尤其是21世纪近十年，乡村地理环境和文化上的封闭性不复存在。受到人员流动、文化传播、市场渗透等外界不同影响，乡村也呈现出多样和多层次的社会结构。社会结构因素中既有现代的也有传统的，既有输入的也有本土的。村民之间的传统连带性也减弱，一个人的生活价值不再高度依赖其所处的村庄或者家族、宗族等群体，而

[①] 在调研的王村及A县的其他众多村庄，能够卷入现代意义纠纷的至少需要一方具有精英身份，身份不发生现代转变的社会中，只会出现田土细故及家事纠纷。交通肇事、借贷、雇佣、劳动纠纷、土地征用、创业纠纷等，至少一方涉及乡村精英。精英身份至少带来了城镇社会秩序的部分要素，出现因为经济流动的支配、对机械和机会的支配等社会关系，新型纠纷才会在乡村出现。

是更多依赖村民自己的努力,也依赖于村民所建立起来的远远超出家族、宗族、村庄乃至乡村本身的社会资本网络。这些社会资本网络不仅多样,而且随着不同成员的流动而快速变迁。虽然核心网络一旦形成很难快速发生变化,如以血缘、地缘、学缘等关系形成的网络一般不会快速变化,其中具有结构洞桥接功能的个体则会快速流动,带来更多元的社会关系,出现强关系和弱关系从核心到边缘的过渡形态,也稳定了处在该网络中成员行动的模式。在社会互动中就同时存在多样化的社会资本交换问题,如何衡量一个具体的社会行动就变得更加依赖对多种可见和抽象利益的衡量,原来作为结构背景的社会资本凸显出来,要求乡村社会成员更加具有妥协精神。在短期内存在互动行为规范的混乱,甚至乡村价值的崩解,长期来看恰恰为乡村社会成员提供了对多元利益衡量的认知模式。在更长的时间尺度上,多元利益的认知模式通过社会规范的结构化和群体意识的不断内化,就可以支持具有理性特征的多元纠纷解决机制,进而支持现代乡村治理的宏观要求。

在笔者所调查的王村,不同的村民因为生活来源的依赖不同,形成了相对独立的群体:

1. 主要依赖种植的群体。这类群体主要包括年龄较大的村民,他们一方面缺少出外务工的劳动能力,另一方面受长期乡村意识的影响,不能很好地接受依靠商业收入为主的生活方式,大多数依然依赖种植提供基本的生活世界。这一群体既受到生理上、地理上的限制,也受到文化上的限制,无能力也不愿意走出乡村。

2. 当地的能人。这些村民依靠自己的技能或者其他的社会资源,通过商业手段在村庄内部致富。这类村民大多正处于40~50岁,通过商业经营给自己带来了村庄的社会地位。随着市场经济的渗透,消费主义与乡村面子文化结合起来,推动了乡村式的"炫耀性消费"。村民在乡村的社会地位更多依赖于村民所拥有的经济收入,通过建房竞争、婚嫁竞争等体现出自身在经济上的优势,其他的社会价值相对减弱。在传统社会中,王村的几个小学老师在村中具有很高的威望,无论是红白喜事,逢年过节,这几个老师都会有一定的应酬。村干部也是传统乡村中重要的权威,基本上是全权型的权威。随着经济因素的增强,加上农业税改革之后,农民对于村干部的依赖更加弱化,尤其是在乡村整个社会制度不健全的情况下,村干部和村民之间几乎没有利益关系,在很多地方出现了村干部反过来求着农民做事的现象。① 随着乡村社会变迁，经济变成衡量一个村民最重要的因素，其他不能很好转化为经济收入的因素逐渐淡化，这带来了村民行为准则的理性化取向。但在社区化不充分的情况下，这种理性化有很大的负面影响，在很多地方出现"原子化"现象，乡村很难再出现权威能够有效动员农民，形成比较一致的集体行动的现象。②

3. 外出务工者。这是将乡村割裂得最严重也是高度异质化的群体。和其他村庄一样，王村大量的适龄劳动力在农闲时节几乎全部出外打工。王村的姓氏构成较为复杂，每一个相对一致的外出务工群体都基本围绕一个姓氏形成，或者由年龄较为接近的初高中同学组成。从外出务工地域上来说，地位最高的群体是在苏州打工者，以初高中辍学者为主体，因为具有一定的文化知识，又赶上苏州等地对劳动力的大量需求，他们在文化、审美、经济等方面都得到了快速完善，类似于20世纪90年代城市中外资打工者和内资打工者之间的区别，在村庄乃至跨越周边县城形成了广泛的社会连接。另一个较大的群体是去乌鲁木齐卖水果和蔬菜，有五六家，这些人在外出务工的过程中，形成了较为一致的群体。第三个较大的群体是在郑州郊区从事人力车搬运，有十二三家。第四个较大的群体是在附近煤矿采煤。还有一类是外出从事建筑。不同群体在城市的生存能力有极大差别，在苏州打工的大都获得了较多经济积累，随后又向P市、A县及临县的分化流动，很多都在相应的城市安家落户。地位最低的属人力车搬运者，随着网约拉货的发展，这部分群体受到冲击最厉害，基本都返回乡村。

从20世纪80年代末到90年代初，村庄还能够有一些公共的行为，尤其是召开村民大会的时候，参加村民的人数基本到齐。逢年过节的时候，村庄春会也可以为大家提供一个公共的交流场所，在面对修路和修筑水渠等公共事务的时候，还能够具有较强的动员能力，也说明了乡村的集体行动能力较强。随着村民群体的异质性增强，村民之间的了解在实质上减少，尤其是年轻村民之间都更加注重能否获得更多的务工机会

---

① 梁鸿：《中国在梁庄》，江苏人民出版社2010年版，第199~202页。
② 在精准扶贫政策下，国家动员各项资源进入乡村，包括正式的驻村干部、第一书记等，也包括发动行政事业单位人员购买农产品，对新乡贤给予政治上的资格和荣誉，倡导退休领导干部返乡等。农业农村部、国家发展改革委、教育部、民政部、人力资源社会保障部、自然资源部、住房城乡建设部、退役军人事务部、全国工商联等九部门联合印发《"我的家乡我建设"活动实施方案》，动员热衷家乡建设事业的专业人才、经济能人、文化名人、社会名流等能人回乡参与建设，吸引返乡农民工参与家乡公益性项目建设、管护和运营，引导企业家回乡投资兴业、举办社会事业。

或者商业机会,更多关注具有明确利益内容的话题,纯粹人情和日常的交流减少,相互之间的日常熟悉感也随之减弱。更多的村民开始逐渐意识到个体权利或者利益的重要性,也主动不进行更多的日常交流。乡村中公共价值衰弱最明显的一个表现是人们对赡养和婚姻问题的态度转变,不赡养老人和婚姻不稳定被认为与伦理关系不大,即便认为有关系,但与个人社会地位相互分离。

阎云翔在对黑龙江岬村的调查中发现农民权利意识的增长从爱情的自由表达、婚姻自主性的增长开始,这种变化最终带来了家庭结构的变化,因此可以看出岬村村民个人权利观念的增长。[①] 陈柏峰和郭俊霞则通过对皖北李圩村的调查认为,仅仅从权利义务、公德等角度去理解村民权利问题显然不够,而是需要将之放到农民的价值观变迁和世界观的松弛的宏大背景下,才能得到正确理解。[②] 而一旦农民的价值世界松弛,利益就成了人们的重要目标。

随着利益成为行为的重要准则,原来乡土社会所形成的熟人社会中的人际关系和行为规范也随之变化。依赖于原来社会资本的一整套乡土社会的规范就逐渐失去了保障规范效力的社会压力,越来越成为文化上的象征物,仅仅具有符号价值。虽然也可以为各方主体使用,但已经很难再发挥其规范的作用。规范适用的社会群体能够提供足够的压力,通过社会资本对成员作出排斥、嘲笑等社会约束,也通过内部约束提供更多信任和互惠以帮助成员获得更多发展。对于违反该规范的个体给予足够的惩罚,使得整个规范被违反的频率维持在一个较低的水平上。社会规范与个体的日常生活关系越密切,这些社会关系就越能够对个体形成压力。从经验上来看,对个体形成的压力是否足够有效,不仅依赖具体的惩罚类型,更需要从整个社会结构的角度去衡量和评估。在传统社会中,"家丑不可外扬"是处理很多婚姻家庭纠纷的重要原则,但随着社会的变化,越来越多的家务纠纷通过电视媒体加以解决。[③] 这一方面表明村民更多引入多种社会资源解决纠纷,这些资源已经远远超越了传统的村庄边界,也超越了特定空间的地方性知识。另一方面也意味着村庄的社会压力不再对村民产生绝对的影响,或者说村民具有更强的选择性空间。

---

① 阎云翔:《私人生活的变革:一个中国村庄里的爱情、家庭与亲密关系(1949—1999)》,龚小夏译,上海书店出版社 2006 年版,第 151 页。
② 陈柏峰、郭俊霞:《农民生活及其价值世界:皖北李圩村调查》,山东人民出版社 2009 年版,第 159~160 页。
③ 影响较大的是河南公共频道的《百姓》和江西卫视的《金牌调解》等电视调解类节目,其中大量涉及婚姻家庭纠纷,并且相当比例涉及婚姻中的隐私问题。

电视调解等方式也意味着乡村社会成员不再把纠纷解决所要实现的社会秩序再造局限在乡村社会空间内，而是在更加不确定的范围内表达自己的诉求①，试图在乡村社会内部、国家和社会不同层面寻求更优纠纷解决方案。这事实上说明乡村规范已经不能对村民产生约束，无法剥夺限制村民的经济社会利益，也无法剥夺限制村民资格和机会，惩罚功能的失去带来乡村社会规范效力的衰落。

在传统封闭的熟人社会中，基于"面子""人情"的相同规范或者民间法可以获得较为广泛的群体认同。如果有人违反了这些规范，其所处的社会资本会将该个体的社会资本严厉地剥夺，个体在社会地位、经济机会和尊严等方面都得不到社会群体的支持，使得该村民无法在这个村子中体面地生存下去。更加重要的是，对于大部分村民来说，都很难摆脱这个村子以及土地的束缚，这也意味着村民的后代要生活在这个村子中。因此，熟人社会中的社会资本为各种民间规范提供了足够的社会压力，保证了相应的社会规范有效运行。

从村庄道德秩序的角度来看，传统村庄舆论对于一些不符合道德规范的致富方式有明显的排斥性，致富途径的道德性仍为村民所看重，村庄社会分层标准除了财富之外，道德、文化和权力等因素仍较重要。但在村民变得理性化之后，村民之间的分化加剧，出现了大量的次级群体，村庄的整全性压力消失，也没有形成很强大的村庄社会资本。这些社会资本随着村民的理性化和分层化而逐渐消失，并收敛在特定的范围之内。因为文化和生活本身的连续性，并没有也不可能完全消失，只是不再具有原来对整个村庄的整全性规范功能。

这种情况在20世纪90年代中期以后的王村发生了实质性的变化。村民的致富手段变得丰富起来，并且难以用单一的标准进行衡量。有通过种植致富的，这一部分是原来的种植能手，在王村的ZLZ等人，因为拥有非常好的烤烟技术，在别人出外打工的时候，就通过流转承包外出打工的村民的土地，将大部分土地用来种植烤烟，每年能够有将近10万元的收入。也有一部分去新疆卖菜的，因为LFD的影响，大约有10户人家出外卖菜，土地就承包给别人。还有几家因为宅基地的位置比较好，在村庄中新的道路开辟之后，就开始经营商店，在2019年7月份调查的时候，王村的商店基本全是具有地理便利条件的人家，而原来在村庄老街道上开设的商店都已经无法经营下去而关门。随着老街的改造，又出现

---

① 这并不意味着乡村具有更强的法治意识，更多是在脱离了乡村社会压力之后，通过更加公开的方式提高自己在乡村纠纷中的对抗能力。

了与抖音基地相关的一些业态，通过规范的摊位设置，一些村民固定经营一些本地山货特产和批发的各式商品。①

除了这些合法致富的群体外，也有一部分人和外地的一些混混结合，通过非法途径致富。在2007年前后，A县出现过较多的赌博现象，参赌人员涉及周边十几个县，也出现了几个比较狠的角色，通过收保护费以及高利贷快速发了家，并且有两个人还与P市的一些团伙有密切联系。还有一部分村民没有太多的技能，但在乡村，大多男性村民基本都会泥瓦施工，随着乡村的发展，越来越多的村民盖新房或者改建老房子，于是这一部分农民就组合起来，成立了大大小小的建筑队，借助卡车、三轮车、摩托车、电动车等交通工具，在周边20公里之内开展业务，依然有不少的市场。

大多数村民都还能够依靠努力劳动致富，少数以非法手段快速致富的人也冲击着村庄的秩序。虽然还有一些年龄较大的村民依然用道德的标准去评价，更多的村民则表示已经难以用道德要求去评价村庄内部的贫富变化，认为反正富裕了就是好的。据此，可以说，村民在村庄纵向结构中位置的取得已经与道德无关（并非反道德），经济财富标准占据了绝对优势，成为村民在纵向社会结构中排序的重要标准。

一、嵌合型社会资本与纠纷的新形态

随着嵌合型社会资本的形成，产生了新的纠纷类型。在传统社会中更多的是婚姻家庭以及土地财产纠纷，但社会变迁带来了更加多样化的纠纷类型。即随着外出务工的增多，劳务纠纷逐渐增多，并且具有明显的特色。此外，交通事故等纠纷随着乡村机动车增加而增多，还有乡村村民自治和土地的征收征用及本地企业工厂务工中出现的各种纠纷不断增多。这些相比较传统社会中的纠纷，有以下几个特点需要注意：

（一）利益的类型不同

这种不同主要是相比较传统社会中纠纷所占比重的变化，在乡村纠纷中，婚姻家庭纠纷依然占据多数，但和历史数据比较，已经有大幅度地下降。高其才等人通过对华县杨村人民法庭的调查，有这样一组数据：②1986年杨村人民法庭受理了33件案件，其中80%是离婚案件，加

---

① 2023年春天去调研时，王村的抖音基地也受到冲击，基本处于停滞状态，山货等地摊也不再经常出现，背后更深刻的是抖音等新媒体快速冲击带来的乡村回应和基层治理现代化问题。

② 高其才、周伟平、姜振业：《乡土司法：社会变迁中的杨村人民法庭实证分析》，法律出版社2009年版，第234页。

上几个赡养纠纷和侵权纠纷构成案件的全部,总体来说,案件的总量较少,案件的类型也较为单一;但到了2003年,受理了131件案件,2004年前三季度就受理了135件。虽然离婚案件依然占到30%,但案件类型已经多元化,合同纠纷有了一定的比例,并且出现了一些新型的经济纠纷案件,特别是有关"基金会存贷纠纷的案件",这与当时全国范围内的现象相一致。在调研的王村,近十年出现的纠纷中,离婚案件所占比例更低。最终通过法院审结或者调解结案的,基本都是交通肇事、土地承包、劳务纠纷、民间借贷等纠纷。通过中国裁判文书网检索,时间为2013年至2021年,设定A县人民法院、民事案由、全部文书类型,共得到27972条记录,又加上继承关键词,共检索到647条记录,再加上离婚关键词,共检索到1632条记录,再加上赡养关键词,得到384条记录。家事类案件总共占比9.5%,可以看出家事纠纷比例明显下降,其他类型纠纷明显上升。将全国不同区域县级人民法院进行对比,按照同样关键词检索,浙江县级人民法院案件中家事类案件比例为3%~7%,中西部偏高一点,为5%~10%。总体上看,基层人民法院受理案件中家事纠纷比例均明显下降,侵权纠纷、合同纠纷、劳务纠纷等类型案件明显增多。

(二)纠纷当事人的关系不同

在"熟人社会"中,当事人之间因为社会连带的原因,加上政策和地理空间的限制,当事人都没有更多的替代性选择,更多采取人情法则来处理利益冲突。随着乡村的"半熟人社会"和"陌生人社会"的出现,还有大量外来资本对乡村的投资,纠纷当事人之间的关系就具有更多复杂情形,既可能是传统的熟人关系,也可能是纯粹陌生人关系,还有可能是通过当地精英间接引入的介于熟人关系和陌生人关系之间的人际关系,这些都影响纠纷以及纠纷解决的运行。进入21世纪后,随着嵌合型社会资本的形成,在村庄内部还是村村之间、城乡之间更加容易流动,乡村社会成员也具有更加多元的行动选择动机。

(三)纠纷所涉及的利益群体和可以动员的社会资本的范围也不同

在传统社会中,除少数精英外,基本无法动员超出村庄的更多社会资本,更多解决纠纷的社会资源来自村庄内部,最多通过婚姻关系和另外一些村庄发生间接联系。现在的乡村纠纷边界远远超出了乡村的地理边界和文化边界,纠纷当事人自己所参与的社会关系以及所获得的文化信息具有极大的弥散性。当农民可以动员或者在村庄内部规范不能满足自己目的的情况下，会主动援引村庄外的各种社会资本为自己所用，诸如求助于诉讼、上访，或者媒体等公共资源。这些资源在进入乡村纠纷解决的场域后既可能带来乡村纠纷解决的现代性，也可能在冲击了乡村规范之后撤出，给乡村纠纷解决带来更多不稳定因素。在各种社会资本嵌合后，单一手段都会涉及不同社会资本群体，村民的行为也同时会牵连不同的实质利益和象征性利益，更多约束有机联系起来，更多群体间的利益交换也相互交织。

二、社会关系等多维度的考察

仅从纠纷的性质或者类型来分析，尚不能完整认识社会变迁对于纠纷解决方式的影响。还需要更加多维度地去考察一个纠纷的其他因素对纠纷解决的影响，因为性质和类型一样的纠纷并不一定以同样的方式加以解决，这需要从以下几个方面考虑：

（一）当事人之间的依赖程度

这里并没有截然的界限，但可以通过两端的假定来推断，在关系的一端是绝对不可分离的双边垄断关系，任何一方都依赖于另一方的存在，这种绝对的关系完全排斥国家法律的适用，而不管国家是否从形式上进行了规定。在另一端是完全的陌生人，当事人之间不存在任何的交叉点，类似于布莱克所说的"情势型无政府"状态，[1] 或者齐美尔所说的"天狼星的陌生人"，[2] 这种状态下的当事人之间不会产生任何的交集，任何规范都没有存在的必要。对于真实的生活状态来说，都是某种意义上的熟人和陌生人的结合体，只不过在某些情形下更加偏向于熟人社会关系，另一情形下更偏重于陌生人的社会关系，具体依赖纠纷的社会情境而定。

这意味着当事人之间永远会处在一个相对彼此依赖和绝对一方占优的变动局面之下。如果双方都没有更多的替代性机会，就倾向于通过内部规范加以解决。比如大量的婚姻家庭纠纷，这点看起来更多的似乎是专属于乡村这一传统社会的产物，但如果和市民社会中重要的一类纠纷比较的话，也同样能够看到这一现象。那就是在具有纵向合约的公司之间，存在着高度的商业规范，基本不会诉诸传统社会规范加以解决公司间纠纷，也较少诉诸国家法律。正像科尔曼所提到的信任问题，这些信

---

[1] ［美］布莱克：《法律的运作行为》，唐越、苏力译，中国政法大学出版社2004年版，第146页。

[2] ［德］齐美尔：《社会是如何可能的：齐美尔社会学文选》，林荣远编译，广西师范大学出版社2002年版，第342页。

任实际上更依赖相关公司间的彼此压力以及所处群体的压力；同样在公司内部也存在同样的问题，一个管理规范的公司，内部的纠纷更多可以通过内部的各种规章制度加以解决；①对于替代性成本更高的群体来说，几乎不会有选择法律和其他规范的可能。典型的如黑社会或者其他的江湖团体，因为其自身行为的反社会特点，求助于其他社会规范或者法律，具有极高的风险。

因此，如果当事人之间的依赖性不强，或者有一方具有较多的替代性机会，原来依赖于相应群体压力的社会规范就会失效，当事人面对同样的纠纷时会更多地选择其他纠纷解决方式。这点比较明显地体现在乡村家庭婚姻纠纷的解决方式的变迁上。

笔者调查的 L 村，20 世纪 80 年代和 90 年代时期，家庭纠纷还更多通过家族或者近亲属来解决。对于较轻微的家庭纠纷来说，比如夫妻吵架，一般女方会回到娘家，这是对于男方的一种示威和惩罚。一般的解决方式是，男方必须亲自带着礼物去女方家中求女方回家，如果得到了女方本人以及其家长的同意，女方就随男方回家，也就意味着这一纠纷得到了解决。如果严重一些的，比如双方争执到要离婚的地步，一般也不会直接起诉到法院，更多的是在男方家族和女方家族中选派几个代表，一般都会有男方的父母以及家族中的权威人物，女方的话一般也会是其父母，以及女方的舅舅等亲属。然后选择一个适当的场合，在男女双方家族代表在场的情况下进行调解，一般情况下不会劝离，俗谚所谓"宁拆十座庙，不毁一桩婚"，而是动用各种资源使得当事人重新考虑未来如何更好地生活。现在的 L 村则和大部分乡村婚姻市场的状况相同，因为外出务工带来的选择空间变化，以及性别比、婚姻价值观念等变化，乡村女性处于婚姻市场的结构性主导地位，在家庭纠纷中也处于主动选择地位。

尽管有数量众多的调查研究显示，在乡村的婚姻家庭纠纷解决中，村干部会是当事人求助的重要对象，②但在笔者所调查的 L 村，这一现象

---

① 笔者在 2012 年暑假中对郑州市的 15 家公司进行了调查，重点对公司的老板进行了结构化的访谈，所有的老板都更加着重对于合作公司的信任的重视，而把求助于法律尤其是诉讼看作不再考虑后续合作的最坏选择。2019 年重新验证的时候，发现并未发生本质变化。和波斯纳的信号理论相一致的是，老板们更着重纠纷解决所具有的文化含义，即更加愿意通过容忍一定程度的损失而传递彼此宽容和合作的信号，从而建立自己在市场上的良好社会资本获得更多信用。相关理论研究参见［美］波斯纳：《法律与社会规范》，沈明译，中国政法大学出版社 2004 年版；［美］科尔曼：《社会理论的基础》（上），邓方译，社会科学文献出版社 2008 年版。

② 郑永流等：《农民法律意识与农村法律发展：来自湖北农村的实证研究》，中国政法大学出版社 2004 年版，第 213~214 页。

并不明显。这一方面与当地村庄中村干部的权威相对不足有关，另一方面和村民相对分裂有关，整个 L 村一直都无法形成一致的强大压力，纯粹借助于官方权威的村干部并不能渗透村民的婚姻家庭纠纷中。但另一个不能忽视的问题可能是在研究中无论是研究者或是官方对于乡村干部权威和作用的放大有关。

（二）当事人可以动员的社会资源的多少

从法律角度来说，每一个当事人在法律上都具有平等的人格，享有平等的法律保护的资格。但这种抽象的平等并不能够直接作为纠纷解决的依据，更不能够被直接作为纠纷解决中双方对抗的武器。相反，这些抽象的平等和正义都需要通过具体的当事人的对抗行为才能够在一定的意义上得以实现。

从社会学的角度来看，纠纷解决是当事人运用社会资本进行对抗、斗争和说服论辩的一个场域，所有关于行为、规范、价值、情感、道德以及伦理等话语以及所拥有的可以动员的资源都会被当事人动员起来，并且使得因为社会连带而产生利益连带的主体全部带入纠纷解决的过程中。纠纷解决过程中的当事人社会资本既包括行动者自身的资源，诸如身体健康程度、年龄、金钱、力量等自然因素，更包括通过社会关系可动员的社会资本。[①] 在某种程度上说，一个纠纷中的利益越重要，当事人动员社会资本的动机越强烈，所投入的成本也越高。在王村中竞争村干部的纠纷对不同家族具有重要意义，因此在 M 姓家族失去村委会主任职位后，为了重新获得该职位，M 姓家族的成员基本动员了所有的社会资源，甚至找到了同姓在省纪委的一个工作人员去寻找现任 Z 姓村委会主任的一些渎职行为，还去咨询了县城和省城的律师，试图寻找到法律上的有力支持。在历经了上访、举报等手段，寻找了不同关系支持后，因为刚好扫黑除恶发现 Z 姓村委会主任在社会保障和当地产业经营中存在非法情形，不仅解除了 Z 姓村委会主任职务，而且追究了刑事责任。当地镇政府因为不满 Z 姓和 M 姓的纷争，尤其是 M 姓不断上访的做法使得当地基层领导很没面子，并没有让 M 姓任村委会主任，但 M 姓因为扳倒了 Z 姓这个目的，也就不再过多纠缠，这个纠纷才最后得到解决。

对于乡村纠纷来说，传统社会中乡村的相对封闭性，决定了村民所拥有的社会资本的稳定性和一致性，即便村庄内部也有分化，但这些分

[①] 典型的例子是"杨乃武与小白菜案件"的整个过程中各方社会力量的相互对抗与交换，详见徐忠明、杜金：《杨乃武冤案平反的背后：经济、文化、社会资本的分析》，载《法商研究》2006 年第 3 期。

化相对稳定，可以为不同的村民提供相对稳定的预期，相应的规范也会在村庄内部保持稳定的效力。随着社会变迁，村庄内部的分化加剧，不同的群体拥有不同的社会资本，更为重要的是，因为村庄人员流动的加剧，村庄外部的社会资本也加入乡村纠纷解决对抗之中。因此，现在的乡村中，纠纷解决所动员的力量已经超越了村庄本身，和社会的各个层面上的利益群体关联起来，也可以为不同的主体交换不同的社会利益。因此，无论是国家、地方基层政府、官员、城市里的单位、组织、新闻媒体等，都会卷入乡村纠纷解决的过程中。① 在这种情况下，乡村纠纷解决就演变为复杂的各方社会资本的竞争和抗衡问题，也同时成为不同社会群体争夺话语权的问题，试图通过乡村纠纷这一场景强化各自的社会地位。

熟人社会是一个建立在乡村整体上的流动性较弱的基础之上，在相对封闭的地理空间中共享一个约定俗成的规矩。② 因此并不需要现代意义上的法律，只需要按照不言自明的行为习惯做事就行，王村当地有谚语"庄稼活没啥学，别人咋着咱咋着"。我们可以通过地理空间的封闭来解释熟人社会，但这种推理在现代社会条件下的适用却充满疑惑。因为封闭的地理空间与熟人社会之间并没有必然的关系，在二者的推理中尚需要一个环节来连接。以现在的小区为例，在单元房中，相互对门的人甚至可以没见过面。这种空间的封闭性要比乡村中明显得多，但我们并不会将一个城市的小区和一个乡村一样看待。比如在城市中一个城中村和一个商业小区比邻而居，但遵循着截然不同的行为模式，各自遵守着无形却强大的鸿沟。如果相互跨过鸿沟，也只能是短暂的接触，而不能实质性地采取对方的行为方式。如果不慎采取了对方的行为模式，其自身所在的群体成员就会作出消极的反应。这鸿沟并不仅仅因为地理空间的封闭，在一个封闭的空间中，村民所共同具有的紧密关系使得他们具有一致的身份，这种一致的身份关系到这个群体的共同声誉和利益，也许这才是熟人社会的本意。

如果将我们的焦点转入村庄内部，我们就会发现在总体上的描述并不能很好地用于分析村庄内部的各种差异。对于具体的村民来说，他具

---

① 卷入乡村纠纷解决的各方动机和推动力量并不相同，但至少都涉及名誉、权威、资格等社会地位以及因为该社会地位所带来的潜在的政治、文化和经济收益。这点在江西卫视的《金牌调解》栏目、河南公共频道的《百姓》栏目等电视调解类栏目中有充分的体现，而江西卫视的胡剑云、河南公共频道的许桂荣、东方卫视的柏万青等频繁出现的调解人员则成为这一领域的明星式人物。

② 费孝通：《乡土中国 生育制度》，北京大学出版社1998年版，第44页。

有自己特定的村庄内部的社会空间位置，这个社会空间位置由他的经济地位、年龄、家族、文化、性别等因素构成，也受疾病、灾难等影响。并由这种社会空间位置延伸出来和其他村庄、组织、国家的各种关系，这种种关系勾连起来影响着村民的具体行动。因此，具体的村民并不是单纯地由对村庄的总体刻画决定，相反，在刻画具体的乡村纠纷的时候，必须通过纠纷的具体场景来刻画来描述。当然，在这样描述的时候将面临有关场景信息的不可穷尽性。但是，如果能够考虑足够多的有关具体纷争的场景信息，将能够获得纠纷解决效果的预测。即便在最弱的意义上，通过考虑更多的变量也将能够获得相对于较少变量时关于纷争的确定性解释和预测。从这个意义上说，情景化的分析不是为了穷尽关于纠纷的信息，而是希望能够获得对纷争的解释具有更加开放的未来结构，这一点要比获得确定的结论更加重要。

三、嵌合型社会资本带来当事人之间抗衡关系的复杂化

传统社会中相对单一和稳定的社会资本不会为乡村纠纷的当事人提供过多的替代性机会，所谓的调解只不过是固有社会压力的一个形式化表征，当事人并没有太多选择的可能，多元化的嵌合型社会资本为当事人提供了更多替代选择的可能。村民价值观的理性化更使得村民可以单一地看待纠纷解决方式的选择，尤其是在理性化之后，利益变成纠纷解决选择中最为看重的价值，原来所附着的伦理道德等价值被相对弱化，只要能够为当事人带来经济上的利益，各种手段都可能被选择。也正是在这一意义上，乡村出现了一些法律上具有正当性，但在村庄内部得不到认同的案例。比如 LB 市一个男女奸情的案件。因为王某常年在外打工，其妻子李某和同村的秦某有了不正当的男女关系，王某回来之后将秦某打了一顿，经鉴定是轻伤，判了王某 1 年有期徒刑，并且要求王某赔偿秦某 5000 块钱。这件事情在王村被人们传开了，在访谈中，王村的原村委会主任 W 发感叹道："我懂一些法律，打人要赔偿，要判刑，但对于秦某霸占了人家老婆，反倒又得到赔偿。王某自己被人戴了绿帽子，反过来还得赔钱，理上说不通呀。"

笔者在调查中更加关注的是这一种解决方式对于乡村社会秩序是否有积极的影响。从纠纷解决的价值来看，解决后的人际关系和社会关系都应该是得到进一步的重建，乡村社会得到更强的黏合，而不单单是法律背后的国家权威得到了强化。在乡村治理语境下，党和国家主导的多

元纠纷解决机制根本上受制于自上而下的纠纷化解模式，以地方社会不出现官方反对的社会纠纷尤其是涉法信访、治安和刑事案件为主要目标。为此而创设起多样化的纠纷化解机制，从乡村社会的源头排查和预防纠纷发生。这一模式将乡村纠纷解决转化为基层治理的一种重要展示场域，是党和国家权力在乡村社会场景中的具体运作，也是基层干部权威的具体展示。对于这场纠纷解决来说，结果是，王某被判刑入狱，李某和王某离了婚，他们5岁的儿子由王某的父母抚养，在王某出狱前一个月，儿子在村庄附近一个池塘玩水时溺亡。相反，秦某在村庄待不下去之后，和丁村的一伙人去苏州打工，实际上更多人在苏州从事非法活动，主要从事两种活动：一种是"掂包"，就是抢夺；另一种是赌博。秦某两年后从苏州回来，开上了小轿车，也在村庄里盖起两层小楼。村庄里的村民反应也不一样，但无疑，这种现象对于乡村的社会秩序不会产生积极的影响。

  这种现象并不是孤例，黄海通过对乌镇的调查，[①]认为因为国家治理、社区变革和社区权力共同作用的结果，微观上却是越轨力量得到生存空间与活的意义存在的结果。对于秦某之流，在脱离了村庄这一环境之后，村庄的伦理道德秩序不能再加以约束，而城市中的陌生化环境又给这些人提供了更广阔的空间，甚至能够快速致富。并且原来的村庄无法完整获得这些人获得财富的真实图景，或者即便知道是非法获取，也会因为这些非法行为发生在另外一个远离村庄的空间中，并不会在村庄内部产生强烈的认同。但这些人因为拥有财富而体现出的社会地位，则可以在村庄内部产生较为强烈的认同感。

  除了这些外部原因之外，村民流动和外界社会有了更多的交叉，形成了更多交叉性的社会资本类型，一些乡村纠纷会引入外部的社会资本，其中比较有代表性的是大量的电视调解类节目进入乡村这一场域。并且因为不同的电视台及其所代表的社会资本的取向并不相同，节目的程序、结构以及风格都有较大的区别。但不同的电视调解节目对于乡村纠纷的影响都不相同。比如河南公共频道的《爱心调解》栏目，其中有大量的节目是针对乡村的婚姻家庭纠纷的解决。而江西卫视的《金牌调解》栏目则采取比较接近于诉讼的结构，当事人通过一个具有相对明晰的程序实现较好的沟通，从而实现说服的效果，更多以"老娘舅"为身份的电视调解在全国各地多见。

[①] 黄海：《灰地：红镇"混混"研究（1981—2007）》，生活·读书·新知三联书店2010年版，第3页。

第四章 ▶ 嵌合型社会资本对乡村纠纷解决的影响

在传统村庄纠纷中,家庭纠纷基本上属于家务事,属于"家丑不可外扬"的类型。在这些纠纷中比较容易涉及家庭和个人的隐私,在传统村庄中不会大肆宣扬,人们追求知道的人越少越好的行为方式,至少追求一种形式上回避当事人的状态。村庄的压力减弱之后,人们不再顾忌村庄内部的伦理道德的压力,转而求助于电视调解节目,作为一种大众传媒,求助于电视调解,基本就意味着这些纠纷要面向公众。这在国家和公共的层面上似乎可以起到一定的教育和宣传的作用,间接地树立起国家在纠纷解决中的主导作用,但一个不可避免的后果是家庭道德的消解和村庄自身秩序的消解。因为这种方式将乡村的家庭道德置于被公众审视的和被观赏的地位,电视观众和其他公众通过类似于表演的一种选择性表现,看到生活中的家庭纠纷如何呈现,又如何被消除,但这一过程中不可避免地会遇到国家的舆论宣传需要、电视台的收视率的需要以及节目制作的具体技术的需要,还有电视变现技术本身所带有的局限性,这种加工和处理改变了纠纷解决的方向和方式,当事人的主体地位在各方力量的合力之下被消解。电视调解中涉及夫妻的隐私问题时,这些问题所附着的社会压力已经消解,当事人可以面对电视镜头谈论夫妻感情不和、谈论男女生理缺陷等问题,而不赡养老人的子女也可以理直气壮地面对镜头说自己不会再赡养老人,因为电视的压力让子女彻底没了"面子"。这种借助于公共舆论霸权的以改变乡村的方式在很大程度上反倒消解了乡村的社会秩序,在更大程度上使得乡村的社会资本失去其主体的正当性,而越来越依附于国家和精英所代表的现代模式。

因为国家政法政策和制度的影响,也倾向于向乡村提供来自国家的解决途径,通过宣传向村民灌输求助于国家和法律的好处,村民也有倾向于将纠纷提交当地政府予以解决的动机。土地纠纷等会比较强地依赖法律,这些纠纷高度依赖基层的国家权威。大部分的纠纷都会在村干部的调处下得以解决,即便有少数被提交给乡镇房管所或者土管所的,也需要村干部到场,借助村委会的力量加以解决。[①]

个体遇到纠纷时,要考虑纠纷解决后自己受侵害利益所能恢复的程度。在不考虑连带因素的情况下,可以认为个体的利益具有明显的边界,并且不依赖于任何他人,个体的行为可以通过对侵害施加者的惩罚得到补偿。如果加入连带因素,个体纠纷的解决就会和不同的群体利益相关联,在这些关联群体中,存在远近和亲疏的区别,个体从每一个群体中

---

① 陈柏峰、郭俊霞:《农民生活及其价值世界:皖北李圩村调查》,山东人民出版社2009年版,第176~185页。

所得到的收益并不相同,甚至在特定情况下,所属群体间存在着利益上的相互冲突。在一个纠纷中,双方所属的群体如果存在高度的利益一致,无论是最密切群体还是其他群体,纠纷解决的手段选择都会被严格地限制在群体规范之内,而不大容易越出群体规范的边界去选择法律或者其他方式解决。这样的群体典型的当属各种帮会团伙以及家庭等,在帮会组织中,各成员对于帮会的行为规范具有严格的依赖性,更多通过一种严格对抗国家法律的方式形成内部的严厉威慑机制[①],尤其是和国家法之间存在较强的冲突和对抗,因此帮会成员的纠纷解决会比较严格地局限在群体内部。对于家庭来说,成员之间基于血缘或者婚姻的关系,具有一致的利益,因此,家庭纠纷也多被限制在内部解决方式。

对于法律适用来说,其假定前提是法律能够无差别地被运用于社会中的每一个成员,每一个成员和国家的距离和利益完全相等,但这一假定无疑太过严苛,忽视了实践中的差异性和不平等。在具有差异性的条件下,人们会因为各种不同的原因结成不同的群体。对于个体来说,在不同的群体中具有不同的身份、角色以及可以动员的不同社会资源,而这些更进一步拉大个体之间的差异。

法律和其他社会规范与个体的距离并不相同。对于任何一个规范来说,都有自己成长和适用的社会条件,每一个规范和个体的距离也不相同,个体可以由特定规范中获得的保护和利益也并不完全相同。如果考察一下规范所蕴含的价值就可以有明显的特点。当提及法律规范的时候,最强的关联词是诸如国家、权力、权利、正义、秩序等,但这些词语所出现的场景要么和意识形态相关,要么和抽象理论相关,在日常的社会生活中并没有其适用的场景。相反,对于其他社会规范来说,则与约定俗成、良心、社会舆论等词语相连接,这些词语直接指向个体行为选择的自身情境。个体如果将规范误置不当的情境中,不可能获得预期的效果。因此,在国家行为中,所彰显的不是基于私人关系和非正式情境的规范,而应当是具有极强效力和明确性的法律,最为集中的体现是法庭审判行为的严格格式化和神圣化,其次是对于行政行为的合法性的约束。

对于任何一个纠纷解决行为来说,都是一个在既定选择方案集中的最优解问题。正像数学中的方案集约束条件一样,纠纷解决的方案选择框架受到正式权威的制约,更细分为刚性的法律规范体系制约和弹性的法律原则制约,前者属于一般分析法意义上的法律规范,后者属于自然

---

① 对于帮会组织来说,需要通过"投名状"等筛选机制,也等于把国家权威的威慑转换为帮会组织确认忠诚、认同和间接惩罚的机制,从而增强了帮会组织的惩罚能力。

法意义上的法律规范，并且更加接近道德这一灰色规范领域，乡村纠纷解决的行动者选择就是个体能力和选择方案集的最优解之间的互动。

从晚清至21世纪初期，乡村社会秩序的正式权威边界经历了几个较为明显的变迁阶段。在晚清，随着政府需要深入乡村以获取更强的税负控制能力以应对日渐增加的国家开支，原来的皇权不下县开始转变为供给正式的官方权威，不仅在法律适用方面施加给乡村社会，更想全方位控制乡村的税负。但缺乏组织和思想资源，加上20世纪初期清王朝的覆灭，建立在封建国家运作逻辑基础上正式权威供给乡村的模式终止。在民国时期，虽然开展了多种乡村治理运动，如晏阳初等人开展的乡村建设试验，因为缺乏官方系统的思想和组织基础，也未能获得足够的支配权威。共产党的定位以及当时面临的城市发展的压力，从苏维埃时期共产党就开始形成与乡村社会在思想文化资源和组织资源的双重共同发展路径，奠定了共产党在乡村社会秩序的内生性权威机制。从改革开放后的乡政村治治理模式，再到后来的项目制式乡村治理，直到目前的乡村治理现代化背景下以党和政府推动的脱贫攻坚、乡村治理等制度资源、思想资源、经济资源、文化资源、人力资源的供给，在基层政府脱贫攻坚政治任务动力驱动下，自上而下的国家正式权威以服务转向的话语裹挟强制脱贫的任务驱动，以项目制方式整合乡村经济社会建设，以乡村宅基地整治、公共基础设施和公共环境营造为具体手段，将乡村纠纷解决置于高密度的正式权威阴影之下，远远超过之前以法律资源供给和法治意识引领的纠纷解决的官方权威。近10多年，乡村权威在构成乡村社会结构中的核心节点的同时，也连带不同的乡村社会秩序类型，提供了纠纷解决的核心推动模式。

第二节　嵌合型社会资本与私力救济

从嵌合型社会资本角度来说，纠纷解决方式选择遵循由近及远原则，纠纷解决一定是从私力救济的考虑开始，因为只有这一层面的纠纷解决方式，当事人才有最为准确的把握，也最符合纠纷解决的期望，应该是一个建构整个纠纷解决体系的基础。在一个具体的社会情景中，绝大部分社会秩序是法律之外的秩序，不是法律之内也不是法律阴影之下的秩序，更多是与法律秩序并行和交织的执行。"私力救济的规范基础一般不是国家法，而是民间法，至少在我国，替代性纠纷解决的主要规范依据来自民间法，只是这些民间法不能公然违背国家法的原则和精神而已。"[①]

在现代法治理念之下，私力救济被严重边缘化，但这种法治话语并不能掩盖私力救济的实践效用，也不能忽略私力救济事实上构成整个宏大话语所遮蔽的纠纷解决的基础这一事实。徐昕将私力救济划分为对抗与非对抗、合作与非合作、强力与和平、自益与自损等类型，[②]对这种类型的内在动力研究则未充分涉及。乡村纠纷解决实践中会采取哪种方式，会有何种效果，又会向何种方向演化，都依赖整个社会结构和当事人的社会关系、社会位置，受到当事人可以动员的社会资源的直接影响。

影响纠纷解决方式选择的原因有以下几个方面：

第一，从宏观上来说，一个社会资本良好的社会中，人们更容易通过协商的方式解决纠纷，也更容易使整个社会秩序得到良性的再造。一个缺少社会资本的社会中，人们更容易选择对抗性的纠纷解决方式，纠纷解决的成本就会极高，对社会秩序的伤害更严重，整个社会秩序的再造也会受到严重的影响，整个社会资本也会受到损害。当事人自身的文化和生活史也会影响纠纷解决方式的选择，一个具有较多法律经验的当事人会更加倾向于采取对抗性的法律手段加以解决，而没有法律经验的当事人会出现观念上和行为上的相互背离。一个人经历了包容性和多元嵌合的生活史会带来对社会关系偏离的更宽容的看法，从而选择更多忍让的方式；经历较为简单的生活史，嵌入的社会关系也单一的情况下，更加容易采取对抗性和暴力性的方式。

第二，从当事人的社会关系的类型来说，当事人之间分层关系越小，当事人选择协商性的纠纷解决方式更多，而分层越大，当事人之间越容易选择对抗性的纠纷解决方式。在当事人的分层大到一定程度之后，当事人就不会发生直接的冲突，也就没有纠纷解决的需要。[③]加入社会资本要素之后，简单的社会分层就会因为流动带来更多的相互交错嵌合情形，静态的流动性较弱的情况下不会发生纠纷的群体之间就会出现纠纷。与此相伴的是个体之间相互预期的不确定性，个体解决纠纷的机会成本也随之增大，这就带来私力救济形态的多样化。

在传统乡村社会中，因为相对的封闭性，一方面，形成了熟人社会，彼此之间对于各种行为所可能的结果具有较强的预期，私力救济的机会成本基本确定，因此会形成众多内向型的约束。诸如"忍字头上一把

[①] 谢晖：《论民间法研究的学术范型》，载《政法论坛》2011 年第 4 期。
[②] 徐昕：《论私力救济》，中国政法大学出版社 2005 年版，第 123 页。
[③] 范愉、李洁：《纠纷解决：理论、制度与技能》，清华大学出版社 2010 年版，第 16 页。

刀""退一步，让三分，海阔天空""三十年河东，三十年河西"等众多对于纠纷的指导性原则。这些原则表面上看来是一种非理性的选择，但从社会心理的角度来说，尽管当事人在具体的纠纷中选择容忍的方式，但都期望在一个长期的合作关系中能够得到对方的回报，所谓"跑了和尚跑不了庙"就是对于这一种互惠期望的表达。另一方面，大多数村民没有村庄之外的更好选择，因此，更加依赖于对原来社会关系的维护。村庄中的强势一方，比如族长或者士绅来说，也同样需要相对稳定的社会秩序，只有通过村民对于族长和士绅的服从，他们才能够在村庄中获得相应的社会地位以及经济上的支持。更进一步，在一个被整个当时的文化塑造出来的情境下，建立在身份基础之上的差别并不像我们所想象的那么大，甚至，在这些不同身份之间具有非常密切的私人关系，这点无论是在私人的关系上，还是在公共权力被私人化的使用上，都有明显的体现。[①] 因此，在这一社会结构下很容易形成"互让伦理"，因为彼此都无法低成本离开这一社会结构，因而形成一定程度上的双边垄断关系，只要双方的紧张关系在可以容忍的范围内，传统社会的秩序就可以维持下去。因此，即便在传统村庄内部存在着分层问题，比如士绅与平民、地主和雇工、富农和贫农等，彼此的依赖性使得相互之间的关系不会闹得很僵。

虽然有互让伦理，但传统乡村的封闭带来私人救济的情感性和暴力性较强。在20世纪90年代的王村还存在较多依赖家族势力为基础的矛盾纠纷解决。因为家族结构比较稳定，发生冲突时彼此可以动员的暴力资源也较为确定，加上矛盾双方的选择空间封闭，更多会将矛盾纠纷的情感、尊严和面子等要素加以放大，会更加倾向于选择暴力手段解决矛盾冲突。王村的赵姓和张姓有几家兄弟较多，几乎每年都会出现双方家族成员的暴力冲突，最严重的一次是赵姓家族的一个青年用锄头将张姓一个青年打死，然后逃跑到外地，受限于当时的公安力量，一直没有找到赵姓的青年，据说赵姓青年在逃亡过程中早已客死他乡。在问及赵姓家族的一个老人时，老人依然非常冲动地说："你不朝死里打对方，对方就会一直欺负我们"，显示了封闭情况下带来的暴力依赖情形。

第三，随着经济来源的多样化，信息获得便利化和均等化，村庄的

---

① 传统乡约的发展过程中，可以看出地方精英对一般民众的依赖，参见杨开道：《中国乡约制度》，商务印书馆2015年版，第27页；20世纪20年代军阀割据状态下，地方精英和民众之间的关系更能体现支配和服从的关系，参见[美]张信：《二十世纪初期中国社会之演变——国家与河南地方精英1900—1937》，岳谦厚、张玮译，中华书局2004年版，第173~174页。

封闭性实质上被打破，村民在经济上不再单一地依赖村庄内部的来源。尤其是对于新生代农民工而言，乡村或者乡村户口更大程度上仅仅是一个身份的符号，而不再实质性地和乡村以及乡村的各种社会资源必然相关。文化上也随着电视、网络以及外出务工者在城市和乡村之间的流动而发生分化，对于村庄中外出务工者分散的村庄，这点更为明显；对于外出务工者相对集中的村庄来说，村庄内部的整合程度也相对较高。这些社会资本的变迁导致村庄内部的人际依赖减弱，因而出现冲突的时候也更容易以理性化的方式处理自己的不满，包括对于各种可以动员的资源的利用甚至滥用。这点在陈柏峰等的调查研究中有这样的发现，"生活条件和经济条件的提高，使得村民的独立性增强，日常互助和合作都日益减少，村民之间的相互依赖变得不重要，关系越来越疏远"。[1] 这也意味着私力救济的成本和收益都更加具有明显的经济利益边界，不需要再考虑众多伦理群体的复杂期望。

　　这体现在以下几个方面：（1）乡村家庭纠纷的冲突明显。孝文化所带来的社会压力保证了子女在赡养老人问题上不至于太坏，因为村庄的消解导致乡村公共舆论压力的削弱，地域的不平衡和城乡的差距带来了年青一代的农民工无法在孝道和在城市的体面生存之间找到平衡，这种新形式的生存伦理导致了外出打工子女无法兼顾老人的赡养，本来就在生理和文化上处在弱势的老人问题就愈加严重。乡村的老龄化社会在整个社会基础不完善的情况下过早来临，更加强化了这一问题的严重性。在陈柏峰等的调查中，老年人因为子女不孝而自杀，不会在村中引起反响，更不会因为这而谴责他的子女，而是认为那是别人的家事，他人没有理由干涉别人家事。[2] 在贺雪峰看来，自杀与老年人的处境有关，与村庄结构性力量有关，与鬼神信仰有关，与对死亡的态度有关，与地域主导舆论、意识形态或政治正确观有关，与利己利他的考虑有关，还与代际关系即对代际关系的期待有关。[3] 在不同地区的乡村，因为影响因素的结构并不相同，老人在面对子女赡养问题时，选择抗争的方式也不一样。但这些抗争背后的理由都很难再依靠传统的孝道得到支撑，单一经济利益成为判断的依据。孝道溃败是乡村传统私人救济力量衰败的重要体现，

---

[1] 陈柏峰、郭俊霞：《农民生活及其价值世界：皖北李圩村调查》，山东人民出版社2009年版，第49页。

[2] 陈柏峰、郭俊霞：《农民生活及其价值世界：皖北李圩村调查》，山东人民出版社2009年版，第166页。

[3] 贺雪峰：《乡村社会关键词：进入21世纪的中国乡村素描》，山东人民出版社2010年版，第136~141页。

也是乡村私人救济不再受伦理约束的重要表现。

（2）村内纠纷的理性化。在传统乡村，村民相对较小的选择空间，意味着绝大部分村民不能选择退出村庄生活，自己的社会资本也高度依赖村庄的社会资本，个人社会资本和村庄的社会资本之间既存在结构上的同构性，在利益上也存在高度关联性。村庄的社会资本依赖于村民对于社会秩序和传统权威的服从，传统社会秩序和传统权威也依赖于能够为村民带来相应的集体性利益。乡村纠纷解决中是采取隐忍或者压服甚至毁灭性的暴力方式，就比之前的选择更为复杂。在封闭的村庄环境下，一旦当事人双方进入了绝对紧张的地步，尤其是由个人纠纷转化为家族间纠纷或者村庄间纠纷，采取暴力性的私力解决方式就是一个无法拒绝的选择。如果在一般的冲突中，当事人更多地会采取一种"你活我也活的策略"[1]，所谓各打五十大板的处理方式。

当事人的社会资本多元以及整个乡村社会的社会资本多元，为当事人选择纠纷解决方式提供了更多机会。如果当事人之间的冲突比较轻微，相对会用容忍方式加以解决，但传统社会中，这种容忍或者隐忍的方式往往带有较强的伦理色彩，比如考虑"低头不见抬头见"等人际关系，同样的理由也会转化为面子激发的非理性暴力。在变迁的社会环境下，虽然会出现容忍、隐忍或者暴力的方式加以解决，但所考虑的因素已经从人际间考量转化为经济性考量，是一种惹不起躲得起或者可以支付金钱换取暴力机会的策略，即通过更加复杂的方式加以解决，所花费的代价已经划不来。但同时也面临另外一种情况，就是一些乡村"混混"以暴力的方式使得某些村庄的村民不敢采取外在的冲突，这同样是一种惹不起的纠纷解决方式。无论哪一种私力解决方式，都比较多地从经济的角度进行考量，不再过多考虑伦理道德的因素，或者仅将伦理道德作为获取经济利益的修辞而加以利用。

在传统文化中不会认为导致纠纷的利益关系偏离，但在利益金钱化和现代权利观念强化的文化环境下就会导致村民产生不满。同时，这种不满也带来实际的人际关系的冲突，可能转化为其他的纠纷环节。如果有关某些利益的侵害不被认同为可以得到社会或者国家予以保护的利益，也没有确定的保护模式，就不会在村民内心产生不满。一种利益越是得到社会或者国家的保护，该利益在受到侵害时越容易在当事人内心产生"不满"。这点对于乡村的社会秩序的"灰色化"有直接的影响。但违背村

---

[1] ［美］埃里克森：《无需法律的秩序：邻人如何解决纠纷》，苏力译，中国政法大学出版社 2003 年版，第 64~65 页。

庄伦理道德以及风俗的行为产生时，道德上的压力减弱，国家法律并不区别行为的道德性，因此，在很多乡村出现一种和普法或者法治教育相背离的结果。普法并没有更好地减少乡村纠纷，也没有带来更高水平的乡村社会资本，而是造成更多法律意义上的纠纷。

因为法律所强调的非情理色彩，乡村的一些"混混"或者相对于乡村社会的越轨者，更容易在形式上和法律所要求的利益相一致。在 A 县调查的过程中，多个村庄都存在越是违背了村庄伦理道德的村民，越是倾向于使用法律的案例，尤其是在涉及伦理和人情的冲突中，这点更加明显。① 乡村社会中"混混"并不少见，而且已经构成了人们日常生活的一部分。② 通过对浙江夏村的研究表明，乡村混混在城市化中已经和城市混混合流，建立等级秩序，以合法经营为掩护，形成了团伙性比较明确的灰色社会集团。③ 而黄海通过对红镇"混混"生活的生命史考察，认为并不能仅仅通过道德上的批判来评价混混本身，并且这一群体也不同于社会学所说的越轨者和法律意义上的违法者。在乡村的真实局面是，一方面，混混受到村民的痛恨，因为他们在现实秩序上会侵害自己的利益，在心理上会使得自己对于乡村秩序的认同出现混乱。另一方面，混混本身又受到一定程度的羡慕。因为混混和基层政府之间形成了一种奇怪的共谋关系，基层政府为了获得经济和社会收益，需要借助于混混的力量来维护，比如乡村的土地征收征用等问题，以及乡村特定资源的承包租赁问题，如果绝对离开混混的力量，基层政府的工作就难以顺利开展。而混混的力量构成了一个国家和乡村之间的一个具有相当大弹性的链接空间，只要混混的力量不过于混乱，国家会容忍这些力量的存在，甚至某种程度上扶植这种力量的村庄，从而实现一个相对平衡的状态，可以使得基层的治理秩序维持在一个相对稳定的状态。因此，"混混其实是国家、乡村与农民在传统社会秩序走向消解的前提下，彼此维持互动的一种替代性选择"。④ 但从长远的发展来说，如果能够形成较好的社会资本，混混的力量会被吸收进合法的社会力量之中，形成新的多元社会力量的

---

① 这种现象背后是法治法律中心主义所预设的一个必然前提，即法律知识和脱离乡村伦理和人情的能力只能属于偏离乡村社会的群体，对于一般民众来说，法律知识和脱离乡村伦理人情的能力都比较弱。

② 吴毅：《小镇喧嚣：一个乡镇政治运作的演绎与阐释》，生活·读书·新知三联书店 2007 年版，第 234 页。

③ 萧楼：《夏村社会：中国"江南"农村的日常生活和社会结构（1976—2006）》，生活·读书·新知三联书店 2010 年版，第 181 页。

④ 黄海：《灰地：红镇"混混"研究（1981—2007）》，生活·读书·新知三联书店 2010 年版，第 28~32 页。

一部分，但这种发展路径并不必然发生，而是需要国家在制度和观念层面进行引导。

一、嵌合型社会资本影响村民私力救济选择

在嵌合型社会资本产生越来越强的约束和支持作用后，村民选择私力救济手段的理由和表现也发生了转变。纯粹的私力救济几乎只停留在忍让和离开两种，忍让是个体内在的一种状态，难以进行直观衡量。离开则是因为选择能力增强的选择机会增多，以及原来的社会压力类型的转变，面对需要付出超出收益的纠纷时，个体选择离开而开始其他生活工作就成为最好的选择。对于具有极强情感色彩或者个体缺乏离开能力的纠纷，暴力手段的严重性同样还会增加。社会资本变化真正影响的只是选择能力强的个体所遇到的离开本土社会环境不会严重损害利益的纠纷类型，对不能选择离开并且情感色彩强的当事人，并不会产出显著影响。

更多的私力救济以更加多维的异化方式与社会救济和公立救济等手段纠缠起来。从纠纷解决实践来说，不存在严格的私力救济，个体总是处于特定的地理空间和社会空间，特定的社会层级也与社会空间相伴随，直接影响私力救济动员资源的类型和模式，具体有以下几个方面：（1）绝对意义上的私力救济，大体存在消极的退让和躲避或者暴力等方式。在私人的、经济性等场景中，消极退让与传统修身养性道德有较大的契合，所谓"退一步，海阔天空"。在具有较强的情感性、场景性和临时性的场景中，并没有太强的机会供当事人选择，而是受到较强的情绪化支配，所谓"人活一张脸"，从而选择具有暴力性的救济手段。一旦有第三方因素介入，或者缺乏情感性、场景性和临时性三者要素的组合，私力救济就会转化为基于社会资本动员的救济成本收益比较，私力救济就不再纯粹。（2）混合意义上的私力救济，是以社会救济和公力救济为理性对抗的衡量基础展现出来的形式。一旦纠纷可以脱离具体的场景性，转化为一个可以抽象衡量未来收益的形态，私力救济就构成纠纷解决的一个焦点，当事人可以动员的社会资本在未来的对抗和收益就被更多卷入进来。在封闭的村庄社会中，受制于社会资本的稳定，未来的对抗收益不会出现更多可能，与情境性的私力救济没有本质性差别，也就显示不出实践理性的价值。在嵌合型社会资本中，抽象衡量未来收益形态时，越复杂的嵌合型社会资本，越能提供更多的选择，也就意味着私力救济

的机会收益和成本也更加不确定，社会救济和公力救济对私力救济的影响就越深，私力救济的理性化色彩也就更浓，与法治要求的理性行动者要求也越接近。

二、嵌合型社会资本影响下王村的私力救济

在王村的最大变化就是家族之间的矛盾冲突不再集中在村庄内部，而是通过打工、上大学、公职人员等多种机制分化开来。更多的选择和更多的身份社会利益减弱了传统的冲突，即便有传统的冲突触发，也会因为其他利益选择的参照而不再引发矛盾，而是演变为别样的相互容忍、妥协甚至是新的合作形式。在王村的赵姓和张姓家族之间，虽然依然由不同的核心精英代表不同的利益群体，但精英群体之间不再选择暴力方式加以解决。这里既有国家扫黑除恶的原因，也有精英群体的社会利益更多在村庄之外的原因。一个最直接的结果就是，因为在村庄采取暴力行动会影响村庄外的收益。加上近几年乡村治理人才需求的变化，精英人才往往更容易获得政治、经济和文化等多方面的利益，因此具有更加主动学习遵守法律要求的动机。不仅是王村的两个家族精英之间合作分工获得政治、经济文化等方面的利益，类似情形在整个A县乃至全国都具有一定的趋势上普遍性，从而使得私力救济具有更强的法治色彩。

第三节 嵌合型社会资本与社会型救济

社会救济为什么能够充分发挥其作用，在现有的研究中并不充分。邵华利用自组织理论对社会救济的运行机制进行了一定的分析，[①]认为自组织的运行机制是集体行动，尤其是在现代社会，人们在逐渐脱离原来的家族观念、血缘和地缘的身份约束，就会转向梅因所说的"从身份到契约"的转化。在传统的法学研究中更加强调身份转为契约之后的公民身份，即每个人都可以获得在国家面前的平等的主体地位，这一维度包含很强的政治色彩，是一种革命和抗争的转变，只具有抽象的政治伦理价值，并不当然产生社会关系上的实质影响。除了这一维度之外，也隐含着另外的一个维度，那就是转化为契约关系之后，除了包含政治身份上契约，也当然包含社会维度的身份转变，就是当人们从原来的身份所归属的家族、地缘、血缘等维度转向了基于社会分工的契约关系。自组织

[①] 邵华：《自组织权利救济：多元化纠纷解决机制的新视角》，中国法制出版社2007年版，第101页。

机制就是基于分工而形成的结构功能上的多维群体，或者社会学意义上的各种正式群体和非正式群体，自组织就是这些各种各样的组织为了自身利益的追求，在与私力救济、公力救济的竞争过程中，通过组织自身的各种压力，从而保证成员利益和组织利益得到救济的途径。对于中国乡村来说，社会秩序依赖的具有公共品属性的规范体系具有极强的外部强制特征[①]，很难通过乡村社会自生自发秩序与公共品属性的内在一致保证其效力。因为基层政权权威的来源存在结构性困境，国家强制性权力和基层的内生性权力之间尚存在需要协调的问题。[②]

一、社会救济实质上是社会本身对公共秩序的回应

社会救济涉及当事人所属的群体对纠纷解决的需要，实质上是对公共秩序价值的需要。对于任何一种救济手段来说，首先应该是能够为当事人所属群体的利益带来增加，这种增加既有经济利益上的增加，也包含伦理道德等意义的增加，还包含文化认同意义上的增加。从群体的角度来说，某一群体能够在社会上占据特定的社会地位，和这一群体所拥有的社会资本具有相关性。某一群体占有和可以动员的社会资本越多，也就越有可能建立自己的内部社会秩序，甚至创立自己的习惯法。这点和布莱克所提到的组织性有很强的关联。布莱克认为，任何群体都有组织性，无论是一对或一群运动选手，或是一个俱乐部、家庭、公司、政党、市政府或国家。[③]有些群体比其他群体更有组织性。布莱克并没有注意到组织性强的群体，其所产生的各种规则越接近于正式法律，无论在实体法上还是程序法上。

（一）权威必须处在特定的社会位置

社会救济中的权威一定要由一个群体成员固定地服从，并且能够在这一服从中为群体成员带来利益，权威就必须至少具备知识、伦理、暴力或者人格上的能力，并且社会结构支持各种能力之间的交换，以保证

[①] 人们往往把传统乡村中存在的部分自我管理当作自治传统，根本上忽略了传统乡村的差序格局并不兼容自我管理的平等主体的前提。传统乡村自我管理中典型的乡约、保甲组织，要么是士绅作为皇权的代理人实行的控制机制，要么是佐贰官等在形式的简约治理背后的变相控制，其间都看不到作为一般主体的民众的影子和影响。参见瞿同祖：《清代地方政府》，范忠信、何鹏、晏锋译，法律出版社 2011 年版，第 18~21 页；Bradly W. Reed, *Talons and Teeth: County Clerks and Runners in the Qing Dynasty*, Stanford University Press, 2000, pp.1-2.

[②] 张静：《基层政权：乡村制度诸问题》，社会科学文献出版社 2019 年版，第 31 页。

[③] ［美］布莱克：《法律的运作行为》，唐越、苏力译，中国政法大学出版社 2004 年版，第 100~128 页。

权威在特定领域内的支配能力。也正是这一交换，能够使得某些权威分化出为群体成员的利益服务，通过社会救济予以秩序恢复。一旦脱离组织，任何权威都会因为无法进行交换而自动衰败。对于一个组织来说，无论是正式组织还是非正式组织，都存在维护自身存续的文化和物质要素，组织中的各个要素之间需要保持持续的存在和发展，才能形成一个稳定的秩序，为组织内部成员提供稳定的行为预期，同时能够为组织成员提供内部行动规范，保证权威通过内外部交换强化其支配能力。

不存在没有任何公共目的的调解者，也不存在没有任何私人目的的调解者，通过社会救济可以展示相应群体的社会支配，权威就是该群体的一个代表。纯粹的社会救济中的权威并不依赖官方的授权，但必然依赖通过这一救济行为而获得更多的社会资本。在调解中，调解人如何能够使当事人信服，使纠纷得到有效解决，当事人的权威性非常重要。

社会救济依赖于第三方的干预，虽然从传统理论上来说，社会经济中的第三方处于中立的地位，但结果主要取决于纠纷的当事双方的合意，而第三方只是"通过无偏私的专业人员通过对纠纷解决过程的负责，进而帮助争议双方在争议问题实质内容的基础上作出决定"[①]。在纠纷解决实践中，无论出于当事人的选择还是整个社会的压力，第三方能够被选择，对当事人的纠纷解决结果产生影响，并具有直接或者潜在的影响力，则必须考虑作为第三方的权威。

1. 第三方的社会权威由社会结构确定。第三方必须具有权威性，才可能被纠纷当事人选择作为纠纷的干预者，如果第三方没有任何权威性，不对纠纷解决的进程产生任何的影响，第三方就不可能成为社会型救济结构的一部分。[②] 权威只有在结构关系中才能够得到确认，通过认同乃至服从关系才能显现。但对于支配者来说，如何能够产生支配的权力，则需要从一个更大的社会结构的角度来审视。对于纠纷解决的参与人来说，总体结构上呈现的是第三方对当事人的支配和影响。从当事人内部来说，又呈现出其中一方对另一方的支配相对更强一些的特征。在纠纷解决中，第三方的权威是在当事人内部的相互影响和支配力量之下，通过当事人双方和第三方的社会交换而实现。

2. 第三方权威的社会结构影响救济结果的执行。第三方的支配力通

---

① ［英］罗伯茨、彭文浩：《纠纷解决过程：ADR与形成决定的主要形式》（第2版），刘哲玮、李佳佳、于春露译，北京大学出版社2011年版，第204页。

② 现在乡村成立的很多调解组织，或者乡贤会等更多职能的组织形式，都以乡村精英的身份出现，并且强调官方所赋予的身份，进而获得乡村纠纷解决中的第三权威身份。

过社会救济结果才可能得到比较有效的执行。这一问题对社会经济的影响尤为重要。对于社会型救济来说，除了具有法定意义的法庭调解和人民调解可以通过国家强制力予以保障实施外，其他的社会型救济结果都不具有国家强制性。这种观点过多注意到了国家强制力的保障作用，忽视了任何一个规范所依赖的多重压力，也忽视了规范强制力的多种形式。虽然社会型救济结果没有国家法律意义上的强制性，不能通过国家强制力得以实施，但并不意味着社会型救济的执行机制一定弱于法律，或者社会型救济一定依赖于国家法律。社会型救济中的权威构成公共焦点，对其影响的反应直接决定了个体在群体中的社会地位和机会的再造。比如一个村民不接受和认同某个经济能人的居中调解，必然意味着失去以该经济能人为中心的经济机会。

3. 第三方社会权威影响社会秩序的再造。权威可以为纠纷解决提供行动焦点，使整个社会秩序得到积极的再造。对于整个社会来说，要形成一定的秩序，尤其是在整体上能够得到再造，必须有一个权威提供行为和价值焦点。纠纷解决机制若要形成一定的秩序，必须能够为整个社会提供行为和价值上的引导。这一引导作用主要依赖权威在纠纷解决中的具体行为，及以权威为焦点的群体认同，通过这一具体的行动可以为相关的主体提供行为指引，使整个社会秩序具有更强的方向性。在这一过程中，不同的规范所依赖的权威并不相同，越正式的规范越依赖抽象的权威，也越依赖正式暴力；越非正式的规范越依赖具体的权威，越依赖具有场景性和情感性的道德伦理压力。对于社会型救济来说，其运作本身具有很强的情境性，对于权威的具体性依赖更强。

在社会型救济过程中，在理想型上可以认为第三方具有中立的地位，只不过是促进当事人合意的更好达成，但从整个社会型救济对社会秩序的引导和形塑来说，第三方的权威在实质上会影响当事人的行为选择。因为当事人和第三方都不是孤立于社会之外，而是作为一个带有不同社会资本的主体介入纠纷解决过程中来。如果第三方没有相对于当事人的优势地位，第三方不可能参与到社会型救济中，即便参与进来也不可能对纠纷解决的进程产生积极影响。正是权威对社会秩序的影响，多元化的乡村治理机制中，以基层党组织和基层干部为核心的各类调解机制才得以不断健全，形成以正式权威为核心的支配结构。

在传统理论中，认为社会型救济是在中立第三方的调停下，当事人协商解决纠纷，其权威性最低，法律性最弱。这一观点并没有考虑社会型救济所处的社会结构，也就是说并没有考虑社会型救济中权威主导者、当事人以及二者所处的社会结构。仅仅比附法律的强制性和权威性，自然可以认为社会型救济的权威性最低和法律性最弱。一种纠纷解决方式的权威性并不仅仅因为获得了国家的官方认可，就一定能够得到当事人及第三方的认同。在一个纠纷解决过程中，第三方权威和当事人的不同关系，二者所能够动员的社会资本的量不同，以及当事人和第三方权威依赖性的强弱，都可以影响法律在社会型救济中的作用，甚至遭到当事人以及第三方权威的合谋利用。

至于把纠纷解决中第三方的位置看作中立与否来判断纠纷解决的公平性或者正义性，在纯粹形式意义上可以成立。如果将经验上的纠纷决中复杂的社会关系过于简化，则无法解释纠纷解决实践中不同主体选择策略的问题。

（二）权威的社会位置变化及其对纠纷的影响

这里涉及一个悖论性的问题，即第三方权威的中立性与权威性的问题。中立性强调的是第三方权威与当事人之间的利益关联强度的问题，我们无法从直觉上去确定第三方权威如何中立，只能依据第三方权威是否和某一方有强烈的利益关联进行判断，无论是经济上还是身份上。

这就需要当事人和第三方具有相当紧密的关系才能够获得。一方面，第三方权威因为在与当事人共同长时间的生活，具有共同的社会文化背景，并且因为这种长时间而积累起来的权威能够得到当事人的内心的真正认同。另一方面，第三方因为和当事人具有相同的社会文化背景，才能够对当事人所遇到的纠纷的内核有真正深入的认识，为当事人提供有效的纠纷解决辅助。这就有了一个基本的悖论，即当事人对权威的信赖要求社会型救济尽可能要求第三方远离当事人的社会生活，但权威的自发性本身又要求第三方权威深入了解当事人的纠纷以及全面了解纠纷解决的多元需要。

随着社会的变迁，乡村的权威也更加多元，农民对于权威的需求也不同，这要求不同的社会救济形式本身所依赖的社会资本的不同组织参与纠纷解决。没有传统乡村基层组织及其网络支撑结构的鼎力支持，没有生产生活关系的相互依赖与扶持，没有道义、伦常、习惯法的辅助，乡村纠纷解决上的"乱象"不再稀奇。[①] 对于传统的权威来说，在其他竞争者的竞争之下，传统权威从原来的整全型权威转变为特定领域的权威。社会救济本身没有强制性，也不需要当事人自身的压制，而第三方权威

---

① 栗峥：《流动中的乡村纠纷》，载《现代法学》2013年第1期。

所带来的实际上是另一些群体的秩序要求,这些秩序既包含行为上的有序,也包含情感和价值上的认同,只有这样,社会救济所加以解决的纠纷才能够获得社会压力,最终保证自身的实现。

对于纠纷解决来说,如果社会型救济不能得到人们固定的遵守,实现纠纷解决的最初期望,社会型纠纷解决也就不可能存在。在严格的司法救济中,也不排除社会型救济和私人型救济的渗入。罗伯茨和彭文浩认为,所有的法律体系都在不同程度上存在非正式主义的思想,[①]黄宗智认为中国司法的传统经验中最具特色的就是通过国家法和民间调解的"第三领域"。[②]

税费改革之后,国家从乡村撤离,形成了治理的"悬浮化",虽然从原来的身体在场的治理方式转向了依赖技术的治理方式,[③]但并没有形成相应的替代性机制,国家撤离而带来的空缺就由各种乡村本土的精英所代替,随之出现了一定程度的精英混同局面。同时也出现了各种乡村的灰色势力甚至黑色势力,通过运用暴力等非法手段获得对乡村的支配地位。[④]市场经济对乡村的冲击通过基层政府积极的招商引资行为得到了放大,[⑤]不但给农民提供了更多的选择机会,而且将农民的选择行为引向了以经济利益为核心的计算标准上。因为没有基本的配套制度,农民在进入市场时在基本人身权利和财产权利上都存在缺陷,很难将农民动员起来,完成有效的集体行动,出现了乡村的双二元化,[⑥]导致乡村的组织性无法有效形成,整个乡村出现了"原子化"。[⑦]

这种衰败带来了乡村纠纷解决能力的低下,体现在以下五个方面:一是传统伦理道德的衰微,无法形成公共舆论,依赖于传统伦理道德的礼俗无法有效实现其对村民的约束。二是家庭组成方式的转变,带来了村民彼此之间的依赖性减弱,相互之间愈加孤立。三是基层制度的不适

[①] [英]罗伯茨、彭文浩:《纠纷解决过程:ADR与形成决定的主要形式》(第2版),刘哲玮、李佳佳、于春露译,北京大学出版社2011年版,第13页。

[②] 黄宗智:《重新思考"第三领域":中国古今国家与社会的二元合一》,载《开放时代》2019年第3期。

[③] 董磊明:《宋村的调解:巨变时代的权威与秩序》,法律出版社2008年版,第150页。

[④] 黄海:《灰地:红镇"混混"研究(1981—2007)》,生活·读书·新知三联书店2010年版,第214页。

[⑤] 张五常:《中国的经济制度》,中信出版社2017年版,第168页。

[⑥] 陆益龙:《农民中国:后乡土社会与新农村建设研究》,中国人民大学出版社2010年版,第83页。

[⑦] 刘明兴等:《中国农村社团的发育、纠纷调解与群体性上访》,载《社会学研究》2010年第5期。

应,在税费改革之后,乡村基层制度的权力和义务不对称,手中可以掌握的资源也相对弱化,不能对乡村的纠纷形成实质性的权威。四是基层司法的独立性较弱,不能取得对于纠纷解决的最终权威解决。尤其在大调解和联动司法等广泛的创新模式下,国家的行政权力渗透纠纷解决的各个层面和各个领域,使得农民对于行政权力产生了更多的依赖性,同时削弱了对于司法的信任。五是多年来的维稳思路为一些农民提供了投机性的先例,一些农民通过有组织的信访来获得和政府博弈的资本。[①]

二、社会资本影响社会性救济的效力

对于乡村来说,在变迁过程中的原子化不能形成良性的社会资本,不能为乡村的社会秩序提供足够的凝聚力,不能为社会型救济提供充分的社会压力,相应的社会型救济就会逐渐在乡村的纠纷解决方式的竞争中被人们放弃。

在微观压力崩解的情况下,要么基本不能依赖宏观压力来约束,要么需要付出极高的代价,这是问题的一体两面。比如在所调查的村庄中,有一个叫 ZW 村中有一个本县大部分人都知道的违法情形,就是该村有 100 名左右村民在苏州从事非法活动,有些本身就属于法律意义上的犯罪活动。在调查的当天,刚好遇到从苏州回来的张某,在问及其在苏州做什么工作时,张某回答道:"咱能干啥,干些能赚钱的活。"说完,张某对笔者笑笑,当笔者问是否害怕被抓时,张某笑着说:"你还是博士呢,你相信警察抓得过来?"这一问题笔者还真难回答,要想在中国找到完整的发案率和侦破率的详细数据,给张某有说服力的理由还真是一件难事。

从国家的角度来看,张某等人的行为严重违法,并且应该受到严惩。在 ZW 村,村民并不全都这样认为,实际上,只有几个属于村庄秩序中的老人认为这些孩子"不正干"。即便村支书,对这一事情的态度也很暧昧:"这些孩子不正干,我给他们说过多少次,但人家听完对你恭恭敬敬的,那是因为家里还有他们的老人。现在在外混的人都越来越有钱,就我们村子来说吧,新盖起来小楼的,家里装修又装空调的,全都是这几年在外的这些孩子。去年年底时听说苏州严打,抓了几个,这些孩子们老实了几天。但刚过罢年,村里的这几个人就组织一批人去北山赌博,每晚下来都是上百万的赌资,后来全县出动警力进行了打击。但他们确实有钱,村民没有太大兴趣去追究钱的来路,只关心谁家有钱。哎,真

---

① 饶静、叶敬忠、谭思:《"要挟型上访":底层政治逻辑下的农民上访分析框架》,载《中国农村观察》2011 年第 3 期。

是人心不古。"

苏力曾经对《被告山杠爷》电影进行过深入的分析,[①]认为在乡村,由于技术、知识和财力的限制,政府并不能够提供乡村所需要的各种纠纷解决机制,这种空缺就由乡村社会内部所产生的习俗、惯例等社会规范加以解决。从苏力的本土资源分析路径出发,这一结论当然没有问题,但这种分析将国家秩序和乡土秩序进行截然二分的前提在现实中则是不存在的,尤其是在《被告山杠爷》的故事中,真正产生冲突的并不是村规民约和乡土伦理所形成的乡土秩序和以权利义务、法律、程序等所确认的现代法治秩序,更不是因为乡土的落后和愚昧所导致。

在故事中有一个根本性的问题没有被充分注意到,无论山杠爷最初认为的村规民约和道德,还是最后认为自己错了,其根本性的判断标准在于背后的权威——国家,这才是该故事形成的真正悲剧来源。从这一角度来看,不是因为国家权威对于乡村的渗透和控制不足所导致的村规民约和乡土伦理与国家法律产生冲突,而是国家对于乡村的渗透过强,在国家层面上的观念和制度转变之后,尚没有来得及真正全面渗透乡村。因此,在山杠爷看来,这种国家的不同治理策略之间都是对的,这种历史遗留问题才是山杠爷的悲剧来源。也正是从这一点来看,传统乡村恰恰是国家控制和渗透很强的治理领域。[②]同时因为乡村土地产权的不完全性和户籍的弱流动性,也造成农民对于国家的控制缺少足够的抗争力量,传统的乡村社会成员对于社会纠纷抱有的价值期望就不可避免地存在悲剧色彩。

在国家的治理转变为"悬浮型政权"之后,从原来的身体在场的治理转变为现在的符号在场的方式,在政治上、经济上和流动性上都无法形成较强的控制约束。乡村实行基层自治之后,乡村的治理在一定程度上和基层乡镇政权脱离,虽然乡镇政府依然可以通过对于一些政治资源的垄断性控制对乡村干部进行控制,但乡村干部在村民自治的体系之下获得了越来越多的权力,乡村干部对村民的依赖性更强于对政治资源的依赖性。乡村干部所呈现出来的精英化现象也从另一方面弱化了国家所

[①] 苏力:《法治及其本土资源》,中国政法大学出版社2004年版,第24~39页。
[②] 国家在乡村渗透很强并不简单等同于农民行动完全以法律为唯一依据,而是将国家权威当作自己行动的终极正当性来源。这也可以解释近几年党组织可以在乡村快速重建其权威的重要基础,因为党中央的政治权威终极性在乡村一直存在,出现问题的是乡村具体党员干部,并不会真正损及国家权威的终极性。

控制的政治资源的重要性。根据布劳的交换理论,①如果乡村精英所掌握的各种资源足够强大的话,乡村精英就可以形成相对于国家政权的权力。这就随之带来乡村权威的碎片化,国家权威相对削弱。②

随着农业税费改革之后,基于征税的国家经济控制机制也不复存在,也就意味着农民相对于国家增加了选择权力。另外随着乡村人口的实质流动性加强,除了年龄原因无法彻底摆脱原有乡村社会生活习惯的村民之外,随着更多"二代""三代"等年轻农民进入城市,农民就不再共享相同的生活史,也就很难形成一致的群体压力,这也和前述的农民原子化有密切关系。

从社会资本和社会秩序的角度来说,所有的社会偏离都需要以修复以再造出一个新的社会秩序,并在这种社会秩序中浸透文化和价值,以实现乡村的信任、团结和规范的效力。社会秩序偏离只是社会关系的一个状态,与人的行动和时间密切相关,纠纷并不因为法律供给不足而搁置不予解决。在传统的法学研究和司法实践中,一直偏重于从国家和精英的视角来看待乡村纠纷解决的运行,认为只有依靠国家法律才能够为乡村社会秩序提供根本的保障,这一视角从民族国家的角度来说有一定道理,但这很容易忽略纠纷解决中农民的主体性。

受人际关系影响,同样的利益分配方式可能在某些关系中是完全可以接受的,并被当事人认为是完全公平的。当共同体成员共同努力而获得某项成果时,中国受试者再分配成果给团体成员时,倾向于采取平等均分的策略。尽管他们事实上都能够客观评估成员在团体工作上的贡献,但是在报酬分配时,他们都宁可修改公平法则,贡献较少的成员获得较多的报酬,而贡献较多的人,却相对获得较少的报酬。这种片面的简单比较可能会将答案归结到中国传统文化问题上,但结合交换理论来看,③在这种情况下之所以没有发生冲突,并不是因为文化本身的作用,而是因为在文化的影响下,采取不同的分配方式的时候,不同个体都从适合自己的分配额度中得到了所要的社会资本。

对于贡献较多的人来说,通过较少的报酬可以至少获得以下三个方面的收益:(1)中国传统文化中的面子等社会资源,更进一步来说获得更多的社会资本;(2)获得对于他人的权力,实际上可以看作通过出让

---

① [美]布劳:《社会生活中的交换与权力》,李国武译,商务印书馆2008年版,第47~48页。
② 张静:《基层政权:乡村制度诸问题》,社会科学文献出版社2019年版,第270页。
③ 黄国光:《人情与面子:中国人的权力游戏》,中国人民大学出版社2010年版,第15页。

报酬来获得他人的遵从;(3)获得内心的价值确认。在这一人际关系中,如果发生冲突,不能仅仅从经济报酬的公平与否分析,更不能简单将这一冲突通过报酬的严格理性分配以恢复社会秩序。要将更深层次的文化作为纠纷发展的必要背景,将当事人所处的社会结构和社会关系考虑在内,并在此基础上衡量纠纷解决所需要的多维因素。

这些因素都需要通过纠纷和纠纷解决之中的所有结构性要素来共同完成。对于当事人来说,纠纷之所以成为需要解决的问题,即涉及当事人内心对于某一主张或者利益受到拒绝和否定时的不满,这一要素是纠纷当事人的内心结构问题,基本上不会进入研究者的视野,但这一内在结构本身是一个纠纷能否产生的根本要素。对于纠纷参与者来说,并不是如经典的假设一样可以完全脱离整个社会背景。纠纷当事人必然处在特定的社会背景下,拥有特定的社会关系,具有独特的个人生活史,并由此形成自己独特的心理结构、价值观、偏好和生活方式,这些因素从内在和微观的层面上影响纠纷当事人对于自己利益的认识。一个具有特定内在结构的当事人决定了多大程度上会认为某一利益能够构成冲突,并采取相应的纠纷解决方式。如果是一个对于个人利益看得很淡的人,同样的利益受损可能根本不会构成冲突,也就谈不上纠纷以及解决的问题。比如有关启功的一件趣事,在北京潘家园书画市场有很多仿冒启功的书法作品,友人告诉启功后,启功则一笑而过,说:"人家用我的名字是看得起我,他学的这手字一定花了不少工夫,再者,他是缺钱用,才干了这种事,他要是向我伸手借钱,我不是也得借给他吗?"[1]纠纷当事人的内在结构决定了是否将利益变动认为是利益的冲突,一旦认定为是利益冲突的话,就会转入下一个环节,就是以何种方式去加以解决。同样,如果孤立地来看,每一种纠纷解决方式都有自己完整的程序特点,但如果脱离了纠纷解决方式所在的社会结构,就无法理解每一种纠纷解决方式的功能与价值。事实上,从不存在一个可以满足所有社会结构的纠纷解决方式,每一个纠纷解决方式都和相应的社会资本相关联,只有得到相应社会资本的支持,当事人才会将一种纠纷解决方式作为自己的选择,也只有考虑到社会资本,才能够在一个具体的纠纷解决的情景中确定一个纠纷解决方式的效力。韦伯所追求的逻辑上清楚和没有矛盾的完全自洽的规则体系则在现实意义上并不存在。[2]

当事人的纠纷解决方式选择高度依赖于当事人所处的社会结构,具

---

[1] 鲍文清:《启功杂忆:赝品》,载《文摘》2005年第8期。
[2] [德]韦伯:《经济与社会》(下卷),林荣远译,商务印书馆1998年版,第16页。

体的纠纷解决方式选择行为本身只不过是镶嵌的一个结果,众多的社会资本集中作用于当事人的具体选择行为,这些才是纠纷解决方式得以被选择的背后决定性力量,而不是简单依赖于正义、权利等规范性力量。正如范愉所称:"只有常常意识到'或许能找到比法律更好的解决方式'的可能性,使法律相对化,我们才能在保有自身道德确信的同时来运用法律。"①

对于中国现在的社会型救济来说,不存在完全典型意义上的社会型救济,而是在国家强力干预和渗透之下的社会型救济。虽然基于血缘的家长和族长还有一定的权威,但这些权威如果没有官方的赋权,就很难在乡村纠纷解决中得到人们的遵从。在郑永流等人所做的调查中,无论是村庄内部纠纷还是村外纠纷,村民都更倾向于找乡村干部予以解决,②这正是国家权力进入乡村社会的具体表现。在云南的一些乡村,村民在纠纷解决中可以通过基层法庭的调解得以解决,并且在有关调研中认为这种力量对整个乡村社会纠纷解决具有某种强烈的指引作用。③

在社会高度变迁的乡村,因为市场的力量和国家的力量影响,乡村社会受到了双重冲击,这种双重冲击给乡村村民提供了多样性的期待选择,这些选择既包括功利的经济层面,也包括意识形态等政治层面,为农民行为的选择提供了多样的但缺少足够黏性的行为规范。从积极的方面来说,这种变迁为农民现代权利意识的发展提供了社会基础,④和现代的法治理念具有形式上的一致性;从消极的方面来说,这种变迁无法为乡村主体提供有机协调的认知和行动的一致性,从而出现社会心理学上的"认知不协调",⑤尤其是近几年的社会经济发展从负面强化了这种"认知不协调",从而在乡村出现了"本体性价值缺位,社会性价值和基础性价值的追求失去方向和底线"。⑥乡村社会在某种程度上呈现为丛林状态,一方面强化了基于理性算计的投机性,另一方面强化了弱肉强食法则的

---

① 范愉:《非诉讼纠纷解决机制(ADR)与法治的可持续发展:纠纷解决与 ADR 研究的方法与理念》,载《法制与现代化研究》(第 9 卷)2004 年。

② 郑永流等:《农民法律意识与农村法律发展:来自湖北农村的实证研究》,中国政法大学出版社 2004 年版,第 209~210 页。

③ 本资料来源于樊安博士在云南所做的有关调研资料。

④ 阎云翔:《私人生活的变革:一个中国村庄的爱情、家庭与亲密关系(1949—1999)》,龚小夏译,上海书店出版社 2006 年版,第 177 页。

⑤ [美]迈尔斯:《社会心理学》(第 8 版),张智勇、乐国安、侯玉波等译,人民邮电出版社 2006 年版,第 111 页。

⑥ 陈柏峰、郭俊霞:《农民生活及其价值世界:皖北李圩村调查》,山东人民出版社 2009 年版,第 5 页。

现实合理性。[1]这种转变导致了原来整全型权威的社会基础不复存在，以整全型权威为焦点的组织行为模式模糊，调解所依赖的社会规范不再具有普遍的适用性，而需要应对多元而分离的各种次级群体的利益要求和群体冲突，无论是基于道德的传统整全型权威还是基于政治的传统型权威都无法单一解决这种复杂而多元的利益关系。

将社会型救济参与人看作在一个具体的纠纷及其解决过程中的行动者，社会型救济参与人既有自己的社会资本，也在和参与人不同社会资本的交换和对抗之中选择自己的行动。在这一过程中，权威具有重要的影响，但并不能通过先定的假设确定某一类型的权威会对整个纠纷解决产生完整的支配和影响，而需要从纠纷、纠纷参与人、纠纷参与人所处的社会结构等要素出发，通过纠纷参与人在纠纷解决中的行动策略，将权威的潜在影响施加在纠纷解决行动的相互交换中，同时，权威通过利用自身的社会资本和纠纷当事人进行交换，从而获得更多的支配力。[2]

作为背景的纠纷解决参与者以及由其串联起来的不同群体在纠纷过程中也有不同的展示和再认同。在一些理论中认为需要展示的仪式才能构成法律的仪式性场景，这忽略了日常生活场景的仪式性本身，更忽略了日常生活的仪式性，在常态和非常态之间才能展现个体在社会中的形象塑造过程。正是通过这一过程，纠纷解决才能实现整个社会意义上的秩序再造，而非简单的当事人之间的利益和社会关系的平衡恢复。对于国家来说，无论是基层党组织还是司法、行政系统，都将乡村纠纷解决作为贯彻自身意志和权力支配的合法性的机制。通过纠纷解决，党和地方政府所追求的现代化目标才能够得以实现，一个配合现代化的政党和行政管理运作机制的乡村社会秩序逐渐形成，从而减弱国家对于乡村社会秩序塑造的成本。

在纠纷解决过程中，农民通过对各种社会因素的综合考虑，通过对纠纷解决中的各种因素的衡量，来获得最大限度的利益的满足。在嵌合型社会中，尤其复杂的是，随着农民身份的多元化和利益的多元化，这种利益的满足也呈现更加复杂的情形，既构成了乡村多元纠纷解决有效运行的社会支持基础，也带来了农民面对纠纷时的心理预期的复杂性，

---

[1] 从20世纪90年代的笑贫不笑娼开始，很多农村出现了整个村庄的乞讨、外出抢劫、抢夺、赌博、买卖假币等行为并逐渐被人们所认同，从原来的遮遮掩掩变为公开谈论，并且带领村子的年轻村民出外谋生，变为村庄的能人，甚至有些人成功洗白，回到家乡成功创业，成为当地的经济名人。

[2] ［美］布劳：《社会生活中的交换与权力》，李国武译，商务印书馆2008年版，第176~179页。

不能在更长的预期中依赖任何单一的群体支持，而是需要在更多的群体之间寻找平衡。其中农民会考虑在调解中选择哪一类权威，这一选择行为既有基于传统习惯的影响，也有基于不同次级群体竞争中的利益维护的考虑，还有对于法律保护可能性的考虑。并且，在社会型救济中，因为群体不同，纠纷解决参与人的社会关系不同，当事人在选择第三方权威和是否遵循社会规范还是法律作为自己的纠纷解决手段的时候，也会有不同的原则。农民在一个具体的纠纷解决情景之下，会通过自己所在的具体的场域对自己的纠纷解决行为作出策略性的安排。这正是嵌合型社会资本所支持的乡村纠纷解决的多元化背后的社会基础，也正是目前乡村治理所推崇的"三治融合"的社会基础，离开对嵌合型社会资本的理解，就无法解释"三治融合"等现在乡村治理中的众多创新机制的内在机理，也无法理解国家对于乡村治理多元化实践支持态度的背后依据。

与嵌合型社会资本在乡村社会的逐渐增加相伴随的是，社会救济方式出现了新的形态，并且以更加具有公共色彩的方式出现在乡村纠纷解决中。党和基层政府在乡村治理的政策影响下将乡村纠纷看作治理成绩考评的一项重要影响因素，从而产生了很强的将乡村纠纷化解在诉讼之外的治理动机。同时嵌合型社会资本也重建了乡村社会型救济的社会支持。无论是"枫桥经验"，还是 A 县和 LB 市的具体乡村治理，都倾向于将乡村纠纷化解于诉讼之外，尤其是河南省的《河南省矛盾纠纷多元预防化解条例》，更是规定：应当坚持党委领导、政府负责、民主协商、社会协同、公众参与、法治保障、科技支撑；坚持属地管理、分级负责；通过和解、调解、仲裁、行政裁决、行政复议以及诉讼等途径，形成相互衔接、协调联动的工作机制，及时有效预防化解矛盾纠纷，社会型救济就获得了更为公权力认可的效力。在乡村社会成员的纠纷化解实践中，一起工人意外在工地受伤的纠纷，因为当事人采取过激的方式讨要赔偿，导致纠纷难以解决并且有激化风险。在当地司法所、驻村律师及调解员等共同参与下，该当事人很快达成协议，纠纷得到了化解。受伤的农民不仅很快拿到了赔偿，也形成了对司法所、律师和调解的多重信任，这正体现了嵌合型社会资本下多方制约的效果。

第四节　嵌合型社会资本与公力救济

对于乡村纠纷来说，公力救济更加具有泛化的色彩，并不仅仅指司法手段，而且是所有权力参与的甚至仅仅是作为一个参照的可能，都可以归入公力救济的范畴。可以说公力救济也呈现为由核心向边缘模糊过渡的格局，核心是公检法司机关和基层工作人员，在乡村纠纷中经常以具体在场的方式介入，通过社会关系动员其他权力影响，则在县域的人情网络中更加隐秘地运行。

绝大多数法学家认为公力救济具有绝对的正当性和正义性，因为预设了公力救济的公共价值，连带参与公力救济的成员都具有超越的正义性。从这一核心意义上说，法律的重要功能之一是抑制私力救济，把人际冲突的解决纳入程序化和秩序化的途径中，也就是"胜残去杀"。[①] 国家对于法律与私力救济的态度也与意识形态有关，[②] 同时也与我国的政治传统有关。受我国政法传统的影响，国家在纠纷解决中的作用一直处于主导地位。"人民群众是专门机关的依靠，专门机关是人民群众的武器，二者必须紧密地结合起来，才能巩固我们国家的法制，维护宪法和法律的实施。"[③]

作为一种治理手段，国家权力对于纠纷解决具有超乎寻常的冲动，无论是采取哪一种方式，公权力对于纠纷解决的有效处理都具有重要的影响。《河南省矛盾纠纷多元预防化解条例》第44条规定，县级以上人民政府及其有关部门应当制定和执行多元预防化解矛盾纠纷工作责任制度和奖惩办法，并纳入年度工作考核范围。在这种纠纷解决模式中，国家的政法传统为国家权力的渗透提供了充分的正当性。

一、嵌合型社会资本下调解的公力性

现在所说的调解，尤其是法学上的调解，更多指的是法院调解和人民调解，虽然在话语中也会提到其他的调解形式，但基本都不会展开论述。[④] 宋明认为，如果说公力救济与私力救济并存契合了国家与社会的二元结构，人民调解纠纷解决方式则是国家和社会相互渗透其中，模糊了私人领域与公共领域之间的界限，因此，人民调解纠纷解决机制就应是超越这二元结构的"第三领域"[⑤]。但这种互动中是国家起主导作用还是社

[①] 贺卫方：《法学：自治与开放》，载《中国社会科学》2000年第1期。
[②] 徐昕：《论私力救济》，中国政法大学出版社2005年版，第24页。
[③] 《彭真文选》，人民出版社1991年版，第257页。
[④] 这种论述方式将除了得到国家权力支持的人民调解或者类似的如社会法庭等调解机制之外的调解排除在外，这也某种程度上说明社会整合程度过低，造成断裂和原子化的情况下，基于社会型压力的社会救济并不太受人们认同，必须通过至少象征性的国家权力的支持才能有效。
[⑤] 宋明：《人民调解纠纷解决机制的法社会学研究》，吉林大学2006年博士学位论文。

会起主导作用,则和整个国家与社会的结构有密切关系。近代以来,调解作为一种纠纷解决手段,在很大程度上是为了打破传统的社会秩序,其改造社会的"政治功能"远远超过了纠纷解决的"社会功能"。[1]在宽泛的意义上,多将人民调解的传统延伸到传统社会中的民间调解,并认为调解是一种"东方智慧",从传统的文化出发,认为传统中国法制的不健全以及对于当事人诉权的限制也迫使当事人不得不寻找非正式的纠纷解决途径。[2]

现代的调解具有更加浓厚的公权力色彩,无论采取诉讼方式还是调解方式,都是为了实现公权力所追求的国家和社会的目的,在这一目的之下,私人的利益并不是真正目的,而是通过对私人利益的维护而保证现代城乡分离中的资源汲取和支配关系的稳定性,具有更强的政治和意识形态色彩,私人的自主性也相应受到了削弱。新中国成立到改革开放前对于调解的重视,在很多方面比清代有更加具体的政治目标和社会目标,也具有更加技术化的制度配套和知识体系配套,这种注重调解的观念有其非常实用的考虑,中国共产党的边区由于与中心城市的联系断绝了,中国共产党需要沿用乡村的习惯以及使用非法律专家充当司法人员,因此乡村社区的调解传统成为这一时期司法制度的一个重要源泉。黄宗智因此认为,新中国成立到改革开放前的调解更加着重其意识形态功能,调解是实现党和国家在乡村治理的一个有机的机制,通过调解服务于新政权的建设,而当事人的利益则处于较为次要的位置。因此,在这一时期,"通过一些调解技术的运用,将党和国家的目标予以实现,尽管是采取形式上的调解方式,但思想政治工作所援引的理由构成了远比法律强制更为有力的约束,并且使得当事人在政治、身份以及社会位置等层面上全方位地接受调解的国家意志。它还扩大了调解的内涵,将一系列干预性质乃至不顾当事人意愿的判决性质的活动也纳入了自身的范畴"。[3]这种调解的特点本身就是对党组织进入乡村之后重塑乡村社会秩序的一个体现,背后就是多种社会力量在乡村形成的嵌合型社会资本的一个具体动力结果,在道德实用主义逻辑之下形成具体场景化的纠纷解决机制。调解方式的设置以及调解的性质与作用,受国家在特定社会历史背景影

---

[1] Lubman, Mao and Mediation: Politics and Dispute Revolution in Communist China, *California Law Review*, 1967, Vol.55, No.5, pp.1284-1359.

[2] 樊崑:《调解的传统与创新》,载徐昕:《司法:调解的中国经验》,厦门大学出版社2010年版,第64~65页。

[3] 黄宗智:《经验与理论:中国社会、经济与法律的实践历史研究》,中国人民大学出版社2007年版,第360~363页。

响，是国家从综合治理的角度所作出的社会秩序维护的一种安排。

在新时代的多元纠纷预防与化解模式中，县区以下的基层纠纷解决机制的建立和完善是重要的制度创新。从早期的炕上法庭，到在乡镇建立诉调对接中心；从完善多种纠纷解决机制的分工协作，到借助数字技术和大数据实现乡村治理的数字化，将乡村多元纠纷解决机制从解决转化为诉源治理，进而形成矛盾纠纷化解预防机制，背后正是多重社会力量共同在乡村社会场域中发挥社会团结力量的能力展示。能够实现这种多元纠纷化解机制的转型完善，既有国家对乡村纠纷化解问题的理论和制度的不断创新供给，还有乡村社会多元嵌合型社会资本在多重维度上带来的强大团结力量和对各种规范的支持机制。作为一个后发现代国家，自上而下的制度供给和文化知识改造是重要的制度和社会转型机制，乡村社会存在文化、经济和政治地位上的相对弱势地位，通过国家制度创新供给是国家现代化的当然逻辑。但引起乡村社会内部纠纷解决与现代法治化多元纠纷化解机制协同的基础必须依赖社会资本的变化。

在进入新时代后，乡村振兴战略带来更多资源快速进入乡村，自20世纪80年代以来农民工在城乡之间的流动带来社会关系、文化、技术等一系列变化，更进一步提供了乡村社会理性化要素。这种情况下，从传统的送法下乡转变为乡村治理背景下的乡村多元纠纷化解机制建设。一方面，将多元纠纷化解机制作为基层治理的重要内容，成为基层社会治理的重要工作，从而驱动基层党政机关创新各种方式实现治理目标，为乡村振兴提供平安无讼的乡村社会环境。另一方面，乡村嵌合型社会资本的逐渐发展完善也使得乡村社会成员同时归属于不同的社会位置和社会群体，进而形成不同的专业化群体。这两方面的变化带来乡村嵌合型社会资本在不同维度上影响乡村多元纠纷化解机制的产生、形成和运行机制。对于乡村基层党政机关来说，其所具有的资源配置和制度供给能力在嵌合型社会资本运行中具有核心地位，形塑着乡村嵌合型社会资本的根本性质和团结能力。加上项目制、乡村第一书记、法治资源公共购买等多元创新，乡村基层党政资源与资源配置高度融合，从而获得了高度渗透乡村社会微观维度的制度和组织基础。自20世纪初期开始，以现代政党为领导核心的现代民族国家为目标的各种运动，塑造了传统中国乡村社会向现代社会转型的重要形态。对于中国共产党来说连接这种随着时代变迁而具有强大包容性和文化根脉传承性稳定性的重要机制，就是通过基层党组织的动员和领导，多维度嵌入乡村社会各个领域，形成观念、组织、社会网络等多要素镶嵌，在乡村社会秩序的具体治理情境和国家的宏观目标之间建立良好的制度化传导机制，为中国乡村社会治理现代化提供了制度化社会结构。① 这带来新时代乡村多元纠纷化解机制总体上的公力主导色彩，将社会救济和私力救济等多元纠纷化解机制都带入了更强的公共发展路径，从根本上为乡村多元纠纷化解机制的法治化奠定了广泛而深厚的社会基础。

对于法院调解来说，其中的公权力色彩更是明显。陆思礼在对科恩的文化解释批判的基础上，认为不能简单通过外在的调解现象就将共产党的调解看作传统调解文化的延续，而是要看到调解制度在中国共产党的实践中发挥了怎样的功能，而这种功能又是传统的价值观和调解制度所不具备的。传统的调解形式和技术依赖体现了传统中国的价值观和权威关系。共产党给调解输入了正确和错误的绝对标准，而不像以前一样允许通过调解达成不扰乱狭窄社会情境中微妙的人际关系网的和解。共产党通过调解者之纠纷观和用于解纷的标准和指导使得调解的政治功能无所不至。而这往往掩盖了调解的解纷功能，政治介入取代了调解的消极标准。简言之，共产党已将调解纳入他们重新安排中国社会并动员群众支持执行党的政策的努力之中。② 黄宗智通过对中国法庭调解历史的梳理，认为现代的法院调解源于最初的离婚法实践。③ 新中国成立到改革开放前，法庭在处理离婚案件时应积极进行调解，而非简单判决。然而这种调解中所包含的功能和要素与西方的调解并不完全相同，虽然有形式上的相似，但这一时期的法庭调解则运用了一系列独特的方法、各种微妙和不那么微妙的压力，乃至一些物质利益的刺激手段。在调解过程中法官会通过各种社会压力对当事人施加影响，从而实现法官所追求的目的，即提高纠纷解决的调解结案比例，比如将婚姻纠纷中的理由归结为封建思想作祟等严厉的道德和意识形态的压力。在这种调解中，混合了法庭的强制和当事人自愿的服从，并且法官会充分汲取和利用国家独特的意识形态权威和当地村庄领导的权力，以促成和解。

在官方的表述中，"调解优先、调判结合"工作原则是认真总结人民司法实践经验，深刻分析现阶段形势任务得出的科学结论，是人民司法

---

① 毛高杰：《基层党组织嵌入的乡村社会治理分析》，载《领导科学》2021年第10期。
② 强世功：《调解、法制与现代性：中国调解制度研究》，中国法制出版社2001年版，第3~4页。
③ 黄宗智：《过去和现在：中国民事法律实践的探索》，法律出版社2009年版，第88~124页。

优良传统的继承和发扬，是人民司法理论和审判制度的发展创新，对于充分发挥人民法院调解工作在化解社会矛盾、维护社会稳定、促进社会和谐中的积极作用，具有十分重要的指导意义。为进一步贯彻该工作原则，特制定本意见。① 法院的调解在最根本上要被纳入对于社会矛盾的化解的政治功能上。

对于乡村调解来说，现在的乡村有了巨大的差异，国家的治理理念也发生了变化。在调解的政治功能总体上不变的情况下，又根据国家和乡村的变迁有了相应的一些变迁。相应地，法庭调解就不能再依靠传统的社会压力，而是需要采取多种策略。一种策略是采取各种实质性的利益压制，这种策略在处理群体性纠纷中较多用到，但在一些家务事中，则无法动用这一策略。另一种策略就是动用自己手中最终的判决权力，从多个方面劝导当事人接受调解。采取"预判术""隔离摸底术""拖延术""接力术""施压术""疏导术""给脸术""转化术""弥补术""制导术"等调解技术。② 这种结构之下，调解的过程就是一个三方博弈的过程，法庭的法官始终处于诉讼格局的中心地位，制导全部的过程，是法官通过各种司法技术解决纠纷并使双方心中服气，是一幕由三方共同演出的社会戏剧。在这一过程中，法官并非着意去"落实法律规则"，而是把法律规则作为自己的权威性资源和工具，以此来解决问题，通过法官的法律治理模式和人为治理模式而被统一起来。③

二、嵌合型社会资本下司法的政治性

作为多重角色的法官，在乡村的纠纷解决中并不仅仅是以法官的角色出现，而且是以嵌入在当地社会结构中的多重身份出现，并且重要的是在法官这一政法身份之下处理乡村纠纷，因此，"民事纠纷属于人民内部矛盾，按照政治上的要求应当采取说服、教育和帮助的方法来处理对待，这也是在司法实践中贯彻'群众路线'的需要"。在《乡村社会的司法实践》一文中，强世功有一段描述，认为我们只是刻板，因为一个人是法官，就和他人不一样，而忘记了法官只是通过一系列的知识和制度虚构出来的一个职业角色，一旦一个人成为法官，就意味着他进

---

① 参见《最高人民法院关于进一步贯彻"调解优先、调判结合"工作原则的若干意见》。

② 这种模式在古代纠纷解决中也存在，官府通过将案件在法律上的处理倾向公开出来，构成民间调解的参照基础，促进调解的运行。参见黄宗智：《国家与村社二元合一治理传统的失衡、再失衡与再平衡：华北与江南地区的百年回顾与展望》，载《中国乡村研究》2020年第1期。

③ 高其才、周伟平、姜振业：《乡土司法：社会变迁中的杨村人民法庭实证分析》，法律出版社2009年版，第288~300页。

入了法律制度所规定的社会关系中，就进入了这种关系所规定的司法场域中。他只有服从这一场域或这套制度的逻辑，他才能维护自身的利益。①

因为现代法律所内含的现代性优越感，面对乡村纠纷，法律职业人本身就具有居高临下的审视和批判预设。这些体现在国家所开展的各种普法运动中所蕴含的拯救色彩，通过普法运动将农民从愚昧、落后中拯救出来，送给他们以现代文明。在更多的有关法律意识和乡村纠纷解决的研究中有更加明显的表述。②农民作为传统的代名词而被贴上诸多标签，如受传统宗法政治、血缘家庭、自然经济、礼教文化影响，因而导致不讲权利，没有个人，追求绝对的和谐，以国家家庭为本位。当发展和现代化成为国家的意识形态的时候，农民的这些标签就被当然作为愚昧和落后的因素而需要被消除，否则就成为国家法治进程中的不可饶恕的严重阻碍。而"乡村的法制化进程明显落后于城市，已成为我国法制进程中的薄弱环节，其中又以农民法律意识薄弱与乡村法制化推进缓慢表现尤为突出，实现农民法律意识的现代化已成为当代中国法制化的当务之急"③。同时，也将为乡村提供更多的司法资源作为提高农民法律意识的重要手段，而这些都可以归于"法律干预模式的家长主义"。④

当国家通过各种途径赋予法律在乡村纠纷解决中的意义和价值时，一方面带来了法律对国家治理的一定约束，另一方面也为农民利用法律提供了一定的契机。在解释美国的普通民众为什么会将纠纷提交法院加以解决的原因时，梅丽认为身处不同社区、不同阶层的人对于求助法院的解释是有差异的。但这并不能够证明美国人好讼，遇到问题急不可耐地求助于法院。其主要原因在于他们对法院的依靠根植于一种美国社会中关于个人平等、法律信任以及摆脱邻居和地方领袖的控制等文化传统。⑤

---

① 强世功：《农村社会的司法实践：知识技术与权力———一起乡村民事调解案》，载《战略与管理》1997 年第 4 期。
② 秦华：《从传统法律观念到现代法律意识：论农民法律意识的现代化》，载《湖南农业大学学报》2002 年第 3 期。
③ 陈庆立：《农民法律意识的现代化是我国现代化的关键》，载中国科学院中国现代化研究中心编：《第四期中国现代化研究论坛论文集》，2006 年，第 167~171 页。
④ 黄文艺：《作为一种法律干预模式的家长主义》，载《法学研究》2010 年第 5 期。
⑤ ［美］梅丽：《诉讼的话语：生活在美国社会底层人的法律意识》，郭星华、王晓蓓、王平译，北京大学出版社 2007 年版，第 25 页。

三、嵌合型社会资本下纠纷解决的国家主导性

从国家意义上来说，所有法治国都依赖一个国家通过理性设置的司法模式以获得纠纷解决的参照基点。自新中国成立以来，中国乡村纠纷解决与国家的关系经历了以下几个变化：20世纪50年代公社制完全让乡村秩序置于国家控制之下，可以说无法分化出法理意义上的私力救济和社会救济，社会救济与公力救济完全混同。改革开放到21世纪初期，国家一方面通过普法工作、送法下乡、能动司法等方式在形式上强化法律在乡村的社会秩序生产权威机制，另一方面又未建立起支持司法运作的乡村社会资本，形成事实上国家权威在乡村弱化和司法不被理解认同的局面。在21世纪初期，随着税费免除和城镇化、新农村建设、乡村振兴等政策的接续展开，国家力量借助各种项目进入乡村，同时乡村嵌合型社会资本也逐渐支持更加具有实践理性色彩的纠纷解决选择逻辑，国家力量的主导性通过更加完善的制度组合进入乡村纠纷解决，并且通过"三治融合"模式重塑乡村纠纷解决总体格局。

在目前乡村治理格局下，国家主导性体现在多个层面：（1）在党建引领下，各项乡村发展、治理工作都被纳入政策目标内，乡村经济发展、社会发展、文化建设、环境整治、总体规划等全都在国家的统一规划设计中，并且通过对乡村社会关系的深度介入，形成纠纷预防格局。同时农民向城镇的流动减弱了乡村成员的社会复杂性，国家力量可以更加全面主动地介入乡村社会生活，从根源上形成对乡村纠纷萌芽、发展、解决的全过程管理控制。（2）基层法院通过"枫桥经验"等治理创新机制，形成接续乡村纠纷解决和司法解决手段。对于乡村来说，更加因为乡村转变中的原子化问题难以形成有效的自我治理的群体，难以形成在政治、经济以及文化等多个层面上的民间组织，来替代因为社会变迁而出现的民间治理空缺。

国家主导了纠纷解决制度的供给，甚至某种程度上可以说通过对纠纷的全流程管理以塑造一个满足治理需求的乡村社会秩序形象。从乡村的村民调解委员会到送法下乡，以及炕头开庭、巡回法庭、社会法庭等一系列的制度供给，以及近几年的多元纠纷化解制度完善，乡镇一级的多元纠纷解决中心的建立，通过数字技术打通乡村多元纠纷化解机制最后一公里等，全面体现了由国家主导的乡村多元纠纷化解机制的公力色彩。这种主导积极的一面是能够直接为乡村提供较为现代化的纠纷解决

制度和纠纷解决观念,消极的一面是容易导致和乡村的实际纠纷解决需求脱离,变成一个司法、行政、民政等不同系统在乡村场景中寻求政治正当性的自我内卷式过程。现有的制度架构内,压力型体制影响基层政府的行为逻辑是造成村民自治实践中"行政吸纳自治"现象发生的主要诱因。不难发现,乡村行政威权运作范式的存在有其历史、制度和文化的根源,形塑的乡村刚性治理模式导致当前乡村公共事务治理中"内卷化"的发生。①

---

① 李祖佩:《乡村治理领域中的"内卷化"问题省思》,载《中国农村观察》2017年第6期。

第五章　嵌合型社会资本与纠纷解决具体运作

在经验意义上，法律只有被实践，才能被实现，国家层面上所追求的社会主义法治理念才能够落地生根，[①]即"正义不仅要实现，而且要以人们看得见的方式加以实现"，只要法律制定和法律适用的程序是公众自主的反映，那么这些程序得出的结果就是公正的。[②]虽然法律在乡村生活中的作用越来越明显，但农民仍与法律保持较远的距离。在他们看来，法律很神圣，或者很陌生，因而他们敬畏法律；与此同时，他们也未显示出对法律系统的明确支持，在现实生活中，农民更倾向于接受关系规则而非法律规则，更愿意通过非法律的途径来解决纠纷。这种状况在新时代以来的乡村中逐渐变得淡化，处于乡村治理视野下的乡村纠纷解决方式运作也更加多元化，受嵌合型社会资本的影响，在国家的乡村治理现代化影响下的多元纠纷解决方式的运作，呈现更加融合的局面，内在的选择动力也更加多样化。

第一节　嵌合型社会资本影响乡村纠纷的要素

乡村社会生活是各种纠纷解决力量进行斗争的场域，也是社会资本嵌入的具体和连续场域，纠纷以及纠纷解决行为只有在这一层面上才可以得到经验性的验证。法律本身不能维持秩序，必须有个权力支持它，它才有力量……这种权力不是操在一个人之手，由一个人去运用，而是操在若干人之手，由若干人去运用，这就必须有个安排或顺序，不能乱把持、乱运用。于是在每个社会中都有一个权力架构或运用权力的系统。[③]嵌合型社会意味着权力操持者的多元化多层级化，从而围绕不同权威形成不同的规范结构，具有与嵌合型社会资本相对应的嵌合型规范结构。其中，党建引领的政治权威和法律权威在嵌合型社会中起着主导作用，也是嵌合型社会资本的核心部分，保证了法律权威在乡村纠纷中的

[①] 陆益龙：《农民中国：后乡土社会与新农村建设研究》，中国人民大学出版社 2010 年版，第 188~189 页。

[②] 樊崇义、夏红：《正当程序文献资料选编》，中国人民公安大学出版社 2004 年版，第 226 页。

[③] 杨懋春：《近代中国农村社会之演变》，台湾巨流图书公司出版 1980 年版，第 44 页。

权威性支配地位。随着嵌合型社会资本带来的信任促进了法律对其他规范的影响,增加了乡村社会中纠纷解决的理性色彩,同时也出现了新的权威,如新乡贤通过经济资本和社会资本影响相关群体的行动,形成了新的社会纠纷解决机制。国家权力对乡村社会的影响随着社会流动、多元治理而更加深入。权威和国家权力在乡村社会中以更加多样化的方式嵌入乡村社会,带来了乡村社会压力来源的变化,从原来更加注重由内至外的"差序格局"中的压力转变为不同群体和阶层的多元压力,纠纷解决中的行动也产生了新的变化。

乡村纠纷是乡村社会场域中社会秩序发生偏离到恢复的过程,无论是私力救济、社会救济还是公力救济,纠纷解决方式的发起者首先必须考虑其权威性,能够成为发起者动员社会资本维护自己的权益并恢复社会关系和社会位置的可行手段。不同救济方式都通过不同的权威体现出来,社会救济将一个对社区或者群体具有威望的个体或者组织作为权威,公力救济则体现为国家符号以及具体的工作人员及行动。因此乡村纠纷解决启动的重要影响因素就是权威的地位、性质和影响力。其次,当事人在选择纠纷解决方式时,会预期该种纠纷解决方式所选择的解决方式是否有效,即通过一种纠纷解决方式对当事人的多重影响是否能够驱动纠纷参与人进入社会关系和社会秩序的恢复中,包括具体的利益修复、社会地位恢复和情感尊严等的维护。在科尔曼讨论规范效力时,认为公共惩罚是克服二级公共问题的一个机制,即公共惩罚的有效实施保证了规范效力的实现。①

对于纠纷化解来说,实质上就是将法律和其他社会规范适用于社会关系调整的过程,也是实现公共惩罚压力的过程。这种压力背后的驱动力量就是社会资本的强弱多少。嵌合型乡村社会资本提供了更加有机的乡村社会团结,带来了更加理性有效的社会压力,个体如果违反了社会压力就会带来多重社会资本的背后的群体性排斥,这种压力提供了乡村纠纷中参与者更多的理性选择色彩。在乡村振兴战略下,乡村治理将乡村纠纷解决纳入更加具有国家色彩的"三元共治"框架中,国家权力以更加泛化的方式渗透乡村纠纷解决中,包括行政和司法主导共同建构的诉源治理和预防式纠纷解决机制,以及建立党建引领的新乡贤参与乡村纠纷解决等方式,都可以看到国家权力对乡村纠纷解决的广泛影响。通过分析这三个因素的运作形态,可以较为有效地从微观层面分析嵌合型

---

① [美]科尔曼:《社会理论的基础》(上),邓方译,社会科学文献出版社2008年版,第262页。

社会资本与纠纷的互动关系，对乡村纠纷解决的微观运行进行更细致的分析。

乡村社会中多元的组织和社会力量事实上构成了多元的社会控制主体和力量，[1]在不同的领域都有可能成为社会控制的实施者。乡村社会成员在纠纷解决实践中，会选择哪一种纠纷解决方式或者其组合，虽然受到国家立法所给定的法律边界的约束，但如何在变迁的乡村中建构起来既适应这一变迁趋势，又能够保持国家与社会的良性互动，则需要在农民的社会生活实践中考察纠纷解决所需要的各种社会资本。正是具体的社会资本的嵌合型为乡村多元纠纷解决的运作提供了动力和支持，也正是通过社会资本的中介作用，纠纷解决行动才能够再造出满足各方要求的社会秩序，保证整个社会发展的连续性。

一、嵌合型乡村社会中的权威变化

在任何组织中，只有有了权威，集体行动才会有焦点，才可能为集体行动提供保障，社会秩序才能够稳定下来，纠纷才有解决和效力生成的焦点。这也是霍布斯所说的利维坦出现的重要原因，即便不需要向单一权威服从，也需要服从多中心的权威结构。有了权威，纠纷解决才有动力和方向。任何一个社会都存在正式或者非正式的群体性组织，组织秩序的存在都需要有一定的治理机制。无论是哪一种治理机制，都涉及资源的分配问题，无论资源分配基于何种原则，分配中的支配者和被支配者必然呈现为一个权威和服从者的结构化关系。

在韦伯的权威讨论中，一直关注的是这种理想型所处的组织结构，组织和权威二者不能分离。在后来的研究中，更多关注的是这种权威的理想型，相对较少关注权威在组织中的运行问题。[2]在线性进化论的影响下，这种理想型被认为是整个社会支配类型进化的一个过程，并且某种程度上将法理型权威看作符合现代法治的一种结果，在后续的研究中更是将传统型权威和落后愚昧等价值联系起来。

在这种理想型的分析框架下，权威与相应的组织关系则较少受到关注。在中国法治理论的发展过程中，更多强调法理型权威的正当性，并且在某种程度上将法理型权威所具有的价值和功能看成整个社会权威的终极目标。反观韦伯对于组织的重视，就需要考虑作为理想型的法理型

---

[1] 张晓辉、王启梁：《少数民族地区农村的社会控制与法治建设》，载《思想战线》2005年第2期。

[2] ［德］韦伯：《社会科学方法论》，李秋零、田薇译，华夏出版社1999年版，第242页。

权威是否能够完全替代其他类型的权威，必然会涉及整个社会的历史发展进程是否会导致每一种权威所依赖的组织基础会完全进化为法理型的社会基础，导致人们的人际关系以及各种组织形式都完全相同。这种强假设在经验上不可能存在，相反，每一种组织形式依然存在社会当中，只不过以不同的形式与名称存在而已，可以称为组织形式或者文化的遗存物。这种多重社会结构产生了不同的秩序需求，正是国家与社会理论的社会基础。

在不同的社会结构之下，都存在相适应的权威类型，但具体的权威如何影响纠纷解决运行，需要回到纠纷解决的整个过程中，进一步分析权威在实践中如何被各方力量建构起来。

翟学伟通过对中国社会历史的微观运作特征进行分析，提出了日常权威的概念，认为简单套用韦伯的"权威"概念，不但将后来研究者的视角限制在权威者的地位和角色之中，而且把研究中国权威的研究者引向了"长老权威"、"民间权威"或者"乡土权威"上。这种研究思路都试图寻找一个形式上可以被标签化的权威，隐含着韦伯的逻辑，即某一个形式上的权威，必然是具有某种权力。[1]对于权威的产生，布劳从基本的人际交换关系出发，认为权力关系中的支配者和被支配者都需要通过相互的交换，才能够在各自的位置上得到相应的利益，并在支配者和被支配者之间建立起稳定的社会关系。[2]这些研究思路都关注到了权威的关系性，离开社会结构以及主体之间的相互关系，支配和被支配就没有实际意义，也谈不上权威的存在及类型问题，从社会网的分析角度来说，权威和结构洞之间有高度的契合关系。[3]

传统社会中依靠士绅的中介[4]，还有村落共同体中的家族长老、部族头人、地方强人等，国家权威渗透到乡村社会秩序中。[5]新中国成立以

---

[1] 翟学伟：《中国社会中的日常权威：关系与权力的历史社会学研究》，社会科学文献出版社2004年版，第144页。

[2] ［美］布劳：《社会生活中的交换与权力》，李国武译，商务印书馆2008年版，第178页。

[3] 人总是信任特定的人，并与特定的人产生交换。当两方关系并不十分密切时，与双方关系都很密切的第三个人就占据了一个结构洞，形成能够在特定社会关系中支配双方的权威。如果一个人恒常地并且总体性地占据组织中结构洞，就可以在组织内认定为权威，详见［美］伯特：《结构洞：竞争的社会结构》，任敏、李璐、林虹译，格致出版社2008年版，第47页。

[4] 考虑到中国乡村复杂性，官督绅办的乡村治理模式并不具有绝对的广泛性，根据乡绅需要功名等条件来看，传统社会中的乡村都缺乏足够的乡绅条件，更多依靠乡村自生的权威。详细参见郑卫东：《"双轨政治"转型与村治结构创新》，载《复旦学报（社会科学版）》2013年第1期。

[5] 徐勇：《现代国家乡土社会与制度建构》，中国物资出版社2009年版，第205页。

后，国家通过给农民提供土地资源，不但将乡村的经济活动很大程度收归国家，政治资源的控制也被国家垄断。在初期，国家可以通过多方面的制度实施使农民得到的回报付出与对国家权威的服从相均衡，即便在相对城市很低的各种待遇情况下，农民依然可以在一定的水平上保持乡村的稳定社会秩序。这是因为国家手里掌握土地所有权还有基层的政治资源，同时，农民也没有其他替代性选择。社会变迁使得原来的权威受到冲击，不再具有整全性的影响力。受市场等现代文明冲击所产生的社会结构也加入乡村社会中，在乡村出现了多样化的次级群体，原来的各种社会结构和文化因素重新在乡村社会借助经济、技术和文化机制发挥作用。

在农民的社会生活中，对于权威的认定是一个混合的状态，并不会如同分析中那样非常明显。农民对于权威的认识和服从基于现实的社会关系及特定的需要，并且从自己的生活情境出发进行判断。翟学伟从农民的社会关系入手，从关系的静态和动态角度进行分析。[1] 某一个农民是否具有相应的权威，并不能仅仅从该农民的某一身份得到准确的判断，而需要在一个动态的社会关系之下得到判断。在中国的社会情境下，恰恰是通过关系建立起的权威性，对农民的行为选择起着直接而关键的作用，权威只是特定社会关系的一个节点。在纠纷解决中能够胜出的是占有更多社会关系的当事人，通过动员更多资源支付纠纷解决成本，获得更多社会资本的支持。出现支配关系并不是因为某一方绝对垄断供给，而是在双方的博弈中一方恒定拥有相对另一方的更多选择，可以通过交换给对方以惩罚、奖赏或者至少不合作，并因此获得纠纷解决进程的控制权和主导权。

随着乡村社会变迁，社会资本的碎片化带来的是权威的离散化，没有哪一种权威能够整全性地对乡村的所有村民具有约束力，只能在一定功能分化的情况下具有相对的约束力。因为乡村流动性的加剧，农民和外界的关系也变得多元化和复杂化。对于现在的村民来说，静态的社会资本包括因为身份关系所拥有的可动员的社会资源，也有因为职业关系拥有的社会资源。从动态的日常关系来看，农民在具体纠纷中所援引的权威力量会更加复杂。首先，因为纠纷的严重程度不同，村民所动员的权威力量不同，一个较小的纠纷，也只能和较低的权威相关联，这种状态下的村民权威尚存在潜在的可能性。其次，纠纷和某一群体的身份的

---

[1] 翟学伟：《社会流动与关系信任：也论关系强度与农民工的求职策略》，载《社会学研究》2003 年第 1 期。

关联性的强弱,也影响可以动员的社会资源的强弱。最后,村民自身能力的强弱,既包括自身可以运用的资源,也包括可以通过确定的社会关系动员的社会资源,一个可以确定动员较强社会资本的村民在纠纷解决中也往往处于强势地位。较低社会资源的动员能力也意味着在纠纷解决中处于较弱的地位,这种通过关系动员的社会资源也间接影响第三方权威的纠纷解决方式、策略以及对纠纷解决走向的干预。

权威本身是一个多重社会结构嵌套的结果,处在纠纷解决中的各方参与者仅仅是这一情境性社会关系偏离的焦点。只有通过对焦点背后的潜隐性社会资本进行探究,才能够更加有效地解释纠纷解决过程中各方参与者的策略选择,最终理解纠纷解决机制得以运行的根本性基础。

首先,对于当事人来说,需要面对具体的纠纷解决场景和社会压力。经典的法学理论认为当事人都具有同等的权利,公平受到法律的保护。但纠纷解决是一个理论上的规则应用于社会实践的过程,每一个当事人本身都是社会中的特定个体,会因为自然的或者社会的原因而存在歧异性,有些主体占有着相对更优的社会位置,拥有更多的社会资本,在纠纷解决过程中可以动员更多的力量去利用和抗衡法律等具有更强国家权力色彩的规范,另一方在纠纷解决中相对居于更加劣势的地位。在同样的社会情境下,由相应社会资本构成的社会性压力对于不同主体也不相同,对于有些主体来说,拥有更多摆脱和不依赖相应社会压力的选择,但对另外一些主体来说,除了服从这些社会压力之外,并没有其他更好的替代性选择。

总是存在某些主体相比另一些主体更有权力的状态,在乡村纠纷解决中,有两类纠纷较为明显地体现了这一点。一类是赡养纠纷,随着养儿防老观念的变迁、孝道在乡村社会中的衰落,代际间的关系不再受传统的伦理道德和习惯的有效约束,老人因为生理上的衰弱和社会保障上的不健全等原因而处于相对弱势地位。在乡村的赡养纠纷中,老人无论采取法律的手段还是道德的手段,都很难获得充分的保障。因此,在一些乡村出现了老年人自杀现象,自杀的主要原因之一是老年人遇到了赡养问题。[1]虽然可以通过法律等手段解决形式上的权利归属问题,似乎使得乡村的赡养纠纷在法律意义上得到了解决,但法律只能给这一权利以抽象的保护,并不能给老人提供日常的生活安全感,也无法提供一个充满亲情的日常生活。即便老人获得了法律以及道德上的胜利,却往往无

---

[1] 陈柏峰、郭俊霞:《农民生活及其价值世界:皖北李圩村调查》,山东人民出版社2009年版,第166~167页。

法获得生活环境中的真正归属。另一类是婚姻纠纷,随着大量农民工流动,留守妇女处在非常被动的地位,加上乡村土地制度的限制,一旦结婚之后,乡村女性和男性相比较就非常弱势,男性则可以利用这一弱势,更多地剥夺女性的权利和尊严。因为女性手中较弱的社会资本,在发生婚姻纠纷之后,很难通过法律等手段得到有效的保护。在《最高人民法院关于适用〈中华人民共和国婚姻法〉若干问题的解释(三)》生效后,乡村妇女一旦离婚,就可能变得无家可归。女性在乡村离婚诉讼中,尤其是因为男性有婚外情的情况下,更多愿意接受男性的家庭回归,相应的社会舆论和道德也予以更多的支持,这不能不说是因为女性力量劣势而作出的一个不得已的妥协。在21世纪10年代之后,随着新生代农民工流动,乡村女性获得更多选择机会后,也出现了乡村结构性的女性婚姻主动权更强的局面。

其次,形式权威和社会生活权威二者合一才能在乡村社会中获得真正的支配能力。在角色意义上,乡村的权威可以分为官方权威和民间权威两种类型,每一种权威除了形式意义上的相互区别之外,还具有更加紧密的社会性联系,共同处于一个相互联系的社会场景中。在纠纷解决实践时,无论出于纠纷解决当事人的选择还是出于整个社会的压力,第三方能够被选择,并对纠纷当事人的行动产生直接或者间接的影响力,都依赖第三方权威在社会中的焦点价值。

在传统社会中,乡村权威由两类构成:一类是士绅,另一类是乡村本土权威。这两种权威对应的是传统中国的两重结构:一重是官僚中国,另一重是乡土中国。自晚清起,国家一直想要将正式权力延伸到乡村,对乡村社会及事务进行治理。但晚清的"新政"仅仅停留在制度上的设计,孙中山想要建立一个以人民为主权者的政权组织体系,便于与民众沟通并有效地向乡村社会渗透。20世纪上半期的国民政府大致是按照孙中山的理念来构造基层政权体系,但因为各种原因,并没有得以具体实施。[1] 在民主革命期间,中国共产党就注意到了动员农民的最有效手段是通过土地革命来实现,通过土地革命使得"农民取得土地,党取得农民"。这对于一个向来被视为"一盘散沙"的农业大国来说,其意义尤为重大。[2] 通过土地改革,不仅政权组织第一次真正下沉到乡村,而且摧毁

---

[1] 徐勇:《现代国家乡土社会与制度建构》,中国物资出版社2009年版,第207页。
[2] 杜润生:《杜润生自述:中国农村体制变革重大决策纪实》,人民出版社2005年,第20页。

了非正式权力网络的根基。①

不同权威的竞争可以带来更加有序的次级群体秩序。在纠纷解决中，第三方代表不同的权威，并且通过在纠纷解决中的影响强化第三方已有的权威，如果第三方能够将社会秩序恢复到所在社会群体广泛接受的程度，可以使得第三方权威得到有效的再造。相反，如果第三方在纠纷解决过程中只能得到较小的认同，甚至遭到了群体内成员的大多数抵制，第三方的权威就会受到削弱，无法在纠纷解决中产生影响，或者即便通过强制方式产生影响，也无法得到长时间的支持，在未来的社会生活中第三方权威所象征的群体社会地位都会受到削弱。第三方权威在介入纠纷解决进程后，就不仅仅是对当事人利益的辅助问题，而且是转化为第三方权威及其所处群体的社会资本竞争问题。

在传统社会中，无论是基于血缘的宗族权威，还是基于知识的文化权威，抑或是基于权力的官方权威，这些权威从自己所在的社会结构中自生自发出来，相互之间没有明显的竞争需要。在变迁的乡村社会中，大量的次级群体没有经过长期的社会演变，而是受到政治和市场经济的双重影响而被迫变化，在具体的利益分化加剧的情况下，相应的文化结构并没有及时变化。除了国家通过政治手段所宣传的权威上的合法性之外，大量的社会群体以及社会群体的次级维度，都没有确定的行为正当性，每一种群体都存在特定的专业化权威，这也是导致整个社会出现价值观混乱的社会根源。正是这一相对的次级群体利益分化的社会结构，给不同社会群体的利益竞争提供了结构性条件。不同的社会群体通过在组织内部提供纠纷解决的资源供给为成员提供行为的黏合剂，支持了不同类型的权威，同时提高相应次级群体的社会资本，从而在群体利益的竞争和再分配中获得相对优势。

通过这一竞争机制，建立在分工基础上的专业型权威可以为自己所处的次级群体提供行为焦点，同时扩大权威自身在组织内部的支配和影响力，进而产生群体规范的更强外部溢出效应。只有权威在所属群体中具有较强的支配力，才能通过权威自身的直接和间接影响力对当事人的纠纷解决进程进行引导，保证整个组织的整合性。如果一个权威不能够在和其他权威的竞争过程中取得优势，也就无法建立起对于自己所属群体的支配力，就不可能对自己组织中的纠纷产生主导性影响。因为权威竞争中没有优势，加上国家权威过度地渗透，在20世纪90年代的时候

---

① 徐勇：《现代国家乡土社会与制度建构》，中国物资出版社2009年版，第209页。

乡村人民调解逐渐被村民冷落，城镇则被更加具有整合力度的行政事业单位和公司企业等组织所替代。①

在社会变迁条件下，农民具有加入其他次级群体的机会，传统权威无法有效地对农民规避传统社会规范的行为进行有效惩罚，以传统权威为焦点的传统社会规范无法真正有效地发挥其效力，以传统权威和传统社会规范为基础的纠纷解决模式就很难发挥其作用。因为利益分化而带来不同的群体竞争，这些次级群体在争取自己利益过程中，在组织内部通过社会交换衍生出合法化的权威。②这种组织内的合法化权威要保持其支配地位，需要能够维护组织的利益，以获得组织成员的服从。同时也需要维护组织内的权威，主要的方式就是在相互冲突的成员利益之间可以充当调停的角色，或者通过对重大冲突的调停以强化自身的影响力，通过自己在组织内的权威压力对当事人进行干预，以建立自己对于组织成员的支配地位。③

最后，在税费改革和计划生育政策变化后，乡村的制度化权威运用的权力类型和运作方式也发生了变化，原来更多依赖暴力授权的方式，转变为更多依赖各种项目资源控制分配的柔性治理方式。（1）正式权威自身高度依赖自上而下的权力分配，更大程度上是整个国家权力体系的基层执行者，遵循严格的理性权力配置规则。（2）在精准扶贫和全面乡村振兴战略下，项目制和过程留痕给考核方式促进了乡村正式权威的形式化，进一步排斥了乡村正式权威的本土经验色彩。（3）对项目资源的控制带来乡村权威更加倾向可量化的经济影响和支配能力，出现经济能人和政治、社会能人三位一体的情形，进一步强化了通过经济影响和支配乡村社会秩序的能力，也提供了乡村社会权威借助金钱进行交换的正当性口子，呈现更加常规化的乡村权威利益交换格局。最终的结果当然

---

① 虽然人民调解一直是我国调解制度中官方很注重的制度，但从人民调解组织实际上解决的纠纷来看，人民调解组织并没有受到人们真正的重视。从1989年到1998年，全国的调解员人数增加了54.5%，但调解案件的数量下降了28.2%，详见赵旭东：《纠纷与纠纷解决原论：从成因到理念的深度分析》，北京大学出版社2009年版，第156~157页。截至2023年10月，全国有人民调解员317.6万人，但年龄和知识结构不尽合理，专职人民调解员仅占总数的13%，且经费保障长期严重不足。据统计，2022年，人民法院一审受理民事行政案件1610.6万件，诉前调解未进入立案程序的纠纷895万件，说明大量矛盾纠纷可以通过调解等非诉讼方式在成诉前得到有效化解。这种变化也许是近些年诉源治理和多元化纠纷解决机制的结果，但这种变化并不能简单理解为人民调解的效力，而是多元纠纷解决方式共同的作用。
② ［美］布劳：《社会生活中的交换与权力》，李国武译，商务印书馆2008年版，第286~287页。
③ ［美］张信：《二十世纪初期中国社会之演变——国家与河南地方精英1900—1937》，岳谦厚、张玮译，中华书局2004年版，第50页。

是形成一个以正式权威为表象，以经济权威、政治权威、道德权威、文化权威等为内核的权威交换形态，而党和国家的政策话语和意识形态话语成为正当化的最佳修辞，形成以江浙一带的乡村发展为范本，中西部不断学习的乡村权威格局。

权威竞争事实上是不同次级群体界定自身边界的内在需要，权威竞争可以为纠纷当事人提供更多的选择空间，通过一个制度市场的选择过程建立一个均衡的纠纷解决供需状态。在传统的法律理论和政治理论中，都假定了国家权威的绝对支配地位，这一假定在国家层面上可以成立，但对于乡村纠纷这一更加具有地方性的场景来说，宏观上的制度模型不能当然适用。国家权威的绝对支配地位可以在宏观的大尺度下适用，在一个现代国家中，并没有可以在组织的程度上相竞争的组织存在，因此可以认为国家具有绝对权威。但在次级群体中，成员可以同时具有相互竞争的身份，哪一种身份可以为组织成员带来更多的社会资本，维护成员的利益，成员就会对相应的组织付出更多的服从，该组织中的权威就可以拥有更多的支配力。

二、嵌合型社会资本带来的社会压力变化

从纯粹的法学视角来看，纠纷是发生在相对人之间可以被纳入法律框架的那些表面不协调状态。[①]但这种视角假设了消除纠纷之后存在一个绝对和谐和协调的社会状态，而纠纷仅仅是这一协调社会状态的一个病态现象。齐美尔强调，"或许根本就不存在那种可以一一区分社会成员之间集中的和分散的潮流的和谐社会"。而那种理论上存在的绝对和谐的社会，也只不过是"没有将真正的生活展现出来罢了"。[②]对于纠纷来说，在任何语境中，纠纷都是根生于每天的日常生活，来自昨天，影响明天。[③]人们在纠纷解决中选择某一种纠纷解决方式而不选择另外一种，除了从当事人自己出发考虑所能支付的有形成本之外，还有重要的是受到其所处的社会关系的外在压力的制约。只有这一社会压力才能够保证社会秩序处在稳定而连续的发展进程中，相应的法律和社会规范在人们的选择行为中得以形成并被不断地运用和建构。

---

① 赵旭东：《纠纷与纠纷解决原论：从成因到理念的深度分析》，北京大学出版社 2009 年版，第 8 页。

② Simmel, *Conflic*, Wolff(trans) ,The Free Press,1955,p.15.

③ ［英］罗伯茨、彭文浩：《纠纷解决的过程：ADR 与形成决定的主要形式》(第 2 版)，刘哲玮、李佳佳、于春露译，北京大学出版社 2011 年版，第 107 页。

不同的社会规范所依赖的压力来源并不相同，同样，每一种压力对于人们选择行为的影响分量也不相同。一般来说，一个规范的抽象程度越强，其所依赖的压力的抽象程度也越强，距离人们的日常生活会越远，越需要专业的知识和训练才能够掌握和运用。规范的具体程度越强，则越依赖于日常生活，更具体而深入地嵌入日常生活。从国家或者精英的角度来看，其日常生活秩序具有更强的层级优越性而不被审视和评价，更加强调代表国家的法律对于日常生活的支配程度增强的过程。如果从人们的微观选择角度出发，为了应对日常生活，无论是精英还是一般群体，都不需要储备高度抽象的专业法律等知识。在日常生活中，人们最熟悉的是高度嵌入的生活习惯、群体意识、礼仪等地方性知识，甚至日用到下意识的程度，只有在打破日常经验时才会凸显出来。国家强调的法律等正式规范，在日常生活中也会因为行动者的关系远近不同、依赖程度不同以及行动的即时情景不同，被非正式地解构。

这涉及另外一个层面的问题，即规范对于国家和社会的意义并不总是相统一，人们也并不需要在日常生活的意义上和国家以及社会等意义高度关联起来。规范总是存在相应的社会资本之上，与不同的社会圈层相适应。当事人选择哪一种纠纷解决方式，更加具体地受到其所处社会结构中日常生活的影响。即便国家高度依赖农民对于法律依赖而实现自己的权威和统治目的，如果国家所提供的法律不能在日常生活中为所有个体提供足够的社会压力，在一个纠纷解决中所涉及各方主体都会在其熟悉的日常生活中合谋规避法律，同时也会出现被某些个体利用法律破坏和打击社会规范本身的现象。在一个法律与社会规范的竞争过程中，通过人们的选择将法律作为某一群体中的最优规范，自然会形成法律和相关群体中社会规范相协调的结果，从而充分实现法律的"地方性知识"与"理性化建构"之间的高度融合。对于中国来说，真正的问题是，在法律下乡的过程中很难兼顾这一要求，法律在很大程度上不含和乡村纠纷解决需要的地方性知识相兼容的机制，加上受大陆法系司法体系的制约，乡村的地方性知识和法律的理性建构之间存在较大程度的冲突和隔离。

变迁的乡村纠纷解决中，能够看到社会资本缺失所带来的诸多弊病。国家极力要通过"送法下乡"对乡村进行整合，但这种整合是一个由上而下的过程，更多是国家和精英对于乡村社会秩序的一个理想建构。对于纠纷解决的各方参与者来说，更加考虑的是通过该纠纷解决，能否从中得到自己的交换利益，这些并不完全依靠单一的国家权力资源的供给，这点在徐勇对精英特权问题的分析中有所涉及。①

乡村的社会变迁无法同时提供社会变迁所需要的社会资本的稳定性和国家法律与地方性知识之间的有效连接。社会变迁导致了农民个人脱离原来相对封闭的乡村地理环境和文化环境的约束，从而拥有更多的行为选择空间，不再有绝对的社会舆论压力可以严重削弱农民的生活水平和社会地位。只要在一个问题上出现了选择困境，农民就会作出理性的甚至是投机性的选择，通过规范外的方式加以解决。这导致了农民通过多方面隐性的安排，或者说是潜规则来解决问题。一方面，通过显规则尤其是法律等形式性的要求，可以满足国家和精英对于乡村法治发展的理想化设想。另一方面，在日常生活中采取更多的利用和规避国家法律的手段，出现法律规避，甚至出现国家工作人员和农民通过系统的工作规避国家法律的情形。②

将原因归结为农民法律意识落后，认为需要通过普法等行动改变农民对于法律和其他社会规范的认识。这一种思路显然忽略了农民在自己的日常生活中的主体能动性，认为通过供给和引导，农民就可以实现国家和精英所预期的目的。③ 乡村社会的变迁带来的是相关社会资本的弱化，国家和精英所需要的社会资本在社会变迁中被稀释，原来通过政权下乡、政党下乡等手段建立起来的权威被相对削弱。但同时新型的社会资本逐渐建立起来，并且不断获得更强的再造能力，逐渐取代了原来基于空间封闭性的社会规范背景。原来的权威很大程度上是因为通过一系列的制度构建起封闭的乡村空间，农民不能轻易离开乡村而在城市或者另外地方获得同样的生活机会和社会地位。国家可以通过手中所垄断的政治和经济上的权力对农民进行有效的支配，国家具有较强的动员力量，相应的政策等国家规范可以较为容易地在乡村得到贯彻和实现。而改革开放以后，农民所面临的选择空间多元化，再加上税制的改革，农民和国家的关系进一步弱化。从某种程度上来看，国家在乡村社会中的地位变得不再如改革开放前那么绝对深入乡村社会的整体，这既体现在一般

---

① 徐勇：《"政党下乡"：现代国家对乡土的整合》，载《学术月刊》2007年第8期。
② 王启梁：《正式社会控制为何失败？——对云南平县拐卖妇女现象的田野调查》，载《中国农业大学学报（社会科学版）》2007年第2期。
③ 普法的真正目的或者主要目的并不是为农民提供最优的纠纷解决方式，而是为了实现党和国家在农村社会中的权威塑造，进而保证社会秩序的和谐和稳定。详细论证见Yuanshi Bu, Xuyang Huo, The Revival of ADR in China: The Path to Rule of Law or the Turn Against Law?, *Ius Comparatum - Global Studies in Comparative Law*, 2015, Vol.6, pp.191-223.

农民对于国家的态度上，也体现在基层村干部对于国家的态度上。[①]

　　社会变迁导致的是乡村作为地理上和文化上的共同体的双重解体。对于变迁中的乡村来说，原有的社会资本因为各种原因受到了严重的削弱，国家等正式权威随着国家治理方式的悬浮化政权和财政上的后撤，使得基层的正式权威很难真正得到农民的认同。[②] 同时经济上的市场化又给了农民更多的选择空间，来自非正式的群体的社会资本也相应减弱，除了在一些乡村出现的经济共同体，如在调查的 A 县，曾经有一个乡在 20 世纪 90 年代的时候种植辣椒，在当地形成了相当大的规模，有关农户形成了一定的民间组织，加入组织的农户享有一定的共同利益。但很快，在 21 世纪初，就因为不能适应大市场的环境变化，接连出现了三四年的种植亏损，自发组成的组织并不能解决这一问题，同时出外打工的机会增多，种植辣椒的收益相对减少，农民大量出去打工，基于辣椒种植而形成的经济组织就解体了。[③] 这两方面的原因对应也产生了两种需求：一方面是国家强调对乡村治理的嵌入机制，需要通过"送法下乡"来实现；[④] 另一方面乡村的原子化又给农民提供了需要法律供给的"迎法下乡"的内在需求动力。[⑤] 但在建立以"司法中心结构"[⑥] 的纠纷解决体系的时候，如果忽视了对于乡村社会资本的相关培育，就会出现法律和地方性的社会规范之间更多的冲突，要么过于摧毁地方性社会规范导致更多的纠纷解决被转移到上访等渠道，要么出现法律被各方纠纷解决的参与者以系统化的方式规避掉，实质性地伤害法律的权威，间接伤害国家在乡村社会中的权威。

　　在嵌合型社会中，日常生活中的压力类型和压力机制发生了变化。（1）压力来源的双核心和多维度。双核心是经济压力和政治压力，经济压力通过消费主义构成村民日常生活中规范效力的最大来源。经济上的自由选择能力和消费上的引领能力塑造出村民对规范的选择能力，尤其

[①] 梁鸿：《中国在梁庄》，江苏人民出版社 2010 年版，第 145~152 页。
[②] 即便更多的政策和资源进入乡村，农民对基层干部的认同程度依然比较低，干部的成就感也不高，形成了一个相当奇怪的基层治理内卷化现象。参见陈义媛：《精准扶贫的实践偏离与基层治理困局》，载《华南农业大学学报（社会科学版）》2017 年第 6 期。
[③] 关于农村自治组织发展的研究详见黄家亮：《乡土场域的信任逻辑与合作困境：定县翟城村个案研究》，载《中国农业大学学报（社会科学版）》2012 年第 1 期。
[④] 有关送法下乡的论述详见苏力：《送法下乡：中国基层司法制度研究》，北京大学出版社 2022 年第 3 版，第 27 页。
[⑤] 董磊明：《宋村的调解：巨变时代的权威与秩序》，法律出版社 2008 年版，第 203 页。
[⑥] 赵旭东：《纠纷及纠纷解决原论：从成因到理念的深度分析》，北京大学出版社 2009 年版，第 159~166 页。

是对传统规范的选择能力，而经济上的压力转变为处于弱势者观念和行动上的自我约束。二者结合构成乡村新型日常压力由经济精英群体为核心的压力类型，并进一步促进乡村日常生活从道德上的形象塑造和维持转变为以经济地位的维持，并对代际支配产生根本影响。政治压力通过党建引领、项目进乡村、财权事权分离等机制，通过乡村干部泛化到整个乡村社会秩序，在乡村振兴等宏观话语体系和具体的权力支配类型相联系，乡村社会秩序具有愈来愈强的政治压力，通过项目运作、媒体工具、标语符号等体系产生压力。多维度压力由不同领域的分支形成的次级群体组成，并通过次级群体中具结构洞位置的个体连接整个乡村，并外溢到远超村庄范围的地理和文化空间。传统单一身份带来日常的群体压力也单一，归属多个次级群体也意味着更多次级日常生活场景压力，包括社会地位、身份和情感认同等压力。最终在双核心和多维度压力结构下，实用道德理性主义就会逐渐显现。（2）压力机制由单一压力类型转变为多元压力类型。传统乡村社会中的压力类型来自具体的族权和以抽象文化显现的皇权，并因为地理和文化上的一元性而强化了压力的不可抗拒性和不可选择性。单一压力机制带来对乡村规范的遵从缺乏内心的反思，从而更多受到人情、面子、关系等非理性要素的影响。转变为多元压力之后，乡村社会成员的社会利益来源多样化，每一种利益所属的群体以及群体交互都具有潜在的压力，对抗和失去任意一种群体利益都意味着相应损失，也意味着可以具有更强的选择自由，这种混合情形带来了可选择性。在纠纷解决中，单一压力来源与乡村权威高度一致，族权拥有各种利益的混合控制能力，在极端情况下可以行使完整的暴力压力。除非个体能够通过跃迁获得权力支持，否则难以具有对抗乡村权威的能力。在多元压力下，国家权力和经济权力高度结合在一起，尤其是通过项目制进入乡村，结合党建引领的政治压力，乡村多元压力就联通了党和国家在乡村权威的重新建立与经济、文化等要素的新型关系。

乡村社会生活中的压力直接影响了乡村社会秩序和纠纷解决的运行逻辑。传统乡村生活中的压力单一带来纠纷解决机制的单一，这种单一并不是只有一种具体的纠纷解决形式，而是指纠纷解决的压力来源单一，传导形式单一，尽管有族权、房权、绅权等形式，但都受制于形式单一，终归是无可选择的封闭环境，形式上的非理性就难以避免。这种非理性在南方和北方具有不同表现形式，南方更多受族权的影响，个体在嵌合型社会中压力类型多样化，就可以形成以国家权力为主导的多维压力体系。与此相对应的是多元权威和多元规范类型与社会资本之间形成有机的结合，各规范体系之间的相互协同效应愈加明显，具有更加有机团结的特征。如果说传统社会中的单一压力来源下的文化、道德、伦理等家族权威、文化权威和皇权本质上依赖于总体性的乡村权威，或者说乡村权威的多重身份融合，事实上并不能分化出乡村社会成员对规范认同的理性选择特点，也不能与现代法治形成有机的衔接。在嵌合型社会中，多元压力来源于多元次级群体，这些群体从城乡之间的人员流动、文化流动、技术流动、经济流动等具体场景中产生，并非从某一权威的单一配置下产生，因此这些多元次级群体之间具有相当强的自由选择色彩，也孕育了乡村社会成员之间利益、身份和机会的多元嵌套关系。在任何一个次级群体内部，因为经济、文化、身份、道德等原因都可以形成相应的权威和社会场景性压力，该群体的权威于群体权威之间又通过更高层级、更大范围的权威网络构成嵌套关系，进而影响群体内部成员在日常生活中的规范选择。正是通过多元社会场景压力，国家权威带来的压力及其支撑的法治体系，就有了更加泛化的融合特征，在乡村社会生活互动中建立起规范体系的协同关系，支撑起有机协调的多元化纠纷解决体系。

三、嵌合型社会资本对乡村社会中国家权力呈现方式的多元影响

在法律理论中，国家权力具有整全性，在乡村社会中以绝对支配的形式存在。这种建立在现代法治国家理论基础上的观念以自上而下的方式描述乡村社会秩序，并试图改变乡村社会秩序。如果转入乡村社会本身，正如本书一开始的分析框架所设定的分析视角，国家权力就只不过是乡村社会秩序生产的一个构成部分，党组织和基层政府也是乡村嵌合型社会资本的一个具体构成要素，共同作用于乡村纠纷解决的运作。乡村社会生活在时间上的连续性意味着并不能区别出明显的纠纷和纠纷解决机制，只能在法律理论意义上建构一个抽象的纠纷解决结构。对于乡村纠纷解决运行来说，从纠纷的出现到社会关系的恢复乃至更好地再造出新的社会关系，都浸透在乡村嵌合型社会资本中。国家权力虽然具有宏观上的绝对支配意义，在具体的乡村社会生活中，国家权力对社会秩序的影响，乃至对纠纷解决的运转的影响，并不是单一形象，而是与乡村社会嵌合型资本相互作用，共同作用于乡村纠纷解决。不同于日常权威和生活中的场景性压力，国家权力的压力具有更加特殊的情形，也呈现更加具有建制化的特点。总体上，国家权力在乡村生活中存在多层次

多维度交互的形态，同时又通过权威的竞争和临时的情境性压力以更广泛的方式呈现，构成了乡村纠纷解决的可观察外部边界和更加复杂的内部权力延展网络。

第一，国家权力在乡村纠纷解决中的多层次呈现。国家权力在乡村纠纷解决中的呈现可以从国家、精英和乡村社会成员个体三个层次进行描述。

1. 对于国家来说，国家权力具有当然的强制性和整体性，无论是乡村还是城市，国家权力都是带有对社会秩序的强制性，通过成文的制度边界确定个体的行动，其中主要是行政、公安、司法制度以及由其延伸出来的法院调解、人民调解等创新制度，尤其是在乡村治理体系下，以综治为统合的各种政法力量进入乡村社会秩序，加上"雪亮工程"等技术支持，国家权力在乡村社会具有更加系统而深入的部署。从党和国家制定的各项政策来看，其都以国家权力的方式动员各项资源以帮助乡村振兴，其中乡村治理更是保证乡村振兴得以更好实现的重要保障。党的十九届四中全会《中共中央关于坚持和完善中国特色社会主义制度 推进国家治理体系和治理能力现代化若干重要问题的决定》指出：健全党组织领导的自治、法治、德治相结合的城乡基层治理体系。法治具有更强的统合作用，《法治中国建设规划（2020—2025年）》更明确指出，积极引导人民群众依法维权和化解矛盾纠纷，坚持和发展新时代"枫桥经验"。充分发挥人民调解的第一道防线作用，完善人民调解、行政调解、司法调解联动工作体系。全面开展律师调解工作。完善调解、信访、仲裁、行政裁决、行政复议、诉讼等社会矛盾纠纷多元预防调处化解综合机制，整合基层矛盾纠纷化解资源和力量，充分发挥非诉纠纷解决机制作用。

2. 国家权力并不当然能够直接进入乡村社会场景，而是需要借助各种仪式、符号来实现，能够操作这些个体就是乡村中的精英群体。[1]这种结构性的模式对于任何一个群体都具有普遍性，在嵌合型的乡村社会中尤为显著，进一步成为以基层党组织和政府组织为主导的多元精英网络结构。对于精英群体来说，目前的身份更多依赖官方的直接或者间接的认可，如近几年逐渐明确的新乡贤有关政策，基本涵盖了乡村的几种不同身份的精英，包括经济、文化、政治等，尤其是以经济上的能人为主，这几类精英归根结底都需要获得官方的认同。近几年全国各地成立的众

---

[1] 传统帝制时期，依赖专业知识支配的控制体系必然需要仪式和话语控制者，知识、技能和经验天然会排斥一般村民而吸收乡村精英，乡村精英借助国家层面的规范知识形成支配性权威。参见吴晗、费孝通：《皇权与绅权》，天津人民出版社1988年版，第19页。

多乡贤理事会等组织，大都在政府的倡导支持之下成立，甚至一些地方直接由有关部门主导成立，其目标非常明确，就是借助乡贤提供乡村振兴的经济文化等资源支持。其中最容易获得成效的就是经济的支持，但乡贤回乡投资并不能以简单的家乡情感或者道德保持稳定性，必须在投资回报之间得到平衡。这就形成地方政府和新乡贤之间不言自明的默契，由新乡贤回乡提供资源上的支持，而地方政府则给新乡贤提供政策等方面的支持，二者形成某种合作局面。

对于文化精英和经济精英来说，最终都取决于国家权力对其认可和给予相关的资源和机会，如经济精英获得更多国家以项目制方式进入乡村的多种机会和资源，文化精英则通过国家权力赋予的社会声望或者官方荣誉获得更好的社会地位或者在有关工作中获得更多社会声望。这意味着乡村精英群体具有倾向国家权力的天然属性，这点在传统社会中具有同样的特点。因为精英群体通过国家权力的社会化代理可以实现自己的利益控制，本身就具有单向的特点。精英群体在乡村社会中的焦点位置或者伯特意义上的结构洞位置，对于乡村纠纷解决来说具有非常关键的职能，这也是乡村调解员人选的主要来源。[①] 精英群体既具有更加多的法律认知和更多元的社会关系，在乡村社会中起着压舱石的作用，起着引导乡村社会秩序发展方向的重要功能，同时精英群体也通过政治和意识形态等机制承担了维护乡村稳定的职能，在"三治融合"中起着重要作用，是社会参与乡村治理的重要力量。

3. 乡村社会成员对国家权力在纠纷解决中的认识有两个维度：一个是想象中的抽象的道德维度，另一个是纠纷解决中的具体的功利维度。在想象维度中，国家代表着权威和正义，尤其是以警察权为主的暴力。因为中国传统社会中国家尤其是清官的道德塑造，带来乡村社会成员关于国家权力想象的理想化和道德化色彩，体现在乡村社会成员对国家认识上的一个特点就是对中央的评价远高于对地方政府的评价，对中央官员的评价远高于对身边的官员的评价。国家权力通过这一抽象机制提供了乡村社会成员在纠纷解决中援引和认同法律规范的主观基础，保证了乡村社会秩序的底线性社会资本约束机制，即建立在朴素的善恶观念基础上的选择倾向，以及更加抽象的民族认同。在功利维度上，随着乡村

[①] 无论是调研的王村还是其他地方的乡村调解机构，基本都以本村在当地具有权力背景或者经济影响力作为入选调解机构成员的依据，大体上呈现权力背景成员担任领导职务，其他具有较强经济影响力的成员担任委员，较少见到纯粹因为年龄、伦理道德或者文化等单一因素进入乡村调解机构的情形。

社会资本多元化嵌合不断发展，乡村社会成员在社会秩序偏离中的选择也愈加多样，尤其是能够通过自己的努力在城乡之间进行较为自由选择的时候，纠纷解决行动就具有更加明确的功利目标。国家通过多年的送法下乡，提供了明确的刚性法律的相关观念、知识和机制，也就提供了乡村社会成员在诸多目标之间进行选择时的一个焦点，使得其他由嵌合型社会资本支持的纠纷解决机制进入一个有序的范畴，避免完全失序的乡村社会秩序黑化和灰化问题，也提供整个乡村社会秩序恢复的可操作标准。

第二，国家权力在乡村纠纷解决中的具体形式。对于乡村社会成员、乡村社会精英、基层党组织和政府、更高级别的国家和法学精英来说，国家权力在乡村纠纷解决中的具体形式有不同的呈现。

1. 在乡村社会成员认知中，国家权力当然具有对社会关系进行全方位分配和调整的功能，并且一般不区分法学理论上的各种纠纷解决方式，更不存在所谓的通过多元化纠纷解决机制解决纠纷的问题。多元化纠纷解决机制并不是从乡村社会中自发形成的，而是研究者对乡村纠纷解决或者其他纠纷解决形式的一个概括。从社会角度来看，多元化嵌合的社会资本当然生产不同的纠纷解决机制。任何一个纠纷解决机制都难以从社会资本的角度完全脱离出来，只是作为一个孤立的机制作用于社会关系。在众多研究中，总是容易出现以研究者的角度替代具体的社会秩序不断互动演化过程中的个体的情形，认为个体应当遵循合作规范体系，而忽略了个体并不因为纠纷解决规范体系进行选择，相反是因为一种纠纷解决体系提供了一个可以再造社会关系的一个机制，真正起作用的是通过纠纷解决机制再造社会关系，并进一步再造出新的社会关系的过程。对于乡村社会成员来说，纠纷解决并不需要显著区分国家、社会和私人力量，而是综合考虑，并且绝对把国家权力作为优先的基础，即考虑任何可以利用国家权力实现自己通过纠纷解决要实现的意图。包括可以通过标准化的法律方式表达的和不可以转化为明确法律语言表达的意图，成为一个混合型的纠纷解决意图综合体。在这种综合体中并不会严格区分司法、调解、行政、私力救济等具体专业类型，只是笼统作为国家权力对待，但是缺乏对法律在国家权力体系的深入分布的专业了解，乡村社会成员只是把代表国家权力特征的符号、标志、身份等同样看待，认为都具有强制乡村社会成员接受新的规范和价值体系的功能，这正是秋菊打官司等关于乡村纠纷解决的理论想象的基础。

2. 乡村社会精英具有更多对国家专业化知识的了解，具有相对于一般乡村社会成员的知识和信息优势，对国家权力在乡村纠纷解决中的功能有更加明确的认识。通过这种知识和社会位置上的优势，乡村社会精英可以占据乡村纠纷解决的结构洞位置，通过对纠纷解决机制的控制获得对乡村社会秩序的一定控制，进而实现自己在未来的乡村社会秩序再造的优势强化，并全面实现在乡村经济、政治等领域的资源获取。乡村社会精英对国家权力在纠纷解决中的运作机制具有更清晰的认识，也具有更强的社会动员能力，意味着国家权力通过乡村精英的实现形式最具有纠纷解决理论意义上的特点。乡村社会精英具有更加明确的纠纷解决机制分类认知，如在调研的乡村中，乡村社会精英如经济能人、文化能人、新乡贤等返乡人员，对纠纷解决机制都具有明晰的认识，这当然直接得益于国家多年来采取的送法下乡活动，也是乡村社会精英在更加多样化的社会生活互动中形成对国家权力认识的专业化。王村中的精英基本都能够区别国家权力的类型，也明确知道在纠纷解决中的国家权力主要是司法机制和基层的司法所等配套机制，知道国家的行为需要有明确的法律依据，因此并不意味着国家权力可以无边界地进入乡村社会生活，更不能无边界地决定乡村社会纠纷解决。

3. 在乡村治理机制下，基层党组织和政府具有更加复杂的功能，需要在更高的国家治理现代化背景下考虑国家权力在纠纷解决中的功能及其展现形式。从目前的乡村纠纷解决和乡村治理的关系来说，二者尚需要更多的理论、机制和话语上的相互协同，即纠纷解决所具有的司法色彩，与乡村治理所具有的政治色彩和行政色彩之间如何更好地在中国乡村纠纷解决场景中得到统一，需要更好地从理论上加以协调。在具体的乡村纠纷解决中，基层党组织和基层政府承担着多重职能。基层党组织因为组织刚性和意识形态特点，在乡村治理背景下更是具有多元复杂的行动逻辑。受"枫桥经验""龙山经验"等基层治理模式的影响，乡村纠纷解决愈来愈具有更加明晰的治理目标指向，即乡村纠纷解决并不仅仅是为具体的乡村社会成员之间的利益和社会关系恢复或者微观上的社会秩序再造，而且是在"党建引领"下，以"小事不出村，大事不出乡镇"等观念为主导，要求乡村治理中不能出现严重的纠纷，尤其不能出现严重的行政和刑事案件。[①]在基层治理中出现了新型的"无讼观念"，从革命根据地时期的法庭调解，到现在的"三元共治""多元共治"，基层治理

[①] 这种治理模式考虑的是如何完成上级考核所需要的纠纷矛盾不上交，进一步加码为乡村没有或者很少法律形式上的纠纷，最终演变为新形式的"无讼"，参见吴磊：《推动无讼村居创建》，载《人民法院报》2021年6月11日第2版。

不只是追求"稳定有序"单一目标。一个好的社会，必然是充满活力的社会，这是党的十八大以来基层治理理念的一个重要变化，也是过去十年基层治理工作的总体指引。①在新公共管理理念下更是明确提出了基层治理理念，将无讼理念提升为国家治理的方式方略，尤其是"枫桥经验"写入《中共中央关于党的百年奋斗重大成就和历史经验的决议》，"坚持和发展新时代'枫桥经验'，坚持系统治理、依法治理、综合治理、源头治理，完善信访制度，健全社会矛盾纠纷多元预防调处化解综合机制，加强社会治安综合治理，开展扫黑除恶专项斗争，坚决惩治放纵、包庇黑恶势力甚至充当保护伞的党员干部，防范和打击暴力恐怖、新型网络犯罪、跨国犯罪"。一个建立在国家法治理念、治理理念、个人的权利观念和理性文化基础上的法理型无讼格局逐渐形成，通过法律法理的引导，以积极的方式构建多元纠纷解决机制，形成"法理情"的内在逻辑。除了传统的人民调解委员会，又出现了以新乡贤为主体的纠纷解决探索，将新的具有地方经济和文化权威的群体纳入纠纷解决机制，以应对新型的纠纷。基层治理的不断完善深化，从"互联网+"，到现在的数字乡村建设、数字中国建设，为基层治理提供了更为现代科学的技术基础，同时也带来了基层治理方式更加广泛深入日常深化的可能。形成了对基层纠纷解决的过程化管理，在增强基层治理能力的同时，提供了更加理性和稳定的行为模式，从而实现更高水平的法理型无讼形态。

在调研的 LB 市，其通过打造预防性的乡村纠纷解决模式，动员乡村本地的村民和其他派驻的各种干部，定期或不定期对乡村社会进行全面摸排，以便提前发现问题，将乡村的问题消除在萌芽阶段。这种模式在强化党组织的柔性治理权力和国家在乡村治理中的刚性权力的同时，也具有一定的侵蚀司法在乡村社会纠纷解决中的地位和终局性职能。比如陕西神木县，基层法院通过与多元纠纷解决机制融合，在其他纠纷解决机制失效的时候，通过具有柔性变形的方式将当事人转移到司法解决机制中，在一定程度上冲击了司法本身的地位。但在乡村治理的总体话语系统中，基层党组织协同基层政府可以动员各种资源，对乡村社会纠纷不同形态所涉及的社会资本进行全方位的操作。这尤其体现在某些乡村专项问题治理工作中，如拆迁征用、乡村人居环境改善等具有一定公共色彩的工作中，基层党组织和政府都会采取更加明确的消除问题的策略，

---

① 郁建兴:《中国之治的基层支点（四）：多元共治，从管理迈向治理》，http://www.banyuetan.org/jrt/detail/20221013/1000200033134991665565352337071198_1.html，最后访问日期：2023 年 11 月 10 日。

通过对当事人更加广泛的社会关系的操作，最终使当事人都接受对于基层党组织和基层政府来说能够接受的解决方案，以避免基层党组织和基层政府在相关工作考核中处于不利位置。这种工作机制的意外后果需要专题性深入分析，本书最后一章将对其总体逻辑进行深入描述解释。

4. 对于党和国家、法律精英来说，采用绝对俯视和操作乡村纠纷解决的方式。在党和国家视野中，乡村出现纠纷意味着治理出现了障碍，也意味着党和国家在乡村社会中的权威受到了阻碍，愈少的纠纷就意味着党和基层政府在乡村的治理愈有效。乡村社会中的纠纷与党和国家权力的距离，直接影响乡村纠纷的性质、解决期望和解决方式。在20世纪初期以前中国传统乡村社会中，士绅力量具有明显的地方性和非规范性，与偶然的环境和士绅力量的强弱密切相关，也与士绅来源密切相关，但总体上没有严格的组织性和稳定性，只是在文化意义上提供较为统一的价值选择和间接的行动模式支配。20世纪20年代之后，中国共产党等现代政党进入乡村社会，运用现代政治思想和政党组织改变乡村社会的权力支配模式，在新中国成立后进一步强化了共产党在中国乡村中的总体性支配地位。为了更好地支配乡村社会资源，以顺利推进革命战争、抗日战争和解放战争，通过基层党组织在乡村社会的动员机制的长时间构建，形成了制度化和意识形态化的党对乡村社会秩序的治理机制。在土地纠纷和婚姻纠纷处理过程中，党对乡村社会秩序的塑造能力和塑造逻辑得到了系统完善，并进一步在20世纪50年代形成了对乡村社会的整体性统辖。共产党借助国家的行政权力对各项资源进行调配，尤其是近几年的项目制方式，党通过国家权力调配资源形成了对各项资源在乡村的配置，以实现党和国家在乡村振兴中的具体目标。各地还利用积分制、数字化等创新方式，提升乡村治理效能，为统筹推动乡村治理体系建设，中央农办牵头建立了全国加强乡村治理体系建设部际联席会议制度。通过一系列国家和地方的协同方式，党和基层行政机关共同将国家权力在乡村纠纷解决中的作用以弥散式展开，形成了党和国家权力对乡村纠纷解决的全方位全流程解决配置。对于法律精英来说，职业视角决定了其认识乡村社会的俯视性，认知价值上的批判性，认知方式上的单维性，形成了以法律专业语言和专业思维为基础的话语系统，对乡村社会纠纷进行专业的转译，然后作出批判性的改进。但法律精英一般并不直接掌握国家权力，只能借助于语言和程序动员国家权力，把法律修辞为国家意志的必然体现，尤其是在乡村纠纷解决中，法律精英通过对司法方式的专业把握，可以系统地将乡村纠纷解决置于国家权力的阴影之下。

总体来说，国家权力在不同主体视野中具有不同形象，不同主体在纠纷解决中采取不同的策略，形成了国家权力在纠纷解决中的不同表现形式。纠纷实践中这种表现形式并不具有理论上截然区别的特点，而是被不同个体基于不同利益和认知基础混合运用，共同作用于对社会偏离的修复功能。对于一般乡村社会成员来说，无论是发达地区的乡村还是中西部地区的乡村，都以自身嵌入的社会关系的修复甚至从中获取更多收益为目标，从而更加遵循社会结构的稳定性。不管哪一种方式都以现有社会关系的稳定延续为目标，对国家权力具有整体性的想象，并不局限于特定的司法权力。近几年的各种国家资源下乡和党建引领不断强化，国家权力以更加明确的制度化形式在乡村纠纷解决中得以强化，也更进一步明确了党和国家权力对乡村社会秩序的整体性支配，其中以更加明确的"枫桥经验"在乡村治理中的政策性配置确立了国家权力对乡村治理的全面支配，这恰好与传统乡村中对纠纷解决的整体性理解相对应。对于其他群体来说，国家权力的表现形式具有明显的专业性，被纳入更加具有系统色彩的现代纠纷解决系统中，与相应群体的自身社会资本密切相关，总体上形成了具有明确隔离色彩的国家权力运行认知和选择机制，共同在嵌合型社会资本中提供规范和未来的社会信任。

第三，国家权力在乡村纠纷解决中的效力机制。前一个问题描述的是国家权力在乡村纠纷中的不同表现形式，直接与特定主体的社会位置密切相关，是自身社会位置和认知共同作用的结果。对于任何个体来说，都同时是特定社会网络的一个节点，既牵连不同的社会资本，在象征意义上又牵连更广泛的具有相同身份符号特征的群体，构成更加具有随机弹性的嵌合型社会资本结构。国家权力在不同主体、不同层级、不同维度上就随之具有不同的效力机制，并且具有不同的效力强化或者减弱的问题，分析其在乡村纠纷中的效力机制可以更好地切入乡村纠纷运作的现实逻辑，避免在现代主义视角下的单维替换思路，更好地解释乡村纠纷运作的实践机制。理解国家权力在乡村纠纷解决中的效力机制，需要采取自上而下的理解思路，然后从自下而上的纠纷解决行动逻辑中进行应和，形成完整的国家权力在乡村纠纷解决中的描述。

1.自上而下的国家权力效力实现机制。在韦伯的意义上，权力具有强制实现自己利益的能力，不需要被支配对象的同意。这种理想型并不考虑权力实现过程中所需要的被支配者或者服从者自身的选择行动，也不考虑具体权力执行者的选择行动，更不考虑作为环境的群体在权力运行中的辅助功能，因此无法解释乡村纠纷解决中多种多样的权力效力实现机制。这里有几个层次几个维度的问题。

（1）国家权力代理人问题。在乡村纠纷中，以国家权力代理人身份出现的有以下几类，即基层党组织、党员、基层政府、公务员、通过购买服务获得一定代理权限的个体，以及一些临时工，正是这种复杂的代理人身份，在纠纷解决中就具有不同的行事逻辑。从基层党组织党员到临时工等群体，其身上所具有的国家权力正式性逐渐递减，但嵌入乡村社会的程度逐渐增加，与乡村社会成员的人际关系也逐渐密切，运用权力解决纠纷的能力也逐渐增强。越具有正式的国家权力正式性，也就越独立于乡村社会关系，更加依赖其所处的组织和系统，也更加遵从法律所设定的角色、社会位置、职责和行动的程序。其权力的象征性就越强，离具体的乡村社会生活也就越远，越不能直接作用于乡村纠纷解决行动自身。为了解决国家权力在乡村纠纷解决中效力问题，必须形成多层级的代理关系，同时也就意味着必须让渡一定的国家权力给不同的代理人，并且给予愈加宽松的自由度。这就形成了进入乡村纠纷场景中的国家权力代理人与乡村社会秩序的高度嵌合性，其社会关系具有广泛的牵连性，同时又通过国家权力赋予一定的结构洞，这就进一步放大了乡村人情、关系、面子等要素被功利化操作的制度化空间。正是国家权力代理人的角色使得乡村纠纷解决具有与传统截然不同的表现形式，使得国家权力通过制度化渠道深入乡村纠纷的社会场景。在国家推进"一肩挑"进程中，乡村社会秩序与党的基层领导组织具有更加密切的关系，国家权力和基层社会规范的融合度也会更加密切，更需要进一步强化社会资本的相互嵌合、通过制度化安排培育更具有明确嵌合性的社会资本，使乡村社会成员进入更多的制度化和市场化职业角色，更能够支撑"三治融合"的社会治理目标，对乡村纠纷进行融贯上下的再造。

（2）国家权力在乡村的专业性和通用性的内在张力协同。在法律理论中只关注国家权力的单一面孔，简化为司法和调解等形式，强调国家权力对于乡村纠纷的终局性，这带来了"案结事不了"的困境，也带来了乡村社会中信访案件数量较大的问题，其中又以涉法信访是处理中的重点。涉法信访产生的原因之一就是司法权力对乡村纠纷的场景性脱离，无论是法官还是诉讼程序本身，抑或是以专业的法律系统删割乡村社会，把纠纷孤立为不具有任何社会关系的抽象结构，脱离了社会资本的支持，信访只是要求社会资本能够支持的诉求重新与乡村社会资本相应和，真正解决乡村社会秩序良性再造的问题。这种现象的存在意味着国家权力以司法专业性进入乡村社会的隔膜与错位，并未能提供社会秩序良性再造的功能，而是停留在满足国家权力支配的宣示和精英群体对于知识体系的宣示，忽略了乡村社会秩序再造必须依赖社会资本支持的现实。在乡村治理话语下，更是逐渐完善了国家权力、社会权力和个人权利的进一步协同，提出了"三治融合"的治理模式。该治理模式的内在问题就是要协调国家权力的专业化和纠纷解决的具体场景之间的偏差，最终形成在乡村社会中实现乡村社会秩序良性再造的善治目标。"三治"通过对三种不同社会资本的规范体系的确认，事实上将乡村纠纷解决的机制与社会资本的多元化相互对应，是多年的单向送法下乡的一个纠偏，也是对乡村社会资本对乡村社会秩序再造的主导性的确认，更加注重专业性和通用性之间的协调。在此基础上通过"三治融合"把纠纷解决的场景性、地方性、效力性与国家权力的宣示性、象征性统一起来，以"案结事了"的现代化表达方式将社会资本的约束效力确定下来。更加明确的"枫桥经验"则是通过乡村社会资本的充分发挥，更好地推动地方规范对乡村社会秩序的优先性。具体体现在"小事不出村，矛盾不上交"，从国家政策的角度确认了乡村社会资本在乡村社会秩序再造中的支配地位。同时，通过"三治融合""枫桥经验"等模式，进一步明确了国家权力在乡村对乡村社会资本的依赖，推动了乡村纠纷解决的国家权力形态模糊化的特点，具有更加明显的确认乡村社会纠纷解决中社会资本支持的效力。从某种程度上说，国家权力通过对乡村社会资本的认同与妥协，更好地保留了国家权力所具有的象征性和宣示性特点，同时又把解决纠纷，再造出更好的乡村社会秩序的职能留给了乡村社会自身，强化嵌合型社会资本在乡村纠纷中的核心价值，为进一步的乡村振兴提供了良好的社会秩序再造模式。

（3）全过程纠纷解决管理机制的完善。在传统纠纷解决理论中，以司法为核心的机制偏重纠纷解决系统相对的消极性，认为纠纷解决只是一种救济手段，这就决定了理论和实践上的消极被动特点。这种模式从20世纪90年代到21世纪初期，快速输送法律解决模式的同时，也严重消解了乡村固有的纠纷解决模式的效力，造成了在乡村社会法律缺乏足够的社会资本支持，同时有足够社会资本支持的纠纷解决模式效力被否定的局面。俯视的角度认为农民法律意识差，需要不断加大普法力度；从仰视的角度来说，农民在乡村社会生活中并不总是需要专业性的法律具体在场，只考虑行为对所处群体的影响以及所处群体的社会资本能否约束自己，这种模式非常明显地体现了科尔曼所分析的社会资本的惩罚功能,[①]也体现了社会场景中的各种临时性压力、结构性压力和规范性压力的多元作用模式。对于中国乡村发展来说,具有更加特殊的问题在于20世纪50年代以来的国家权力在乡村的完整性控制,以及新中国成立初期为了国家总体利益而采取的二元模式,带来了具有结构性的城乡二元结构。党和国家考虑到乡村在国家的发展和民族的复兴中的历史地位,从新时代的历史方位出发,采取了乡村振兴战略,事实上进一步确定了党和国家对乡村社会全面发展的强力推动,以弥补城乡二元结构的基础性影响,补强乡村社会发展的动能。这就意味着不仅要通过资源投入,更要通过文化投入、社会投入、制度投入等一系列综合性手段,使乡村社会资本和经济、文化、政治等要素快速协调,以避免乡村发展的不平衡。在党和政府的这一逻辑下,需要从整体的角度协调推进社会治理,促进乡村社会快速实现良法善治。作为社会治理的一个具体系统,纠纷就是乡村社会秩序的一个重要标识,与地方社会治理效果和基层官员的治理效能密切联系起来。[②]在传统社会中,国家权力保持了相对退缩的态势,这既是传统城乡之间关系所致,也是中华传统帝国的经济模式无法支持主动型乡村治理的妥协性结果。[③]在国家能力增强之后,乡村社会资本的嵌合型逐渐强化,本身也出现了更加多元的社会偏离,呈现更加多元的纠纷形态,一个进行过程中的多元化纠纷解决机制就具有强力的内生性。加上国家主动通过经济、技术、交通、文化、人才等多种途径补强乡村能力,呈现了国家权力强化、地方能力增强、社会资本嵌合、个体归属增多的局面,通过国家权力和地方规范更加密切高水平融合的形态逐渐出现。具体体现在两个方面:一个是以基层党组织和基层政府为主的社会秩序全过程管理,通过动员各种正式和非正式人员,以基层毛细血管的方式深度嵌入乡村社会生活内部,快速及时地对乡村社会生活作出反应,互联网大数据等技术手段更进一步强化了这种能力,形成了对乡村社会秩序的预防式介入。在纠纷解决过程中以政治和社会效益为

[①] [美]科尔曼:《社会理论的基础》(上),邓方译,社会科学文献出版社2008年版,第248页。

[②] 这种方式具久远的中国传统文化色彩,地方治理的一个最好表现不是处理了多少案件,而是没有案件可以处理,都交与乡村社会自己协调,可以延续一个更加具有内生力量的乡村社会秩序再造模式。除了寻找案件的包拯这一艺术化形象外,古代官员最高的追求都是尽量呈现自己治下的无讼理想。

[③] 这点可以从晚清试图将国家权力深度透入乡村社会的努力中看到,没有以现代工业支持的城市的崛起和现代政党组织所传播的观念,农业模式所提供的资源和无法保证帝国权力深入乡村所需要的巨大资本。

目标，在村落中供给各种专兼职权威，以及时解决乡村纠纷。[①]在纠纷解决之后，以乡村社会可以配套的资源调配，做到对纠纷相关人员的多方满足，最终保证真正的"案结事了"，甚至同时培育可以再造良好社会秩序的结构化模式。另一个是在多元精英的共同推动下，协同基层党组织和基层政府共同打造乡村治理的现代化模式。多元精英是乡村社会资本多元化的结果，以多元精英为结构洞的嵌合型乡村社会资本将原本较为离散的乡村社会成员结合进不同的社会群体。这种多层级多元化的精英模式的结合模式提供了更加具有制度化的模式基础，形成了国家权力和地方规范高水平融合的重要结构基础。

2. 自下而上的国家权力实现机制。此处的自下而上并不仅仅指纠纷解决参与者的底层角色，更广泛地包括从纠纷解决的具体场景中向外探视国家权力在具体纠纷解决中的效力机制。国家权力要对乡村纠纷解决产生作用，必须依赖具体的纠纷解决场景，依赖于所有纠纷解决参与者对于国家权力的理解、运用和服从。在具体的嵌合型社会资本中，这种现象具有交叠的复杂性。

（1）国家权力在乡村纠纷解决中的实现依赖专业化的理解，对于不同的乡村社会成员来说理解具有严格的区别，从党政干部到普通农民呈现明显的专业性递减趋势，也意味着在乡村纠纷解决中理解的深度和自由度的逐渐递减。在具体乡村纠纷解决中对国家权力的理解就呈现多元理解交错的情形，围绕着纠纷所嵌入的社会关系，不同个体以不同的理解进入纠纷解决场景。纠纷当事人更多考虑国家权力对于自身当下利益和社会关系的影响，以及对自身未来社会位置和社会资本的影响。这可以看作传统社会秩序中人情、面子、关系等因素的结构化表现，并且呈现更加明显的动态特征。同时纠纷当事人并不会采取以法律规范格式化社会互动关系的方式，而是从社会关系本身考虑如何动员各种力量以实现自身的利益再造。这必然会涉及具体的物质利益、身份利益和认知利益的协调，物质利益本身并不具有任何道德上当然本源性，而是严格依赖物质利益所连接的个体社会关系。因此意味着同样的物质利益在不同的个体社会关系中会具有截然不同的后果，有些关系中会认为是纠纷，另一些不认为是纠纷，只有认为是纠纷的社会关系才会进一步援引规范问题对物质利益进行法律上的修辞，这点在休谟关于规范和正义的论述

[①] 在调研的 LB 市，其中两个村中的纠纷都具有耗时长的特点，从法律角度来说诉求也都有一定的瑕疵。但通过调解员、司法干部等多方协调，都能得以解决，往往以其他可替代的方式补偿当事人在纠纷解决中的损失。

中得到了非常清晰的论证。① 从这点来说，无论是乡村还是城市，纠纷的根源一定都是社会关系偏离，物质利益只是不同社会关系指向的对象物。因此，分析乡村纠纷解决中的国家权力实现机制，就必然要考虑纠纷当事人与国家权力的远近。自下而上的视角一定围绕最核心的社会关系到最远的社会关系，在传统社会中，核心的社会关系到最边缘的社会关系具有道德上的一致性，即都遵循层层放大的差序格局，呈现以自我为核心的单向延展。没有经济形式和城市组织形式在横向上的变革，个体只能在纵向上延展，无法形成横向上的交错关系，或者即便有微弱的交错关系也不能强力贯穿不同的纵向层级，也就意味着不同层级延展的关系中无法形成横向嵌合关系，不能形成横向职业分割的相互牵制。在传统乡村社会中只有较为单一的精英群体即士绅有能力和社会资本中介国家权力，导致传统乡村中国家权力传递形式较为单一，存在较强的刚性。在嵌合型乡村社会中，可以中介国家权力的精英来源具有多样性，并且精英之间又具有更强的合作和背叛的能力和机会，这进一步带来通过精英中介国家权力的社会互动更加复杂的模式。当事人动员国家权力的行动也会随之进入更加复杂的关系中，没有任何一方可以单一依赖国家权力得到稳定的纠纷解决预期。这种社会状况非常接近尤伊克对美国社会日常生活中的法律故事的描述，即多元的社会资本与复杂的正式规制提供了更好地动员社会关系以利用权力的机会，制约现代组织的迷宫似的规则和规章，非但不是人们获取自己所需的障碍，相反却为人们获取自己所需提供了机会。② 这种利用国家权力的形式使得很难明确区分专业化的司法、行政等关系，也很难区分具体纠纷场景中的国家权力、个人权力和社会权力，其都被高度简化为个人的、公家的或者国家的两个类型，基层党组织和基层政府的相互交织也混同为党政干部的群体形象。③ 在这种嵌合的社会关系中，纠纷当事人通过对国家权力在社会关系和认知上的利用，以协调具体场景和国家权力的象征性和宣示性效力的共同作用，

---

① ［英］休谟：《人性论》，关文运译，商务印书馆2016年版，第569页。
② ［美］尤伊克、西尔贝：《法律的公共空间：日常生活中的故事》，陆益龙译，商务印书馆2005年版，第166页。
③ 基于乡村社会事实上的权力一体性，直接明确了"一肩挑"模式，2019年中央一号文件第7条指出：全面推行村党组织书记通过法定程序担任村委会主任，推行村"两委"班子成员交叉任职，提高村委会成员和村民代表中党员的比例。加强党支部对村级集体经济组织的领导。《中国共产党农村基层组织工作条例》第六章第19条规定：村党组织书记应当通过法定程序担任村民委员会主任和村级集体经济组织、合作经济组织负责人，村"两委"班子成员应当交叉任职。《中国共产党农村工作条例》第19条规定：村党组织书记应当通过法定程序担任村民委员会主任和村级集体经济组织、合作经济组织负责人，推行村"两委"班子成员交叉任职。

最终实现乡村社会秩序的恢复。

（2）国家权力高度渗入乡村社会之后带来个体的双重理解、运用和服从机制，在纠纷解决中呈现话语和行动的复杂交织局面。通过国家权力的纠纷解决可以视作对抽象权力的服从，也可以视作对具体权力承担者的个人服从。在理想的市民社会中，权力系统具有高度的独立性，成为系统对社会生活支配的重要形式，国家权力机制通过独立的官僚系统得以运行。在乡村纠纷解决场景中，嵌合型社会资本与权力形成无法分割的纠缠局面，所有处于乡村纠纷解决中的参与者都必须表明与权力的关系，即在意识形态下的权力服务人民的政治关系，所有参与者都不能在公开的话语层面与这一根本原则相冲突，这既构成了纠纷解决场景中所有正式权力主体的政治红线，也构成了乡村社会成员进行底层抗争的一个重要依据。在乡村嵌合型社会资本中，所有纠纷解决参与者既是权力实现的一个节点，也是利益调节的一个节点，正是这一特点决定了乡村纠纷解决中所有参与者的混合特征。

在调研的王村，最集中体现乡村社会资本与权力的关系，在一个村干部职位竞争中。当M姓在村主任的竞选中失败之后，基本意味着多年来村庄中M姓家族的正式权力衰落。落选的M在近两年的时间内，用尽了所有合法的权力机制，包括向中央纪检委检举揭发，当选的Z姓在五保户认定和资金应用等方面存在问题，还有一些土地流转中的不规范问题。经过多次问题解决，包括上级来到村庄中对Z姓村主任进行调查，在正式的权威方面并未形成任何实质性的违法或者违规认定，M姓运用权力进行抗争的机制最后不了了之。① 在对M姓落选者进行访谈时，M说为什么事情会这样，上级来检查就是检查不出来，一定是Z姓的一个亲戚干预。这个事情中最耐人寻味的不是国家权力在乡村中不被理解接受，而是国家权力运行的独特机制与乡村社会生活的全景化之间的差距。这种差距在城市生活中同样存在，普通民众基本无法掌握国家权力运行的机制，因此城市生活更加依赖分化出来的专业部门、机制以及职业加以辅助。在乡村无法分化出足够的辅助部门、机制以及职业的时候，单凭乡村社会成员自身的能力无法形成对权力的完整理解，只能转化为能否满足自己诉求为标准衡量权力。在嵌合型社会资本下，虽然无法形成完整理解，但受制于社会位置的多元化，从而被牵连进更为复杂的社会

---

① 该调研情况与张静对乡村集体行动的调研具有逻辑上的一致性，个人关系和公共关系界限的交融使得涉及基层权力的纠纷难以得到理性结构的支持。详见张静：《基层政权：乡村制度诸问题》，社会科学文献出版社2019年版，第255页。

关系、信任和社会地位等网络中,极大地抑制了采取暴力或者其他极端手段的可能,转而成为消极地认可国家权力。正如 M 所说的,费劲了两三年,少挣了不少钱,也影响孩子的婚姻,还显得咱是一个争权夺利的人,争不过就争不过吧,趁着还能干动活,挣钱是正事。[①] 在其他冲突中,国家权力也呈现双重形态,与嵌合型社会资本形成相互强化的模式。如果缺乏嵌合型社会资本,权力就会在乡村中形成一段时间内的单一形态,整个村庄在长时间都无法打破这一局面,会形成少数与权力接近者权力进一步强化,导致村庄极化的社会群体,一旦出现应激事件,就容易转化为暴力性群体事件。这在解释具有较强宗族意识的南方村落中非常有效,可以视作极化群体在长时间尺度上的一个剧烈调整。形成嵌合型社会资本之后,任何纠纷解决都受到国家权力双重影响,纠纷参与者也在双重意义上理解、动员和服从权力,才能够形成具有结构稳定的乡村社会秩序,同时又保证不断提高乡村社会秩序的现代性结构模式,在国家权力统合下再造出更高水平的乡村社会秩序,避免单一社会资本下的低水平内卷化的社会秩序再造,更避免暴力性的乡村社会秩序再造。这可以进一步避免以想象的伦理要素替换实践的功利要素,真正从乡村纠纷解决的场景出发,从社会资本与社会秩序再造的关系出发,为乡村纠纷解决提供更具实践理性的解释模式。

第二节 嵌合型社会资本影响个体对法律的态度

在一般观念里,法律规则威严而神圣、公平且正义,它是立法者、法官、律师、警察等法律人员构建起来、支撑法制秩序的系统。受韦伯和涂尔干的影响,在法社会学中,结构主义和功能主义分析一直占据重要位置,所谓的实证主义的经验研究则往往关注宏观的概率事件,而将活生生的生活经验认为是不足挂齿的存在。尤其在社会法学和法社会学的范式中,研究者只关注正式的法律制度、机构和组织,而认为乡村社会生活中的事件对建构法律与社会关系理论意义不大。正如有学者在批评传统法理学范式时所说:"我们不应该空谈法律与强制、法律与国家、法律与规则或法律与道德之间必要的联系,而应该考虑这些联系在什么程度上

---

① 本部分资料均来自笔者在 2018 年春节期间访谈所得,都经过了转化处理,只保留了该件事情的基本结构要素。

和在什么条件下发生。"①

经验研究的结果表明,②中国社会在推进法制建设的过程中,居民的法律意识显著增强,无论是法律权威意识还是法律合理性意识,都呈现出增强的趋势。与此同时,居民对法律性的认识,也表现出多元化的特征,即规范主义法律意识与工具主义法律意识同时并存。人们既认同法律权威、服从法律权威,同时也认为法律是可变通的、可以利用的。

这些研究尚缺少对乡村纠纷解决在生活中如何实践等问题更加系统化的分析和概括,而是大量散碎的经验描述。本部分依据尤伊克和西尔贝提出的对于法律日常生活实践的进路,③结合已有的研究成果,根据笔者调查的相关资料,以描述多元纠纷解决机制如何在变迁的乡村社会中通过社会生活实践被操作起来。

一、嵌合型社会资本影响力敬畏法律的表现

敬畏法律,字面上很容易理解,但在农民的社会生活中,敬畏法律到底指的是什么意思,农民的话语中和农民的生活实践中,敬畏法律是在何种意义上被农民所实践,与国家和精英角度理解的敬畏法律有何区别,都需要深入农民的生活中才能得到更好的理解。

敬畏法律既有外部国家和精英的视角的解读,也有从农民自身角度进行的选择,二者有截然的不同意义。对于国家和精英的视角来说,敬畏法律被认为是通向"法律信仰"④并最终实现法治的前提,只有人们敬畏法律,法律的权威地位才能够实现。这一视角下的敬畏法律是一个规范性的说法,其本质更加接近于道德劝谕,并不能对这种敬畏法律进行更加深入细致的分析,也多在带有意识形态的意义上作为一个不需要反思和论证的前提来使用。

对于纠纷解决中的当事人以及其他的参与人来说,法律给他们所带来的敬畏感是一个更加具有分析性的概念。即法律背后所具有的惩罚力量,尤其是当事人面对权力的无力感。这种对国家权力的惧怕是个人对权力所代表的惩罚的内心感受,更是中国传统文化中遗留下来的权力塑

---

① [美]诺内特、塞尔兹尼克:《转变中的法律与社会:迈向回应型法》,张志铭译,中国政法大学出版社2004年版,第10页。

② 陆益龙:《法治意识、纠纷及其解决机制的选择:基于2005 CGSS的法社会学分析》,载《江苏社会科学》2011年第3期。

③ [美]尤伊克、西尔贝:《法律的公共空间:日常生活中的故事》,陆益龙译,商务印书馆2005年版,第41页。

④ [美]伯尔曼:《法律与宗教》,梁治平译,中国政法大学出版社2003年版,第29页。

造的结果。[1] 无力感是乡村所形成的地理和文化空间上的封闭性导致的，无法摆脱对自己的惩罚可能。[2] 在中国乡村文化背景下，很难将敬畏法律看作民间信仰的因果报应观念的结果，更多是将遭遇法律看作报应的一种形式，即通过诉讼的方式减损当事人的福报，诉讼本身并不具有信仰上的主体位置。

在调查中，S 县法官的一个经历具有很强的代表性。2011 年秋天的一个下午，他刚下班回到家，就有两位亲戚找上门，夫妇俩一进门就愁眉苦脸地说："俺被杨某开告了。"说话的时候男人不停用手搓衣襟，一口一口地吸着烟，女人不断重复说怎么办，很长时间两个人才把事情说清楚。原来这位亲戚在乡村领几个人搞建筑，因为给杨家盖的房屋存在一定的质量问题，没有协商好，被杨某起诉到法院，当天下午法院的两位干警去亲戚家送文书，村子里的村民纷纷围观议论，具体不知道什么原因，但他们夫妇二人吓坏了，觉得被人告了是很严重的一件事情。这引起他们极度的恐慌。他们诚惶诚恐地表达了对法院、法官、法律的敬畏，让 S 县法官震惊，在其细致解释和耐心的劝慰下，他们才慢慢放松下来，接受了被起诉的事实和对法官的信任。

这是一个法官所认为的农民对于法律的敬畏，但这种敬畏是如何在各种力量中被塑造出来，被农民在社会生活中表现出来，并且带给这一个法官内心的触动，并不像文字所呈现的那么一目了然。

在具体的纠纷解决场景中，表面上是个人之间的互动，实质上是各方当事人所处群体的社会资本的对抗，同时也是不同群体对行为模式和道德价值的期望。当夫妇两人出现在这个法官面前的时候，两个人的言行就被各种社会关系所笼罩着，他们的不知所措是由社会、政治、文化等宏观因素所制约，并在和这个法官的相处的具体场景中展开的。如何去解释这一所谓的惊慌失措是法律上所追求的对法律的敬畏，则需要特定的解释技术。实质上，法官所说的敬畏和这位夫妇内心的慌张是否具有同样的内涵，存在着诸多疑问。他们敬畏的是法官所代表的国家权力

---

[1] 无论是历史上的动乱时期，还是治平年代，国家权力直接惩罚个人总是极少数，但权力惩罚在场景上的宣示性和意识形态上的无意识，才是构成个体对国家权力恐惧的真正原因，最终变成对权力这一能指的下意识惧怕。

[2] 这里的惩罚包括直接的国家权力的惩罚，即通过国家规定的法律程序严重损害当事人的人身和财产利益，如"赢了猫儿输了牛"之类的劝谕格言，或者是对人身的损害。也包括国家权力加入纠纷解决之后在当事人身上形成的具有反社会的标签效应，会致使当事人在社会中的地位评价严重下降，并且具有较强的传递性。即当事人名声不好的话会影响后代的婚配，也就意味着影响个体的长期利益。

的惩罚,群体对诉讼的文化和道德上的负面评价,或是对自身未来社会位置的担忧,抑或仅仅是一个表演,无法从简单的敬畏字面意义上加以解释。

(一)知识上的陌生感

对于现代法律来说,这是一个通过高度技术化手段塑造出来的一个外在于乡村和农民的世界,甚至高度区别于社会世界,成为哈贝马斯的"系统",和城市生活场景与文化观念存在鸿沟,更与传统的乡村知识之间存在巨大的鸿沟。在费孝通先生看来,传统乡村的知识是建立在一个在一起生长而发生的社会,一个有机的礼俗社会,存在一种有机的团结。[1]这种熟悉是从时间里、多方面、经常的接触中所产生的亲密感。这个定居社会和熟人社会,产生的生活方式,相对于流动社会和陌生人社会无法匹配,在传统乡村中所形成的知识和现代法律之间无法相互有效沟通。[2]

在这种单一认知模式下,官方和学界形成比较一致的态度,就是需要通过对乡村社会秩序的改变,通过文字下乡和法律下乡,提供一套有关现代法律的知识系统。但正像强世功等人通过一个乡村案例所揭示的,官方和学界所期望的一套法律体系在一个纠纷解决的实践中被各方如何予以不同的操作。[3]对于法官和村民来说,他们对法律规范的认识并不相同。在一定意义上,我们可以说法官所拥有的法律知识是由一整套的学理建构起来的关于法律的知识体系,这套知识体系由一系列的抽象规则系统和具体的国旗、国徽、刑罚等象征物所组成的。在法官的视野中,法律和正义等神圣价值相关联,因此,一旦提及法律理论的话,往往都会将作为法律和正义的女神相联系。而古罗马法学家乌尔比安对于法律理论的定义也被奉为经典,"法理学是人和神的事务的概念,是正义和非正义的科学"[4]。但对于法官来说,既有作为职业人的法官角色所决定的行为模式,也有因为法官本人在当地社会关系中所处的千丝万缕相互交叉

---

[1] 费孝通:《乡土中国 生育制度》,北京大学出版社1998年版,第10~11页。

[2] 这里有长久的误解,即把陌生人社会和司法装置看作具有内在的社会一致性,显然忽略了现在法治国家的多样化情形。陌生人社会并不意味着司法装置和日常生活的一致,只是在陌生人社会中会存在更多法律专业服务的代理人,从而转嫁了陌生人社会与司法装置的隔离。在熟人社会中缺乏专业的代理人,直接将司法装置与乡村个体相对应,其间的隔离色彩更加直接显露出来。

[3] 强世功:《乡村社会的司法实践:知识、技术与权力——一起乡村民事调解案》,载《战略与管理》2007年第4期。

[4] 沈宗灵:《现代西方法理学》,北京大学出版社1992年版,第1页。

的社会关系的角色所决定的行为模式，而法官的行为就是在这些不同又相互关联的角色的共同作用下得以展开，虽然在某些情境下某一角色具有相对的支配地位，但当法官将角色从一个情景转向另一个情景时，法官行为的支配角色就会转变。

这种知识上的优越性一方面将传统的乡村社会秩序修饰为需要通过现代文明改造的对象，另一方面将法律修饰为和现代文明高度一致的规则系统。如果农民在自己的知识中缺少现代法律所要求的一些要素，就会被认为是愚昧和落后的。这种观点在郑永流等人在1990年代所做的调查中存在，[①] 在近几年的研究生论文[②]中，无论是以理论建构为主的文章，还是以实证研究为主的文章，大都将农民法律意识淡漠和法制观念不强作为对农民法律意识进行批判和培养的前提。尽管有少数文章注意到需要将农民法律意识和乡村社会实践相结合，以马克思历史唯物主义的方式去认识农民法律意识，对乡村的社会秩序进行反思，但总体上将传统乡村社会中关于社会秩序的知识看作需要改进的结论依然能够成立。

这种理论预设将农民所拥有的知识系统隔离在法律专业知识之外，当两个农民见到法官时的惶恐和不安，更多是农民所带有的专属于那个社会场景的表现，据以进行争论的一整套知识话语体系和法官所代表的一个韦伯式理想型知识系统之间的冲突和对立。在这一系统中，农民所拥有的知识经过现代化的洗礼，已经被高度地符号化，具有高度的政治含义。对于法律知识的陌生感就很容易导致农民在进入现代法律所要求的知识系统时产生惊慌失措的问题。如果将场景转换为城市生活，处于严格专业领域的城市社会成员面对司法问题也会手足无措，但其比较容易通过法律服务市场购买到代理服务，不需要自身直接面对法律场景，从而以金钱方式转嫁了自身的陌生感和慌乱感，城市社会的司法场景隔离就被分工遮蔽。

这种惊慌失措并不一定和对于法律的敬畏相关联。（1）这种惊慌失

[①] 郑永流等：《农民法律意识与农村法律发展：来自湖北农村的实证研究》，中国政法大学出版社2004年版，第9页。

[②] 详见杨兴明：《后乡土秩序下西北农民法律意识研究：以甘肃省LB村为例》，石河子大学2022年硕士学位论文；赖国文：《新农村建设背景下农民法律意识现状调查及其培养研究：以宜丰县平治乡为例》，南昌大学2017年硕士学位论文；王兴：《农民法律意识研究：对定兴镇农民法律意识的调查分析》，河北经贸大学2011年硕士研究生学位论文；霍文文：《新农村建设中农民法律意识问题研究：以万荣县通化镇东毋村为例》，山西师范大学2010年硕士研究生学位论文；赵丹鹏：《新农村建设中农民法律意识问题考察与路径选择》，吉林大学2011年硕士研究生学位论文；秦华：《农民的法律意识与农村法治化进程》，中国农业大学2003年硕士研究生学位论文。

措仅仅是在面对法律话语时的一种失语现象，和任何一个人在进入自己不熟悉的场域时的失语具有完全一致的结构，并不能够简单归结为农民对于法律的敬畏所导致，也不能因为农民缺少这些知识而从道德上进行消极的判断。（2）这种惊慌失措与其说是因为对于法律的敬畏，倒不如是因为对于法律背后的政治力量的害怕所导致，来自一种对于不可知的力量的无法预测所带来的不安定感，如果农民拥有更多的关于法律的经验，就会更加多地利用法律，也较少对于法律的害怕和恐惧。（3）惊慌失措也许只是这两个农民在法官面前的一个"表演"，这一意义只有在中国的官本位文化中得到较好的理解，这种惊慌失措一方面可以强化法官对于农民的地位上的优势，另一方面可以作为一个策略更加容易使法官产生认识上的偏向。这种情形在美国的文化中也同样存在，各种情绪化的策略往往是当事人寻求法律对抗的一种手段，都需要在更加具有包容性的分析框架下得到解释。（4）惊慌失措是面临社会评价的多样化和不确定性导致的，尤其是在难以离开的社会场景中，与法官直接会面的场景具有较强的评价色彩，当事人需要考虑未来的复杂社会反应。这会出现三种情形，如果是绝对能够对抗或者绝对不能对抗，当事人反应都会比较简单稳定。绝对能够对抗的当事人并不会在内心害怕，他们会通过司法手段强化自身的社会地位。绝对无力对抗的会进入另一个极端，即对国家权力不予理睬，所谓"光脚的不怕穿鞋的"。最复杂的是受到社会资本多元化影响，纠纷场景中各方角色都嵌入不同又交错的社会资本中，导致纠纷解决的不稳定。

（二）运用法律成本所带来的敬畏

运用法律并不是无代价的，这对于任何一个理性人来说都是一个无可避免的问题，无论是市民还是农民。但因为市民和农民所拥有的社会资本不同，在运用法律的时候所能够支付的能力并不完全相同。运用任何规范解决纠纷，使社会偏离恢复正常，并且能够使进入更好的社会再造模式，都需要付出相应的成本。

农民所处的社会结构并不是一个涂尔干所说的"有机的团结"，变迁的乡村社会环境也不是"机械的团结"，而是在政治和经济的双重压力下导致的一种"马铃薯"式的社会结构，在某些方面又存在一定局部的"共同感"，可以在某些事情上产生压力。在小农户生产模式、城乡流动等因素影响下，这种共同感只具有微弱的约束力，更多的只是一个身份的抽象认同。无论是华中科技大学和武汉大学的一批学者对于乡村的大量人类学式的研究，还是张柠、陈桂棣、梁鸿、熊培云等人在文学作品中所描述的"泥淖中的乡村"①，我国乡村的真实社会秩序都无法用涂尔干的经典社会分类加以准确描述。

农民在纠纷解决过程中所付出的成本要远高于市民所付出的成本，具体可以从以下几个方面进行分析。（1）对于大多数乡村来说，法院、法官、法律知识等都离农民的社会生活较远，法律资源的分布呈现明显的中心城市到乡村的割据状态，②或者说在法学意义上的法律意识较为淡漠。③王鑫运用法律人类学的方法，对空间和法律的分布进行了研究，认为空间结构影响了纠纷解决的运行。不同空间结构的人群以及成员具有不同的社会关系，相对于纠纷解决中的主体来说，这些不同的社会关系具有不同的价值。④具有不同关系距离的纠纷当事人会根据距离的远近选择不同的纠纷解决方式。一般来说，关系距离越近的人选择的纠纷解决程序越不正式，或者即便是正式的纠纷解决程序也会更多引入非正式的运行方式。针对不同的关系距离，当事人会选择不同的纠纷解决方式，并且在不同的关系距离的非正式社会压力之下发挥其恢复人际关系和社会秩序的功能。（2）支付能力的相对弱势和法律成本的相对一致。对于中国的司法系统来说，并不区分乡村和城市而进行二元的区别对待，相反，为了强调法律的统一性，在乡村实行和城市一样的司法制度，也意味着无论支付能力如何，通过法律手段解决纠纷时，农民所付出的成本与城市的市民所付出的成本并没有本质性的差别，这一点在农民和市民的纠纷解决过程中得到了最为集中的体现。⑤对于农民来说，采取法律中心主义的策略显然面临比城镇的市民来说障碍要大得多。这些障碍无论

---

① 详细参见张柠：《土地的黄昏：中国乡村经验的微观权力分析》，东方出版社2005年版；陈桂棣、春桃：《中国农民调查》，人民文学出版社2004年版；梁鸿：《中国在梁庄》，江苏人民出版社2010年版。

② 刘思达：《割据的逻辑：中国法律服务市场的生态分析》（增订本），译林出版社2017年版，第44页。

③ 类似的研究只是笼统分析通过正式程序解决的乡村纠纷，并无实质意义。更应当通过乡村和城市的社会互动和社会关系作为基础进行度量。尤其是加入社会互动的类型和信息传递的密度之后，乡村社会稳定的社会关系和传递信息密度较低重合较多的情形，与城市社会中社会互动频繁且信息密度高、社会关系变化更新快等因素结合起来，并不能得出乡村社会法治密度低的截然结论。

④ 王鑫：《纠纷与秩序：对石林县纠纷解决的法人类学研究》，法律出版社2011年版，第252页。

⑤ 如果加入购买法律服务成本来说，乡村纠纷一般标的额较小或者具有较强的人情色彩，支付的成本在农民的可支配收入中占据比重更大。2020年农村人均可支配收入17131元，即便按一件2000元收费，已经占农民可支配收入的10%，农民从成本收益衡量或者直觉上排斥法律手段就是可理解的。

是来自社会结构本身还是来自主体自身，农民都比城镇居民要大得多。

农民工讨要欠薪可以说是一个法律对于乡村和城镇具有不同意义的典型体现。一个农民工要通过法律途径来讨要欠薪，基本的投入要包括：从乡村到劳动纠纷发生地的交通费和时间，缴纳的劳动监察费用、劳动仲裁费用、诉讼费用，为了弥补知识的缺陷而聘请律师的费用。在成本比较选择之下，用人单位更加愿意让农民工采取正规的合法途径解决欠薪问题，因为这种合法途径对于用人单位来说具有更大的优势，也就是城镇法律能力相对乡村的优势。在确定给付所拖欠工资的情况下，通过正规合法途径所需要的时间比采取极端方式所需要的时间更长，对于用人单位来说就意味着具有更多的收益。经过长时间拖延之后给付同样单位的拖欠工资就意味着用人单位可以将这些资金投入再造过程，相当于低息借款的成本。如果通过其他的财产转移手段，更可能不用支付所拖欠的工资。[①] 采取法律手段对于农民来说会处在更不利的处境中，对于用人单位来说，法律手段恰恰可以强化自己和农民工的对抗。更一般地来说，组织和个人的法律对抗中，因为个人的机会成本极高，他没办法在保持诉讼的同时有更多的精力和时间从事生产生活。对于组织来说，可以通过大量可替代机制，一个诉讼几乎不会直接影响其正常运行。这也意味着基于城市社会生活而制定的法律在乡村的适用具有更大的无效空间，为了填充法律无效空间，在乡村存在多于城镇的民间法就是一个正常的结果。根据马克思的社会存在决定社会意识的理论，在此基础之上而形成并存在的法律意识和国家所追求的法律意识具有更大的差距就会产生。

（三）主体性价值的丧失

敬畏法律的根本基础在于乡村主体性价值的有效，其提供一个农民关于价值和生活世界的基本依据。一旦主体性价值丧失，对法律敬畏的基本精神性要素就缺乏。贺雪峰在分析中国农民的生活价值时，将农民的生活价值分为本体性价值和社会性价值。[②] 本体性价值是关于人的生存的根本性意义的价值，是人安身立命的价值，它关涉人对生命意义的思考，关涉人如何面对死亡、如何面对生活中的各种行为的道德价值，关涉人如何将有限的生命转换为无限意义的这一人生的根本问题，关涉超

[①] 佟丽华、肖卫东：《中国农民工维权成本调查报告》，https://www.lawtime.cn/info/laodong/laodongjiufen/20110118944434.html，最后访问日期：2021年12月23日。

[②] 贺雪峰：《乡村社会关键词：进入21世纪的中国乡村素描》，山东人民出版社2010年版，第116~118页。

越性和终极价值的关怀。而社会性价值是指那些在人与人交往层面,受他人评价方面的价值,它所关涉的是人与人之间的关系,个人在群体中的位置和所获的社会评价,以及个人如何从社会中获取意义。在传统的社会中,儒家制度建构的秩序良好的社会中,农民的价值世界稳定,人们对本体性价值的追求强劲有力,对社会性价值的追求也服务于本体性价值;村庄生活因此理性节制,人们的行为有底线,不会有匪夷所思的疯狂行为;村庄社会秩序可以维系良性再造。但随着社会变迁,乡村的价值世界逐渐松弛,虽然会出现形式上的理性化,但在缺少足够的主体性价值重塑的条件下,农民对于社会性价值的追求会陷入非理性状态,因此会导致乡村社会秩序的无序,乡村的集体行动乏力。

随着乡村社会的变迁,不同纠纷及其嵌入的社会关系并不相同,纠纷解决选择法律手段的动机也并不相同,也许是因为纠纷本身值得付出法律的代价,也许某一方当事人自己可以脱离乡村社会结构而生活,因此借助于法律手段对另一方进行羞辱;抑或可能仅仅是作为弱者的武器,采取一种"你不让我好过,我也不让你好过"的策略。

这与法律在理想型所期望的公平和正义与实践中被当事人作为策略来使用有关。理想型的公平和正义并不考虑法律所嵌入的社会关系,也不考虑通过司法手段解决纠纷的时候当事人事实上所动员的不同的社会资本去影响司法结果,更不考虑任何一个司法过程从来都不是被隔离在真空中进行的,而是被相关的群体不断地重构、博弈,为司法运行提供了一个无所不在而又形式上豁免于特定纠纷的背景结构,影响着对于事实认定的最终选择和法律解释的最终选择。罗伯茨和彭文浩在对纠纷解决的分析中认识到了这点,他们尤其强调纠纷解决认识中的职业视角的限制,在律师、法官等视角下,将专业性的程序性手段当成现实生活的常态,从而扩大或者说夸张了纠纷、律师和法院之间的关系。另外重要的一点在于从纯粹法律的专业视角来看,关注于程序性的平等,并不考虑当事人背后的实力的不平等,也忽略了纠纷的出现本身就可能是当事人各自实力博弈后的产物。这种观点也遮蔽了纠纷和冲突所在的结构层级,从这个角度看,纠纷以及纠纷解决本身就带有很强的意识形态色彩。[1]

乡村的社会变迁也无法提供足够的社会资本,既不能为选择法律寻求可以在乡村社会空间中得到足够社会支持的充分理由,也无法对抗

---

[1] [英]罗伯茨、彭文浩:《纠纷解决的过程:ADR与形成决定的主要形式》(第2版),刘哲玮、李佳佳、于春露译,北京大学出版社2011年版,第106页。

法律对于乡村社会秩序的渗透。因此在乡村虽然出现"迎法下乡"的需求，①但需要注意的是，这种迎法下乡的需求只是一种选择性的亲和，更多是一种对于法律的功利性甚至是投机性的利用，并不是建立在对于现代法律的内心认同基础之上，也就不大可能产生对法律的敬畏感，进而产生法律信仰。

对此，陆益龙通过调查进行分析，认为"法律的工具性效用即惩罚功能与个人的规范意识在农民群体身上具有高度的相关性，而且对农民的守法行为具有较为相似的影响，也就是说，农民认为触犯或违反某种规范或法律的惩罚可能性越大，他们遵守该规范或法律的意识就越强"②。如果更进一步解释的话，可以将乡村的社会资本考虑进来，采用波斯纳的一个分析进路。波斯纳在对法律防止合同欺诈的研究中认为，法律并不是一定要确定哪一方的对错，法院并不善于防止合同关系中的机会主义行为，而是要给当事人提供一个可靠的手段，任何一方手里边都有动用法律伤害对方的能力。③ 同样，如果农民的主体性价值松弛，又没有有效的社会资本支持，要想通过法律去防止农民纠纷解决行为中的机会主义就很难实现，农民在纠纷解决中动用法律的成本就无法得到准确的评估。这种评估既要关心能否在一个形式上的案件中得出一个明确的法律上的"唯一正解"④，更需要考虑作为问题的纠纷是否在整个社会中得到了解决，使得社会秩序得到了正向的再造，而不是使社会秩序更加混乱。

二、嵌合型社会资本改变了利用法律的理由

在传统的法学理论中，法律具有超然的神圣性，可以实现国家的善治，可以为个体的权利提供保护，并成为正义和公平实现的最好途径。法律的这一特点并不排斥人们在行动中把法律作为一个工具来使用，以实现自己的目的。从结构功能的角度来说，任何一个规范体系都具有特定的功能，可以满足社会主体自身发展的目的。法律规范体系通过将行为模式高度单一化，可以提供更加抽象而稳定的行动索引，并能进一步被导向国家所期望的价值方向。在这一过程中，相互有别的，有时甚至是相互冲突的利益限定了法律可能被利用来达到自己的目的。但利益是

---

① 董磊明：《宋村的调解：巨变时代的权威与秩序》，法律出版社 2008 年版，第 204 页。
② 陆益龙：《农民中国：后乡土社会与新农村建设研究》，中国人民大学出版社 2010 年版，第 212 页。
③ [美] 波斯纳：《法律与社会规范》，沈明译，中国政法大学出版社 2004 年版，第 230~231 页。
④ [美] 德沃金：《法律帝国》，李长青译，中国大百科全书出版社 1996 年版，第 70~79 页。

与个人地位相联系,是一个人可以动员的社会资源的总和,因此,通过利用法律加以实现的目的是多重主体利益的冲突过程。这一观点把纠纷解决的法律性看作主体的一个交锋与冲突、资源和过程。[1]对于乡村纠纷解决来说,农民在不同的纠纷中会以不同的方式利用法律。

利用法律的成本很高,这对于农民来说很清楚,但这种手段能够利用国家权力的强制,是对利益冲突对手的一种有效威慑。这种目的能够得以实现,存在以下几个条件:(1)对方不大可能最终获得法律上的支持,或者对方所能够支付的成本与法律所施加的责罚并不相同,或者,对方高度依赖村庄声望,因而不会轻易背离村庄的非正式纠纷解决手段;(2)自己无论采用哪一种纠纷解决方式所得到的收益基本相同,但采用法律手段会使得对方付出更高代价,可以利用国家权力实现自己的报复。

通过法律手段保护自己的利益需要付出的成本很多,既包括可计算的时间、金钱等成本,也包括因为适用法律手段而和所在群体的内部社会秩序产生冲突所带来的成本。[2]可计算的金钱成本通过支付相关费用可以较为明确判断,无形的社会资本的损失则无法准确计算,主要通过社会背景提供约束以大致评估,在这些成本的衡量之下才能够较好地作出选择。诉讼具有负价值,这一点隐含于相应前提中,即错误成本与直接成本大于程序利益。尽管个别的原告能够获得损害赔偿和其他救济,从诉讼中受益,但从整个社会秩序再造过程来说,以诉讼手段解决乡村纠纷的损失要大于其收益,最大的收益是政治和文化收益,即国家权力通过诉讼程序得以实现对乡村个体行为的最终支配,直接损失则是乡村社会互动关系的再造功能弱化、社会团结功能弱化,进而导致价值世界在乡村社会的弱化,从这一意义上来说,诉讼纯粹是一种损失。因此,从社会的立场或从潜在的原告或被告的立场来看,都应避免打官司。[3]但对于法律手段来说,既有道德上的色彩,也有意识形态上的色彩,还有纯粹功利的色彩,因此,法律在纠纷解决的诸多选项中,也会被农民在不同层次上予以利用。

既然要付出成本,一个不可避免的前提就是能够支付该成本。虽然

---

[1] [美]尤伊克、西尔贝:《法律的公共空间:日常生活中的故事》,陆益龙译,商务印书馆2005年版,第177~178页。

[2] 从机会成本的角度来看,选择任意一种纠纷解决方式的成本都是选择其他纠纷解决方式的收益。详见[美]布坎南:《成本与选择》,刘志铭、李芳译,浙江大学出版社2009年版,第44~47页。

[3] [美]贝勒斯:《法律的原则:一个规范的分析》,张文显译,中国大百科全书出版社1996年版,第37页。

法律以公平的立场出现、司法也以公平正义的角色出现，并且客观上具有结构上的中立性，但这种意识形态意义或者道德意义上的法律地位，并不能解决纠纷解决过程中当事人的不同能力问题。对于当事人来说，也不能简单将支付能力的大小作为利用法律解决纠纷的必然条件，因为这里所说的成本更多是从外部来说的，是一个客观成本，但在选择行为中，成本的大小以及当事人选择纠纷解决方式的动机，则和主观上所认为的成本大小有更密切的关系。[①]可以说，当事人需要付出的成本更加依赖作出选择时的环境和主观上的判断。也正是在这意义上，当事人纠纷解决方式的选择行为才真正嵌入其所处的社会结构中，并且在主观认知和客观社会条件之间形成互动，最终影响纠纷解决行为的选择。

首先，将法律作为威胁手段的有两类人。一类是绝对弱势的群体。这一类群体似乎不太会利用法律手段，因为法律手段需要付出相应的成本。但法律成本相对于当事人来说都会出现，对于弱势群体一方来说支付能力较弱，但对其造成的损失相对较大，弱势一方也会通过法律的利用去表达自己的意愿。通过这一方式可以使得优势一方在村庄中的面子受到伤害，同时也通过这一种方式表现出弱势一方对于自己尊严的维护。正如陈柏峰调查中所发现的，村民的生活空间与本地的地理空间似乎完全相反，显得非常狭小，人们在一个非常狭小的空间中展开频率非常高、标的利益却并不大的争夺。[②]导致出现这一现象的原因是人们发生争执的时候，对争执及其周围的人和社会关系有着某种先定的期待，这种期待构成了"常识性的正义衡平感觉"的基础，当农民的期待未实现的时候，针对相关人和事务会产生一种激烈的情感。一旦在纠纷解决中不能得以释放，对于社会秩序会产生极大的负面影响。因此，在这种所谓的"气"的影响下，弱势的农民会采用利用法律的方法获得与强势的农民或者其他主体博弈中的平衡。

另一类倾向于利用法律的群体，是具有社会资源上的可选择性群体，又可以分为具体的两种：一种是在整个社会关系上已经脱离了村庄，仅仅有该村的户口，其生活事实上已经进入城镇，乡村生活基本不会对该种村民产生影响。另一种是虽然没有在生活上脱离乡村，但在文化上脱

[①] 成本概念，乃是个人主义视角下一个主观主义的概念，一切对于成本的考量，均需建立在个人的主观感受之上。详见［美］布坎南：《成本与选择》，刘志铭、李芳译，浙江大学出版社 2009 年版，第 44~47 页。

[②] 陈柏峰、郭俊霞：《农民生活及其价值世界：皖北李圩村调查》，山东人民出版社 2009 年版，第 204 页。

离乡村。比如因为在村庄中逐渐成为村庄的精英，无论是在经济上具有绝对的优势可以支配别人，还是在政治上享有权力可以对其他村民的利益产生实质性干预。这两类村民对于法律的利用并不会特别强烈地冲击乡村的社会秩序，相反，这两类对于法律的利用和国家的送法下乡行为之间有某种同构，在结构上和法律手段上有亲和性。这方面体现较为明显的是乡村的两类纠纷：一类是家庭婚姻纠纷，因为打工带来的夫妻长时间分居，加上双方所处的社会文化环境的深入影响，乡村中离婚纠纷快速增长，珠三角农村地区经济发达，最近十年当地离婚现象呈现出快速增长趋势，年轻夫妻是离婚主体，大部分离婚案例由女性主张。[1] 在调研的王村，女性更多留守在家，离婚的时候更多倾向于选择诉讼离婚，一方面，男方往往更倾向于不离婚，然后在大工地形成"临时夫妻"，临时夫妻是青年农民工城市化进程中夫妻分离所致的一种"拟制夫妻"灰色婚姻关系，[2] 如果采取非诉方，女性处于更便利的位置。另一方面，乡村的习俗和财产制度对女性并不友好，只有通过诉讼才能更好地维护自身的利益。这间接提高了农民的法律意识和选择法律手段的动力。另一类是交通事故纠纷，随着机动车在乡村的增加，如王村基本上每家都有至少一辆农用机动车，2015年以来，随着结婚要求的变化，新婚夫妻至少还有一辆小轿车，这直接带来了乡村交通事故纠纷的增多。无论是否有保险，这一类纠纷的一个重大变化就是不再简单依据双方在乡村社会中的社会地位和面子解决这类问题，在王村近十年的诉讼中，增加最多的就是交通事故纠纷。

其次，对于不同类型的村民，对法律的利用方式和目的也并不相同。对于绝对弱势群体来说，利用法律的方式总是呈现出极端的情形，一种是绝对对抗，另一种是绝对服从。在面临生存危机时，村民无法从现行法律规范中获得任何机会，就会转入绝对的对抗。在传统乡村社会中，一旦出现统治局面的全面溃败，农民就容易转向暴力性对抗，从根本上否定法律的适用。[3] 在当下乡村社会中，农民并不会全面转向暴力对抗，但会更加投机性利用法律。这集中体现在两种情形中：一种是将法律作为私人对抗的手段，对于绝对弱势的群体来说，简单还是复杂，成本是

---

[1] 齐薇薇：《沿海发达地区农村离婚现象研究》，载《华中农业大学学报（社会科学版）》2022年第1期。

[2] 陶自祥：《临时夫妻：青年农民工灰色夫妻关系及其连带风险》，载《中国青年研究》2019年第7期。

[3] 萧公权：《中国乡村：论19世纪的帝国控制》，张生、张皓译，台湾联经出版事业股份有限公司2014年版，第524页。

高还是低都无关紧要,通过法律手段可以尽可能消耗对方的资源。一旦这类群体将自己从群体中排斥,或者被排斥,就会转变为绝对的不合作者,法律手段的成本只会加诸需要从纠纷解决中得到更好社会关系恢复的个体,这样绝对弱者就将法律转换为自己的有利保护手段。另一种是将法律转化为对抗公权力的手段,这种更加常见。对于乡村治理来说,受到自上而下权力分配的影响,存在资源分配与乡村需求错位的情形。[①] 普法和网络信息的发达,提高了农民对法律的直觉性认识,但基层的社会环境又制约了很多基层执法者的变通手段,自然形成一定程度的公权力不规范甚至违法情形,对于绝对弱势的群体来说,通过援引法律,可以构成一个"以子之矛,攻子之盾"的局面,构成了大多数涉法信访的重要动因。

最后,对于具有社会资源上可选择性的群体来说,其处理纠纷中对法律的利用更加多样,也更加具有理性化色彩。对于生活在城镇,只有身份或者工作在乡村的群体来说,只会发生非常特定的纠纷,即因为乡村集体利益分配中与身份相关的利益矛盾,如出嫁女和入赘婿等在集体利益分配中的不平等问题,或者因为城镇化出现的城中村改造拆迁问题,对这类群体的利益影响非常重大,大部分会选择通过法律对抗方式争取自己利益。其他私人身份之间很难发生法律意义上的冲突,因为各自的社会关系基本相互分离,不具有利益上的竞争关系。一旦出现交通事故等侵权问题,往往因为具有选择性的群体很容易通过其他机制补偿,并不需要自己赔偿,也不会形成法律上的紧张关系。对于生活和社会关系主要在乡村,但文化上脱离乡村的群体来说,对法律的利用最为复杂,可以说是乡村社会中纠纷的主要群体。原因在于其采用了脱离乡村社会的文化审视,带有一定的批判性,把大量原本不会转变为纠纷的社会偏离转化为纠纷,但因为不能脱离乡村社会关系,又与固有社会秩序存在难以摆脱的矛盾。这类群体对法律的利用更加接近理想型的法律运作方式,也更接近法治的理想目标。但因为这类群体并不具有稳定性,会随着能力的变化而彻底离开乡村或者融入乡村,最终把法律作为纯粹的利益获取工具,其中的道德和理想色彩逐渐淡化,实践理性色彩逐渐浓厚起来。

三、嵌合型社会资本改变了村民纠纷解决的参照基础

作为纠纷解决的主体,村民的主体性一直在研究视野中缺位。当然

---

① 周少来:《谨防乡村振兴中的"样板化"现象》,https://mp.weixin.qq.com/s/dNXvKrjpE4kXZPo6garY1Q,最后访问日期:2021年12月23日。

这有多种原因，但村民的话语权被剥夺无疑是一个重要的原因，这种被剥夺有以下几个方面的原因：（1）对于法学来说，中国现代法学的模式与概念大量移植自西方发达国家，和传统话语、文化相接的传统法律用语被排斥，移植过来的法言法语难以进入村民的话语系统；（2）在强调管理和服从的政治理念下，村民的个人利益需要服从国家利益。在这一背景下，村民被概化为抽象的符号，在一种诗化的意义上将乡村和村民视为传统伦理道德的理想归宿，在一种功利化的政治宣传中则将农民和乡村宣传为愚昧和落后的代名词，并通过国家的普法行为对乡村和农民的法律素质进行提高。[①] 这种预设歧视性将某些和现代法治理念相背离的特征赋予乡村和村民，无论是农民法律意识，还是村民在纠纷解决方式选择中的具体行动，基本都在现代—传统的简单二元对立和单向进化的思路下被赋予了落后的标签。[②]

对于农民和乡村的这种先验设定忽略了农民和乡村问题的细节，也导致对于农民和乡村的研究偏差，这种偏差通过认为农民和乡村完全受制于文化和经济的特点，农民和乡村没有自己的自主性。只有稳定一致的逻辑前提才能够对农民和乡村问题进行统一的分析，而不依赖于文化或者经济基础等外部因素。在这一问题上，经济学的理性假设为分析提供了基础。贝克尔在对传统经济学之外的社会行为中进行了深入研究，并认为经济分析是一种统一的方法，适用于解释全部人类行为。尤为重要的是贝克尔认为人类行为不能被条块分割，这种分割认为人类行为有时基于最大化，有时不然；有时受稳定偏好的驱使，有时任随意的动机摆布；有时需要最优的信息积累，有时则没有这种需要。相反，所有人类行为均可以视为某种关系错综复杂的参与者的行为，通过积累适量信息和其他市场要素，他们使其源于一组稳定偏好的效用达至最大。[③]

张五常认为个人选择理论需要两个约束：一个是人会一贯地做可以被推测的选择，即偏好的稳定性；另一个约束是每个人的任何行为，都是自私自利的，也就是说，每个人在有局限的情况下会为自己争取最大

[①] 在对待农民的态度上，存在极为矛盾的倾向，既有诗化的文化意义上的赞美，即把农民和农村当作对抗现代化、物化的一个理想家园，也有在极为矛盾的意义上对于农村和农民的贬低，详细参见张玉林：《流动与瓦解：中国农村的演变及其动力》，中国社会科学出版社2012年，第103~125页。

[②] 毛高杰：《农民法律意识反思》，载《河南商业高等专科学校学报》2010年第5期。

[③] ［美］贝克尔：《人类行为的经济分析》，王业宇、陈琪译，格致出版社2008年版，第14~19页。

的利益。①这种思路对于我们将农民行为纳入统一分析框架有重要意义。在批判了威廉姆森的《市场与层级制》中高估了组织内科层力量的效率的观点基础上,格兰诺维特认为人际互动网络才是解释新组织形式效率或高或低的主要原因,是关系结构而非组织形态决定了组织的效率。②斯威德伯格则在微观层次上将格兰诺维特的观点概括为:只要行动者与其他行动者互动,经济行为从不排除是由经济利益所驱动的,同时其他利益也会干涉行动者,如社会利益。③

在费孝通的分析中,传统中国的个体都以自己为中心向外推,形成"差序格局"④,但这种分析框架在整个社会层面有其适用空间,但转入一个村民的具体社会地位时,就不能依据差序格局加以分析,而是需要将该村民置于所在村庄的具体社会情境中。虽然在一些研究中,也有以微观分析或者以案例或个案的方式对纠纷的运作进行研究⑤,但这些研究中,村民依然以"类"的角色出现,是被预设在传统文化中的,被在多个层面上贴上标签的村民。这背后是国家—社会、传统—现代、愚昧—文明等分类逻辑。福柯早就说过,分类体系是一个社会诸多因素的合作的产物,是一个特定知识型的产物,从这种不同中,我们感到的差别的结果不应当是一种简单的褒贬,而应当是"震惊"和对世界的新理解。⑥但这种分类逻辑影响深远,在法史理论中,黄宗智和梁治平围绕国家和社会法的互动关系进行了探讨⑦,而高其才、谢晖等人则围绕国家法和民间法的互动关系进行研究⑧。受吴毅、贺雪峰的影响,华中科技大学有一批学者以村庄个案为切入点,出版了"田野深描"系列丛书,通过对乡村社会生活

---

① 张五常:《经济解释:科学说需求》(卷一),中信出版社2010年版,第71~73页。
② [美]格兰诺维特:《镶嵌:社会网与经济行动》,罗家德译,社会科学文献出版社2015年版,第27~28页。
③ [美]斯威德伯格:《经济社会学原理》,周长城等译,中国人民大学出版社2005年版,第27页。
④ 费孝通:《乡土中国 生育制度》,北京大学出版社1998年版,第36页。
⑤ 详细参见苏力:《送法下乡:中国基层司法制度研究》,北京大学出版社2022年第3版;朱晓阳:《罪过与惩罚:小村故事(1931—1997)》,天津古籍出版社2003年版。
⑥ [法]福柯:《词与物:人文科学的考古学》(修订译本),莫伟民译,上海三联书店2016年版,第37页。
⑦ 参见黄宗智:《经验与理论:中国社会、经济与法律的实践历史研究》,中国人民大学出版社2007年版;梁治平:《法辨:中国法的过去、现在与未来》,中国政法大学出版社2002年版。
⑧ 参见高其才:《多元司法:中国社会的纠纷解决方式及其变革》,法律出版社2009年版;谢晖:《民间法的视野》,法律出版社2016年版。

场景的详细描写去理解村庄秩序的逻辑基础①，但这些研究中，村民个人并不具有主体地位，可以说都有某种程度上的低度社会化或者过度社会化特征。如何将村民的具体行为置入一个可把握又具有开放性的结构中，翟学伟提出了"日常权威"的概念，并通过"社会位置"进行衡量。②

在纠纷和纠纷解决理论中，"宝塔式结构"是一个重要的观点。在内德尔和托德看来，纠纷的产生及其解决是一个动态过程，其发展过程、行为方式和外在形态一般可以分为三个阶段：一是"不满"或前冲突阶段，这是一个单项的过程，即某一方认为另一方的行为视为对自己利益的侵害，重要的是，这种被认为的侵害并不一定意味着是能够得到法律评价或者一般道德伦理的评价，这个环节关键取决于当事人自己内心的认识和情感。当事人对于一种行为的认识是镶嵌在自己的村庄生活中，可以说当事人对一件事情的反应是整个村庄或者自己的生命史的一部分。在一阶段已经开始进入纠纷解决的范围，自我的处理本身也是社会控制作用的过程和结果。二是冲突阶段，这是一个双向的过程，是一个纠纷双方当事人之间相互作用的过程，往往由一系列的对抗或争斗行为组成，可以说，在这个环节，多借助于第三方的介入。三是纠纷处理阶段，这是一个三方参与的过程，这一过程已被置于更广阔的公共空间，会和周围社会环境产生互动关系。③

对于中国农民的社会资本来说，在政治上最主要的体现是农民在整个社会结构中的基础性地位。④农民的政治地位首先体现为宪法序言和总纲中"人民"这一宪法概念的规范内涵。因为，从宪法规范地位和效力来看，序言和总纲既具有宣示性质，也属于政策指导和原则，带有政治性。理论和法律上，只有当一个人被视为具有独立人格的个体时，才享有法律上的权利义务。如果只是作为某一群体的组成成分，则属于被社会排

---

① 相较于一般的逻辑推理，叙事是一种更加隐蔽的分析，一种以过程、情节和场景的编排来进行的分析。"田野深描"丛书包括谭同学：《桥村有道：转型乡村的道德、权力与社会结构》，生活·读书·新知三联书店2010年版；黄海：《灰地：红镇"混混"研究（1981—2007）》，生活·读书·新知三联书店2010年版；萧楼：《夏村社会：中国"江南"农村的日常生活和社会结构(1976—2006)》，生活·读书·新知三联书店2010年版；狄金华：《被困的治理：河镇的复合治理与农户策略（1980—2009）》，生活·读书·新知三联书店2015年版；丁卫：《秦窑法庭：基层司法的实践逻辑》，生活·读书·新知三联书店2014年版。

② 翟学伟：《中国社会中的日常权威：关系与权力的历史社会学研究》，社会科学文献出版社2004年版，第30页。

③ 范愉、李洁：《纠纷解决：理论、制度与技能》，清华大学出版社2010年版，第15~16页。

④ 郑贤君：《论农民宪法地位的双重性——一个关于规范与事实紧张的宪法例证》，载刘佳主编：《燕京法学》（第2辑），中国民主法制出版社2007年版，第34页。

斥的对象，意味着他们远非一个受到尊敬的个体。也正是因为这个原因，对于农民来说，政治资本更多具有宣示性价值。在具体的纠纷解决中很难被援引，只有当农民的纠纷解决行为具有群体性特征，可以被认定为群体性事件时，农民的政治资本才会成为维护自己权利的一个理由。

政治资本在纠纷解决中的作用体现在两个方面：一个是农民自己在特定的纠纷类型中，可以借助于抽象的政治权利作为自己进行抗争的正当性基础。但在一个具体的纠纷中，能够动用这一方面的社会资本的较少遇到。只有当纠纷具有群体性事件的时候，群众合理诉求未能及时得到解决是引发群体性事件的主要原因。随着社会的进步，乡村群众的民主意识逐渐增强，他们强烈要求解决现实中包括乡村财务不清、土地承包争议、政府有关部门承诺不能兑现及有关部门为发展经济所采取的征地、毁青苗等强制性行为等问题，以及乡村群众需要的对村务公开、民主选举等合理诉求。如果基层组织和政权未能及时对这些问题加以解决，在事实未查明、问题未解决、承诺未兑现、利益未实现的情况下，相同心理状态下的乡村群众很容易聚集在一起，并出现集体上访形式。而多起群体性事件也告诉我们，乡村群体性事件也大多是由群体性上访发展成群体性事件的。在这类事件中，因为政府出于维稳的政治压力，农民的诉求基本都会得到某种程度的解决。从某种程度上说，对于某种抽象程度的政治理念的争取所导致的信访比例在近几年逐渐增加，这既是国家多年来社会主义民主宣传的结果，也是送法下乡的必然结果。在农民争取利益的过程中越来越注重具有明显现代色彩的公平、正义、平等等现代政治理念的追求。在乡村的公共参与存在不足的情况下，没有其他更加直接有效的替代性机制，信访就是农民表达自己组织利益的最有效的途径，尤其是在不追求直接的利益的抽象表达中，信访行为可以通过复杂的社会认同机制转化为一种有效的集体行动，无论在直接的信访行动中是否实现预期目标，都会成为农民政治利益表达的一个象征性合法手段，这一点带来的可能是信访制度的一个预期外结果。

在所调查的 A 县，自 21 世纪以来，在国家和县域政策的影响下，A 县经济社会开始了迅速的发展，出现了众多的产业集聚区建设，县城新区的规模和框架也同时出现了新的变化，纠纷的类型呈现出更多种类，冲突的规模和程度也比原来强烈，行业性的和专业性的纠纷数量快速上升。针对这些问题，由 A 县法院牵头，联合县司法局指导成立交通事故纠纷人民调解委员会、土地争议纠纷人民调解委员会、医疗事故纠纷人民调解委员会等六个行业调解组织。法院选派的法官实行和专业调解员的"一对一"专业调解指导，收到了明显成效。

因为村庄位置的不同，经济的发展和分化程度也不相同。交通便利、距离区域性中心城镇的距离远近等因素对于村庄的经济发展具有重要影响。距离中心城镇近的村庄，和城镇发生更多的互动，不仅是经济上的影响，更加重要的是行为和观念上将经济学的计算理性带入村庄的社会生活中。再加上近几年新乡村建设、城镇化等国家宏观政策的影响，大量农民在经济、身份上快速转变为城市人，但在文化和观念上远没有成为一个与市场经济相适应的市民。这种经济上的快速转变，经济分层的加剧，使得农民的原子化更加严重，在纠纷解决中不同经济能力的村民对于纠纷解决手段的选择也出现分化。

在静态的和刻板的视角下，乡村和农民被修辞为愚昧、落后等标签，如果将村民作为一个社会中的行动者，在整个社会的运行中选择自己行为，安排自己生活，会看到一个更加丰富多彩的农民和乡村的场景。农民会充分利用已有的各方面的社会资源维护自己的利益。从斯科特所说的"弱者的武器"，到策略性地利用国家的政策方面的相互掣肘。在一个纠纷过程中村民如何利用这些资源展开博弈，需要在完整交代博弈过程中的其他几个要素之后才能展开。

第六章　嵌合型社会资本与乡村纠纷解决的内在逻辑

　　陆益龙认为，从乡村社会结构来说，随着农民在乡村和城市之间的流动，形成了流动者与留守者、城市生活与乡村生活、农业生活与非农业生产的二元分化格局。① 但这种流动并没有得到完整的社会文化和结构的支持，这种二元化并不能形成乡村和农民的彻底转型，相反，流动给原来的二元化结构增添了一层，即体制内的和体制外的二元化。新时代农民工无论成功与否，既难以融入城市社会，又不甘心死守乡村社会，这一现实成为制约农民和乡村社会发展的一大障碍。这种双重二元化使得农业、乡村和农民受到双重的排斥和挤压，从而制约了其发展，也使得村民越来越难以对其未来有较稳定的预期，社会心态也具有高度的不确定性。受村民向城镇流动的影响，乡村治理出现了一定程度上的"真空"。乡村纠纷及其解决也在"无意识"的状态下，逐步走向原始的"暴力救济"与混混们制定的"丛林法则"。在"法治正义"没有落到实处之际，"人间道义"却已渐渐蒸发，这必须引起我们的警觉与反思。②

　　在这一转变历史条件下，乡村的社会资本处于较为尴尬的位置，传统的社会资本因为人员流动和市场以及政治压力的冲击而受到了严重的削弱，嵌入在传统社会结构中的纠纷解决方式不再被人们所看重，尤其是传统血缘关系也转变为可计算的理性关系之后，③ 个人行为就没有了基本的约束机制。这种理性化彻底改变了农民的意义系统和行为选择机制，也彻底改变了乡村纠纷解决的运作逻辑。要在乡村建立起具有现代性的纠纷解决系统，就需要通过对乡村社会资本的培育和引导，将国家自上而下所供给的现代法律制度和法律意识和由乡村社会内生的纠纷解决方式结合起来，通过现代化的社会资本的培育和引导提供多元化纠纷解决机制的动力机制。

　　2012年以来，随着嵌合型乡村社会秩序的形成，乡村社会成员的身

---

　　① 陆益龙：《农民中国：后乡土社会与新农村建设研究》，中国人民大学出版社2010年版，第85~91页。
　　② 栗峥：《流动中的乡村纠纷》，载《现代法学》2013年第1期。
　　③ 贺雪峰：《乡村社会关键词：进入21世纪的中国乡村素描》，山东人民出版社2010年版，第151~153页。

份多样性、文化多样性和利益多样性带来了更加多元的嵌合型社会资本，乡村纠纷解决也出现明显的时代特色，从原来单一地利用法律和敬畏法律，逐渐转向国家治理话语下的多元化纠纷解决运作机制，在党和国家组织、法律、政策、技术等影响下，乡村纠纷解决成了乡村治理的重要内容，并进一步被标准化为上级检查督促乡村振兴和乡村治理任务的具体内容，以台账的形式进入乡村治理的日常工作，进而促进了乡村社会秩序的良性再造。

当事人在嵌合型社会资本中通过对纠纷解决规范的私人面向选择和国家面向选择，实现了规范竞争不断优化，将多年来形成的国家治理和项目制式治理有机结合，不断提高乡村治理的现代化属性。在乡村治理语境下，当事人的内在视角、第三方的旁观者视角和治理主体的管理者视角在乡村纠纷解决场域中高度融合，形成了乡村纠纷解决向实践理性的现代转型，突破了"陌生人社会""熟人社会"的简单二元对立，也突破了过度依赖韦伯式"实质非理性"和"形式理性"的二元对立，形成了中国乡村治理现代化的转型，并凝练为"三治融合"的最新判断。

第一节　嵌合型社会资本提供了实践理性基础

乡村的社会资本呈现出多元化的形态。周红云认为，现在乡村的社会资本包括家族宗族网络、功能性网络、象征性网络和作为个人联系的一般"人际关系"网络。[1] 郑传贵通过对赣东项村的调查分析，认为现在的乡村社会资本在几个方面都发生了巨大的变迁。[2] 家庭资本的某些功能弱化，并因此而产生了对替代性社会组织的需要。家族社会资本在有些乡村得到了加强，在一定程度上影响了党和国家方针政策的落实，也影响了乡镇企业的发展，并且出现了一些家族势力影响乡村基层选举的现象。随着社会流动的加快，家族社会资本的功能逐渐由村庄内部向外部转向，并逐渐向经济理性转变。在邻里社会资本上，则随着农民行动的理性化，邻里关系也从原来的生产上互济、生活上的守望相助，转变为更多的工具性交换，而新型的邻里关系还亟待重建。

在任何一个社会或者群体中，并不存在最合理和最有效的单一纠纷解决方式，任何一种纠纷解决方式都不具有绝对的垄断性，因为任何社

---

[1] 周红云：《社会资本与中国农村治理改革》，中央编译出版社2007年版，第64~65页。
[2] 郑传贵：《社会资本与农村社区发展：以赣车项村为例》，学林出版社2007年版，第171~175页。

会或群体都存在整体的异质性问题，即便某种解决方式对某个人或某种类型的纠纷是最有效的，但对其他人或其他类型纠纷可能就不太适宜，所以任何单一的纠纷解决方式其合理性和有效性都是相对的而非绝对。这种纠纷解决方式的效力取决于所嵌入的社会结构是否能够为该种纠纷解决方式提供足够的社会资源、是否能够提供足够的社会压力，实现群体内的人际关系和社会结构的再造。相反，如果不能够为原有的人际关系和社会结构提供积极的再造功能，就会被放弃或者规避。一个国家和地区所追求的纠纷解决的效率取决于每一纠纷解决选择中的所有参与者，如果能够通过一种纠纷解决方式的运用，可以为所有纠纷解决参与者提供更好的解决效果，整个社会也就能够得到最优的效果。

2006年税费改革完成，尤其是2010以后，加上计划生育政策的转变，乡村社会内部和外部都发生了巨大变化，乡村基层政权和资源配置管理方式发生根本性转变。面对新出现的乡村纠纷问题，关键显然不在寻求和发展某种最优解决方式，而是要提供范围更广的选择集，也就是提供多元的纠纷化解机制。[①] 从多元的化解机制中，个体选择最优方式的可能性大大提高，从而社会化解纠纷的总体效率也会大大提高。

多元化纠纷解决不可避免地对某些群体来说具有最优的效果，而对其他群体来说则是损害，对于整个乡村社会秩序的恢复来说也存在复杂的影响。例如一些村庄只存在较为单一的优势家族，可以通过对各方面社会资本的垄断性掌控，对内实行资源上的绝对汲取，对外构成单一代理国家权力的局面，在乡村内部形成严重的小范围割据现象，排斥其他更优资源的进入，从长时间段上影响乡村社会秩序的良性发展。对这种结果来说，需要更加注重影响不同纠纷解决方式运行的社会资本的培育和引导问题，只有社会资本能够为不同的纠纷解决方式提供足够的保障，并且在社会资本之间建立起有机的联系，实现由传统建立在血缘和地缘基础上的"机械团结"转变为建立在以现代分工为基础的"有机团结"，才能够真正建立起符合社会实践需要的现代化纠纷解决体系。

不同的纠纷解决方式所嵌入的社会资本并不相同，但无论哪一种纠纷解决方式，都在自己特定的社会资本支持之内才能发挥最佳效能。一种纠纷解决方式试图进入超越其社会资本所能支持的纠纷解决领域，试图将特定的纠纷解决方式扩展为全能型的纠纷解决方式，都会出现纠纷解决方式形式和实质上的相互冲突。国家法进入乡土社会的过程，实际

---

① 陆益龙：《纠纷管理、多元化解机制与秩序建构》，载《人文杂志》2011年第6期。

上就是国家法与乡土社会传统逻辑相互博弈的过程。[①] 国家法要想顺利进入乡土社会，并发挥其对乡土社会的调节作用，必须依赖多种乡土资源，为国家法的平稳运行搭建一个合适的平台，如果一味强调国家法的强行楔入，可能最终适得其反。同样，如果将在熟人社会中有效的纠纷解决方适用于公共领域，则会损害整个社会的公平和正义。从社会资本和纠纷解决方式的运行系统来说，纠纷解决方式有机协调的基础在于其所嵌入的社会资本在整个社会分布的有机均衡。

随着乡村社区化的发展，原来的初级关系逐渐缩减其影响范围，建立在多样化的"地方性知识"基础上的社会规范就不能再为更广范围的社会秩序提供足够的维系力量。一方面，受到国家法律下乡的冲击，国家意欲通过送法下乡建立对于乡村社会治理的合法性和正当性；另一方面，由于经济、文化和网络等信息技术的发展，尤其是多年来的农民工流动，形成了更加多元嵌合的乡村社会资本，也内在地产生了对于法律的需求。[②] 正如苏力认为的一样，"要使人们能够而且愿意诉诸正式的法律制度，重要的是要提供一种诉求的途径，其中包括正式的诉讼机制和其他非讼机制，来实际获得或享有这种权利"[③]。嵌合型乡村社会资本的生成更进一步提供了多元纠纷解决机制的结构化社会基础。

这种转变体现在乡村社会中普遍的法治资源和治理资源的不断增加，无论是第一书记、法治副书记等职位的设置，还是在乡镇一级广泛成立的纠纷解决中心，汇集了行政调解、司法调解、诉讼、人民调解以及新乡贤等纠纷解决机制，进而构成广泛的诉源治理机制。这些纠纷解决方式能够以集中的方式供给，既是党和国家在乡村振兴战略下动员各项资源进入乡村社会的结果，也是乡村社会流动性带来的嵌合型社会资本在中观和微观的效果体现。在中观上，嵌合型社会资本能够支持党建引领的多元群体利益的协同；在微观上，能够给农民提供行动的更多选择，自然会降低纠纷解决的非理性色彩，更倾向于实践理性指引下的妥协性纠纷解决方式。一旦具有妥协的意识和妥协的社会空间，农民的法治意识和法律意识随之增强。

在传统的乡村社会中，乡村社会资本单一且密度较高，乡村社会成员相互依赖程度很高，又共享长久生活的背景知识，并不需要过强的理

---

① 唐喜政：《国家法在乡土社会的运行基础——以豫西 L 市贷款纠纷为个案》，http://www.snzg.cn/article/2011/0629/article_24714.html.2012-090-20，最后访问日期：2021 年 4 月 30 日。
② 董磊明：《宋村的调解：巨变时代的权威与秩序》，法律出版社 2008 年版，第 200~207 页。
③ 苏力：《法治及其本土资源》，中国政法大学出版社 2004 年版，第 34~35 页。

性算计，而是通过带有强烈的情感色彩的社会规范就可以为农民提供行为的正当性。这种社会结构下，与其说是伦理和血缘具有较高的支配性，不如说是因为社会结构的单一，并且受到空间和文化上的限制，乡村社会成员在缺乏选择的时候，通过社会结构固定下来的规范和信任类型，伦理和血缘只是这一逻辑的表现形式。正如费孝通所说的，只要按照传统的做法去做就行了，前人所用的解决生活问题的方案，尽可抄袭来做自己生活的指南。① 在调研的王村，在20世纪90年代以前，没有发生一起民事诉讼，只有两起刑事案件。进入21世纪，通过判决文书网搜集A县民事裁判文书，辅之以王村等关键词筛选，基本能够看到每年至少3起民事诉讼，其类型包括交通事故侵权、宅基地相邻纠纷以及雇工工资等纠纷，不仅数量上远超以前，类型上更是多元化。关键是村民观念上变化，面对新的纠纷，当事人都有更多牵连的社会利益，同时也存在不同的机会替代问题，即当事人的面子、时间、情感乃至亲情等都具有可以金钱量化的色彩。类似"打官司也好，调解也好，哪种更少耽误挣钱就选哪种"话语背后既是基于多元权威更加功利化的选择逻辑，也是嵌合型社会资本带来法律观念高度渗透的结果。

　　随着社会变迁，农民的价值世界发生了变化，而随着农民生活本体性价值的丧失，大量的负面社会性价值就被调动起来，这进一步破坏了村庄秩序，村庄舆论解体，人们日益关注赤裸裸的现实利益，村庄舆论已经无法对村民的行为产生约束。② 但这种变迁和法律所需要的社会资本在形式上相吻合，这点也是大量的法学研究中对于现代性追求的重要原因。这种形式上的吻合有以下几个方面：一是传统价值的变化为法律所依赖的理性化提供了基础。因为法律更加强调理性化，只有在价值上和知识上能够和法律所需要的调解一致，法律才能够在整个社会系统中顺利运行。二是村民都通过理性的算计来安排自己的行为的时候，其他的社会规范所依赖的价值基础就相应减弱，法律对于整个乡村社会的影响越来越大，整个乡村通过司法等手段解决纠纷就越来越重要。三是乡村的变迁，使得农民的社会互动行为急剧增加，只有基于国家的公力救济才能够为大量的利益冲突提供规模化的解决机制。四是嵌合型社会资本形成了通过个体的多元资本依赖，任何一个个体都不能完全脱离群体社会资本类型独立获得完整资源，也就意味着任何极端的纠纷解决方式都

---

① 费孝通：《乡土中国　生育制度》，北京大学出版社1998年版，第51页。
② 陈柏峰、郭俊霞：《农民生活及其价值世界：皖北李圩村调查》，山东人民出版社2009年版，第55页。

会受到群体内外的结构性约束,从而在表面上呈现为符合现代法律理性的现象。

多元社会资本的变化一方面带来了乡村社会秩序在短时期内的失范问题,另一方面也孕育着未来的发展演变中为多元的纠纷解决方式提供相应社会资本支持的契机。嵌合型社会资本的逐渐完善,也为建立在实践理性上的法治提供结构性基础。

第一,相比较社会救济和公立救济来说,私力救济源于人们对于现实或预期利益的激励,它具有直接性、经济性、效率性、便利性、一定程度的时效性、充分张扬的当事人主体性。嵌合型社会资本使得更多乡村社会成员具有超越乡村本身的资源动员能力,除了传统的地缘血缘关系之外,还有更多基于职业分工、职业经历、经济交换、机会交换、文化资源等多种途径,可以直接或者间接动员多种社会资源。这进一步带来乡村纠纷解决的复杂化,既可能采取极端的暴力手段,也可能采取柔性的利益交换手段,具体纠纷解决运行则依赖乡村社会场景中的各方力量是否能够提供一个平衡。乡村社会成员具有更多利益选择意味着私力救济不再单一依赖某一身份或者单一资源,从而消解了私力救济中非理性色彩。这种现象在A县王村及其周边乡村社会中都有明显变化。在新时代以前,尤其是20世纪90年代前后王村每年都会发生几起暴力性冲突,尤其是春节前后唱戏或者有村庄放映电影时候,几乎都会有规模大小不一的暴力性冲突。虽然在当时的警察力量之下大都是一方害怕忍让而结束,只要不出人命,人们并不认为打架甚至身体伤害与违法犯罪密切相关,但暴力性冲突在多个领域都会发生。2019年王村抖音基地建成后,将近半年的连续表演过程中,未发生一起打斗事件。即便在免费提供午饭的时候,附近村民有些占便宜的人存在多吃和浪费的情形,组织者也以这都是少数人,犯不上计较为理由不予理睬,参加表演的和周边来观看的观众也会以更加鄙视的方式表示排斥。因为温饱解决之后,多吃多占已经没有任何道义上的正当性,自动会在社会群体认同中加以排除,形成了自发的社会性惩罚机制。

随着乡村人际关系的疏远,越来越呈现半熟人社会或者陌生人社会,相应的选择私力救济的方式也发生了变化。在传统社会中,因为环境的封闭性,村民之间相互熟悉,并且都没有更多替代性的选择机会,因此,在传统社会中"接触性纠纷"占有较大比重,而随着社会变迁,"接触性纠纷"所占比重降低,"侵害性纠纷"增加。随着嵌合型社会资本的生成,乡村人际关系向更高级别的关系重塑演变,原来的接触性纠纷也呈现新的形态，一些不构成纠纷的社会偏离也因为认知的原因和社会资本的原因而进入纠纷领域。

在传统社会中，"面子"具有重要的价值，是乡村社会成员在乡村社会地位的重要符号，也是自身人格地位的重要标志。私力救济更多会从"面子"的维护和再造出发，采取更好的方式维护自己的"面子"。在这方面，存在着多种研究结果，如费孝通所说的熟人社会中以礼俗为主要标准，以暴力为主要标准，或者采取忍让的策略。①在嵌合型社会中，面子的内在人格利益、社会位置利益转化为更加抽象的身份利益，连接起更加多元的社会群体。这意味着面子等传统利益转化为具有现代色彩的社会身份利益，对个体行动逻辑的影响也随之改变。传统社会中基于面子或者人情的方式，在缺乏嵌合型社会资本支持的情况下，很容易转化为纯粹私人的勾兑或者相互的暴力。在调研的王村等地方都存在这种现象，在历史乡村治理的历史上也并不鲜见，同样在多种文学作品中也有艺术化呈现。

随着社会变迁，农民通过原来的方式解决私力救济就变得不经济、不理性，虽然私力救济还会出现较多的忍让，但这种忍让是建立在成本收益比较的基础上，是不值得采取相应的暴力型或者其他非理性的私力救济，而不是不能采取。例如网上流传的有关打架成本的劝诫，②可以非常典型地说明这种问题。在能够通过经济、文化、机会等方式限制甚至剥夺的情况下，暴力就会逐渐从乡村社会生活中消失③。这种私力救济的变迁可以说明农民对待私力救济的逻辑基础已经发生了变化，从原来的基于封闭空间的选择变为开放和多元的选择，因此也更加偏重于对私力救济的理性计算，所谓打架需要花钱的经济理性渗透农民的私力救济行动中。可以说，社会资本的变迁影响了农民私力救济的逻辑基础。在总体上增加了选择空间的情况下，传统单一非理性方式比重自然降低，整个乡村社会纠纷解决的妥协色彩随之增大。在调研的王村及其周边乡村，一个非常有趣的变化是从家族角度分析他们行动逻辑变化。在这些乡村

---

① 费孝通：《乡土中国　生育制度》，北京大学出版社1998年版，第49页。
② 《打架成本清单，动手前请先认真想想！》，https://baijiahao.baidu.com/s?id=1656935862931951930&wfr=spider&for=pc，最后访问日期：2021年10月13日。
③ 这种消失只能是在稳定的社会状态下。一旦出现紧急状态，如2020年以来的疫情防控时期，乡村社会中的暴力性因素依然会增多，因为紧急状态无形中给予基层社会治理中的一些个体以暴力使用的正当性，或者至少是存在对暴力的苛责性降低的情形。如各种"硬核防疫""硬核宣传"，以及对待乡村社会成员自由限制的暴力方式。可以说，紧急状态给予暴力更强的合法性。

中都存在过较为长久的以家族大小和兄弟多少为基础的小范围暴力权威的情形。在乡村的村干部竞争、日常冲突、公共事务的主导权等问题中，基本上由大家族和兄弟众多的人以暴力为最后的手段。一方面是乡村社会资本带来的各方面利益转化为经济利益的影响，另一方面是扫黑除恶在乡村社会中的威慑，乡村社会中大家族和兄弟众多的人都开始更多以法律的方式展示自己在农村中的影响力，原来私人的暴力逐渐消失，通过合法手段竞争乡村管理权力，并更多参与乡村经济发展。例如王村现在的四家较为有影响力的门店就分属四个家族，而村庄中的消费并不以亲疏远近为主，而是遵循最简单淳朴的"用脚投票"的逻辑，事实上带来整个村庄的理性化色彩普遍增加，在纠纷解决中更加能够接受司法和行政权力的介入。

第二，社会救济的有效运行依赖于相应次级群体的发展和扩张。在传统社会中，受制于血缘和地缘约束，社会救济更多在熟人社会中有其运行的充分约束机制，可以保证社会救济的充分的社会压力，这种社会救济的基础在于无法有效作出替代选择的初级群体的约束。一旦超出地理边界，村庄之间宗族之间的纠纷就更加依赖暴力压制。在社会变迁的条件下，农民在横向和纵向上都发生了分化，横向上从原来单一的农民角色分化为多个方向上的职业分工的分化，这种职业分化一方面来自外出务工的选择，另一方面也来自地方性的技术和劳务分工导致的分化。在纵向上，农民的分化更为明显，陆学艺从社会分层的动力、社会分层的标准、社会分层的流动机制等角度构建了社会分层的研究框架，以职业分类为基础，以组织资源、经济资源和文化资源的占有为标准，将中国社会划分为十大社会阶层。[1]杨继绳采用财富、地位、权力地位和声望地位标准，把社会阶层分为上、中上、中、中下、下五个层级，农民阶层为中下阶层，农民和农民工拥有的财富等级、权力等级和声望等级的加权等级仅高于下岗待业人员。[2]

社会型救济之所以有效，是因为群体能够具有较为一致的约束机制，既包括形式上的纠纷解决方式，诸如调解等通过非正式的第三方压力予以解决的纠纷解决方式，必须依赖整个群体的一致约束机制；也包括群体对未来行动预期的稳定性，即群体成员遵循共享的地方性价值。在传统社会中，初级群体具有重要的约束作用。这种约束主要来自血缘群体和地缘群体，因为传统社会中既有文化的约束，也有经济上的相互依赖

---

[1] 陆学艺：《当代中国社会流动》，社会科学文献出版社2004年版，第13页。
[2] 杨继绳：《中国当代社会阶层分析》，江西高校出版社2013年版，第351页。

和互助，更有难以脱离的消极强制。在传统社会的次级群体中，所有的成员都可以从这一社会资本中获得相应的资源，包括应对公共安全和天灾风险。①相应就具有充分地遵守从这一初级群体中所衍生出来的纠纷解决方式的足够动力，通过相应的纠纷解决也能够使得当事人之间的人际关系得到修复，同时能够使得整个初级群体的团结得到强化和再造。相反，如果违反初级群体的规范，不接受来自初级群体的纠纷解决方式，则会受到初级群体中的各种惩罚，遭受家族家规的有形惩罚是一个常被关注的方式，其他诸如议论人、疏远人、忍受不利状况、回避相关成员以及暴力，甚至超自然力和流言蜚语等。

第三，社会型救济效力的变化。随着社会变迁，乡村衍生出了大量的次级群体，同时不同群体又因为经济地位、政治地位的变化形成不同的声望地位，乡村中的血缘和地缘关系被重新建构，同时因为血缘和地缘约束的相对减弱，基于文化和地理的约束就越来越不能够解决多元化的社会冲突，基于传统初级群体的社会型救济就不再像传统社会中有效。

导致传统社会型救济失效的原因有以下几个方面：（1）乡村社会变迁导致了传统社会资本的弱化与衰落，依据传统社会资本予以支撑的各种社会规范缺少足够的支持，当这些社会规范被农民违反的时候，不能够得到群体的充分认同，也就无法通过社会型救济对纠纷所带来的人际关系的冲突和对于整个乡村秩序的消极影响进行修复。（2）乡村社会变迁给农民带来了更多的替代性选择，原来通过对于初级群体规范的服从可以带来初级群体的相应庇护，可以获得更多的社会资本，但在拥有更多的替代性选择以后，通过服从初级群体所获得的报酬降低，在和其他的纠纷解决方式的比较中，初级群体中的社会规范所能带来的报酬降低，农民通过遵从初级群体的社会规范所能够得到的报酬不能得到充分回报。相应地，通过自力救济或者司法手段予以救济则能相应增加其遵守的报酬。（3）从20世纪90年代开始，从官方和法学界开始，过于强调法律和司法在社会秩序维护中的绝对地位，无形中将社会救济的价值贬低，尤其在守法和依法解决解决纠纷的行为上附着了浓厚的政治色彩和意识形态色彩，导致以司法方式解决纠纷具有更多的正当性。（4）农民主体性价值的缺失，使得强调人际间的相互扶助和互惠的伦理价值不再受到各方的遵从，来自农民个人内部的压力和人际间的舆论和道德上的压力也随之减弱，依赖于这种压力的社会型救济效力随之减弱。（5）在传统

---

① 雷家宏：《中国古代的乡里生活》，商务印书馆1997年版，第81~106页。

的初级群体压力减弱的同时，并没有同时出现有效的次级群体的充分发育，并在有机团结的基础上培育起相适应的次级群体，也就不能及时替代次级群体减弱之后的新的社会秩序的需求。

第四，嵌合型社会资本为公力救济提供了社会基础。陌生人社会是通过公立救济或者司法方式解决纠纷的前提，在陌生人社会中，彼此不熟悉、人员流动性强等因素会削弱建立在传统熟人社会基础上的社会规范的约束作用。陌生人社会把基于人际紧密互动的模式转化为基于规范的紧密互动，同时要求某类身份、场景、模式等强制性适用同一规范，为社会互动行为建立准则提供了更加快速边界的索引，真正起到作用的依然是社会成员基于规范的信任问题。这时就需要建立起法律的权威以规范社会成员的行为。

第五，国家能够通过送法下乡建立对于乡村社会治理的合法性和正当性。乡村社会也内在地产生了对于法律的更强需求。以司法为核心的公力救济机制包括司法、公安、行政、司法调解等具体的手段，这些都高度依赖两个方面的变迁。一是随着乡村社区化的发展，原来的初级关系逐渐缩减其影响范围，建立在多样化的"地方性知识"基础上的社会规范就不能再为更广范围的社会秩序提供足够的维系力量。二是大量的次级关系产生，这些大量的次级关系建立在分工的基础之上，形成了涂尔干所说的有机团结的群体关系，但这种关系缺少初级关系所具有的相互了解和共享的生活方式、习惯、价值观等共同的背景信息，在大范围和跨时间的社会互动行为中，人们无法依赖建立在初级关系基础上的社会规范来建立信任和广泛的行为预期。弗里德曼用"陌生人社会"来指称这种社会，但这种陌生人关系并不是绝对的陌生，而是相对于传统"熟人社会"而言的，人们在社会互动行为中不再以具体的共享的地方性信息为行为基础，对彼此行为意义的理解也不再依赖地方性的知识背景之下。这时候对于具有更广范围的信任机制的需要就变得重要起来。从信任的来源可以划分为基于个人特征的信任、基于制度的信任和基于信誉的信任。具有个人特征的信任是根据先天的因素或者后天的关系决定的信任；基于制度的信任指按照给定的制度行为，否则就会受到惩罚；基于信誉的信任是指一个人为了长远的利益而自愿放弃眼前的投机机会，对不合作的惩罚不是来自法律，而是来自合作关系的中断。在次级关系影响越来越重要的情况下，基于法律信任的需要越来越重要。随着村庄流动性和异质性的增强，乡村生活越来越进入一个更大的社会市场体系中，村民之间的互动越来越理性化，基于特殊关系的社区人格信任就很难有效维持。因此，今天的国家法律，因其规则的普遍性和背后的惩罚机制，就能够给逐渐陌生化的乡村社会提供信任，维持基本秩序。从这个意义上说，乡村社会内生出了对现代法律的需求。

第六，嵌合型社会资本为公力救济提供了效力约束基础。在传统的乡村社会中，因为相互依赖程度很高，又共享深远的背景知识，并不需要过强的理性算计，而是通过带有强烈的情感色彩的象征性社会规范就可以为农民提供行为的正当性。正如费孝通所说的，只要按照传统的做法去做就行了，前人所用的解决生活问题的方案，尽可抄袭来做自己生活的指南。在这种传统中，互惠原则具有重要的作用，人情和面子构成了中国人际交换的重要内容。在此基础上，黄光国区分出了三种关系，即工具性关系、混合性关系和情感性关系。[①] 这三种关系又对应着三种交往的法则，即公平法则、人情法则和需求法则，这项研究指出了传统中国社会中人们行事的运作机制。随着社会变迁，农民的价值世界发生了变化，农民生活本体性价值丧失，大量的负面社会性价值就被调动起来，这进一步破坏了村庄秩序，村庄舆论解体，人们日益关注赤裸裸的现实利益，村庄舆论已经无法对村民的行为产生约束。

这种变迁和法律所需要的社会资本在形式上相吻合。（1）传统价值的变化为法律所依赖的理性化提供了基础。因为法律更加强调理性化，只有在价值上和知识上能够和法律所需要的调解一致，法律才能够在整个社会系统中顺利运行。（2）村民都通过理性的算计来安排自己的行为的时候，其他的社会规范所依赖的价值基础就相应减弱，法律对于整个乡村社会的影响越来越大，整个乡村通过司法等手段解决纠纷就越来越重要。（3）乡村的变迁，使得农民的社会互动行为急剧增加，只有基于国家的公立救济才能够为大量的利益冲突提供规模化的解决机制。这种形式上的一致如何导向一个高度协调的纠纷解决体系，所需要的不仅是国家力量如何进入乡村和支配乡村秩序的问题，更加需要的是如何在乡村这一形式需要的基础上建立起系统而丰富的嵌合型社会资本，使得变迁后的乡村社会结构中内生出解决纠纷的特定规范，将国家主导的司法秩序和民间内生的自发秩序紧密黏合起来。

在一个理想型的意义上，任何一种纠纷解决方式都可以将所有的社会纠纷全部解决，只要其所处的社会秩序和社会资本是单一的。但现实的情况是存在不同层面的社会关系，并因此形成不同的社会资本，而不同的社

---

① 黄光国：《人情与面子：中国人的权力游戏》，中国人民大学出版社 2010 年版，第 15 页。

会资本中又内在地需要和支撑着不同的纠纷解决方式,在现实的意义上,不存在一个可以完美地解决所有社会中的纠纷的解决机制。在乡村社会治理权威体系中有效结合传统权威的途径是通过政治权威的引导和帮助,促进传统权威由民间自发的、无组织形式向民间自发的、有组织的方向变迁,形成具有较高法治意识和参政议政能力的成熟的公民社会。换言之,政治权威与传统权威在乡村治理工作中的地位并非并列关系,而是主导与辅助的关系,否则社会仍然会面临结构分化带来的严重整合问题,因为城乡一体化的进程必然带来乡村社会的进一步分化,村民的利益和价值更加多元化,政治权威代表的普遍和抽象的价值是协调多元关系的基本前提。

第二节 嵌合型社会资本影响纠纷解决方式选择的基础

纠纷产生和解决都处在人际互动之中,法律和其他社会规范为人们的纠纷解决提供了一个虚拟的逻辑基础,纠纷解决实践展开则是一个混合了话语和行为、法律和非法律的过程。纠纷解决行为展开的动力基础、逻辑方向是什么,都依赖于对人际关系的深入考虑。

社会学经常会犯过度社会化的错误,即人被视为完全敏感于他人的意见,并完全屈从于共有的价值与规范系统。事实上社会学经常强调文化、环境的影响和作用,有些人曾开玩笑说,"经济学家讨论的是人如何做决定,社会学家则讨论人如何不能做决定",就像布朗在描述"社会学家式决定"时所言,人的行动总是被假设"依从于风俗习惯,或义务,或做当然该做的事,或正确而适当的事,或公平正义的事";而经济学所犯的低度社会化的错误正好相反,假设人的行为来自偏狭的自我利益的追逐。前者是社会影响个人的行为太机械化了,而缺乏考虑社会关系和社会结构的作用和影响,后者否定了霍布斯的解决失序的良方——权威统治,把人的行为归咎于"理性的经济人"。二者都依赖于一个共同的前提,即以社会性孤立的行动者作为行动与决定的中心。[1] 格兰诺维特在批判威廉姆森高估了组织内科层力量效率的观点基础上,认为人际互动网络才是解释新组织形式效率或高或低的主要原因,关系结构而非组织形态决定了组织的效率。对于纠纷解决来说,需要考虑具体的纠纷解决场景,以不同参与者为节点的社会网络之间如何运作,其中的社会资本又是如何动员更多的社会压力,最终形成一个解释纠纷解决方式选择的具体模式。

---

[1] [美]格兰诺维特:《镶嵌:社会网与经济行动》,罗家德译,社会科学文献出版社2015年版,第6页。

一、嵌合型社会资本带来的纠纷连带问题

纠纷是发生在特定主体之间的利益冲突现象，有特定的主体和发生背景，这种特定性决定了纠纷解决过程中主体的解决目的、解决手段、所得到的收益都具有特殊性。将视角转向纠纷的运行过程，采取一种"过程"[①]的分析框架，就需要关注"现实生活中使审判制度运作的都是活生生的个人"所具有的重要意义。个体总是处于多重社会资本的嵌合结构中，纠纷的产生和解决方式的选择都受特定社会结构的影响，是个体动员嵌合型社会资本进行评估排序后的结果。

人类学家冯·威尔逊在对社会人类学的结构功能分析学派的批判中指出，"结构分析主要把社会的位置或地位之间的相互关系作为问题，对个人之间相互关系或者个人的行动缺乏关心。从那里可以看出对抽象化的明显喜好。反过来说，作为抽象化必然基础的特殊性则极易被忽视"，但是，"各种规范或者行为的一般规则总是被翻译成现实的行为，这个过程是被个人在特定的状况下、为了实现特定的目的而操作的，为了完整地分析复杂的社会过程，应该把研究的焦点放在现实中构成这些过程的个人行动层次上去"。[②] 对于过程中的个人行动进行研究，有必要将微观社会学的分析工具[③]积极导入对纠纷的研究中。这一视角的转换可以促进对"法律中心主义"的反思，根据纠纷解决需求的多样性建构多元纠纷解决机制。对法律和诉讼的过度依赖不仅需要付出极高的成本，也会给社会带来一定的负面效果，诸如加剧社会关系的对抗性、对国家的依赖、共同体凝聚力的下降和社会自治、道德的失落、当事人自主参与的缺失等社会问题，都引起了学者的注意。[④] 对于每一种纠纷解决的微观分析则较少，虽然建立起多元纠纷解决机制，但各种纠纷解决机制之间如何勾连起来则没有得到充分解释。

人是一个对自己的行为具有自觉的实体，同时又是一个不能孤独生活而必须和其同类始终在社会中一起生活的实体。人人有求生和减轻痛苦的本性、需要与愿望，必须通过共同生活、相互援助才能实现。社会连带理论认为人类最基本的客观事实是存在社会连带关系；社会是一个由各个阶层共同组成的有机体，强弱势群体都是社会有机体的一部分。

---

① [日]棚濑孝雄：《纠纷的解决与审判制度》，王亚新译，中国政法大学出版社1994年版，第3~4页。
② [英]杰西·洛佩慈、约翰·斯科特：《社会结构》，允春喜译，吉林人民出版社2007年版。
③ 如互动论、拟剧论、交换理论、常人方法论等。
④ 范愉、李洁：《纠纷解决：理论、制度与技能》，清华大学出版社2010年版，第143~145页。

第六章 ▶ 嵌合型社会资本与乡村纠纷解决的内在逻辑

随着社会分工越来越复杂化，分工的连带关系愈加明显，社会有机体的不同群体之间具有一种高度的相互依赖性，任何一个群体如若脱离其他群体就无法独立存在。不同群体间只有进行有效的团结合作，才有可能实现自身价值并创造出一种超过各个群体简单相加的社会"合力"即社会整体效应，社会有机体的潜能才能得以充分的正向意义的释放。群体之间的团结协作并不是所有成员之间的互动，而是群体中少数具有结构洞功能的个体连接起群体之间的互动，形成不同群体之间的抽象联系。

如果一个社会中的不同群体存在过多摩擦和冲突，社会机体的潜能便会被无端地耗费，社会本身迟早会遭受程度不同的损伤。社会不同群体应通过团结合作获得"共赢"而不是"共损"，通过纠纷解决恢复社会秩序就具有内在的公共价值。社会连带理论认为社会连带的客观规律决定了社会中的人要遵守某种行为规则，合理的人为规则应该是对社会连带客观法的表述与发展。同处社会连带关系下的强势群体和弱势群体，理所当然受社会规范调整，并由此维系巩固他们之间的社会连带关系。社会连带的机制在于同属于某一群体的个体受到社会资本的影响，同时具体的社会资本和抽象的社会资本之间又存在更加多样的连带形态，在反映社会连带客观法的社会规范中，法律规范必然成为弱势群体保护的有效路径。法律规范具有明确性、权威性和稳定性等特性。"法律的许多制度都旨在保护权利和预期的安全，使它们免受各种强力的侵扰。"[1]法律规定了主体在社会生活中的权利、义务和责任，从而可以为主体提供一个明确的行为模式和合理预期；法律的实行以国家强制力为后盾，具有威慑力，违法者将承担相应的法律后果。法律规范的上述特性，决定了它在弱势群体保护中具有制约、预见、导向、调控、保护、支持等优越功能。但法律的抽象普适性也意味着要得到个体的认同和遵守必须与具体的社会资本连接起来。

对于法律来说，一个基本的前提是个体责任，这隐含着个体原子化的追求，只有当每个个体独立面对国家，和国家的距离相等，能够得到国家法律的保护相同，具有相同的动员和利用法律的能力，所有个体都对国家法律具有同等的依赖程度和具有确定的个体边界的时候，法律所期望的个体对于法律的需求才会是可预期的。其所依赖的个体和国家关系假定为每一个个体和国家的距离完全等同，并且个体之间没有连带关系，没有形成各种次级群体，每一个体都处在绝对的原子状态。

这显然忽视了一个基本的经验前提，即个体永远处在不同的群体嵌套

---

[1] [美]博登海默：《法理学：法律哲学与法律方法》，邓正来译，中国政法大学出版社2004年版，第258页。

结构中，同时拥有具体的社会关系和抽象的群体价值认同和规范体系，并且不同的群体和个体的紧密程度具有差异性。对于个体 X 来说，他同时处于不同的群体之内，由于和不同群体的依赖程度不同，能够从不同群体中得到的收益也不完全相同。在选择法律手段解决纠纷时，所获得收益也有区别，个体在选择是否用法律手段解决时，就需要比较选择法律解决手段的收益。对于传统的法律经济学和法律社会学来说，这种比较是能够准确获得的，如同计算一个商品的价格一样，可以将不同收益予以量化，通过比较成本和收益就可以作出恰当选择。[①] 假设个体的纠纷收益是 Y，个体从每一个所属群体中的收益是 y_1, y_2……y_n，则 $Y=F(y_1, y_2……y_n)$ 在前述苛刻的假定前提下这一条件是可以得到满足的，因为个体不需要考虑人际间的交易问题，一旦加入群体间的连带关系这一要素，人们计算交易的成本和收益问题就会变得复杂起来。[②] 在嵌合型社会中，乡村社会成员都拥有越来越多的次级群体身份，也就意味着个体在纠纷中的连带会更加复杂，在和其他纠纷解决方式的比较中，初级群体中的社会规范所能带来的报酬降低，农民通过遵从初级群体的社会规范所能够得到的报酬不能得到充分回报。相应地，通过自力救济或者司法手段予以救济则能相应增加其遵守的报酬。

（一）单一圈层社会资本下的纠纷解决

对于传统乡村社会成员来说，较为稳定地处于一个具有"差序格局"的稳定社会圈层内，受到同一属性圈层自外而内的道德压力约束（如图 6-1 所示）。

个体内在伦理道德与最外层的传统文化或者主流文化相一致，形成内心的道德约束，最直接的规范压力来自家庭结构。尽管在传统文化中将家庭和更大的社会、国家看作同构的规范系统，但家庭的核心规范压力具有优先性，并且具有强烈的伦理性，这也是在乡村发生纠纷之后，在家庭内部和家庭外部形成强烈反差的重要原因。在家庭内部的社会偏离具有极强的收敛性，即基本不会有太强的动力会转化为一个外部社会偏离或者被转化为外部纠纷。

[①] 参见［美］波斯纳：《法律的经济分析》，蒋兆康译，中国大百科全书出版社1997年版；［美］贝克尔：《人类行为的经济分析》，王业宇、陈琪译，格致出版社2008年版；张维迎：《信息、信任与法律》，生活·读书·新知三联书店2003年版；桑本谦：《私人间的监控与惩罚：一个经济学的进路》，山东人民出版社2005年版。

[②] 参见［美］布劳：《社会生活中的交换与权力》，李国武译，商务印书馆2008年版；［美］科林斯：《互动仪式链》，林聚任、王鹏、宋丽君译，商务印书馆2009年版；［美］特纳：《人类情感：社会学的理论》，孙俊才、文君译，东方出版社2009年版。

这可以从"清官难断家务事"的谚语得到部分印证，对于"家务事"来说，区别于一般社会事务的特点就是"家务事"所发生的场景，即家庭这一特殊的领域。在一个社会中，家庭是构成社会的基本单位，承担了物质再造、人口再造、人的社会化、伦理道德维继等功能，每一种功能都和家庭的利益相关，相对于其他组织来说，家庭具有更加明显的伦理特征，或者说区别于其他组织的特点来说是其伦理共同体的特点。这种伦理共同体带来了家庭纠纷的特殊连带关系，以家庭为中心，更可以延伸为一个具有差异性的社会关系网，并在不同的关系中存在差异，形成一个"差序场"①

在家务事中，由于家庭关系的连带性，家庭成员首先是和家庭的整体利益联系在一起，这种利益不仅包括纯粹的物质金钱利益，还包括荣誉，即"光宗耀祖"、"衣锦归乡"乃至"穿锦衣而夜行"等都包含了对于荣誉的认同。在这种荣誉的共享下，家庭成员的利益具有相互牵连的关系，尤其是对于家庭成员来说，有些关系是无法退出的，比如父母子女关系，一旦产生，就无法全部消灭，即便是在特殊情况下通过法律的安排解除掉父母子女之间在法律上的关系，但无论如何都不能解除掉他们之间的血缘关系。有些关系的退出成本过高，一般不轻易选择退出，如婚姻关系涉及婚姻市场上的竞争，一个婚姻的安排既要考虑物质的因素，即能够支付婚姻缔结和维持所需要的经济基础，也需要考虑生理等要素。这可以解释虽然古代官方和儒家精英极力倡导贞操观念，但在庶民生活中，女性再婚屡见不鲜，并且在经济和性的双重制约下，男性并不会将观念上的贞操置于生活之上。对于家务事来说，当事人就处在一个双边垄断的关系中，即便有潜在的替代选择，但无疑边际成本极高，对于一般的人来说，解除血缘和婚姻关系都是极力避免的。

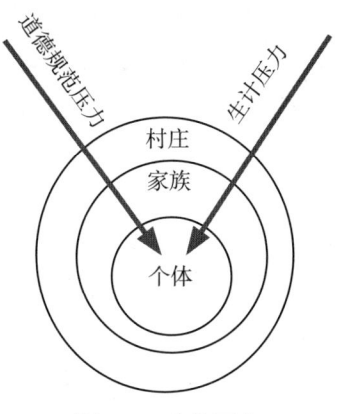

图 6-1 个体压力

这种对于关系维续的长久预期将削减国家权力的渗入力度，从而将国家的利益置于次要的地位。相对来说，对于相互关系的预期愈短暂，双方对于由特定关系所带来的共同利益越不重视，越没有动机去维系。在这种情况下，才会将法律置于重要的地

---

① 萧楼：《夏村社会：中国"江南"农村的日常生活和社会结构（1976—2006）》，生活·读书·新知三联书店 2010 年版，第 10 页。

位。至于国家，如果将法律对于社会秩序的控制功能置于首要位置，而不考虑伦理道德的具体实践，也将架空法律的有效基础。相对于一般社会纠纷来说，家务事自身的特点决定了对于伦理道德的倚重，从而在解决时也会将伦理道德的效用置于首要的地位。这也意味着如果官方将国家的权威置于首要地位时，将会损害家庭的伦理道德，置家庭于蝇营狗苟中，而这将危及传统社会自身的伦理道德基础。

个体由内而外受到单一道德规范和生计压力的约束，尽管纵向上有分层，但都属于同一个类别，在不同层级之间不存在多样性，只存在强弱。在家庭内部会出于家庭共同体的伦理、经济和社会地位的考虑将纠纷收敛在内部处理呈现为极强的私力救济冲动，并且不会倾向于过度修辞，而是残缺息事宁人策略，家庭成员也因为利益的高度连带性而容忍私力救济。在轻微的意义上表现为一般的家务冲突，严重一点的表现为家庭内部分层之间的冲突，但家庭中处于伦理上的个体具有绝对的支配权力。①最严重的家庭内部的冲突具有绝对支配地位的表现是皇家内部的纠纷，如清朝处理皇亲国戚违法犯罪的宗人府。在国外也具有同样的结构设置，如教皇专门设置改变家庭亲缘关系的法庭，拿破仑专门为了婚姻需要而制定法律。在单一圈层化的社会资本结构中，都遵循同样的处理逻辑。

一旦内部伦理问题涉及外部社会偏离，即个体所代表的纵向社会圈层之间产生冲突，这时候的伦理道德就会成为强化冲突严重性的重要修辞手段。这也是为什么在南方比较容易出现大家族之间的大规模械斗的重要社会结构性因素。在杂性群居的村庄内部，也会出现同样结构的冲突，都会因为更加明确的宗族之间的象征性道德冲突而显夸张。这点充分体现传统"实质非理性"的结构性原因，并非纯粹是个体没有理性认知，而是在单一纵向社会资本下，伦理道德话语很容易演化为不同群体之间的尊严对抗。并且因为是相互孤立的单一纵向社会资本，彼此之间没有更多合作基础，通过向过度对抗的方向发展可以更加有力地强化群体内部的支配者地位，形成更加具有"卡里斯马"特色的支配，而群体内的被支配者通过过度对抗可以获得不确定机会，有可能实现群体内部的位置跃升。从更大的社会范围来说，这也是我国古代社会总是出现战争的方式改朝换代的重要原因：缺乏足够的社会资本之间的多元协作，更缺乏嵌合型的社会资本的支持，只能采取单一的过度对抗方式获得利益

---

① 如《红楼梦》中家庭内部的惩罚，无论是主仆之间还是父子之间都具有绝对的支配权力。

的协调,因此一个长期稳定的社会状态就很难保持。

(二)嵌合型社会资本圈层下的纠纷解决

改革开放之前,中国乡村社会资本结构形式并没有根本地改变,在地理空间和信息空间的约束下,只是遵循"差序格局"的行为规范,并没有生成更加多元嵌合的社会圈层关系。随着党和国家刚性制度和资源对乡村社会自上而下供给,同时动员社会资源、技术资源、文化资源等各种力量共同形成对乡村社会全面反哺,外来的乡村社会力量已经处于多元状态。在乡村社会内部,因为自20世纪80年代开始的农民工流动,在乡村社会文化、价值观、审美、伦理道德等方面产生了全面影响,同时交通便利、信息技术普及、市场选择自由更是给乡村社会成员带来更多元的选择,不但在乡村内部形成了多元派系,更是通过村庄少数精英形成了更加复杂的外部联系。这就形成任何一个村民都同时属于多个层级多个群体的身份归属,由此形成多元约束机制,任何一个村民也同时与多个层级多个群体的社会资本相关,形成具体的物质、经济、社会等利益的高度嵌合,具有不同群体的抽象身份、社会位置、象征利益等,个体的行动就被同时纳入嵌合型的社会结构中(如图6-2所示)。

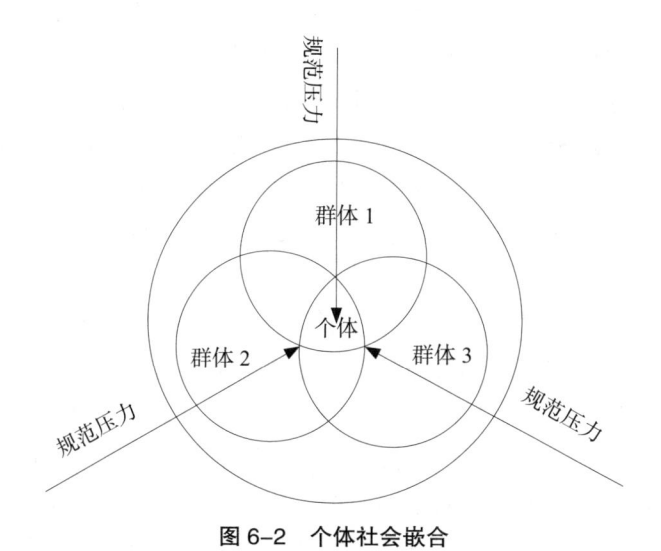

图 6-2 个体社会嵌合

嵌合型社会资本之下,"实质非理性"的社会结构基础受到了根本的冲击,除了年龄大一点的乡村社会成员,可以说在乡村社会中个体在社会偏离中想要诉诸伦理道德等"实质非理性"的纠纷解决行动逻辑,都会被结构化的嵌合型社会资本所具有的多元利益依赖约束进更加偏向"实践理性"的行动逻辑,这才是乡村社会变迁带来的真正现代性的成果,而非被简单修辞出来的法治意识或者法治素养。只有在社会结构基础上形成稳定的嵌合型社会资本，才会形成包容性和妥协性的群体行动社会结构，对个体的纠纷解决行动产生全方位的塑造，支撑起多元纠纷解决机制的稳定运行，塑造乡村社会秩序乃至整个中国社会秩序向城镇化变迁的良性再造机制，实现乡村振兴的根本目标。

个体解决纠纷行动选择要考虑多个方面因素。首先是纠纷解决后自己所受侵害利益所能恢复的程度。在不考虑连带因素的情况下，可以认为个体的利益具有明显的边界，并且不依赖于任何他人，个体的行动可以通过对侵害施加者的惩罚得到补偿。加入连带因素后，个体纠纷的解决就会和不同的群体利益相关联。在这些关联群体中，存在远近和亲疏的区别，相应地，个体从每一个群体中所得到的收益也有差异，甚至在特定情况下，所属群体间存在着相互冲突的情形。正如爱波斯坦所说的，"在最为一般的意义上，任何社会，都必须在由于资源稀缺而产生的相互竞争的不同需求之间做出某种选择。在每个社会中，弥补稀缺带来的损失，其本身就反映了调节稀缺的个体的利己主义。而利己主义，引导人们首先考虑自己、其家人、其朋友，然后才是次序渐远的其他每个人"。[①] 在一个纠纷中，双方所属的群体如果存在高度的一致，无论是最密切群体还是其他群体，纠纷解决的手段选择会被严格地限制在群体规范之内，而不大容易越出这一边界去选择其他规范。典型的当属各种帮会团伙以及家庭等，在帮会组织中，各成员对于帮会的行为规范具有严格的依赖性，尤其和国家法之间存在较强的冲突和对抗，因此帮会成员的纠纷解决会比较严格地局限在群体内部。对于家庭来说，成员之间基于血缘或者婚姻的关系，具有一致的利益，家庭纠纷也多被限制在内部解决。对于法律适用来说，其假定前提是法律能够无差别地被运用于社会中的每一个成员，每一个成员和国家的距离和利益完全相等，但这一假定无疑太过严苛，忽视了实践中的差异性和不平等。[②] 同时，在具有差异性的条件下，人们会因为各种不同的原因结成不同的群体，对于个体来说，在面对纠纷时，不同的主体对于纠纷解决所预期的收益并不完全相同，其中具有重要影响的是判断者和纠纷的社会距离的远近，并由此而带来作为判断者的公众和纠纷当事人之间连带关系的强弱不同。当公众采取与

[①] [美] 爱波斯坦：《简约法律的力量》，刘星译，中国政法大学出版社 2004 年版，第 30 页。

[②] 参见 [美] 布劳：《异质性与不平等》，王春光、谢圣赞译，中国社会科学出版社 1991 年版；[印] 森：《论经济不平：不平等之再考察》，王利文、于占杰译，社会科学文献出版社 2006 年版。

当事人一致的标准时，当事人通过纠纷解决获得的社会支持最大，当公众采取与当事人部分偏离的标准时，当事人获得社会支持的程度就取决于特定公众所代表的社会资本的强弱，当公众采取完全背离当事人标准时，即意味着当事人无论如何都不能通过纠纷解决获得更好的社会支持。

其次，当事人通过纠纷解决应对未来社会中的机会变化。纠纷解决寻求的目的包含经济利益恢复、社会形象塑造、社会机会争取、社会关系恢复、内心认知平复等，都会直接或间接影响当事人对解决手段的选择。在单一圈层社会中，当事人和作为判断者的公众之间具有高度的一致性，当事人不需要做过多选择，其行动当然会契合公众的标准，当事人一旦作出选择，将来在社会中的机会变化几乎是确定的，可以简化为一个不合作者形象。在嵌合型社会资本圈层下，一个纠纷解决行动会同时涉及不同群体的规范压力，每一个群体的规范压力都包含着不同的利益恢复、社会形象、机会和社会关系等内容。这意味着当事人如果刻板地援引单一规范来源，无论是传统的道德想象，还是对国家权力的单一想象，都会在个人的认知和社会资本的支持之间形成更多的偏离。可以简化为在单一圈层社会中，纠纷解决对未来的社会秩序影响只存在有和无、好和坏的区别。在嵌合型圈层社会中，纠纷解决对未来社会秩序的影响，包含更加复杂的动态演化可能。如果一个村庄的次级群体分化为N，每一个群体持有的评价为P，每一个P中包含经济利益影响、社会形象认同、社会机会给予和剥夺、社会关系认同与排斥等具体要素，嵌合型圈层社会中任一纠纷解决行动的外部评价就可以看作N个P的社会评价函数。在次级群体单一的情况下，当事人可以不用过多比较思考，就可以采取简单的人情和面子等线索确定行动方案。在次级群体多元复杂的情况下，当事人既难以对多个圈层进行全面了解，也难以对任一圈层向外延伸的社会关系进行全面了解，当事人的行动选择就变得更加复杂起来，法律是但肯定不是直接和唯一的因素。对于当事人来说，必须对多个群体的影响力进行排序，然后加入其他几个方面考虑的权重，最终选择可以接受的纠纷解决方式。这种情况下，基层党组织和政府的权力就具有支配上的唯一整全性特征，但出于成本考虑的基层代理关系依然会介入纠纷解决运行中，从而最终形成以带有政治和意识形态色彩的法治话语支配的治理阴影下的乡村纠纷解决格局。纠纷解决一方面不再是具体的某个群体的社会秩序偏离问题，另一方面纠纷解决的具体运行目标不再单独受当事人的约束，而是置于更加宏大的纠纷化解进程中，变成基层政权和领导干部应对上级考核和完成自己任务的一个操作过程。对于当事人来说，既需要考虑在纠纷化解中的纠纷解决行为，以便于获得更多未来的国家权力动员的资源供给支持，同时也与基层政权和领导干部形成一个吊诡的对抗合作局面。当事人通过把纠纷当作一个筹码与基层政权和领导干部进行谈判，以获取国家能够给予的利益最大化。同时基层政权和领导干部也会通过对群体资源的动员，形成制约当事人纠纷解决行动选择的机制。在这种嵌合型社会资本圈层下，当事人选择纠纷解决方案的行动就变成不同群体之间的连续对抗形式，也是当事人和基层政权领导干部之间的不断学习过程，从而再造出更加高级的社会秩序形式。

最后，纠纷解决的效果呈现多元形态，与变动的地方社会经济政治资源相呼应。纠纷解决效果具有多元性，与纠纷效果的评判者密切相关。一个纠纷解决的最优效果应该是个人社会偏离、群体社会偏离、国家社会偏离得到一致修复，获得总体上的效用最大化。在实践中，个人的核心社会偏离得到修复较为明确，国家权威得到服从和强化也比较明确，群体则处在复杂的变动中。在具体的纠纷中，个体要么面临单一的经济修复或者社会关系修复，要么追求个人社会形象的修复，如维护自己的面子尊严等社会评价，对于具体的当事人来说都比较明确。国家在法律适用中的目标更加单一，即维护秩序基础上的公平正义实现。嵌合型的社会结构及其资本意味着次级群体利益的多样性，从纠纷中要得到的社会偏离修复被分割为不同的群体价值、身份认同等具体内容。其既包括传统的年龄、知识等分层标准带来的群体分化，也包括通过职业分工带来的分化，还有因为新媒体技术带来的兴趣分化，形成不断变化的次级群体，相应预期也更加复杂而流动。当事人同时处于多个次级群体的时候，不同群体的期望和社会资本的支持就会在具体纠纷中相互冲突。这种情况下的纠纷解决效果非常依赖群体能否通过纠纷解决得以修复被视为偏离的社会关系，从而连接起个体的修复和国家社会的修复。这就形成了个体、群体和国家三个层面的社会资本支持纠纷解决效力的格局，在当下的乡村社会中，个体的流动带来对社会偏离认知的复杂化，更加重了法律对法律适用的不确定性；群体的分化变迁的快速，也意味着很难找到稳定的群体利益偏好模式，以更好地通过群体支配约束个体行动。最后只剩下国家在理性化的模式下借助基层治理话语再造出不断强化的规范和考核标准的内卷化。在乡村治理话语下不断进行的多元化纠纷解决机制建设、诉源管理等政策的展开，正是试图让多元分化的群体连接个体和国家的努力。

二、嵌合型社会资本影响纠纷解决方案选择

（一）纠纷解决方案选择的国家面向

对于法律来说，立法和法律适用过程中所遵循的原则并不相同，看待法律的内部视角和外部视角也不相同，因此导致法律在不同的层面上和不同的角度上具有不同的意义。从立法动力和立法目的来说，立法者的意志表达更为强烈，也具有更强的政治色彩。社会上不同的阶级和阶层均存在着不同的法，它们之间的关系主要是统治与被统治关系，不可能存在共识。现代法学所强调的合理性完全是一种意识形态。法只不过是社会主流阶级的意识，却被打扮成所有人的意识与意志。这一特点的不足之处，是错误地理解了共识，对法的理解过于极端。共识不一定是社会每一个成员的意志，通常所说的全体人民的意志也绝不可能是每一个人的相同意志的简单相加，它显然是一个比较复杂的合成概念。这种为共识的辩解以一种更为隐秘的方式认可了意志表达的差别性和隐含的不平等性。法形成的过程，不是达成共识的过程，而是社会上的各种弱势群体被剥夺和被边缘化的过程，弱者意志和利益不可能反映出来。在对后现代法学派的视角主义进行批评时，论者认为它不代表主流意识，而是从穷人、妇女、黑人和精神病人等弱势群体的角度看问题。这种看问题的角度当然富有启发意义，但他们大多像极端女权主义者那样走入极端，反而适得其反。同样承认了主流意识或者强者拥有立法正当性和主导性的前提，但更为重要的，不是区别出哪一种视角更为具有真理性，从一种开放的观点来说，并不存在绝对的真理标准，在各种视角的争辩中，某些视角是如何被系统化赋予正当性，而其他一些视角又是如何被扭曲或者消解，这些机制的背后力量和模式才具有更为根本的意义和价值。

现代法学强调形式上公平，法律面前人人平等，法律推理只能依法律而不能依法律以外的任何其他标准，法是自治自主而非他治的并不应与法之外的道德、政治等因素相混同。法律推理的过程并非如许多学者所说的那样客观公正，而是法官进行选择的过程，其间掺杂着法官的个人感情和伦理价值，如果探究法官的感情和价值观的形成，则个体的所有经历和文化、政治、经济等要素都要纳入进来，但显然这是一个几乎不可能的事件。但这些并不是问题的根本，如果纠缠于对法律的自由主义传统和后现代传统的区别的优劣的分别，就失去了对于法律自身所隐藏的问题的关注，而容易以问题间的差异和评价替代问题存在的根本基础。

在法学研究中，虽然流派纷呈，但在研究中，法律的客观和中立的特点则恒久地被保持着，并且作为法律无可置疑的前提，也只有这一假设，才能保证对于法律的追求与信任的正义性。通过对西方法律思想史的简单考察就能发现这一思想的根深蒂固和发挥作用的隐幽。如果不拨开重重迷雾，去掉思想和语言的盘根错节的陷阱，法律的现实面目就难以显现，当博登海默说正义具有"普罗透斯的脸"时，① 已经触及了法律所涉价值的复杂性，但在法律实践和法学研究中，并没有将这种复杂性作为一种需要直面的问题予以对待。

在自然法学传统中，古希腊人认为法律是由神颁布的，而人则是通过神意的启示才得知的。虽然有诡辩者对于法律现实的批判，比如普罗塔高乐斯否认人具有关于众神是否存在的任何知识，而且宣称作为个体的人是一切事物的尺度，存在对他来说只不过是经过主观渲染的"表象"。② 但被人们承继下来的则是神意的启示，对于诡辩论者则被人们所抛弃。但吊诡的是，柏拉图认为正义意味着"一个人应当做他的能力使他所处的生活地位中的工作"③，并且深信人生来就是不平等的。阿奎那则将法律的神意观进行了系统化，在永恒法、自然法、神法和人法的划分中，法律的神性就具有根本性，并且假定"任何人都有一种按理性行事的自然倾向，亦即按美德行事的自然倾向。因而根据这种考虑，所有善举都是由自然法规定的，因为每个人的理性都会自然的命令他做出善举"。在16世纪，经由法理神学家，尤其是海明森的努力，将法理学从神学中解放出来。④ 结果，法律科学和法律本身中的所有东西都必须以理性为依凭。18世纪的自然法学派的法学家认为，一种全涉且完善的法律体系可以根据那些经由理性而被发现的自然法原则得到建构。⑤ 对于分析法学家来说，则把法律视作一种在逻辑上相互依存的能够完全覆盖人际关系领域的法律律令体系的理想，可以构成纯粹的法律事实，⑥ 人们有较充分的

---

① ［美］博登海默：《法理学：法律哲学与法律方法》，邓正来译，中国政法大学出版社1998年版，第251页。
② ［美］博登海默：《法理学：法律哲学与法律方法》，邓正来译，中国政法大学出版社1998年版，第5页。
③ ［美］博登海默：《法理学：法律哲学与法律方法》，邓正来译，中国政法大学出版社1998年版，第7页。
④ ［美］庞德：《法理学》（第1卷），邓正来译，中国政法大学出版社2004年版，第45页。
⑤ ［美］博登海默：《法理学：法律哲学与法律方法》，邓正来译，中国政法大学出版社1998年版，第47页。
⑥ ［美］博登海默：《法理学：法律哲学与法律方法》，邓正来译，中国政法大学出版社1998年版，第251页。

理由认为，分析法学家和历史法学家都建构起了他们各自的自然法系统，他们还都认为自己发现了法律所必须赖以为凭的那些普遍原则。这些并不完全的罗列，已经足以发现在传统的法学研究中，将法律予以某种程度的神秘化和神圣化的幽灵。

这种研究上的立场系统性地忽略了法律的身份和立场，也忽视了法律制定的时候各种力量的对比和斗争，而将立法看成一个理性的显现机制，一个可以逐渐接近完美法律理想的手段。这种假设即便不是完全成立，也会在法律科学中被系统性论证成必然的结果，否则，法律自身的正当性便无法在现有的理论和经验话语中得到完整的论证，而有可能沦为无法聚集的碎片。早在《德意志意识形态》中，马克思和恩格斯就指出："占统治地位的个人除了必须以国家的形式组织自己的力量外，他们还必须给予他们自己的由这些特定关系所决定的意志以国家意志即法律的一般表现形式。""他们的个人统治必须同时是一个一般的统治。他们个人的权力的基础就是他们的生活条件，这些条件是作为对许多个人共同的条件而发展起来的，为了维护这些条件，他们作为统治者，与其他个人相对立，而同时却主张这些条件对所有人都有效。由他们的共同利益所决定的这种意志的表现，就是法律。"[1] 列宁从侧面说："法律是什么呢？法律是统治阶级的意志的表现。""就是取得胜利并掌握国家政权的阶级的意志的表现。"同样，在法律现实主义者看来，法律也不具有理想的品性，而是受各种因素的影响，虽然说"法律规则并不是美国法官判决的基础，因为司法判决是由情绪、直觉的预感、偏见、脾气以及其他非理性因素决定的"，这种观点有些过激，但"以为还没有根除那种孩子似的对一个权威性的父亲的需要，并无意识地试图在法律中发现其童年时代认为父亲所具有的稳定性、可靠性、确定性和万无一失的替代物"则无疑直指法律背后隐藏的主体。[2] 对隐藏在表面的理性、公平和正义之下的主体进行批评和打击的，在女性主义法理学中有有力的批判。从意识形态培养，到提出"人是政治性的"，父权制的压迫无处不在，家庭甚至被斥为"父亲的主要制度"。女性主义作家认为传统法理学和道德与政治理论的很多计划和主题实质上都来自男性主义的生活体验，她们提出了完全相反的生活描述，提出女性以一种与男性不同的方式体验世

---

[1] 《马克思恩格斯全集》（第 3 卷），人民出版社 1960 年版，第 378 页。
[2] Frank, Are Judges Human? *University of Pennsylvania Law Review and American Law Register,* 1931, Vol. 80, No. 1, pp. 17-53.

界，并最终也以一种不同于男性的方式认识世界。① 到了20世纪60年代之后，法律越来越受到后现代主义的挑战，在后现代主义的冲击下，法律的至上性、自治性和一致性都受到了挑战。美国学者Gary Minda把现代法学概括为现代概念法学（modern conceptual jurisprudence）和现代规范法学（modern normative jurisprudence）。它们在20世纪80年代之前还占据统治地位，"法律程序和基本权利理论在1960年代和1970年代支配了大部分现代法学的话语……在许多法学院，法律被认为是一个自主的学科，因为法律推理和法律方法被认为能充分地从综合性大学的其他学院的学科中区分开来"。随后，因内部的和外部的原因，法律的自主性受到质疑，这种状况是由被社会批判家称之为的一种"表述危机"（crisis of representation）所引发的，"这种'表述危机'在维系现代性智识方案之可能性上产生了焦虑，'后现代主义'成了描述在美术（fine arts）中以及在有关文学理论、哲学、社会科学和晚近的法学等智识学科内部之危机的术语"②。在福柯看来，权力不是一个实体，是一种关系——内在的、相互作用的关系，起作用的是权力机制，不是拥有者，也不是受体，权力机制决定拥有者和受体。权力造就主体，离开权力机制，不知自己是谁。人是在权力机制中被锻造出来的，权力关系是人的本质关系，现代社会中的个体主要是受规训权力控制的。与法律相比权力是一个更大的概念，法律权力只是权力的一种形式，在法典化的法律之外，还要看到补充法律的规训体系，"法律既不是权力的真理，也不是权力的托词。这是一种权力的入侵，而权力是复杂的、部分的。带有禁止效力的法律的形式需要被重新放置在大量的其他非法律的机制中。"③

　　对于乡村纠纷来说，嵌合型社会资本提供了纠纷解决方案多元选择空间。党和国家主导的乡村治理机制和多年的送法下乡活动主导了国家在乡村纠纷解决中的焦点地位，提供了其他纠纷解决方案的成本参考基点。在借助法律阴影或者司法阴影下的方式进行纠纷解决时，对国家所能提供的资源的话语和社会资本支持的分离形成更加功利性的参考，乡村纠纷解决从而形式上具有更强的国家在场色彩。但到底是国家支配乡村社会资本，并支配乡村的民间社会秩序，还是乡村权威借助国家培育

---

　　① ［英］莫里森：《法理学：从古希腊到后现代》，李桂林译，武汉大学出版社2003年版，第513页。

　　② Gary Minda, *Postmodern Legal Movements: Law and Jurisprudence at Century's End*, New York University Press, 1995.pp.62-63.

　　③ Michel Foucault, *Power and Strategies, in Power/Knowledge: Selected Interviews and Other Writings*, trans.Colin Gordon et al.and ed.Colin Gordon, New York: Pantheon, 1980.p.141.

自身的社会资本，从而形成更加具有地方性的经济、资本、政治混合体的支配能力，并将国家资源内化为特定群体的资源，则是一个需要更长时间段观察的问题。

（二）纠纷解决方案选择的私人面向

在纠纷方案的选择上，基于国家利益的导向具有宏观性和抽象性，是法律或者社会规范的一种应然状态，但这种面向并不考虑纠纷选择的具体实践，或者并不考虑纠纷选择的具体情景，而是将具体实践作为当然的忽略要素来处理，从而为法律的理想运作提供一种"无摩擦"的理想情景。如果将目光置于一个具体的纠纷解决方案的选择实践，无以数计的偶然因素就会不可避免地进入选择的私人视野中来。

对于个人行为的分析，必须考虑微观社会学的理论。对于微观行为的分析，始于齐美尔对于社会形式的独特理解。正像《陌生人》一文一样，齐美尔是一个看见了其他被束缚在那些熟悉的惯例中的人所看不见的东西的人，一个保守着他所知道的秘密的人，因为他没有人可说。[①] 齐美尔认为社会是一个有着自身规律的不可见世界，这些规律不仅体现在语言、技术、社会体制、艺术等文化之流中，也体现在人类互动的各种形式和模式之中，从而开辟出了宏观结构视野之外的另一重要领域。[②] 最为显著的则是符号互动论，自米德创立该理论以来，尤其是经过布鲁默的解释和体系化，符号互动论成为一种杰出的理论视角。[③] 布鲁默反对结构功能主义中的结构取向，认为社会现象只能从具体情境中获得事实，意义的来源是互动中持续的诠释过程。

在法社会学和互动主义框架相一致的令人兴奋的知识尝试是近来一些关于法律意识的研究。在法律意识研究中，人们对待法律的体验和态度受到了研究者的关注，尤其是要揭示法律运作如何被日常感知所维系或挑战。[④] 在此研究路径下，尤伊克和西尔贝提倡一种文化实践的法律观，主张对法律进行叙述性分析，但这种叙述不能局限在叙述者和听众当下的狭窄的情境下，而是放在比较宏观的结构背景下进行考察。对法

[①] ［美］柯林斯、马科夫斯基：《发现社会之旅：西方社会学思想述评》，李霞译，中华书局2006年版，第257页。

[②] ［德］齐美尔：《社会是如何可能的：齐美尔社会学文选》，林荣远编译，广西师范大学出版社2002年版，第6~7页。

[③] Jerome G. Manis, Bernard N. Meltzer, *Symbolic Interaction: A Reader in Social Psychology*, Allyn & Bacon, 1972, p.5.

[④] ［美］戴弗雷姆：《法社会学讲义：学术脉络与理论体系》，郭星华、邢朝国、梁坤译，北京大学出版社2010年版，第127页。

律权威的抵抗叙述不一定会导致制度变迁,但是当这种叙述成为权力的来源或约束性的指导时,它就将超越"当下情景"。在深度访谈的经验研究基础上,尤伊克和西尔贝用叙述性框架构建了一种法律性的理论,探析人们所理解的法律。人们对法律的认识有三种类型,即"敬畏法律"的意识中,法律是无偏的、客观的、一视同仁以及恒久的,这种意识和对于法律的神意论具有密切的关系,并且通过这一意识证成国家暴力和国家利益的正当性。"玩弄法律"则是将法律作为一种策略来使用,人们利用可获得的资源、技术、知识以及经验,利用法律来实现自己的目的。"抵抗法律"则是人们利用法律来改变对于制度的失望和厌倦。在那时,人们不是将法律性理解为人们所服从的超然权威领域,而是将其理解为人们顺从的支配性权力;人们不是将法律性看作可以追逐自身利益和价值的游戏,而是将其描述为他们身置其中的网络,他们在其中争取自由。①

在这些论述中已经涉及个人面对纠纷解决方案选择时的私人面向,如果不对私人面向和国家面向做一区别,则无法对私人面向有清晰完整的认识,对于二者的区别,有如下几个方面:

首先,在国家面向和私人面向中,法律所秉持的前提并不相同。在国家面向下,法律是一种从神性演化过来的规则,这一规则的价值无可非议。诸如正义、公平、自由、秩序等,在国家面向层面上,这些价值是法律存在的重要基础。"价值"或"有价值的"意味着被指称的一些事能充分满足需要的客体。②亚里士多德认为,人与其他动物的区别就在于人有正义的分辨能力,并由此指出家庭和城邦的组合就是正义等的结合。"人类由于志趋善良而有所成就,成为最优良的动物,如果不讲礼法、违背正义,他就堕落为最恶劣的动物——城邦以正义为原则。由正义衍生的礼法,可凭以判断是非曲直,正义恰正是树立社会秩序的基础。"③新自然法学的拉德布鲁赫、富勒、维莱、达班、菲尼斯等人都把法的价值作为自己学说的中心内容。法社会学家庞德在《通过法律的社会控制》中深入讨论了法的价值问题,他认为价值问题是一个困难的问题,但它是法律科学所不能回避的。即使是最粗糙、最草率或最反复无常的关系调整

---

① [美]尤伊克、西尔贝:《法律的公共空间:日常生活中的故事》,陆益龙译,商务印书馆2005年版,第246页。
② [日]牧口常三郎:《价值哲学》,马俊峰、江畅译,中国人民大学出版社1989年版,第55页。
③ [古希腊]亚里士多德:《政治学》,吴寿彭译,商务印书馆1997年版,第9页。

或行为安排，在其背后总有对各种互相冲突和互相重叠的利益进行评价的某种准则。在每一种场合，人们都使各种价值准则适应当时的法学任务，并使它们符合一定时间和地点的社会理想。^①在庞德的论述中，它所涉及的一是"曾经设想法律秩序是一种理性秩序，因而设想来自纯粹理性的价值准则"；二是"曾经认为法律秩序以经验为依据，因而曾经认为它是一种代表文明社会经验的价值准则"；三是"曾经认为法律秩序是一种自由的秩序，一种保障每个人在最大限度上自由地运用其意志的制度"；四是"有人企图创造一种以经济学为基础的价值准则或企图从阶级斗争中推论出一种价值准则来，他们把价值归因于一个阶级而不归因于个人；归因于一个阶级的地位所提出的要求，而不归因于个人生活或社会生活的地位所提出的要求"。在这些论述中，价值的主体并不涉及具体的个人，更不涉及具体的有着生理、心理和社会资本约束的个人。

对于具体的个人来说，并不具有也没有必要具有学者或者国家所具有的抽象认知能力，也不需要对于法律的本质有所谓的深刻认识。这一层面个体在纠纷解决中所面对的问题，都无法在抽象的理论知识层次上得到解决。

对于个人选择行为的理解，经济学和社会学有不同的假定前提。多数的功利主义者，包括古典经济学与新古典经济学，都假设人的行为是理性而自利的，鲜少受到社会关系的影响，另一端的思想则强调行为和制度深深受到社会关系的限制。罗恩曾抱怨"在现代社会学中，人被过度社会化了"，人被视为完全敏感于他人的意见，并完全屈从于共有的价值与规范系统；这些价值和规范经由社会化过程成功地内化，所以这种屈从十分自然，人们毫无反抗。古典和新古典经济学则相反地，持续着供功利主义的传统，主张社会性孤立的，低度社会化的人类行动。现代社会学强调社会秩序，社会学家习惯用文化、规范、社会化等概念，预设了一个毫无自由意志的行动者，对他人意见非常敏感，好像他的所有行动都是屈从社会压力的结果。格兰诺维特称这种观念为"过度社会化"。而古典和新古典经济学则正好相反，它们预设了一个拥有完整自由意志的行动者，完全以经济理性计算成本效益，从而作出决策，似乎完全不需要考虑社会情境问题，格兰诺维特将这种观点称为"低度社会化"。所以，这三方对正常的交易行为如何形成都有着不同的观点。格兰诺维特认为，对于人类行为的完整分析，应该尽量避免过度与低度社会化的孤

---

① [美]庞德：《通过法律的社会控制》，沈宗灵译，商务印书馆2008年版，第55页。

立问题。行动者既不是像独立原子一样运行在社会脉络之外，也不会奴隶般依附于他所属的社会类别赋予他的角色。他们具有目的性的行动企图实际上是嵌在真实的、正在运作的社会关系系统之中的。而这也正是理解个体面临纠纷时候选择纠纷解决方式的重要而有效的分析路径，只有在社会网中，才能相对完整地描述和解释具体的方案被选择的理由。

其次，法律和其他社会规范与个体的距离并不相同。对于任何一个规范来说，都有自己成长和适用的社会条件，每一个规范和个体的距离也不相同，相应地，个体可以由特定规范中获得的保护和利益也并不完全相同。如果考察一下规范所蕴含的价值就可以发现明显的特点。当提及法律规范的时候，最强的关联词语是诸如国家、权力、权利、正义、秩序等，但这些词语所出现的场景要么是和意识形态相关，要么和抽象理论相关，要么和抽象的政治哲学相关，在日常的社会生活中并没有其适用的场合。相反，对于其他社会规范来说，则与约定俗成、良心、道德、面子、人情、社会舆论等词语相连接，这些词语直接指向个体行为选择的自身情景。个体如果将规范误置入不当的情景中，都不可能获得预期的效果。在国家行为中，所彰显的不能是基于私人关系和非正式情景的规范，而应当是具有极强效力和明确性的法律，其最为集中的体现是法庭审判行为的严格格式化和神圣化，次之是对于行政行为的合法性的约束。而在私人情景或者非正式情境中，一般排斥具有极强国家色彩的话语和行动方式。比如，在恋爱关系中，除了严重到涉及刑法规范时，法律大多采取退缩姿态，同样，在涉及性关系的行为中，法律也尽可能撤退。[①]这些词语的关联体现了相应规范和个体的利益关联强度。对于法律和社会规范的强度本身和关联性无法作出量化的考察，但可以通过反向考察脱离相关规范的成本或者难易程度来加以衡量。

当个体脱离法律时会陷入什么样的社会状态，又会如何去组织自己的社会关系，在不同的法律定义之下具有不同的判断。对于采取人类学视角的研究者来说，法律存在的真正基本条件是，社会授权的当权者合法使用物质强制。雷德克里夫·布朗认为法律是"在一个区域组织内，由强制性权力操纵的通过使用或可能使用的物质力量，用以维持或建立社会的秩序"，[②]法律强制的基本特征是物质力量适用上的一般社会承认，它或者以威胁的方式，或者事实上由特权部分为合法的理由，以合法的方式和在合法的时间内适用。这就使法律的惩罚与其他社会规则区别开

---

① ［英］哈特：《法律、自由与道德》，支振锋译，法律出版社2006年版，第42页。
② ［英］福蒂斯、普里查德：《非洲的政治制度》，刘真译，商务印书馆2018年版，第14页。

来。^①采用自然法学视角的研究者来说，脱离法律后的人类就会陷入混乱之中，其中经典的表述是霍布斯的"自然状体"，被描述为一个"一切人反对一切人的战争状态"[②]，只有借助于公共权力的威慑和惩罚，否则就无法摆脱这一困境。这一描述具有极强的"思维实验"色彩，是为了回避社会关系对人的行为和社会制度的影响的复杂性而作出的假设。[③]但大量的人类学和社会学资料表明，没有公共权力的地方并不一定只有混乱，私人之间的监控和惩罚是一种常规且有效的社会控制手段。这些资料表明，对于个体来说，脱离基于公共权力的法律并不一定带来混乱和灾难，但如果脱离社会规范，则会陷入严重的后果中。

瑞斯曼在驳斥的时候采用了市场价值的确定不以规模大小来分配价值。如果将这一反驳予以深化，就会看到，在法学的基本假设——个人自决基础之上，个人自决的现实结构和来源如何建立起来，人际互动就处于不可或缺的地位上。一个正常的人如何从正面定义也许是困难的，但作为一个社会正常人的对立面的另一群体——精神病患者则在某种程度上标识着正常人的边界。在精神病学中，精神病症状要通过个人的行动来识别，《不列颠百科全书》在描述紧张型精神分裂症时说，患者可保持近乎完全不动的状态，如同塑像一样，亦常见缄默症、绝对依从及不能随意活动，这种不活动状态往往间以突如其来的冲动性活动过多或兴奋，或后于上述症状出现。如果一个人不能够很好地处理自己的语言和肢体动作，在和他人互动过程中就不可能获得支持，对于自己来说无法建立起现实感，也无法让他人形成对于自己行为的互动预期，就会导致被社会驱逐的危险。在福柯看来，对人的规训通过身体的技术控制而实现的，在西方历史上，它在保留自身的某些特点的情况下逐渐改变了方向。它被用来更经济地利用人生的时间，通过一种有用的形式来积累时间，并通过这种方式安排的时间的中介行使统治的权力。操练变成了有关肉体和时间的政治技术中的一个因素。同样，在舍夫的研究中，抑郁症患者中，没有一个具有安全的关系，他们的社会关系要么受到威胁，要么被切断。并且舍夫还观察到当患者回忆起在某种群体中的记忆时，他们的抑郁似乎减轻了，他们的言谈举止也变得更富有生气。因此，舍夫推论，当人们能够回忆在某个团体内的团结关系时，这些想法将减弱

---

① ［美］霍贝尔：《原始人的法》，严存生译，法律出版社2006年版，第26页。
② ［英］霍布思：《利维坦》，黎思复、黎廷弼译，商务印书馆1985年版，第93~97页。
③ ［美］格兰诺维特：《镶嵌：社会网与经济行动》，罗家德译，社会科学文献出版社2015年版，第1页。

抑郁的心境。而增强患者与他人之间的联系，或许有助于他或她从已有中恢复，并远离将来的抑郁。这一结论似乎并不陌生，在《自杀论》中，涂尔干通过大量的资料的分析，认为利己型自杀是社会成员在他们所处的群体中互动性很低，个人与社会的关系疏远，得不到集体的关心、支持和帮助，使个人感到孤独、空虚和无所依靠，无法享有社会成员共同的价值、信仰、传统和情操，导致利己型的自杀现象增多。自杀率表现为未婚的成年人高于已婚的成年人，家庭规模大的高于规模小的，但在战争期间由于政治原因社会整合程度相对提高，自杀率则趋于下降。显然，这些问题要得到克服，就是要使得个人的言行能够嵌入与他人的人际互动中，才能获得归属感。无论是精神病院的建立，还是现代监狱的劳动改造，都是为了使人能够建立起正常的人际互动能力，我国《监狱法》对监狱行刑目的没有明确表述，但该法第1条、第3条分别规定了：制定本法目的是"预防和减少犯罪"和"监狱……将罪犯改造成为守法公民"。监狱的主要任务是通过改造犯罪人，使其复归社会后成为守法公民，所以监狱行刑要侧重于特殊预防，以消除犯罪人的再犯可能性为主要目的，但同时又要兼顾一般预防，特殊预防不能突破一般预防的界限。例如，减刑、假释要受到一定条件的限制。所谓监狱行刑的特殊预防是指通过监狱行刑的具体运作，使已然犯罪人产生自我控制能力，复归社会后成为守法公民。这些能力包括具有体面工作以获得生存、具有社会所认可的价值取向、能够得到自己亲人接纳等方面。

齐美尔认为，社会并非一个实体，而是一个过程，一种具有意识的个体之间互动的过程，正是人与人之间的互动才构成了现实的社会。齐美尔强调社会首先是社会化的个人的复合体；其次，社会也是各种关系形式的总和。当人们之间的交往达到足够的频率和密度，以至于人们能够相互影响并组成较为固定的群体时，社会便产生和存在了。因此，他认为，社会学应该研究人们交往的基本过程和形式以及社会组织的类型，研究历史和现实中人们相互作用、联系和行为的基本模式。齐美尔在其他的一些理论中也详细讨论过法律的角色问题。他认为有各种形式的服从，比如对一个人的服从、对集团的服从以及对原则的服从。其中，对原则的服从是现代社会主要的服从形式，这在法律中尤为明显。与对单个领导或者集团的服从不同，在现代社会中人们对法律的服从是一种去个人化的服从形式。服从法律已经融入个体的意识中，服从法律的力量源于超个人的合法性，并且这种合法性以一种客体的形式出现。[1]

最后，对于具体的个人来说，在面对的纠纷解决情景中，涉及个体角度的思考和抽象文化要素的渗透与干预，对于具体解决手段的选择，受到镶嵌结构的影响。从涂尔干传统的社会学的影响来看，个人受到集体意识的影响，即集体意识和个人意识的辩证发展关系，这可以转换成社会团结和个人自由的关系问题。在机械团结中，社会总是作为个人的反面力量存在，个体总是被吸纳进集体之中，集体意识时时遏制个性的发展。社会既是个人生活下去的理由，又是个性发展的对立面，如何在社会和个性之间找到适当的平衡，从而解决个体与集体离散的危机正是涂尔干的问题意识所在。社会学家经常提醒人们去注意，人在不同情境中都渴望并努力争取同侪的好评，尤其是那些强调人的动机的理论与意识形态——虽然社会学家批判了那些忽略一项人类行为重要动机的研究，然而，争取他人认同以形塑良好自我形象的动机，已先入为主地占据在他们的思维之中。格兰诺维特认为，对人类行为的完整分析，应该尽量避免过度与低度社会化的孤立问题。行动者既不是像独立的原子一样运行在社会脉络之外，也不会奴隶般地依附于他/她所属的社会类别分别赋予他/她的角色。他们具有目的性的行动企图实际上是嵌在真实的、正在运作的关系系统之中的。[2]

对于纠纷解决手段的选择来说，处在镶嵌结构中的行动者如何看待法律解决手段的收益，不仅要考虑法律解决手段的象征价值，而且要考虑自己所处的社会结构和社会关系的具体情形。尤伊克和西尔贝经过研究发现，人们所讲述的故事，是关于他们生活中所发生的事件、关于他们的邻居、关于货物的买卖、关于政府和学校官员的交涉、关于他们与各种专业人员以及现代官僚机构的工作人员的互动，这些故事揭示了一种复合现象的存在。[3] 正如休厄尔所说："人的能动性和结构绝不是相互对立的，事实上它们是互为前提的。"[4] 行动者选择哪一种解决方案，通常要通过对个体信息和群体信息的掌握来进行，对方的社会经济地位、态

---

[1] ［美］戴弗雷姆：《法社会学讲义：学术脉络与理论体系》，郭星华、邢朝国、梁坤译，北京大学出版社 2010 年版，第 31 页。

[2] ［美］格兰诺维特：《镶嵌：社会网与经济行动》，罗家德译，社会科学文献出版社 2015 年版，第 8 页。

[3] ［美］尤伊克、西尔贝：《法律的公共空间：日常生活中的故事》，陆益龙译，商务印书馆 2005 年版，第 59 页。

[4] Willianm H. Swell, A theory of Structure: Duality、Agency，and Transformation, *American Journal of Sociology*, 1992. Vol. 98, pp.1-29.

度、能力等都会为行动者提供行动依据，并且双方的社会地位和所属群体的集合也会为纠纷解决手段的选择提供重要的参考。这能使人预先知道该个体对他们寄予什么期望，以及他们或许可以对该个体寄予什么期望。获悉了这些方面的情况，他人自会明晓，为了唤起期望的回应，如何行动最为恰当。①

（三）规范竞争中的解决方案选择

在纠纷解决中，首先要解决的是关于事实的认定问题，一个事实认定的结果并不仅仅和事实有关，还和这种事实结构中所蕴含的道德理想有关。在传统中国，服制和法律责任之间有密切关系，王肯堂在《服制》笺释中说："律首载服制，所以明服制之轻重，使定罪者由此为应加应减之准也。"②海瑞认为："凡讼之可疑者，与其曲兄，宁曲其弟；与其曲叔伯，宁曲其侄；与其曲平民，宁曲富民；与其曲愚直，宁曲刁顽。事在争产业，与其曲小民，宁曲乡宦，以救弊也。事在争言貌，与其曲乡宦，宁曲小民，以存体也。"③在现代法治理念之下，则认为一个符合程序正义的事实认定是正义的，在道德上是善的。这一观点无疑是建立在个体的平等和自由的基础之上，并且认为每一个人应该为自己的行为负责。罗卡斯则从消除人们普遍对一些不合理的审判过程所产生的"非正义感"的角度，对传统的"自然正义"原则进行了重新论证。④他认为，正义不仅要得到实现，而且要以人们能看得见的方式得到实现，只要遵守了自然正义原则，人们作出决定的程序过程就能达到最低的公正性：使那些受决定直接影响的人亲自参与决定的产生过程，向他证明决定的根据和理由，从而使他成为一种理性的主体。由此看来，无论是潜隐的还是显豁的、直接的还是间接的，一个事实的认定和描述总和一个伦理道德理想相关联，也都隐含有对于道德理想的认同或贬抑。正是通过对于具有不同道德理想的事实的强调和贬损来实现一个社会中伦理道德的传递和维续。在传统社会中，官方通过对于贞节牌坊的褒赏，将对于女性的控制具体化并一定程度上内化为女性行为的一种下意识选择。通过对于帝王将相史的强调强化官民的区别，诸如此类，无论是在历史书写中，还是在小说戏剧中，事实所蕴含的道德意蕴都是一个潜隐却又有力的因素，从孔子论诗所着重的"兴观群怨"，到"春秋笔法"，乃至"样板戏"，无不

---

① ［美］戈夫曼：《日常生活中的自我呈现》，冯钢译，北京大学出版社2016年版，第1页。
② 瞿同祖：《瞿同祖法学论著集》，中国政法大学出版社2004年版，第401页。
③ 陈义钟编校：《兴革条例》，载《海瑞集》上册，中华书局1962年版，第117页。
④ J. R. Lucas, *On Justice*, Oxford University Press, 1980. pp. 1-190.

隐含着通过符合某种伦理道德标准的事实的选择来凸显某种伦理道德的选择,并通过某种伦理道德的强化来塑造事实的选择,二者构成了一个简单却持久的互动,并影响到诉讼中对于事实的认定。

在诉讼中,对于事实的认定不但和一定的伦理道德理想相联系,更是通过这种事实的认定来满足法律自身的存在前提,而法律制定的前提中已经包含了国家在制定法律之初所持有的道德理想。即在一个法律规范中,不单蕴含一个行为模式,也蕴含一个道德模式。这也是法律的教育功能得以存在的重要基础。

在一个纷争中,认定家长殴打子女或者奴婢,这种事实的道德意蕴要优于子女或者奴婢殴打家长的道德意蕴。对于前者来说,无论是对于每一个人还是家庭这一共同体来说,至少并不会因为这一事实的认定而导致荣誉损害,反之,无论哪一方都将导致荣誉受损,并且将导致社会地位的损害,随之而来的将会是经济利益的贬损。从这个角度来说,"家丑不可外扬"是一个家庭遇到内部纷争时最优的选择,纷争作为一个既定的事实,只是对纷争进行解决,不涉及再造,也即不涉及整个家庭收益的增加,而只是在家庭内部重新进行分配。如果引入国家权力,必然增大这种重新分配的制度成本,这种成本最终还要由家庭以及其成员承担,这将导致家庭收益总体上的减损,私心只欲蔑天亲,反把家财送别人。何不家庭略相让,自然忿怒变欢欣?① 因为如果选择通过国家权力解决,除了国家可以通过该纷争解决的外部性获得权威的强调,进而强化国家的权威外,对于具体的家庭来说,通过诉讼来解决家务事则是一个纯粹的损失。在家庭不能通过诉讼获益超过诉讼收益时,也即不能通过诉讼将成本内化时,通过选择内部解决对于家庭和成员来说都将是最优的,同时对于整个社会来说,也将是最优的。

诺斯在《制度、制度变迁与经济绩效》中提到,人们在购买一个产品、服务、信息时,所考虑的是一组相关的属性,并不会仅仅考虑单一的属性而予以消费,② 就如同我们在选择一个饭店时,不仅要考虑一碗面的价格,也要考虑面的色香味等产品自身的属性,还要考虑店面环境、服务态度等相关联的属性,并且我们很难确定是哪一个单一的属性会绝对影响我们的消费。事实上,每一种属性的权重甚至也是不固定的,在很大程度上取决于其他属性的影响。任何一个属性都有可能转换为绝对

---

① 凌濛初:《二刻拍案惊奇》,中华书局2014年版,第67页。
② [美]诺斯:《制度、制度变迁与经济绩效》,刘守英译,生活·读书·新知三联书店1994年版,第39~41页。

影响因素而影响最终的选择。对于纷争的解决手段来说，人们可以在国家法、习惯、伦理、习俗、礼仪等规范之间进行选择。每一种规范都可视为一种消费，通过付出金钱、时间、信誉等成本来购买一种规范，以换取自己的收益。但是对于规范来说，除了可度量的金钱、时间等成本外，更重要的则是一种规范的符号成本，选择一种规范就意味着对于该种规范的道德意蕴的认同，也意味着对于其他规范所蕴含的道德意蕴的排除。

选择一种规范则意味着选择一种规范的诸种属性的效用。对于一个规范来说，至少有如下几种效用：维护利益的有效性、情感象征的贴近性、所属群体利益的一致性，以及同其他规范的相协调等。但同时在采用一种规范的时候也意味着对另外可能的规范所具有的一组效用的拒绝。在这个意义上，选择一种规范并不仅仅是单一的规范自身的比较，而且是在不同的效用束之间的比较。一个纷争是诉诸哪一种规范，则涉及对于不同效用的权重的考虑，从这种意义上来说，任何一种纷争都有可能诉诸一般的社会规范，也可以诉诸法律，但关键的是要看在做选择时的行动者的选择和国家的选择。对于不同的组织来说，一种规范的效用的各个方面并不具有相同的权重。在一个交往松散的组织中，基于人伦的伦理道德的价值一般不会得到重视，而是多考虑每一种行为的经济收益。最典型的当属市场，正如斯密在《国富论》中近乎无情地揭示："我们的晚餐并非来自屠夫、酿酒师和面包师的恩惠，而是来自他们对自身利益的关切。"[①] 而在企业中，经济利益最大化则是人们优先考虑的效用，在政府中，权力的获得和交换则是得到最大的认同，而在家庭这一由血缘和婚姻所连接的组织中，人伦道德则居于主要位置。可以在自我的指涉行为中假定为遵循最大化的自利动机，和在陌生人交往中的自利动机间建立一个连续变化的系统。尽管有贝克尔等人将经济分析适用于家庭，并不改变人们在实践中将伦理道德置于重要位置，或者说在家庭中，伦理道德所具有的收益高于其他组织中伦理道德的收益。因此，在家庭中将维护家庭整体荣誉的事情置于首要位置是理性的。相反，在家务事中将国家和公共利益置于优先地位是不经济的。

在法律中心主义者看来，国家是规则和执行活动的主要渊源。[②] 卡拉布雷希和梅勒米德认为国家是社会秩序的唯一渊源。任何法律体系都必

[①] [英]斯密：《国富论》，唐日松等译，华夏出版社2005年版，第9页。
[②] [美]埃里克森：《无需法律的秩序：邻人如何解决纠纷》，苏力译，中国政法大学出版社2003年版，第167页。

须面对的第一个问题就是称之为权利的问题。无论何时,只要一个国家面对两个或更多的人,或两个或更多的群体的冲突利益,就必须决定赞同哪一方。若没有这样一个决定,获得物品、服务以及生命本身之渠道就会依据"强权即真理"来决定,即谁更强大、更狡猾,谁就会赢。因此,法律所做的最基本的事情就是决定冲突的哪一方有权获胜[①]——韦伯和庞德也都赞同这一命题,即国家握有,而且也应当握有暴力使用的垄断。但这一命题显然是建立在两个前提之上:(1)法律实现零成本,即法律制定和使用过程中没有任何摩擦和阻碍。(2)法律效用的无差别,即对于任何主体来说,通过法律适用都能够获得相同的效用。如果这两个前提同时完全具备,法律中心主义者所坚持的命题当然能够成立。如果将视角转向纠纷解决实践,上述两个前提都需要进行修正。

法律与社会的学者早就意识到,规范和自助在协调人类事务中扮演了重要角色。社会达尔文主义者萨姆纳就强调"民俗"在实现社会秩序中所起的作用。[②] 塞尔兹尼克揭示了当代社会一种不容忽视的客观趋势:国家的主权已经相对化,而大企业等私人组织在社会控制中发挥着日益重要的作用。[③] 在布莱克看来,法律是社会控制,但礼仪、习惯、伦理、官僚制和对精神病的治疗也是社会控制。正如法律是国家公民中的社会控制一样,部落成员也有其社会控制;同样,家庭、车间、教会、派系集团和体育比赛成员之间都有各自的社会控制。在这些社会控制手段之间,存在着"法律的变化与其他社会控制成反比"的关系。[④] 但对于这种现象进行的相关解释则较少,所以阿瑟莱夫认为法律经济学是一个沙漠,而法律与社会研究是一块沼泽。[⑤] 对于布莱克所言的"成反比"关系如何产生,需要从规范分工和竞争关系中进行分析,但这会进一步产生下一个问题,即规范为何会有分工和竞争关系。

先从三个和尚的简单故事开始,在传统的故事中,并没有按照时间顺序展开社会关系的构造,这里需要改造一下故事的相关进程,然后综

[①] Guido Calabresi and A Douglas Melamed, Property Rules, Liability Rules, and Inalienability: One view of the Cathedral, *Harvard Law Review*.1972, Vol. 85, pp.1089-1092.

[②] [美]埃里克森:《无需法律的秩序:邻人如何解决纠纷》,苏力译,中国政法大学出版社 2003 年版,第 179 页。

[③] [美]诺内特、塞尔兹尼克:《转变中的法律与社会:迈向回应型法》,张志铭译,中国政法大学出版社 2004 年版,第 110 页。

[④] [美]布莱克:《法律的运作行为》,唐越、苏力译,中国政法大学出版社 1994 年版,第 123~125 页。

[⑤] Arthur Allen Leff, Economic Analysis of Law: Some Realism about Nominalism, *Virginia Law Revie*,1974,pp. 451-468.

合分析。故事是从一个和尚打水开始,假设第一个和尚 A,在社会学和法学的意义上,一个和尚并没有什么意义,因为一个和尚并没有社会关系,如果说有规范的话,也只有处理和尚自己和信仰或者佛祖之间关系的问题,而不存在处理和他人的关系的问题。在这一最为简化的模型中,如果能够产生规范,相对于社会来说也只能产生对自己的约束规范,而无法产生对外的约束规范,因为和尚的行为不会产生外部性,最多产生的是根据自己的需求安排行为顺序。但无论如何,在第二个和尚 B 加入 A 的独占世界时,AB 的行为都会产生对对方行为方式选择的约束,但约束的强弱并不能确定。如果一方能够较为持续地对另一方形成较强的地位,二人间的行为模式将逐渐固化为规范,从而在二人间形成较为明确的指引。对于二人间地位分布的判断,一般多以支配权力为准。但如果 AB 二人间形成双边垄断状况,支配权就无法准确描述二人间规范产生问题,本书采用依赖性来描述二人间关系可以更为细致地分析,依赖性是指这一种情况:一方越依赖对方,对方所拥有的权力就越大,越容易形成有利于依赖性弱的一方的规范。但在依赖性因素上,并不是同等重要的关系。如果引入马斯洛的"需求层级理论",生理的需要、安全的需要、社交的需要(包含爱与被爱,归属与领导)、尊重的需要和自我实现的需要,则意味着越是基础的需求越是容易形成强依赖,所以,对于生命的依赖和剥夺能力会严重支配对方,其典型表现就是"斯德哥尔摩综合征"。但如果相互握有不同层级的需求能力,双方就会形成更加复杂的交换模式。这会产生三个方面的规范问题:每个和尚和佛祖之间的规范、和尚之间的规范、适用于两个和尚的规范。

如果引入第三个和尚 C,将会在上述基础上产生更多的规范,对于 ABC 来说,至少会出现 AB/AC/BC、AB-AC/AC-BC/AC-BC、A-BC/B-AC/C-AB 等次级规范。在一个纠纷中,哪一个规范会被实质性的选择并不能够预先给定,但至少可以通过给定规范适用的两极,一极是可以整体性适用的规范,可以称之为法律,而在 ABC 和佛祖之间存在的纯粹规范可以称之为个人伦理,中间的其他规范可以称为社会规范,这样就可以形成一个对于个人行为进行全方位约束的规范网。这种分析很大程度上是直觉性和形式性的,更加重要的是寻找到这种分析所依赖的动力机制,从而能够在给定的社会条件之下来描述和推演规范的运行机制。

社会是一个过程,一种具有意识的个体之间互动的过程,正是人与人之间的互动才构成了现实的社会。在这里,齐美尔强调的是人与人之间的互动以及在此基础上形成的社会关系。当人们之间的交往达到足够的频率和密度，以至于人们能够相互影响并组成较为固定的群体时，社会便产生和存在了。正是你我的交往使社会成为可能。如果对社会的概念做最通俗的理解，那么社会就是个人之间心灵上的交互作用。社会就在人们的具有一定形式的交往中产生着、维持着、延续着。因此，他认为，社会学应该研究人们交往的基本过程和形式以及社会组织的类型，研究历史和现实中人们相互作用、联系和行为的基本模式。齐美尔对于人员数量所引起的互动性质的变化，在二人群体与三人群体、小群体与大群体的差异讨论中有精彩的分析。在二人群体中，每一方仅仅需要同另一方有关系，会比较充分地考虑对方具体的需要、愿望和个人特点。因此，两人关系可以获得在其他任何社会形式中不可能存在的亲密感情和独特性，从而产生一种排他的特征。在三人群体中，每一方都面对两个人，需要考虑两个人的个性特征。这时很难达到二人关系中可能具有的亲密性。虽然只增加一人，但性质则发生根本的变化。此时，每个人所面对的是集体，而不是单独的个人。这表明三人群体已经是完整意义上的群体了。当然，只是最简单的一种。三人群体中的关系也变得复杂多样，这可以从第三者所扮演的角色来说明。当三人群体中有两方意见不合发生冲突时，第三者可以扮演如"调解人""渔利者""离间者"等不同的角色。此外，三人群体的社会结构还可以约束其成员去实现共同的目标。其中如果两人结盟，就可能把他们的意志强加于另一人。三人群体提供了社会行动的新途径，同时又限制了另外一些机会，比如个性的表达。

对于当代法学研究来说，多通过国家主义和程序正义的视角将这些问题排除在外，而是将诸如权利、正义、公平等抽象的标准作为法学问题的基础。这种视角忽略了问题的来源和问题的性质，而是将所有问题归结为在国家意义或者社会意义上的效率或公平问题，当言及法律的时候，已经预设了国家和社会利益的焦点意义，对于个人和组织来说，只有当在国家和社会的利益衡量过程中可以获得总体性的效率或满足政治诉求的时候，个人和组织的价值不能优于国家和社会，这是一个基本的标准。在解释这一问题时，无论是诉诸以价值为核心的自然法学还是历史法学抑或哲理法学，都设置了一个大约等同于国家的神圣物，即便不将这一神圣物作为实体的对象，至少在符号的意义上，国家和社会的利益构成了小至合同纠纷和大到国际条约能否具有正当性的必要基础。而对于法社会学和法经济学来说，也设置有社会利益或者社会福利最大化等必要前提。

但如何证成国家相对于个人的优先地位，在法学理论和政治学理论中是一个纠结的话题。对于现代法学来说，它往往将法律和市民社会相联系；对于市民社会来说，它并不是一个空间概念，也不是为了论证国家法律的垄断正当性而贴的标签。对于市民社会来说，它是指有目的性地使国家权力受到限制，从而形成许多学者所谓存在于公权力之外并且受公权力保护的私人领域。在社会流程的意义上，意味着人民完全免于政府或其他势力的高压统治，使得个人高度自治权及创造力得以盛行。因此，市民秩序包括所有私人的选择过程及机制，有别于公共机制。在市民秩序下，个人可以选择过其想过的生活，同时他们必须规范彼此的关系。① 但这一假定无疑和前述法律中心主义所依赖的个人和国家的距离相冲突。

"在面临某种复杂的纠纷时，人们是否选择诉讼来解决，取决于围绕纠纷的种种情况或因素，也就是说，该纠纷牵涉的利益大小，纠纷的性质，当事人之间的社会关系，利用律师和法院的难易程度，是否存在替代性的纠纷解决方式，当事人对审判的心理等等。"② 除此之外，司法资源的有限性、司法调整手段的强制性也决定了其只能解决部分社会纠纷，有些社会纠纷需要其他的调控手段来解决。

三、嵌合型社会资本影响纠纷解决的基本构成要素

纠纷解决是一个综合了各种因素的复杂过程，"一个民族的生活创造它的法制，而法学家创造的仅仅是关于法制的理论"③，因为"与现实相比，任何理论都不过是一种解说，而且永远不会是最后的解说"。从法社会学角度看，纠纷解决的基本构成要素可以分为纠纷解决当事人、纠纷解决方式和第三方，每个基本要素都受到社会资本的直接影响，基于嵌合型社会资本的视角可以为分析纠纷解决的实践提供更为贴近的分析工具。

（一）当事人的社会位置影响着纠纷解决中的策略选择

纠纷解决当事人处在特定的社会位置，拥有特定的社会资本，纠纷解决行动也同时与归属的群体身份、社会地位和社会认同密切相关，意味着该当事人的纠纷解决行为一定是和相关的群体有连带关系。"在高度

---

① ［美］瑞斯曼：《看不见的法律》，高忠义、杨婉苓译，法律出版社2007年版，第19页。
② 夏锦文、徐英荣：《现实与理想的偏差：论司法的限度》，载《中外法学》2004年第1期。
③ 朱苏力：《后现代思潮与中国法学和法制：兼与季卫东先生商榷》，载《法学》1997年第3期。

分化的社会里,社会世界是由具有相对自主性的社会小世界构成的,这些社会小世界就是具有自身逻辑和必然性的客观关系的空间,而这些小世界自身特有的逻辑和必然性也不可化约成支配其他场域运作的那些逻辑和必然性。"布迪厄这样定义场域:"一个场域可以被定义为在各种位置之间存在的客观关系的一个网络,或一个构型。"[1] 场域是由不同的社会要素连接而成的,社会不同要素通过占有不同位置而在场域中存在和发挥作用。场域就像一张社会之网,位置可以被看成网上的纽结。位置是人们形成社会关系的前提,"社会成员和社会团体因占有不同的位置而获得不同的社会资源和权利"。[2] 布迪厄认为场域作为各种要素形成的关系网,是个动态变化的过程,变化的动力是社会资本。这一理论中已经蕴含了纠纷解决当事人行动时作为场域焦点的问题;而林南的定义更加具有中国文化背景下的特色,在林南看来,所谓资源就是"在一个社会或群体中,经过某些程序而被群体认为是有价值的东西,这些东西的占有会增加占有者的生存机遇"。[3] 个人资源指个人拥有的财富、器具、自然禀赋、体魄、知识、地位等可以为个人支配的资源;社会资源指那些嵌入个人社会关系网络中的资源,如权力、财富、声望等,这种资源存在于人与人之间的关系之中,必须与他人发生交往才能获得。社会资源的利用是个人实现其目标的有效途径,个人资源又在很大程度上影响着他所能获得的社会资源。

在纠纷解决中,如果考虑到当事人在不断地相互交换过程中,既考虑自己的内在结构的需求,也考虑未来自己社会位置的变动,从而对纠纷解决的结果作出更加符合当事人自身的利益需求的判断,采取一个更加内在当事人的视角,以取得自己预期的结果;那么,这一纠纷解决过程就不仅是对过去利益和人际关系的修复问题,而且是一个更加着眼于未来的人际关系以及未来利益的再造问题。因此,当事人的纠纷解决策略选择就是以自己为中心的社会资本动员博弈问题。

(二)纠纷解决方式是特定社会认识的结果

纠纷解决方式本身内在于特定的社会结构,是特定社会中对社会偏

---

[1] [法]布迪厄、[美]华康德:《实践与反思:反思社会学导引》,李猛、李康译,中央编译出版社1998年版,第133~134页。
[2] [法]布迪厄、[美]华康德:《实践与反思:反思社会学导论》,李猛、李康译,中央编译出版社1998年版,第147页。
[3] [美]林南:《社会资本:关于社会结构与行动的理论》,张磊译,上海人民出版社2005年版,第36页。

离认识的一个结果,没有相对应的社会结构提供足够的支持,任何一个为其他意图而设置的纠纷解决机制都会在实践中被当事人通过各种方式规避掉。从纠纷解决实践来说,并不能明确区分出每一种单一的纠纷解决的纯粹方式。相反,在纠纷解决过程中,这些方式被当事人以不同的方式利用着,呈现混合形态,在纠纷解决过程中作为不同的策略来实现自己的目的。这一过程并不受纠纷解决方式的先定影响,而是受着更为具体的纠纷解决情景的影响,围绕这一情景,纠纷解决当事人会对不同的纠纷解决方式进行不断的解读、利用和规避。

这种不断的选择既有宏观影响,也有微观的影响。一般来说,在宏观上,并不能通过具体案例清晰分辨出社会结构的影响效果,因为对于宏观上的时间尺度来说,一个具体纠纷解决的时间尺度无法显现其效果。因此,这一角度只能在宏观统计概率上看到,在不同的社会历史条件下不同的纠纷解决方式的分布并不完全相同。从时间尺度上来说,法律在整个社会纠纷解决中的价值愈加重要,这点无论是从纯粹的意识形态上,还是纠纷当事人对于纠纷解决方式的信赖程度上,都有这种变迁。而从社会空间分布的广度来看,通过法律的解决也越来越占据整个社会中纠纷解决的高端部分,而其他的纠纷解决方式则分散在多元化的替代性纠纷解决机制中。在微观上,因为当事人所面临的纠纷解决环境会不断变化,一点诱因就可能导致整个纠纷解决策略的根本性改变。

表面上看起来是整个社会的法治要素密度逐渐增加,如果更深入探讨归属于法治要素的纠纷和归属于其他领域的纠纷,显然更能描述当今社会复杂化之后的状态。在不能直接得到经验数据的情况下,可以通过设置一个反证机制,至少检验一下现代社会法治密度增加的最低限度质疑。第一,在极限情况下,一个单一的法治社会应当是只有法律一个系统规范社会,需要很强的假设前提。即具备几对相对应的要素,稳定的法律体系和稳定的社会秩序,无传播损失的法律和事实信息传播与全知全能且无偏私(或者至少不欺诈)的个体,能够支付法律全覆盖的财政、人才、知识体系和最优的法律运作机制,利益分配的绝对均等和个体偏好及其改变概率完全一致。第二,如果不能一致,至少保持整个社会体系演化方向走向单一,这又要求新的强假设。即具备几个相对应的要素:社会认知体系和价值体系高度一致,任何群体都获得同样的资源和演化机会,自然和社会不存在任何风险,群体之间的接触和融合在话语和行动上完全无障碍。第三,在前两个假设基础上,一个社会演化既能保证规范类型的单一,又能保证演化的顺利,还能应对自然和社会风险。这二种要求之间存在实质性悖论，不能同时满足。第四，如果规范类型单一不能满足，会出现基于规范的各种群体以及群体内部规范，群体由规范界定，该规范体系拒绝国家法律程度越强，群体越明确，任何统治者群体都可以归入这一类，即马克思主义下掌握立法权的群体或者通过宪法确定的权力机关。以此类推会出现不同的群体。如果不能保证演化顺利，即社会平稳发展，则规范稳定性和应对自然和社会风险也面临不确定。如果不能应对自然和社会风险，则规范体系也会溃败。第五，在更加宏观的时间尺度下，规范体系、演化顺利和风险对抗能力必须是多元的，以保证社会演化基本结构的弹性。在中观时空尺度下，群体维持需要的规范执行成本和群体交往的话语和行动穿透力能够得到协调，这意味着群体无法被完全消除，甚至随着技术社会创新出现无数的新兴群体，也意味着必然存在规范体系在中观上的多元化。在微观行动尺度上，个体的话语、偏好等因素，意味着基本不存在绝对稳定的次级关系，甚至初级关系也不稳定。因此必然形成多个维度的多元规范类型，并且不同规范类型都在自己的有效域内构成完整的适用体系。

对于乡村纠纷来说，总体上刚好符合第五的所有情形，并且处在快速从乡村社会转向城镇社会的过程中。各种新兴群体不断出现，个体对未来的预期也愈加多样，最终形成纠纷解决行动选择的多样。

（三）第三方通过嵌合型社会资本对纠纷解决产生影响

在一般的法律理论和纠纷解决理论中，第三方往往通过相应的机制以中立的立场出现。但这无疑建立在一个高度理想的基础之上，这点在司法的理性主义设置中更为明显。这种理想型建立在通过理性程序的设置，可以将其他因素隔离在程序之外，从而不考虑纠纷解决中所有主体的社会利益连带，也不考虑主体作为一个社会人的自我需求。但从嵌合型社会资本的角度来看，纠纷解决中的第三方无论在何种意义上，都需要在这一过程中得到相应的回报，无论是来自国家的政治、经济或者名誉资源的回报，或者是来自民间的社会资本的回报。如果认为通过理性程序就可以隔离这些影响，事实上反倒可能使得通过理性程序侵害私人和社会利益的行为获得法律上的正当性，最终导致和程序正义相背离的结果。

因此，纠纷解决中的第三方并不可能站在中立的立场上，而是参与一个目标并不相同的策略中。这一问题在布莱克的《法律的运作行为》中有所涉及,[①]在棚濑孝雄的《纠纷的解决与审判制度》中也有涉及。[②]但如何去衡量和评估第三方在纠纷解决中的立场,也需要如同对于当事人一样所处的社会结构之中来理解,但与当事人所不同的是,第三方并没有具体的利益关系,而是在这一过程中通过社会资本的交换来获得自己的满足。对于第三方来说,不存在无立场和无利益的绝对中立者,第三方之所以提供相关的服务,要么是来源于正式权力的强制,要么是来源于非正式的社会影响力。作为第三方出现的时候,即第三方已有社会资本的显现的结果,意味着第三方对于当事人以及其他相关群体的影响力和支配力,也意味着第三方可以通过解决纠纷来再造出自己的社会资本,正如布劳所说,"通过向别人提供所需要的服务,一个人建立了对于他们的权力"。[③] 如果与这一条件无关,就不可能出现第三方,即便有形式上的第三方,也会在多个层面上被第三方和当事人规避掉。

这些要素内部构成以及要素之间的结构,并没有固定的模式,只有建立在嵌合型社会资本的动态分析基础之上,才可能解释和预测某一纠纷解决的运作。因此,对于纠纷解决的研究不仅需要宏观的或者微观的不同层次考察,也需要从纠纷解决的不同要素的不同角度出发。也许这样看来所有的纠纷解决过程在微观层面上呈现出无序的特征,但这可能更符合纠纷解决的经验逻辑。这一角度很容易和传统的宏观视角产生表面上的冲突,甚至会造成弱化法治的印象。但只有承认和认真考察微观尺度上的无序纠纷解决方式,才能够更好地理解宏观的理论在实践中的边界,从而一方面改进理论的预设基础,另一方面更加宽容地看待纠纷解决实践的多样性,而不是固守理论边界去删割现实经验。

随着社会变迁,乡村发生了整全性变迁,不能够为原来的社会秩序提供足够的社会压力,相应的规范体系的社会性惩罚不再有效。一部分从原来的社会群体下分离出来的次级群体,面临着需要重构的境况,既有对于现代法律治理的需求,为法律治理的进入提供社会基础的有利一面,但同时也有导致社会"灰色化"的风险,而各种纠纷解决方式就在这一变迁社会状况下运行,只有通过对不同纠纷解决方式的比较研究,才能够更加准确地在变迁社会的框架下重构不同纠纷解决方式的结构,形

---

① [美]布莱克:《法律的运作行为》,唐越、苏力译,中国政法大学出版社2004年版,第48页。
② [日]棚濑孝雄:《纠纷的解决与审判制度》,王亚新译,中国政法大学出版社2004年版,第37~40页。
③ [美]布劳:《社会生活中的交换与权力》,孙非、张黎勤译,华夏出版社1988年版,第138页。

成有效而和谐的多元化纠纷解决体系。

纠纷解决过程也是当事人双方社会资本的相互抗衡和博弈的过程，只有一方的力量强过另一方并能够被整个有紧密联系的群体所认同，这一结果才具有中观上的正当性。因此，从当事人在纠纷解决过程中所动员的力量来看，可以将纠纷解决分为公力救济、私力救济和社会救济。而多元化纠纷解决方式就是在当事人动员不同的力量的过程中通过协商、调解和裁决等三种基本方式的组合。棚濑孝雄通过两个基轴对纠纷解决的过程进行了分类：一个是"合意性—决定性"之轴，另一个是"状况性—规范性"之轴。① 在合意性解决中，纠纷解决的内容完全由当事人之间的具体状况决定，基本上不受规范的制约。但在这一过程中，也会有规范性的契机。在纠纷解决过程中无法绝对将纠纷解决是因为合意还是决定、状况性还是规范性区分开来，这些因素总是混同在一起，并且因为纠纷解决的当事人、利害关系人以及其他一般社会成员的利益的不同而呈现不同的状况。

在双方纠纷解决中，如果严格假定没有第三方的话，该解决过程就取决于双方的对比，但这种严格假设并不具有现实意义，事实上每一个当事人都会通过连带关系引入第三方，无论第三方是否以明确的身份介入纠纷解决或者以间接的社会压力介入纠纷解决。因此，在实践意义上，纠纷解决中第三方的社会位置以及第三方对于纠纷解决的影响就变得非常重要，其影响机制就需要深入细致的研究，尤其需要考虑第三方如何在以特定的社会资本背景之下采取自己的行动对纠纷解决进行干预。在中国乡村的纠纷解决实践中，第三方的干预有几个途径：首先是来自村庄内部的原生型权威的干预，主要是家庭或者家族权威；其次是因为国家的治理手段所造就的基层官员和村干部的权威；再次是因为某些比较发达的乡村中存在行业团体而出现的行业权威；最后是法律权威。这些不同的权威对于乡村纠纷解决的影响构成了乡村纠纷解决的主要结构性动力，也是分析乡村纠纷解决运行的重要基础。正是第三方的来源不同，第三方所代表的社会资本也不相同，在纠纷解决过程中对于纠纷解决的方向的干预不相同，干预的性质和强度也不相同，所引进的价值和行为模式的选择也和相应的结构性要求相适应。

---

① ［日］棚濑孝雄：《纠纷的解决与审判制度》，王亚新译，中国政法大学出版社2004年版，第9页。

第三节　嵌合型社会资本促进乡村纠纷解决多重目标统一

在纠纷解决过程中，当事人、第三方、纠纷解决机制和纠纷解决环境都有不同的社会位置，也有不同的期望，通过纠纷解决也可以实现不同的目的。不同甚至相冲突的目的如何统一到一个稳定的社会秩序中，有赖于一个高质量的社会资本支持。嵌合型社会资本既能使得个体处于多元交错的利益网络中，也提供了一个具有包容性的社会信任结构，可以为多重目的统一提供社会基础。新中国成立后，一直受到党和国家自上而下的制度供给，设计乡村治理的模式，框定乡村发展的制度和社会空间。党的十九届四中全会指出，推动社会治理和服务重心向基层下移，把更多资源下沉到基层，更好提供精准化、精细化服务。在基层更是形成具有竞争性的乡村治理模式，通过主动供给各种资源形成保姆式乡村发展模式。[①] 这种嵌合型的乡村社会及其社会资本，构成了一个从改革开放初期的乡村社会快速发展，到市场经济和城乡二元分离的阻隔加重，再到经济层面城乡二元结构事实上弱化，乡村社会更大程度上成为一个乡村社会成员空间选择扩大后的一个剩余物，但在政治和农业安全上又具有重要性的场域，多元因素的影响构成了复杂的嵌合型社会，按照西方乡村发展的逻辑难以解释我国乡村发展逻辑，也难以解释纠纷运行的机制。

从乡村治理角度来说，我国现行的多元纠纷解决机制建立在多重目的上，事实上是传统法律思想中实用道德主义的现代化表达。这点从调解产生的社会历史基础可以得到充分的说明。因为要通过对农民的动员而获得革命资源，更加注重通过对政治目标和政治理想的运用实现治理。在这一阶段，虽然理论和实践上有不同的区别，但是因为总体上注重国家对于社会的渗透观念的影响，作为治理手段之一的调解也承担了重要的实现国家政治目标的功能。因为注重多元的权力压力，既有党组织和社会的压力，也有物质刺激和精神刺激。这种调解也与传统的调解有较大的区别，具有较重较明显的判决的性质。

2010年尤其是2017年以来，乡村治理话语成为描述和解释乡村社会

[①] 在对LB市乡村治理进行调研时，作为国家示范的乡村治理模式，它是通过国家工作人员包村兼职法治副书记、通过政府购买法律服务为乡村提供一村一顾问服务，同时又建立综治中心、便民调解中心，聘用民间调解员，采取定期排查、重点跟踪等方式，形成了对乡村社会秩序的全流程管理，事实上将乡村纠纷转化为相应国家工作人员和地方政府的管理职责。

发展的重要资源。受乡村治理自上而下运作逻辑的影响，加上国家主动采取对乡村各项资源的反哺式供给，党和国家的治理逻辑和治理行为涵盖了乡村社会生活的各个方面，大到乡村产业安排，小到乡村社会成员个人生活工作乃至日常互动，形成了全覆盖的保姆式乡村治理模式。同时从乡村社会成员行动逻辑来说，又形成了嵌合在国家治理行动中的实用主义依赖，更加剧了乡村社会成员行动的嵌合型色彩。最终形成工具性利用国家资源供给的行动逻辑，作为国家代理人的政府基层和干部在某种程度上也形成了默许的合谋，以实现国家治理任务条块化标准化要求。对于治理话语下的纠纷解决来说，不同主体的认知和期望并不相同，在共享的社会资本交错中形成了相应的纠纷解决机制。

一、当事人内在视角的纠纷解决目标

对于当事人来说，纠纷本身就意味着一定的物质利益、社会关系、社会地位的贬损，需要通过一定的方式恢复自身在社会关系中的位置，获得物质利益上的修复，最终形成内在认知和社会位置的再造，甚至通过纠纷解决获得更多的机会，巩固自己的社会地位。这意味着当事人对纠纷的认知和期望是一个包含了复杂交错圈层的结构，融合在嵌合型的社会资本中。如果缺乏嵌合型社会资本，就无法形成交错的结构，个体就无法通过不同群体的社会网络获得足够的期望，也就不会进行更加理性的选择。如王村，在20世纪90年代前，外出打工还较少，人们还高度封闭在以村庄为核心的周边20公里范围的空间内，不需要也没有充足的资源提供一个理性社会的基础，人们在日常生活中遵循人间的伦理道德和自然的季节轮换。这种社会空间和资源基础不会形成带有反思性的理性选择，需要外部力量的打破才有可能。

可以说，如果仅仅是一个高度封闭的单一社会资本，个体根本不需要进行选择的情况下，纠纷解决无法获得与国家法兼容的基础，这也是传统社会中封闭乡村存在较多非理性内部纠纷解决规则的原因。如何选择纠纷解决方式，直接受到其认知和期望的影响，具体的解决方案的选择空间则是一个手段集合。在具有实用道德主义的法律观念系统中，所有解决手段都是道德和实用价值的混合体。[1] 从当事人内在视角来说，纠纷解决运行就是一个以自身为核心的社会资本动员和再造的过程，只有符合自身在社会结构中的物质利益补偿，社会关系修复，社会地位恢复，

---

[1] 黄宗智：《道德与法律：中国的过去和现在》，载《开放时代》2015年第1期。

一个有效的纠纷解决才能运转起来。

首先,当事人对纠纷解决相关利益的主观期望不同,其中的具体构成要素比例也具有复杂性。当事人在具体的社会场景中作出纠纷解决行动选择的时候,需要对各种利益加以评估。在任何空间中,一个纠纷解决的主观期望至少包括主观和客观两个要素。主观要素是个体内心的满足,即因为纠纷带来的内心的失落、挫折、焦虑、沮丧、羞辱等,需要通过纠纷解决得到一定的修复,同时也包括对相关社会角色的情感修复,对某些主体产生亲近感。客观要素包括法律上最常见的货币化处理手段,无论是人格贬损、身体伤害、财产损失,还是生命和健康都可以转化为一定的货币价格进行处理,同时也包括社会关系的修复和改进。这两个要素都是当事人内心的期待,与当事人在村庄中的生活史密切相关,从而形成当事人之间主动协商或者忍让—寻求与双方都有紧密社会联系的中间人—权威中间人—法庭这一方案选择序列,在该序列上的第三方与当事人的生活史也呈现为由紧密到陌生的连续变化。如果不理解一个当事人的生活史,便很难理解当事人执着于一个外人看来理性上非常不值得的追求。只有从当事人的生活史角度,才能真正连根拔起,实现案结事了。

对于任何一种纠纷解决方式,最终都要形成道德和利益话语的协调,才能够在当事人的社会生活中产生效果,并形成稳定的社会关系互动,强化原有的社会资本。从我国乡村社会纠纷解决的演化历程来看,这里的道德和利益话语在表面上和内在中呈现从"自然状态的一致—强制的一致—治理的一致"演化过程。(1)在传统社会中,因为共享稳定的地理和文化背景,具有较为一致的社会背景,一旦出现纠纷就很容易将个人社会地位、荣誉、名誉等因素关联起来,其中的物质利益也需要转化为一定的道德关联才能获得正当性。正如传统乡村社会中将财产纠纷与家族之间尊严相关联[①],或者如婚姻家庭纠纷中将具体的利益转换为具有道德色彩的"七出三不去"[②]。(2)自新中国成立到21世纪初期,随着共产

[①] 如三尺巷故事的传播,事实上是将财产利益赋予道德价值,表明财产利益本身并不重要,而是转化为更加具有生产性的社会名誉更为重要,但是否转化、如何转化、与当事人社会位置密切相关。对于离开村庄为官的当事人来说,在当地的社会生活中并没有直接的物质利益牵连,他并不依赖当地物质利益给自己提供更多社会利益的再造。但作为一个仕宦人员,在当地的社会名誉具有更强的再造性,可以勾连起更加广泛的象征性利益。有关三尺巷或者六尺巷的故事版本很多,傅以渐、王安石等人都作为主人公出现过,这些故事出现在全国各个地方,也反映出这一类纠纷对于道德和物质利益转换的普遍性。

[②] "七出三不去"背后都是物质利益或者社会关系。详见王歌雅:《中国婚姻伦理嬗变研究》,中国社会科学出版社2008年版,第32页。

党对乡村控制能力的加强，又通过国家宣传和制度供给，形成了以法治话语压倒性支配乡村纠纷解决的格局。在乡村纠纷解决中，当事人的话语被法治话语压制，不仅要送法下乡，[①]更要对乡村纠纷解决中的道德话语予以系统化排斥，将与偏离法治话语的纠纷解决方式归为道德上的落后。这种语境下，当事人在纠纷解决中所采取的行动策略就出现了全面的分化，也刚好与改革开放到21世纪初期国家逐渐强调法治建设密切相关，也与法学理论中对西方法治模式，尤其是对韦伯所描述的"形式理性主义"的痴迷密切相关。尽管有学者对韦伯式的"理想型"分析方式有所批判，[②]但在法学领域和国家主导宣传中，则呈现对习俗和道德话语的明显全面压制。当事人也随之发生分化，乡村社会中可以脱离原有社会关系的个体开始借助法治话语解决问题，维护自己的各种利益，形成强制性的一致，不能脱离原有社会关系的个体则处在各种不利位置，自己的物质利益、社会利益、社会地位不能与自己的期望一致，更被国家权威塑造为落后和愚昧的必然后果。农民这种传统价值与现代社会中个人奋斗、自我实现的价值并不相容，被作为愚昧落后观念被遗弃。旧的安身立命的价值失去了，新的现代价值未确立，构成生命意义和终极关怀的价值缺位，农民难以完成有限生命与无限意义之间的转换。[③]

其次，在嵌合型社会资本中多重利益的道德色彩和利益表达存在更加复杂的关系，哪一个要素是决定当事人行动选择的根本原因要进行社会位置和社会资本的索引性分析。多元纠纷解决机制在道德和利益的博弈下演化为实用道德主义选择模式，修辞话语受权威资源的供给影响。在现代乡村治理话语下，建立健全党委领导、政府负责、社会协同、公众参与、法治保障、科技支撑的现代乡村社会治理体制，以自治增活力、以法治强保障、以德治扬正气，健全党组织领导的自治、法治、德治相结合的乡村治理体系，构建共建共治共享的社会治理格局。[④]

从晚清开始，为了能够更好地控制乡村社会和生产资源，以汲取足够的税费支撑国家的各项支出，所有政权都采取了对乡村全方位控制的

---

① 苏力：《送法下乡：中国基层司法制度研究》，北京大学出版社2022年第3版，第27页。
② 黄宗智：《道德与法律：中国的过去和现在》，载《开放时代》2015年第1期。
③ 这一时期典型的分化体现在两个方面：一个是法律上的去道德化，另一个是社会秩序上的被贬低化。前者见苏力：《〈秋菊打官司〉案、邱氏鼠药案和言论自由》，载《法学研究》1996年第3期。后者见贺雪峰：《农村价值体系严重荒漠化》，载《环球时报》2014年6月24日；董磊明：《宋村的调解：巨变时代的权威与秩序》，法律出版社2008年版；陈柏峰、郭俊霞：《农民生活及其价值世界：皖北李圩村调查》，山东人民出版社2009年版。
④ 中共中央办公厅、国务院办公厅：《关于加强和改进乡村治理的指导意见》，http：//www.gov.cn/zhengce/2019-06/23/content_5402625.htm，最后访问日期：2021年12月23日。

策略。但直到20世纪五六十年代，国家对乡村的权力渗透都未能实现。到人民公社时期，虽然在经济上造成了严重的后果，一个在党和国家权力高度渗透的乡村发展模式也就此形成。在城乡二元结构下，利用国家控制和农民选择空间的限制，成功利用剪刀差建立起我国的工业体系，出现农民工这一改革开放后最大的劳动者群体，形成了中国世界工厂的制造业优势。经过改革开放初期到21世纪初农民工在城乡之间流动带来的漂泊状态，城乡之间尚存在更多的认同差异。在进入新时代，乡村在总体上解决基本的温饱问题之后，更多的乡村精英通过城乡流动改变了城乡之间的认同，也改变了乡村社会的社会资本。墨菲通过对信丰县和于都县的实地调查，采用结构主义方法，对农民工流动中的社会行动者、价值、目标和资源之间的交互作用进行了分析。他认为农民工流动是对原有的多样化策略的拓展，也将新的价值观和资源引入农村社会。通过社会互动，目标被不断地塑造和再塑造，由此认为农民工流动的意义在于将人们置于更为广阔的价值体系和社会可能性的背景中。①

在2006年农村税费改革彻底完成之后，党和国家对乡村的治理方式从原来的汲取型转变为反哺型，通过各种项目反哺乡村经济建设、环境整治、社会治理等项目，产生乡村纠纷解决当事人面临的选择空间更加多元的情形。这一方面带来了乡村社会成员对基层政府干部的新型依赖和利用，另一方面也产生了严重的机会主义行为。前者带来了基层干部分利型治理模式，②后者则出现了较为严重的谋利型信访。③项目制引入了竞争机制，激发了县际、乡镇际乃至村际竞争，但由于层级之间的信息不对称，使得自上而下的项目供给脱离自下而上的实际供给需求的表达。在资源不断输送的利益链条中，权力寻租者、地方富人与灰黑社会势力、谋利型的机会主义农民等几个行动主体相赖相生，形成分利秩序，普通民众被排除在外，乡村治理出现内卷化。④通过乡村扫黑除恶，分利秩序得到了一定程度的纠正，一个以服务型治理的模式正在形成，而乡村也出现本土文化和社会秩序的新型塑造。

---

① ［爱尔兰］墨菲：《农民工改变中国农村》，黄涛、王静译，浙江人民出版社2009年版，第217~218页。

② 李祖佩：《分利秩序：鸽镇的项目运作与乡村治理（2007—2013）》，社会科学文献出版社2016年版，第198页。

③ 田先红：《从维权到谋利：农民上访行为逻辑变迁的一个解释框架》，载《开放时代》2010年第6期。

④ 陈锋：《分利秩序与基层治理内卷化：资源输入背景下的乡村治理逻辑》，载《社会》2015年第3期。

第六章 ▶ 嵌合型社会资本与乡村纠纷解决的内在逻辑

在王村，以传统古村落维护项目为契机，重新恢复20世纪80年代的东西寨门，唤起了当地对传统社会秩序的回忆。2019年上半年，又在P市的支持下修缮老街，将其改建成抖音基地，吸引了周边约40公里范围内的演艺人员和群众，本村村民以组织演艺、提供场所、安排饮食保障等方式参与进来，更是有多个演艺队伍和个人积极参与，一个新型的社会动员机制正焕发活力，原来受到家族、经济条件、社会地位等影响的社会关系在新的动员下形成新的形态。主要表现在年轻女孩尤其是有在外打工经历的年轻妇女，在抖音等网络社交媒体上表现更加活跃，即便原来被整个社会塑造为土气的老年人，也随着跳秧歌和广场舞重新获得关注，生活也多了更多乐趣，原来在村庄中并不受待见的所谓"流光蛋"[①]，也因为更能放开表演而获得更高的社会地位[②]。

理解当事人内在选择机制的多样性，需要从构成乡村社会资本的多元群体入手，去描述不同群体的道德选择和获利动机。对于纠纷当事人来说，物质利益、社会关系、社会地位都不再是绝对不可改变和转化的对象，更没有严格恪守某一道德标准的实质非理性描述。[③] 即便乡村中依然有少数守着绝对实质非理性价值的老人，也因为在经济和文化上的全面落败而缺乏影响力，在经历了20世纪90年代以来的冲击之后，这些老人事实上已经放弃对自己价值观的坚守或者至少不表现出对现在人们行为方式和价值选择的批判。这形成了一个更为灵活的乡村价值体系，明显区别于改革开放到21世纪初期的无序和冲突，更加具有通过不同社会资本相互交换妥协的能力。

这里的奥秘在于改革开放到新时代以前的乡村社会秩序受到快速冲击的同时，能够重新组织乡村社会秩序的社会资本尚未形成。进入新时代以来，政治的、意识形态的、经济的、文化的、道德的等各种社会资

---

① "流光蛋"是当地一个俚语，指当地那些不务正业，并且会有一些轻度越轨行为的年轻人。当地语境中并不必然是一个严重的贬义词，但一定包含与当地主流尤其是老年人的道德期望相悖的意思。

② 乡村社会中最能够与城市文化相融合的一直都是村庄社会中的"不务正业"者，这类群体不受制于农业生产的空间，从而获得了在各种领域流动的机会，恰恰具有社会资本中的弱连带优势，或者具有结构洞功能。无论是电影《hello！树先生》中树的哥哥的形象，还是伯德格在对美国农村变迁中新技术传播机制的分析，都体现了乡村与城市社会衔接机制的特殊性。前者参见电影《hello！树先生》，后者参见［美］罗吉斯、伯德格：《乡村社会变迁》，王晓毅、王地宁译，浙江人民出版社1988年版。

③ 对韦伯实质非理性的误解来自将分析框架等同于实践本身，对于韦伯来说也没有明确说存在单一的实质非理性或者形式理性的社会形式，任何一个社会中都同时存在多种形式，在一个群体中也同样同时存在多种形式，具体形态更多取决于如何观察和描述一个社会形式。参见［德］韦伯：《经济与社会》（下卷），林荣远译，商务印书馆1998年版。

本在党和国家话语、思想、制度等要素的强力整合下，通过司法、行政、舆论宣传和项目资源分配权力，形成更加稳定的群体性结构。一旦有了群体性结构，一个超越个人利益和激情的群体资本约束就开始发生作用，而群体之间又通过各种乡村精英形成了多重利益关联。任何一个具体的纠纷解决都构成了嵌合型的社会资本的群体性交涉，一个更加具有妥协和保守色彩的纠纷解决模式随之出现，这也是王村自 21 世纪初至今未再发生一起严重的暴力争斗的重要原因。这一线索就是理解和解释现在乡村纠纷解决对多重利益灵活认同的重要原因，也是乡村社会秩序重新走向高水平稳定的重要表现。

二、第三方旁观者视角的纠纷解决目标

第三方旁观者事实上构成了乡村纠纷解决运作的外在压力来源，也构成乡村纠纷解决在社会秩序生产与再造正当性的重要依据，具有秩序维护上的公共价值。第三方旁观者能够对纠纷解决产生影响，是因为其相对独立的纠纷解决目标通过背景空间反射至当事人和治理主体的目标上。

进入新时代之后，乡村形成了几个具有相对稳定性的群体。村干部及其联系紧密的外来投资者在纯粹的利益合作方面存在高度依赖。外来投资者为当地带来经济财富，能够给村干部带来对上完成交付任务的政绩，对村庄内部可以形成带领村民致富创业的新型权威。[①] 随着项目制式乡村治理的广泛展开，在交错的数个目标之间形成了县级政府直接在乡村派驻的脱贫攻坚干部、法治副书记，从省级派驻的第一书记，支持返乡创业回流的乡村创业精英，以及本土家族势力，一般民众等共存的力量，这些力量所代表的社会资本并不相同，对于乡村纠纷解决的认识和期待也不相同。

第一，正式权威群体视野中的纠纷解决运行。对于派驻的脱贫攻坚干部来说，其主要目标是完成包干制任务，实现 2020 年年底全员脱贫的目标。对于 A 县来说，脱贫攻坚任务是重中之重，必须按时按照上级预定的标准完成任务。包村干部既是本来单位的领导干部，也需要对分包联系村庄和农户联系，这一角色的政治属性决定了其要采取一切方法解

[①] 这点在实行家庭联产承包责任制后具有根本的影响。尤其是税费改革和计划生育改革后，村干部与村民的利益几乎没有直接关联，正像王村的村民所说："我又不靠村干部挣钱，吃喝都是自己的，挣钱多少也都是自己的。"即便是现在更多以项目供给的方式给乡村提供更多公共资源和便利，村干部也很少得到认同，除非给村民带来了直接的物质利益。

决包干村庄的脱贫任务。驻村干部与村干部争夺村庄领导权，或者只承担不需要动员农民的农村工作，难以有效将农民动员起来。[①]对于纠纷解决的认知和采取的解决方式与国家宏观的治理预期高度一致，但在实践中又存在农户借助脱贫攻坚的政治任务索取过多利益的情形，在不违背根本法律准则的情况下，驻村干部会动员更多正式力量加以解决，以保证刚性的脱贫攻坚任务顺利完成，自己的政治任务顺利完成。这种群体虽然具有较强的解决纠纷的能力和动员正式社会资本的能力，但政治任务的项目驱动很难保证对纠纷的根本问题进行详细处理，也很难解决长期的社会秩序稳定延续问题。

对于省级派驻的第一书记来说，其重要目标也是帮助乡村实现脱贫攻坚任务。2015年以来，H省共派驻两批共2.5万名驻村第一书记，成立了2.1万个驻村工作队，组织了6.6万名驻村队员，成立了3.8万个村级脱贫责任组。这一群体代表着国家和帮扶单位，因此拥有双重社会资本，可以动员正式和非正式的各项资源对纠纷解决产生影响。这一类群体和前一类具有相同的地方即都具有明确的脱贫攻坚任务，其核心是为乡村提供脱贫资源，这就形成了给乡村带实惠的工作格局。在对一些本身资源并不强大的驻村第一书记的访谈中，很容易感受到有些具有实权的厅局派驻的驻村干部更加容易获得村庄和村民的认可，因为能够很直接带来经济上的回报。而一些本身单位没有多少实权的驻村干部则容易受到村民和村庄的排斥，因为村民一句"你能给我带来什么"就可以堵上驻村干部的嘴。对于这一类群体来说，在驻村任务结束后就会返回原单位正常工作，能够保持与乡村联系的是非正式的关系，因此对乡村社会秩序的生产与再造并没有太强的关联，只是解决与扶贫工作直接相关的问题。比如2017年驻村书记杨某在刚进入村庄的时候，发现进入建档立卡的贫困户认定和动态调整存在难以推动的问题，发现某一个建档立卡的村民并不符合贫困户认定标准，在要求退出的时候，该村民拒不退出，杨某所能采取的只是一再给村民讲政策，直到答应退出为止。可以说，只要不影响脱贫攻坚任务，或者不属于脱贫攻坚任务的内容，这类群体不会也没有精力去干预村庄的纠纷解决。

这两类群体本身都是党和国家在具体项目任务的代理人角色，代表着国家对于乡村社会经济发展的期望和设置，本身也都是城镇社会中的精英成员，对于乡村纠纷解决运行的认识具有更加明显的特性。这类群

[①] 王海娟：《从双轨冲突走向融合：干部驻村制度的农民动员困境与改进路径》，载《湖北行政学院学报》2020年第5期。

体与固定的乡村基层干部又存在区别，一般没有更加深入长久的社会关系的深度联系，更没有广泛的本地社会网络的建构，尤其是缺乏本地非正式社会网络建构，其所拥有的社会资本与乡村社会秩序之间具有较大的差距。从本质上来说依然是悬浮于乡村治理和乡村社会秩序之上的群体，更多采取一种俯视的和拯救的角色完成自己的任务。一旦任务完成就将包村脱贫攻坚的经历转化为自己的政治资源，参与原来单位的政治建构。这就导致该类群体与乡村社会秩序之间临时性且功利化的关系，该类群体承担的任务主要是将城市经济资源和文化资源直接带入乡村社会，以实现脱贫攻坚的政治任务。虽然在第一书记的职责中有协助社会治理的内容，但第一书记派驻的村落一般为村级党组织建设涣散或者贫困村，因此第一书记等就天然承担了政治和经济任务，纠纷解决方式只要能够有助于职责的顺利完成，就不会过于关注纠纷解决是否与乡村社会秩序的再造有积极促进作用。

第二，本地精英视野中的纠纷解决运作机制。本地精英可以细分为两类：一类是本地村干部，另一类是本地经济精英。在改革开放后，大部分乡村都没有独立的文化精英，而是附着于本地村干部或者经济精英身份上，因此不做独立分类。对于村干部来说，其本身大都依赖于乡村的长期社会资本尤其是非正式资本的支持，可以说大部分村庄的干部尤其是书记基本都是乡村长期非正式资本最大群体的代表。在随着 H 省司法厅对 LB 市做的基层治理工作调研中，无论是村级干部对书记职能发挥的认识，还是县级领导对村级社会秩序运行的评价，都离不开一个长期担任村书记的干部的个人魅力和广泛的社会支持和认同。正如 LB 市司法局局长武某所说，这个村的书记已经干了 35 年，是全县唯一一个享受科级待遇的村支部书记，在当地具有很高的威望。同时当地政府也已经意识到普遍存在的村干部后备人才缺乏问题。这一类精英与历史上的乡绅有一定关联，但又同时受到党的组织纪律和政策要求的约束，因此承担着乡村社会秩序重要的稳定功能，可以说是乡村社会秩序能否得到良好维护的核心。[①] 这一类精英更多强调纠纷解决的平衡，在本地社会秩序恢复和社会关系的再造与法律和上级政策的要求之间，除非出现了绝对的

[①] 党的政策在乡村得到严格贯彻的情况下，经济精英和政治精英之间的冲突带来乡村治理的基本组织结构问题，为应对这一问题，强化党的引领作用，避免经济精英对乡村党组织权威的不良影响。2019 年中央一号文件提出"一肩挑"，《中国共产党农村基层组织工作条例》明确规定"村党组织书记应当通过法定程序担任村民委员会主任和村级集体经济组织、合作经济组织负责人"。

冲突，一般都会以更加维护本地社会秩序的方式加以解决，具有更加明显的道德和政治之间平衡的特点。

对于本地经济精英来说，其行为逻辑相对单一，一切都以能否更好地提升自己的经济回报和社会地位为目的，即便是让渡一些短期的经济回报，以换得在乡村的道德资本，也会以最终能否增加自身的经济回报和社会地位为基准。经济精英在王村得到高度认同出现在20世纪末期，只要能挣钱就能够获得足够的村内认同，尤其是一开始提到的几种经济派系，都以经济机会形成了一定的群体认同。经过20世纪末期短暂的不同派系精英的对抗之后，很快就形成了经济精英之间相互合作的局面，也同时构成了对嵌入在派系中的村民的影响。在这一类精英群体看来，所有的社会关系的冲突与偏离，都可以转化为经济上的妥协与容忍。在乡村最具有道德色彩的婚外情纠纷，自20世纪90年代开始转换为给付钱财赔偿的方式加以解决，无论是整个村子对这类事情的认识和评价，还是当事人尤其是涉及婚外情的配偶，都能够在获得足够的金钱赔偿之后得到平复，丝毫不影响在村中的社会地位。从新闻报道中这类事情来看，这种转变不仅是王村，也是更加广泛的乡村受到这一类群体影响之后对纠纷解决的认同转变的结果，也是整个村庄社会秩序道德障碍消除之后的结果。比婚外情更加严重的强奸案，也存在很多私了的情形，甚至存在通过多方力量的协作最终促成当事人双方进入婚姻的情形。这一类群体并不是完全排除道德，相反，经济精英具有更强的通过给予更多村民获得经济利益的机会而得到道德上的积极评价，以获取对村庄社会资本的更强控制和动员能力。在调研的王村，本土的经济精英在雇工的时候，更加倾向于选择本地年龄较大、劳动能力并不太强的村民。正是这一类精英，给王村社会秩序的演变提供了更加明确的方向，是王村除了外出上学工作的人员之外的人生理想，也是乡村社会秩序自我生长的一个具体样貌。

第三，外来投资者视野中的纠纷解决运作机制。随着资本下乡的不断发展，尤其是在国家支持土地流转向规模化农业发展的政策支持下，外来投资进入乡村的形式多种多样，与乡村原来社会资本的关系也呈现多样化。典型的有两种：一种是规模化流转的农业生产投资，另一种是征用土地后的工业投资。二者与乡村社会的关系具有本质的差异，在乡村纠纷解决中的第三方视角产生的作用也有本质差异。

对于土地征用后的工业生产投资来说，因为直接通过国家征地行为切断了以农地为基础的连接机制，农民已经从土地上获得相应补偿，工业投资者与农户没有直接的利益关系，同时工业投资和农业生产不具有竞争关系，构成了对乡村农业社会秩序的支配关系。在调研的 A 县王村，人们更多是对能够动用巨额投资的羡慕和佩服，只有少数想要通过投资分利的人才会对抗工业投资者。但在近几年的扫黑除恶行动中，大量这类地方势力被打击，无论是当地政府、工业投资者还是当地农户，都更加强调工业生产投资者之间的严格法律关系，较少付诸关系、面子等解决问题。即便一些雇工偏向本地乡村，也因为工业生产中对技术和文化的依赖，本地农民较少能够占据工业生产的较高地位，本地村民都能够较为自觉地从文化和经济地位的角度认同自觉的身份。[①] 对于规模化流转的农业外来投资者来说，受制于农村土地产权的约束，具有半市场化的特征，并且与乡村社会原有生产主体存在竞争关系，对乡村社会秩序的影响也面临象征性影响和实质性物质利益影响的双重问题。对于外来投资者来说，获得投资回报是最终唯一目的，不存在为乡村社会经济发展做奉献的道德性质。这种外来人的角色，与乡村熟人社会的"情面原则""不走极端原则"对陌生人的"歧视原则"和"乡情原则"逻辑有多层面的冲突。[②] 尽管在 21 世纪以来乡村呈现越来越明显的半熟人社会，从更细的划分来说，这种半熟人社会内部相对于以前完全的熟人社会而言，并且在乡村社会中的半熟人社会更多是在具体物质利益上的相对理性化而言，对于社会人情交往并不存在半熟人社会的显著变迁。

　　对于农业外来投资者来说，农村的共同身份依然构成绝对的陌生人。尤为重要的是，外来农业投资者身份上是绝对陌生人关系，和物质利益上绝对竞争关系更是放大乡村社会对农业投资者的排斥。即便在上海等地更具现代化的农业生产模式中，也同样存在系统排斥外来投资者的问题。因为农村土地制度相对城市土地制度的不完整权项，土地与农民身份的固定关系导致难以建立完整的市场利益分配方式，也无法形成较为稳定的外来农业投资者和本地农业生产、乡村社会的稳定互动闭环。众多外来投资者更多是建立在对相应农业生产项目的专项补贴上，单纯从农业项目本身几乎无法得到有效回报，农地、农业设施、农业机械等也很难向资产化转变，也就意味着农业投资的长周期占款、难变现流转等

[①] 从人们的功利认知来说，如果自身与对方在社会地位上差距过大，事实上不会构成人们评价社会行为的"参照群体"，加上工业生产本身与农业生产不存在竞争关系，无论是抽象的道德关系还是具体的物质利益关系，外来工业投资者都是绝对的陌生人关系，与乡村的关系也是典型的法理型关系，具有典型的形式理性色彩。

[②] 陈柏峰：《乡村江湖：两湖平原"混混"研究》，中国政法大学出版社 2011 年版，第 9 页。

矛盾重叠。对于外来农业投资者来说，如果亏损，当地流转土地的农户得不到预期的利益，就会产生多种矛盾，也会采取各种方式阻碍外来农业投资者顺利渡过经营难关，很快走向投资失败。下乡资本打破了村庄原有的利益结构，使至少三类农户的利益受损。无论是在土地自发流转基础上形成的"中农"，因种种原因无法外出的普通农户，还是村内原来的农机手，在资本下乡后都遭到了排挤，收益下降，只有小部分"中农"通过签订土地代管协议的方式实现了转型。这种利益冲突的普遍性，使下乡资本普遍遭遇了来自村庄社会的抵抗。[①] 如果农业投资者获得较高的利润，同样会导致原来农户或者农村经营者的抵制，以提高土地流转的方式分取农业经营的更多利润，最终导致外来农业投资者的利益降低到乡村一般收益水平。较为发达地区的基层政府为了保持农业生产的规模化，塑造出具有现代特色的农场生产经营方式，会将外来农业经营者制度化排斥出去，以本地农户的身份属性经营"本地农民—家庭农场"，外来农业经营者转化为代管户角色，最终形成"集体农场—代管户"的经营模式。但无论是表面上自主经营的家庭农场主，还是这些"代管户"并无根本差异，二者都深嵌农业行政体系。最终通过一个分利秩序，形成外来农业投资者和本地农户之间的平衡。日益财产化的农地制度改革强化土地承包者权利，将加剧地租剥削，降低农业经营效率。从农业经营的角度，如何合理地处理土地承包者和经营者关系应当成为发达地区农业政策的主题之一。[②]

外来农业投资者的多重约束决定了对本地社会秩序的高度依赖，要么借助政府的帮助，以国家农业补贴等手段在低效的生产模式下获得基本的农业投资回报；要么依赖乡村社会秩序，通过嵌入原来社会秩序获得稳定的经营环境。外来农业投资者不再自己经营农业生产，而是通过寻找原来乡村的农户以代管人身份间接经营，这样利益竞争关系通过本地代管户的形式嵌入原来乡村社会秩序，从而在外来农业投资者和本地乡村社会之间形成嵌合型社会结构，一方面满足了外来农业投资者获取利润的需要，另一方面也满足了本地生产发展的需要，同时通过本地代管户的社会资本将农业生产经营中的人情、面子和内外有别等原则予以

---

① 陈义媛：《资本下乡的社会困境与化解策略：资本对村庄社会资源的动员》，载《中国农村经济》2019年第8期。
② 夏柱智：《嵌入行政体系的依附农：沪郊农村的政府干预和农业转型》，载《中国乡村研究》2020年第1期。

内化，解决了劳动雇佣、监督以及村庄公共资源的使用问题。[①] 但因为这种模式混合了道德和经济利益相互抵牾的因素，不能形成建立在纯粹市场基础上的现代农业生产模式，也无法促成更加理性的乡村社会秩序，而是呈现典型的嵌合型社会秩序。

在这种社会资本中，外来农业投资者对乡村社会秩序采取了可以转化为利润增加的灵活机制，以更加包容多元的方式连接起乡村纠纷解决的各种要素，并且因为没有前两种官方身份的约束，更少对于政治上职责的顾虑，事实上成为乡村嵌合型社会秩序最有利的推动因素，也是融合实质非理性、形式理性和实质理性等复杂要素的重要机制。如果说黄宗智在总体上试图以康德的实践理性构建更加具有中国特色的实用道德主义纠纷解决法治发展模式的话，那么这种模式最好的切入点就是外来农业投资者与乡村形成的这种嵌合型社会资本。通过乡村外来农业投资者与乡村社会形成的嵌合型社会资本，纠纷解决中的各种要素都能够建立起实践理性推理模式，形成既符合道德准则也符合理性法则，既是具有中国特色的，也是与西方"接轨"的现代中国法律体系。[②]

从外来投资者的第三方视角来看，乡村纠纷解决的运行最接近理想型的形式理性目标，但其中外来农业投资者与地方的多重嵌合型社会关系，以及在此基础上形成的嵌合型社会资本，驱动村民和外来投资者形成更加具有实用道德主义色彩的纠纷解决机制，具有最灵活也最有效的社会再造机制，既能够满足官方对于法治乡村建设的话语的需求，也能够满足地方社会关系兼顾多元利益的嵌合型发展，更能够提供一个嵌入在不断发展的乡村社会秩序中的农业现代发展模式，具有明显的现代社会秩序扩张色彩。

三、治理主体管理者视角的纠纷解决目标

对于治理主体来说，其行动逻辑有多重，更细分的是基层多元化的治理主体，以及话语上的治理主体和权力上的治理主体，都会以不同的视角看待纠纷解决运作，也对纠纷解决运作产生不同作用，并最终转化为不同的社会秩序再造的动力机制，而这一切都可以通过社会资本间的交换得以实现。

[①] 陈义媛：《资本下乡的社会困境与化解策略：资本对村庄社会资源的动员》，载《中国农村经济》2019年第8期。

[②] 黄宗智：《中国的新型正义体系：实践与理论》，广西师范大学出版社2020年版，第124页。

基层政府和村"两委"对于乡村的管理权限缺乏更加直接的依据，但是在脱贫攻坚和其他项目补贴工作中，又获得了一定的专项资源分配权力，形成了党和政府借助资源分配获得对乡村的权威性。加上乡村基层干部行政化越来越严重，完成上级交办任务成为乡村干部的主要职责，基层政府也存在包办情形，最终导致乡村秩序的标准化维护成为基层干部的重要职责，纠纷解决随之转换成乡村治理的不同指标和台账。

处在主导地位的是党和政府，具体是党和政府的基层代理人，即以各种名义进入乡村的基层官员。在目前的乡村治理官方代理人中，来自多方面政策驱动的人员配置占据主导地位。从法治的角度来说，目前以官方名义进入乡村社会治理的角色非常多元，其中包括乡村党组织的第一书记，在法治乡村建设政策下的法治副书记，创新性的法律顾问，以及包村包户的脱贫任务的基层领导干部。此外，还有以各种项目方式介入乡村各项农业生产和社会关系的基层干部，以各种数字化平台形成的技术化嵌入乡村机制，包括"雪亮工程"以及各种农业主管部门设置的空、天地农业生产和气候环境监控设施，总体上形成了以国家为主导的全方位社会渗透管理模式。随着对乡村社会的主动推拉和"扛着走"的治理方式的不断推进，以脱贫攻坚等政治任务驱动的全方位管理型乡村治理事实上走向了全方位党和政府资源的自我展示场域。与乡村多年来的人口外流、经济外流、资本外流带来的人口空心化、文化空心化、产业空心化等问题相应和，形成了特有的中国乡村治理的共振模式，最根本的逻辑上与治理理论多元参与的社会治理模式并不完全相同。

在乡村振兴和法治乡村建设提出之前，乡村治理理论更多是在乡村社会研究者进行学术研究时使用。在国家明确提出乡村的多元治理之后，乡村税费改革完成后的项目制式乡村治理获得更多的话语正当性，以更加具有推进色彩的方式动员各种正式权威完成乡村治理的专项任务，而乡村社会成员和乡村社会秩序成为典型的正式力量竞争的场域，并由此形成了嵌合在治理话语中的乡村纠纷解决话语和运行机制。在这一展示场域中，乡村党组织通过意识形态融合起政府的制度和法律刚性组织，也通过党在地方的社会文化融合实现柔性渗透。如果说实用道德主义更多指法律适用上的一种策略的话，那么在乡村治理行动中，党的组织和领导更是具有典型的实践理性色彩。徐勇认为在新体制下，处于国家与社会之间的村庄的地位凸现，村干部扮演着政府代理人和村民当家人的双重角色。双重角色的权力来源不同，对其期盼也有差异。政府希望村干部有效地贯彻落实政务，村民希望村干部为村民提供良好的服务。① 一方面，党的组织和领导通过对领导干部的内部严格组织纪律和意识形态形成自上而下的绝对刚性内核领导，也是整个国家对于党的绝对领导地位刚性内核在乡村社会的体现；另一方面，乡村基层党组织在社会生活经验和社会伦理道德的高度微观融合。在整个党的组织系统中，越处在顶级的位置，就越具有依赖明确文本的倾向，但在顶级位置也会呈现陡然转向某些小范围组织和个人的生活经验和社会伦理道德的高度融合。这点与党的组织安排呈现明显的相关关系。对于底层的融合形态来说，由于底层组织成员与乡村社会的高度一致性，共享乡村社会史和众多村民的生命史，基层党组织成员与乡村社会呈现高度融合的特征，但在话语层面又具有对于党章、党的纪律等刚性规范的绝对服从义务。自20世纪50年代形成的制度、组织、意识形态、话语等要素进入乡村之后，形式理性话语和实践理性之间的调适和融合就成为乡村治理中不可避免的问题。

与乡村基层党组织成员相比，乡镇一级的干部在行动逻辑上更加复杂。一方面，乡镇一级干部有了上升的有限空间，对上级的服从动机更强，加上乡镇一级干部在学历和知识上普遍优于村"两委"成员，在面对乡村纠纷的时候具有更强的俯视色彩。另一方面，在乡村振兴的背景下，基层官员背负很现实的脱贫攻坚和乡村发展的任务，其不能完全脱离本地乡村社会关系的深度融合，使得乡镇干部的行动更加具有明显的国家权力运行和乡村基础社会逻辑互动的实践理性色彩。

王村的乡村整治就是一个典型的案例。王村是A县北部的一个山区村，古时这里是通往洛阳、汝州、南阳等地的交通要道，文化遗产丰厚，至今仍保留有夯土寨墙、红石寨门、清代民居和天井四合院等传统建筑。然而经过数百年的风雨侵蚀，寨墙早已成为残垣断壁，寨门主楼也破败不堪，大量的传统民居建筑也有不同程度的损坏。为发展乡村旅游，振兴农村经济，该村在镇政府支持下，恢复了古寨门、寨墙、老街、民宅等，挖掘传统文化遗产，努力再现昔日古朴风貌。2020年春节前，在王村的抖音基地举办了CB镇第四届"扶贫山货大集"，1月16日至21日，山货大集期间，该镇连续6天举办文艺活动，动员全镇各村民间文艺团队到王村老街进行文艺表演，并举办"话脱贫，感党恩，谋发展"乡村春晚活动。大集期间还有廉政戏剧演出、抖音网红表演、义送春联、乡村美食等活动，每天晚上还有打铁花等民俗表演。按照当地镇政府的说法，

---

① 徐勇：《村干部的双重角色：代理人与当家人》，载《二十一世纪》1997年第8期。

山货大集搭台，精准扶贫唱戏，通过举办此活动给乡亲们搭建一个购销平台，用"旅游+扶贫"模式达到乡村振兴，让老百姓的日子更富裕。这种行动逻辑具有非常明确的目的性，也是在目前乡村振兴话语背景下乡镇政府为乡村提供的制度资源。

对于县以上的包村干部，更多是随着专项任务进入乡村社会场域，只在有限的专项任务范围内与乡村社会发生关系，这就意味着他们对于乡村社会秩序的看法缺乏足够的同情基础，更多带有批判的色彩。在对包村干部杨某的访谈中，其对村民的看法具有内在的冲突性。杨某是本地农民出身，虽然在一个县级市政府任办公室副主任，但其本人是一个作家，在发表的多部作品中都表现出对于乡村的温情怀念尤其是对过去的想象，并且在其微信朋友圈中经常发一些与乡村农民亲密互动的信息。即便如此，对于乡村社会秩序的关注也并不多，在其包干的农户互动中，因为一些特殊原因在2019年年底便脱贫了，杨某与乡村的这一关系也便终止。对于包村干部来说，其并不关注乡村社会的纠纷问题，只关注与脱贫攻坚密切相关的问题，总体上对于乡村社会成员尤其是贫困户的总体印象并不太好。这类群体总体上认为在国家脱贫攻坚等治理话语下，乡村社会成员"等、靠、要"的思想比较严重，更因为是党和政府给予其物质利益，更导致原本就比较懒惰的一部分贫困户形成更加强化的"等、靠、要"思想，并且不接受介绍的厨师等工作，不愿干，嫌太累。一部分贫困户只想通过扶贫给予轻松的工作，更强化了乡村对于劳动的异化观念。

在上述乡村治理权威的多样构成中，不同群体的行动逻辑并不相同，与乡村社会的关联度也不相同，参与纠纷解决的目标也不相同。从形式上来说，乡村基层党组织的成员在乡村治理行动中具有最为明显的偏向当地社会秩序和伦理道德的色彩，乡镇一级具有较为平衡的实践理性色彩，也事实上构成了现在乡村治理中最有效连接党和国家与乡村社会的结构性环节。其他的临时性进入乡村的正式权威，具有更强的扶助性质，是国家动员下的资源供给配合机制，本身不能与乡村社会形成长时间的合作交叉，对于乡村纠纷解决的运行来说，真正起影响作用的依然是乡村和乡镇两级的正式权威的实践理性行动。

从国家到乡村基层村"两委"干部以及村组织的党员，面对乡村社会秩序的期望和评价并不相同，呈现出更加明显的分化。尽管有基层创新性的一体化服务中心、综治中心等基层机构，更有不同的理事会、说理会、乡贤堂等基层调解组织，但这些组织机制的设置更多是从国家自上而下设置的指标任务，基层干部为了完成任务而一项一项对照任务指标加以设置的，根本与乡村社会运作逻辑存在偏差，具有更强的官僚化色彩和形式化色彩。加上与乡村社会秩序和乡村社会资本的脱节，最终形成话语和实践的脱节。从正式权威这一系统来说，无论是机构设置还是话语体系，都在正式权威这一系统内部空转；对于乡村居民来说，创新性的乡村治理机制与他们并没有直接关系，他们只是直观感受能否办事，能否带来利益。这点无论是王村还是LB市的几个村镇，村民都具有较为统一的看法。而在其他一些研究中，也发现存在类似的情形。在调研中，LB市统一设置了乡镇级别的调解中心，在每个村庄中也设置了调解中心，并且尝试了跨村的调解方式。但在整个村级和乡镇一级的机构设置中，很难看到一个具体的纠纷解决场景所需要的空间结构，所见到的调解中心和综治中心等场所更多是一个宣示的场合，而非与农民生活和生活关系紧密结合的一部分。从LB市提供的数据来看，自2018年设立公告栏服务体系建设试点，按照省、市统一部署，严格落实，在市级采用"5+X"建设模式，进驻法律援助、人民调解、148法律服务、公证、安置帮教等五个窗口。有率先在全省高标准高质量建成公共法律服务中心，在乡镇和村采取以点带面、点面结合、典型引领、全面推进的方式，在15个乡镇建成公共法律服务工作站，381个村建成法律服务工作室，形成了市、乡、村三级网络平台，实现了城乡公告栏服务平台全覆盖。截至2020年5月，该平台系统共调解各类民间纠纷986件，接受法院、公安机关等部门委托调解案件68件，调处各类民间疑难复杂纠纷216件。按其官网2020年年底的数据，LB市人口为75万人，按照该市2019年人民法院的工作报告，全年共受理各类案件9667件，审执结9394件，调解系统处理调解纠纷大约相当于法院系统的1/10。按照人民法院公开信息，共有干警117人，内设26个庭科室和5个人民法庭，据2020年数据，全市员额法官仅有50余人。这两个数据作比较的话，调解系统的效率就具有明显的弱势。但这一调解系统依然能够存在，并且动员了相当多社会正式和非正式资源，其内在逻辑已经远超纠纷解决的价值，具有更强的管理色彩，从属于整个乡村治理机制的根本目标。在近几年，受党和国家诉源治理的政策影响，正式资源也可以灵活进入纠纷解决进程。从这一角度来看，治理话语下的乡村纠纷解决更多考虑社会和政治效果，总体的投入产出效率并未纳入制度设计的最主要考虑。乡村纠纷解决的不同权威也通过国家赋予的资格、荣誉、机会等，在报酬较少的情况下获得其他的满足，依然保证了乡村纠纷解决多元机制权威的相对有效。

在管理者视角下，单一分析乡村治理中的纠纷解决资源供给并没有意义，尤其是单纯从纠纷解决角度理解更是与乡村振兴视野下的乡村多元纠纷解决机制运作没有必然关系。对于管理者来说，纠纷解决是服从于乡村振兴的更大政治目标的一部分。按照党的十九大的布局，乡村振兴是决胜全面建成小康社会、全面建设社会主义现代化国家的重大历史任务，是新时代做好"三农"工作的总抓手。这一话语体系从党的系统构成了乡村纠纷解决的重要合法性基础，也是与乡村振兴之前的纠纷解决逻辑根本的区别。

在乡村振兴战略出台之前，乡村纠纷解决所面临的问题是乡村自身发展落后的问题，是人们法治意识淡漠，认识愚昧的问题，党和政府所承担的是一个批判者和拯救者的角色。即便有"三农"政策和新型城镇化政策，并没有形成乡村社会秩序具有更加重要的政治意味。这一时期的乡村纠纷解决无论是在研究者还是在官方的话语中，都只是一个客观的社会发展问题，是乡村熟人社会的当然病症，最多在法治现代化背景下对乡村法治观念提出批判。国家所需要的是将熟人社会的问题通过法律制度的供给加以解决，更多是一个被动的后置式的工作机制。必须充分认识新时期农村社会的现代性及其对国家司法的现实需要，完善司法建制，实现诉讼和非诉讼纠纷解决的有效衔接和良性互动，最终构建出以司法介入作为最后保障的农村多元化解纷机制。实现农村多元化纠纷解决机制的良性、可持续发展，维护农村社会的和谐、稳定。[1] 苏力等人则是对基层送法下乡的逻辑进行分析，并引起了送法下乡研究的热潮。[2] 在没有其他资源配套的情形下，送法下乡更多变成法治宣传和普法行动，在一段时期内出现能动司法的"送法到田间地头""陇头开庭"等极端化做法，都不能形成适合乡村社会资本支持的纠纷解决模式。

乡村振兴之后，在政治任务的推动下，党中央大力推动，形成了动员各种资源全面下乡的局面。作为增强乡村社会秩序治理的一个方面，纠纷解决被编织进更加具有能动性的乡村治理话语中，与其他的资源形成了话语和社会治理机制的多元互动，而各种资源和权威也借助治理话语形成了更加具有能动性的纠纷化解形式。在这一背景下，纠纷解决就不再是乡村自身的问题，也不再是村民自身的问题，而是成为各种正式

---

[1] 卞晓伟：《新时期我国农村纠纷的多元化解决机制研究：基于湖北省的实证调研》，华中农业大学 2010 年硕士学位论文。

[2] 苏力：《送法下乡：中国基层司法制度研究》，北京大学出版社 2022 年第 3 版，第 26 页。

治理主体乡村治理任务的一项具体内容，并且通过将乡村治理的价值提升到国家治理现代化高度。实施乡村振兴战略，加强农村基层基础工作，健全乡村治理体系，确保广大农民安居乐业、农村社会安定有序，有利于打造共建共治共享的现代社会治理格局，推进国家治理体系和治理能力现代化。[①] 各种进入乡村的权威都将完成乡村振兴看作重要的政治任务，同时将治理话语的包容性转化为基层工作的全方位实践理性运作，实现了通过原来基层微观组织和党政精英建立起来的权力运作通道和基层社会的融合转化，全方位进入乡村社会秩序的方方面面，形成了从乡村社会秩序的日常预防到最后纠纷解决实现社会再造的后续引导关注。

在地方政府的主导下，地方企业、农民、非政府组织、农村社区等"利益攸关者"各司其职，且"多元共治"。[②] 传统的乡村社会组织是以一个家族为主导，或由两三个家族共同承担社会治理的责任和义务，但是在"扫黑除恶"深入基层的村庄社会以后，使得由一两个家族掌控村庄公共资源分配的可能性被大幅缩减，取而代之的是表现为国家在场的政权机关和组织。[③] 基层干部位于行政官僚体系末端，晋升为领导干部的可能性与异地流动率都非常低，保住现有职位"不至于被淘汰"而不是积极作为，成为其核心目标。[④] "类体制身份"本质上是基层政府在多层级上级政府的压力型体制及社会治理转型所导致的治理任务增多的背景下，建构基层自主性的意外后果。在中国多层级的政府组织中，保障乡镇一级基层政府的自主性，对于完善国家治理体系、实现有效治理具有重要意义。

在这种管理者多元的视角下，一个借助党和政府的权威机制、组织和人员动员的乡村治理模式具有高强度的弥散性和制度韧性，在话语、制度、资源、组织等方方面面形成对乡村的保姆式管理。最终形成一个纠纷化解模式，被纳入更加宏观而具有政治意义的乡村治理话语体系中，呈现全方位的纠纷化解秩序。

[①] 中共中央、国务院：《乡村振兴战略规划（2018—2022年）》, https://www.gov.cn/zhengce/2018-09/26/content_5325534.htm，最后访问日期：2024年4月12日。

[②] 张志胜：《多元共治：乡村振兴战略视阈下的农村生态环境治理创新模式》，载《重庆大学学报（社会科学版）》2020年第1期。

[③] 宋彦成：《城乡融合发展背景下的乡村社会治理向何处去？》, http://www.china.com.cn/opinion/theory/2019-11/21/content_75430657.htm，最后访问日期：2021年12月23日。

[④] 彭云、冯猛、周飞舟：《差异化达标"作为"：基层干部的行动逻辑——基于M县精准扶贫实践的个案》，载《华中师范大学学报（人文社会科学版）》2020年第2期。

第七章　嵌合型社会资本视角下的乡村社会秩序再造

从传统法治理论角度来看，乡村社会秩序变迁具有较为明显的现代意义，社会关系和文化认知都逐渐与现代法治要求相适应，为中国社会主义法治建设提供了必要的社会基础。对于我国乡村社会发展来说，并没有特别明显的自主性，在新中国成立后，乡村的发展都一直从属于国家的战略安排，从改革开放确定家庭联产承包责任制以来，乡村的基本生产结构未发生大的变化，国家在不同的历史阶段对乡村的政策和资源供给，给乡村发展提供了刚性的约束条件，形成了党和政府主导的乡村社会秩序模式和嵌合型社会资本支持基础。换句话说，新中国成立以来，我国乡村社会发展取决于国家政策供给和资源配置，在研究乡村纠纷解决的时候，就需要注意国家资源供给对乡村纠纷解决的塑造，以及在国家资源供给框架下基层治理主体和乡村社会成员之间的多重博弈关系，才能最后呈现出一个完整的乡村纠纷解决运作逻辑。

对乡村社会秩序传统进行改造的观念和行动从 20 世纪初期开始。经过"乡村建设""革命根据地建设"等一系列国家对乡村社会秩序的塑造，加上 20 世纪二三十年代军阀混战对乡村社会秩序的全面冲击，以中国共产党为领导的乡村社会秩序成为我国乡村的最终形态，并在 20 世纪 60 年代初期形成党和国家对乡村社会的全面管控，呈现"村政合一"和"政社合一"的治理格局。后又经过改革开放的"乡政村治"和现在的"三治"结合，其间乡村社会面临内外的复杂剧烈变迁，其中唯一不变的核心要素即党组织在乡村的广泛嵌入，以此为基础，进一步将纠纷解决与乡村社会秩序的再造结合起来。在乡村治理的政治话语中，形成对纠纷解决的全过程管理，具体体现在"诉源治理"[1]、"纠纷预防"[2]、"枫桥经验"[3]等治理模式中。通过对乡村纠纷化解运作的分析，以解释乡村纠纷解决的内在动力机制和约束条件，最终形成描述和解释乡村社会秩序演

---

[1] 蒙洪勇、黄镝鸣、李健等：《强化诉源治理 助力乡村振兴》，载《人民法院报》2020 年 7 月 16 日第 8 版。

[2] 张明皓：《新时代"三治融合"乡村治理体系的理论逻辑与实践机制》，载《西北农林科技大学学报（社会科学版）》2019 年第 5 期。

[3] 中共中央、国务院：《乡村振兴战略规划（2018—2022 年）》，https://www.gov.cn/zhengce/2018-09/26/content_5325534.htm，最后访问日期：2024 年 4 月 12 日。

化的历时形态。

第一节　嵌合型社会资本与乡村多元纠纷解决机制

任何一个社会都存在相互交织的社会网络,存在不同层级的镶嵌结构,行为和制度深受社会关系的制约。[①]个体通过不同社会关系嵌入不同社会团体,不同社会团体又进一步构成更高维度的节点。这种理论不区分社会类型,并且过于关注个体行动逻辑,不能更好地描述中国乡村社会秩序变迁中的多种动力机制。

对于乡村社会秩序来说,其经历了晚清以来国家权力下乡的一系列变迁。21世纪以来,乡村社会出现比较明显的转变：一个是加入WTO之后出现了更多只需要较低文化程度打工者的工作岗位,形成了"长三角"和"珠三角"大量的打工群体；另一个是国家以"铁公基"为核心的基建发展模式,加上商品房开发和城镇化几重效应叠加,给乡村社会成员带来更多外出打工的机会,形成了半工半农经济模式。[②]当然,对于这种模式的评价也存在争议。[③]2012年之后,互联网借助智能手机等智能终端设备进入乡村社会,早期抖音等视频被认为是农村三俗集结地,到目前众多政府扶持打造农村网红,同时采取多种民间和官方相结合的流量变现创新实践；需要在社会网络理论框架基础上更加贴合中国乡村社会变迁现实,运用嵌合型社会概念描述各种力量在乡村这一地理文化空间中的展开形态。

一、乡村多元纠纷解决机制的嵌合型社会基础

经过党和国家主动反哺乡村行动的不断展开并深化,乡村社会出现了几个明显的变迁,为纠纷化解模式的形成提供了基础。

(一)党和国家对乡村生活整体性的资源配置能力

党和国家通过政治权力的重新深度介入,获得了对乡村社会整体性的话语再塑造的全方位资源配置。在改革开放之后,党和国家对乡村的态度实质上处于放任状态,只要能够保证粮食安全和控制人口两项目标,

---

[①] [美]格兰诺维特:《镶嵌:社会网与经济行动》,罗家德译,社会科学文献出版社2015年,第11页。
[②] 夏柱智、贺雪峰:《半工半耕与中国渐进城镇化模式》,载《中国社会科学》2017年第12期。
[③] 张咏梅、周亚平:《半工半农是农民家庭的最优选择吗?——对当代中国农民家庭生计的实证研究》,载《兰州大学学报(社会科学版)》2011年第2期。

国家政治权力基本撤出乡村场域，最多借助公安在乡村展示暴力性存在。这直接导致了乡村对基层政府的感情疏离，也是国家权威从具体纠纷解决场景中退出的重要原因。虽然这一时期也逐渐开始通过普法活动给乡村社会输送法律资源，但这种方式的象征性远大于对乡村社会的实际介入，更多是自上而下的法治宣传的需要，以满足上级的工作任务检查。这就形成了乡村社会远离国家法治要素的局面，出现了所谓的快速伦理滑坡现象。乡村社会伦理溃败由三个要素直接导致：第一个是国家通过对传统权威的政治上否定而消除了传统乡村社会秩序的重要道德形象核心，可见的道德权威和传统伦理风俗都被塑造成落后愚昧的象征，事实上借助于打倒乡村父权形象再梳理了一个抽象的国家形象。这种话语上的塑造与乡村社会中父权形象从政治权力、伦理权力转向经济和社会权力提供了遮蔽，也是乡村事实上形成了父权借助政治权力寻求经济和社会权力的重要机制，还是乡村广泛存在村干部事实上终身制的重要原因。第二个是市场化选择机制赋予了经济权威以支配性。在传统乡村社会中，道德、伦理、社会、经济高度同构，无论是权威个体还是分层群体，都将各种权威资源集于一体，道德和伦理权威借助对社会经济资源的高度垄断性配置权力，可以以威胁基本生存的方式维持其权威的整体性。市场化机制使得代际、宗族之间、家庭内部等更加分散，并且进一步形成特定的分工模式。尤为重要的是市场可以很容易提供基本生存问题，道德和伦理对基本生存的垄断优势不复存在，道德和伦理的修辞话语优势和正当性基础也消失殆尽。从传统精英角度来说，当然是乡村价值世界的衰败，认为农村和农民是一种与自然天道相吻合的一种生活方式，而带来这种天人合一的秩序失衡的力量是城镇和市民。但以这种浪漫想象关注乡村的都缺乏底层视角，以传统精英地位失落的同情心来怀念传统道德权威的价值象征。而将乡村塑造成为革命、改革和建设的一个基础部分，并通过宏大的政治话语对乡村进行系统的权利剥夺，此类作品见于文学或者哲学书写。第三个是经济价值构成了整个社会的核心价值标准，将乡村社会的道德实用主义更加激烈地表达出来。在传统乡村社会中，并不存在超越具体场景的一般化理性结构，也不存在一般性的价值追求，一切借助具体的乡村道德权威、故事、宗教、迷信、人情、面子等要素展现出来。在一个特定的乡村场景中，人们遵守某一规制，不是因为规则本身是理性道理的体现，而是因为被权威遵循所以具有效力。场景的束缚解除之后，一个超越具体场景的价值体系出现，并且具有更强的沟通村庄内外各项资源的能力，严重削弱了传统的伦理道德体系。

从表面上看，乡村伦理的溃败是中国乡村建设出现的严重问题，从党和国家的治理能力的深化来说，则是获得在乡村更加深厚的支配下的社会来源。正是乡村社会道德的溃败，一个理性的一般价值体系才获得正当性，无论是体现为经济成就或者是政治成就。这一转变为党在乡村的重新深度介入提供了认知的结构性基础，也是乡村振兴在乡村展开过程中得到各方资源支持的重要认知基础。

（二）乡村社会成员的市场化经历提供了理性结构化管理的基础

党和国家再度深入乡村，最需要乡村社会成员能够以合作的方式展开乡村纠纷化解。通过最具有象征性和权威性的纠纷解决过程化管理，可以快速地展示党和政府的权威和道德指引。如果缺乏社会成员的合作，乡村纠纷解决就会成为相互割裂的两个世界：一个世界是以西方理想市民社会为基础的精英主义纠纷解决仪式，另一个世界是以乡村传统道德为基础充满具体性的纠纷解决场景。二者分离的典型是"秋菊""山杠爷"，二者弥合的基础在于党和国家的理性化管理与乡村社会成员的认知具有一致性，而非党和国家治理技术回退到传统社会中的具体性秩序形态。20世纪90年代是党和国家送法下乡的象征性工作最广泛开展的时期，也是乡村社会成员认知最为快速转变时期，二者间的冲突和错位在纠纷解决的场景中体现得最为集中。关于乡村纠纷解决的研究也大都集中于这一时期的乡村社会形态，并将此前的乡村社会形态假定为相互对立的形象。进入21世纪以来，乡村社会成员在城乡之间流通选择已经出现多种形态，伴随城镇化的地理空间和生活场景的快速城市化也提供了更为具体的生活实践，出现了更加多元的乡村社会成员分流格局。[①]这种流动性选择提供了与国家纠纷化解相对应的成员基础。目前乡村主体为20世纪80年代到20世纪末期外出务工的第一代农民工，其他乡村精英包括返乡创业的新生代农民工。城市生活工作的经历为乡村社会成员提供了更加接近党和国家理性治理的基础，更加具有纪律性，也更加清楚在一个管理组织中如何进行理性化的博弈，以从中获取更大利益。

党和国家可以通过对资本利益和机会的重新分配与乡村社会成员形成更好的合作关系，并不需要再进行更加深入的理性教育，乡村社会成员已承认了经济权力在乡村社会中的支配地位，无论是何种传统精英，都要通过经济权力加以衡量。同时，乡村社会成员在城市的生活需要更

[①] 本书并不展开乡村社会成员选择多样性的实证分析，从1978年17.8%的城镇化率，到2019年常住人口城镇化率60.60%，其中通过主动流动选择的乡村社会成员大体形成精英农民工最终留在城市，普通农民工返乡的格局。

强的妥协意识，不再将面子、人情等当作重要的资源对待，而是在陌生环境中采取多种容忍和妥协的策略，尤其是将城市生活场景和乡村社会场景分离之后，城市中的弱势地位磨炼了更强的包容性。在转回乡村社会场景后，乡村社会成员对原来的价值选择会有更加开放的态度。在面对党和国家介入乡村社会秩序解决场景中，不再将道德和人情当作必须维护的价值，也就不会再出现"秋菊""山杠爷"类的纠纷解决诉求。

党和国家通过对经济资源、机会、资格和荣誉等要素的控制，在经济社会问题上采取项目制的方式，在治理问题上采取动员多种力量分解乡村社会秩序的方式，将乡村纠纷转化为可以控制的要素。在这一框架下，乡村社会成员被分解为不同群体，具有经济、文化等优势的群体被赋予官方或者半官方的精英身份，弱势群体被命名为待帮扶和改进的对象，通过党和基层政府的治理实践，不同群体在各种竞争中重新追求经济资源和社会地位、资格和荣誉等，一个党和国家为主导，各种乡村社会成员全面参与的管理型纠纷解决模式逐渐形成。

二、纠纷解决与嵌合型乡村社会秩序变化

纠纷是社会秩序的一个特殊形态，当主体对利益和机会的认知与预期出现偏差时，就会把相应的社会关系认定为一个纠纷，当主体认知和预期相一致，会认为处在一个理想的社会秩序中。从宏观角度看，纠纷是社会秩序的一个形态。在现代社会理论中，都假定了社会的进步性，尤其是在物质财富领域，具有无可争议的进步性。在社会秩序领域，则与不同的理论假设相关，认为走向一个更加具有现代性的社会，使得人类从蒙蔽和愚昧中解救出来。[①] 或者认为现代是从古代理想社会状态的一个不断堕落过程，与基督教的赎罪观念相结合，对现代性进行不断的批判。这种矛盾的预设反映在中国乡村纠纷的研究中，也存在道德评价和社会秩序进步之间的差异。具体到乡村社会秩序内部，纠纷解决与社会秩序之间的关系随着乡村在整个中国社会变迁中的地位不断变化，乡村社会纠纷正是社会秩序变迁乃至进步的一个典型体现。

乡村成为问题与现代性兴起密切关联。晚清的皇权下乡尝试并不具有现代性，只是解决日益庞大的帝国财政困境而试图控制更多乡村的财富的一种手段。没有工商业的支持，没有市场经济的孕育，没有对现代

---

① 这正是现代启蒙运动的重要历史价值，参见［英］伊万丝：《现代社会的形成：1500年以来的社会变迁》，向俊译，中信出版集团2017年版；［美］曼彻斯特：《黎明破晓的世界：中世纪思潮与文艺复兴》，张晓璐、罗志强译，化学工业出版社2017年版。

性的启蒙主义发展，乡村社会还具有整体上的社会形态和道德上的优越性。这种优越性与帝国专制相结合，具有很强的稳定性，城市的工商业是被批判的对象，可以从《三言二拍》《二十年目睹之怪现状》等文学作品中看到乡村对城市的道德优越性。

民国时期对乡村建设进行了一系列理论探讨并付诸部分实践，20 世纪 20 年代至 40 年代陶行知、梁漱溟、卢作孚等人实施乡村建设试验，复兴濒临崩溃的中国乡村被认为是"中国农村社会发展史上一次十分重要的社会活动"而载入史册。这一时期的乡村建设尚未构成相对城市或者现代文明的反面，而是作为解决中国民弊的一个具体措施，"乡村建设实验"乃是为民族再造的平民教育一部分。这期间已经出现《农民》报运用"耻化"叙事策略建构了"愚、穷、弱、私"的"旧农民"形象，该报希望通过明耻教识来向读者揭示当时中国之困苦、农民之艰苦，以此促使农民群体的自省。但这种叙事只是对农民身份的一个历史性建构，而非通过城乡对比将乡村置于落后和愚昧境地，本身依然属于乡村和农民自身的进步范畴。同一时期，各地军阀为了获得稳定的财政税收，把乡村治理作为增强实力的一个手段。经过军阀混战、抗日战争和解放战争，乡村经历了社会结构上的武化和伦理道德上的凋敝，但无论是官方还是理论上还未出现对乡村系统贬低的进程。[①] 乡村成为道德上全面落后的形象与改革开放后全面现代化发展路径密切相关，借助现代化叙事逻辑，在政治伦理上，将乡村所具有的政治功能与道德功能区分开，虽然保留了新中国的工农阶级基础，但自 20 世纪 50 年代开始将乡村当作巨大的改造对象开始，乡村社会相对于城市或者现代的落后和愚昧形象就被系统修辞固定下来，加上剪刀差造成乡村整体性的物质财富弱势地位、户籍隔离的等级式限制，形成了一个巨大社会实验的自我实现预言。[②] 这一系列要素的相互叠加，更进一步强化了通过国家改造乡村的正当性。在社会秩序领域，一个最容易体现国家权力对乡村社会正当性支配的可操作机制就是纠纷解决权威机制的建立。

（一）传统乡村社会秩序的自我再造机制

对于传统乡村社会秩序来说，总体上嵌入文化体系中，受到相对封闭的地理文化空间约束，抽象的伦理道德借助村庄中的宗族权威、文化

[①] 张鸣:《乡村社会权力和文化结构的变迁（1903—1953）》，陕西人民出版社 2008 年版，第 24 页。

[②] Robert K. Merton, The Self-Fulfilling Prophecy, *The Antioch Review*, 1948, Vol. 8, No. 2, pp. 193-210.

权威在生活实践中展现。出于治理道德和治理成本的考虑，传统皇权不下县的治理技术无法为乡村社会提供具体行动标准，只能借助具体的乡村社会实践呈现出明显的地域特色，出现"五里不同风，十里不同俗"的乡村社会秩序分布形态。

这决定了乡村社会纠纷及其解决的基础、动力和目标的地方性。乡村社会成员同处一个相对封闭的地理文化空间，从村庄层面被识别为纠纷的社会关系，大都与乡村社会成员的社会位置密切相关，从而演变为家族和宗族之间的对抗。在没有国家层面明确制度时，地方风俗习惯就会借助抽象的道德和皇权的象征转化为纠纷解决的修辞，从而为社会秩序的恢复提供正当性依据。能否将这种修辞转化为具体的社会行动，则依赖乡村权威所动员的社会力量，对于传统权威来说，能够通过对纠纷双方利益、面子、人情、道德等技巧化的再分配，使当事人重新得到对自身社会位置的认同，从而恢复被损害的社会关系。因为社会关系的稳定性，传统乡村社会也不可能出现其他的社会位置需求，一个以伦理为核心的"差序格局"[①]才能通过纠纷解决得到稳定延续。没有不断变化的社会、文化和思想的冲击，乡村社会中的纠纷解决并不能扩展到更大的范围，也不能上升到更高的理论层面，最终回归对乡村社会伦理秩序的再强化中，从而形成乡村社会秩序再造的自我强化模式，在宏观层面上汇集成中国传统的文化共同体形态。

（二）纠纷解决是党在乡村社会秩序中权威建立的重要方式

理解乡村纠纷解决的基本功能，就必须从20世纪初期中国共产党在动员乡村社会力量过程中的一系列调适入手。从历史角度来说，任何一个新的统治力量进入乡村社会，都需要解决对乡村社会秩序总体性支配正当性的问题，这可以看作罗尔斯正义论设置的原初社会结构问题。[②] 对于社会更替实践来说，其很难找到明显的原初社会结构设置的标志，但初期的一些标志性事件、观念、仪式、符号等会在整个社会秩序支配系统中不断被修辞、放大，从而最终构成一个稳定社会状态的深层结构性要素。

对于今天中国乡村纠纷解决的理解，也需要从中国共产党和乡村之间关系的变迁进行分析。在中国共产党建立初期，受马克思主义影响，并没有将乡村作为重要的社会基础，也没有明确将农民作为阶级基础的

[①] 费孝通：《乡土中国　生育制度》，北京大学出版社1998年版，第30页。
[②] ［美］罗尔斯：《正义论》，何怀宏、何包钢、廖申白译，中国社会科学出版社2001年版，第19页。

系统理论，直到城市路线受挫折之后，才转向依靠乡村的战略，自此奠定了"乡村包围城市"的战略路线。为解决在乡村建立党的权威面临的知识、文化、伦理等障碍，中国共产党通过土改期间的一些措施，建立由共产党为组织基础，马克思主义为思想基础的秩序框架。经过抗日战争和解放战争，党和乡村的关系逐渐具有社会和纠纷解决的双重功能。由于自晚清至新中国成立前，中国乡村一直处在剧烈的动荡中，乡村承担着党的经济物资重要来源的角色，也承担着兵力来源的功能，同时乡村社会秩序的不稳定也无法形成系统的社会规范体系。这一时期的中国乡村纠纷解决也从属于明确的对抗机制，包括苏维埃时期某些偏向初级暴力手段，到土地革命过程中采取的批斗地主的仪式化暴力，也产生了对内的团结和动员模式。通过制定有关土地权利和婚姻自主的法律规范，形成了具有明确身份认同的敌我关系的基本社会关系，在内部形成了"人民内部矛盾"叙事逻辑，这种宏观上的二元结构促使这一时期的乡村社会秩序都倾向于最大化实现资源供给和人力供给的职能，也形成了共产党和乡村之间的密切关系。

在新中国成立后，如何处理农村和国家治理的问题，在20世纪50年代后期达到了转变中的激烈阶段。为了提供充足的工业化初期资源积累，在向苏联农庄模式学习的基础上，形成了以人民公社为核心的乡村治理模式。这一时期的乡村治理采取全能型模式，国家借助党组织对乡村形成全面支配，乡村社会就成为党和国家政治权力、社会权力、文化权力的全面展开的场域。基层原本分散的、原子化的农民在阶级的基础上被整合到了一个个"权力的组织网络"中，其本身就是每一个网格上的某一节点，而这些网格又都是以中国共产党为核心的。乡村纠纷也被简化为公与私之间的关系，因为乡村社会成员财产权被收回集体，纠纷类型大多是身份纠纷，或者与基层干部之间的纠纷。在人民公社全能型支配模式下，以政治叙事为核心的社会治理就普遍展开，只有与党和国家叙事话语一致的行动才能获得理由上的正当性。同时为了与乡村固有伦理相协调，在解决身份纠纷和干群纠纷时，以政治叙事为基础的纠纷解决模式占据了核心位置。通过这种纠纷解决模式，将土地改革和革命战争中的党建经验融合到乡村治理中，形成了全面管控的模式，乡村纠纷解决也成为强化党的领导正当性，实际上也是国家治理正当性和基层干部行动正当性的核心机制。通过宏观的政治理念和党组织的结合，成功将乡村分割为政治身份上统一、利益和管理上孤立的对象，正是这种秩序的高强度管控特征，才保证了20世纪60年代初期严重饥荒出现时，乡村社会经济秩序陷入衰败，但乡村社会秩序并没有出现大范围崩溃的局面。

（三）乡政村治模式的形成

这种社会秩序维持一直到了乡村经济社会严重衰败，将会带来更大政治危机的时候，人民公社制度才逐渐消失，在联产承包责任制的基础上，形成了"乡政村治"模式。自此，中国乡村治理中乡村的功能和基层政府的关系就大体确定下来，也形成了乡村社会秩序的基本结构性要素。在乡村纠纷解决中，虽然乡村伦理和风俗具有现实的意义，但必须在宏观权力意义上得到明确的认可与规范，可以说一直是权力的阴影下的乡村纠纷解决。这是"枫桥经验"核心结构要素，[①]也是如今乡村治理的核心要素。

在这种基本结构下，乡村纠纷解决就具有双重功能。第一重是维护乡村社会稳定社会基础的功能。无论是新中国成立后为了满足我国优先发展工业化的需要，还是乡村生产力受到阻碍影响了国家经济基础，一个稳定的乡村社会秩序才是保证资源稳定的重要基础。乡村纠纷就不仅仅是村民之间社会关系的问题，更是对党和国家的信任和支持的问题，再加国家法律发展的问题，乡村纠纷解决的权威和依据都倾向于以意识形态为准，存在泛意识形态化处理的特点。第二重是强化乡村在政治上的地位和经济社会地位的协调。在乡政村治后，乡村不仅受到地理空间的约束，也受到了系统的城乡二元基本社会结构的约束。如何使乡村社会成为一个相对稳定的自我循环系统，有一系列制度上配置：（1）土地配置上的封闭性，即乡村社会成员和土地之间的关系相对封闭。（2）身份上的封闭。（3）纠纷解决机制的封闭，（1）（2）决定了乡村纠纷的动力机制无法超越乡村场景，也不大可能与跨村庄甚至跨级别的社会关系出现冲突。（4）法治要素的供给贫乏，与（1）（2）（3）相对应，乡村社会中的纠纷在乡村社会关系内部就可以解决。这种封闭性带来了两个方面的问题：一是地方权威以国家权力代理人的形式治理乡村，造成了党和国家权威与民间权威的混同；二是加上乡村自治的权力完整形态，在一个乡村社会秩序内部不存在规范化的权力制约机制，强化了乡村家族治理和暴力治理的动力。[②]近几年的扫黑除恶，在乡村处理的一些长达数十年的地方黑恶势力，都可以在这种结构中得到一定的解释。

[①] 中国法学会"枫桥经验"理论总结和经验提升课题组：《"枫桥经验"的理论构建》，法律出版社2018年版，第23~24页。

[②] 黄海：《灰地：红镇"混混"研究（1981—2007）》，生活·读书·新知三联书店2010年版，第239~240页。

（四）"悬浮型"乡村治理的出现

改革开放后，原来的"政社一体"转变为"乡政村治"，党和国家在乡村的完整性支配权力部分退出，乡村获得了一定程度的经济和文化自由，具体的党和国家在乡村的运作形式也随之发生变化。改革开放至20世纪90年代初期，乡村集体经济快速发展，但吸纳剩余劳动力的乡镇企业在经过快速发展后，低水平技术和管理不规范出现了瓶颈。在20世纪90年代后期乡镇企业的政策优势、环境优越等优势不复存在，"长三角""珠三角"则在现代化生产制造领域不断发展，提供了大量岗位需求，形成了农民工流动所需要的"推拉"机制，一个制度上依然严格限制城乡流动的刚性机制与充满机会诱惑的城乡流动弹性机制在这段时间构成了乡村社会秩序和乡村纠纷解决的两个重要背景下力量。[①]21世纪初期到2012年，大致可以划分出另外一个乡村社会秩序的形态。2003年暂住证制度逐渐取消，加上2001年中国加入WTO带来的制造业岗位快速增加，乡村适龄劳动力基本都外出务工，乡村出现"99，38，61"现象[②]，一个失去主要社会成员的乡村社会秩序成了外出务工人员与乡村的一个象征性联系。针对乡村大量外出务工在家乡建设漂亮房屋，然后空置去城市打工的现象，更加具有象征意味，具有很强的炫耀性消费特点。事实上，有能力在乡村建房的能人，往往在有机会的时候会在县城或者更大城市购房，成为从乡村单向流入城市的主体，也构成了当前新乡贤吸收的主体。

这一时期的乡村社会中，党和国家的力量主要保留乡村税收和计划生育两项职能。这两种职能都是管控式，乡村税收是汲取型，计划生育是制裁型，都不可能在乡村社会中发挥真正的权威功能，也无法为乡村社会秩序提供明确的道德和价值上的指引。在外出务工能够获取更多经济收入的共同作用下，乡村社会成员与乡村的情感和道德关联日渐薄弱。在有关研究中，都提到初代农民工大部分返回乡村的现象，更多以传统的伦理道德和乡村情感作为解释，但从农民工自身视角理解，更多是因为缺乏融入和留在城市的能力，而非缺乏意愿，有关调研发现初代返乡农民工仅有20%赋闲在家，其

---

① 1984年中央一号文件规定：允许农民自带口粮进城务工经商。20世纪80年代开始，中央连续五个一号文件中30多个"允许、允许、也允许""可以、可以、也可以"中的一个"允许"即"允许农民自带口粮进城务工经商"。以此为分界，农民进城经历了从禁止到限制，再到逐步走向全面放开的历程。有了这个尚方宝剑，1984年，深圳开始实行暂住证制度，办理暂住证的条件是提交身份证、暂住地合法居住场所证明、照片两张，符合领证者还需交纳流动人员治安管理费，满足上述条件后7日内发证。

② 指随着外出打工劳动力增多，农村出现了留守妇女、留守儿童、留守老人现象，"99"代指留守老人，"38"代指留守妇女，"61"代指留守儿童。

他依然在寻找机会工作。乡村党员干部在村庄社会秩序中的权威日趋衰落，与此同时，以经济能力为成功标准的价值在乡村普遍出现，以伦理、血亲、道德、风俗、面子、人情等为主要基础的乡村社会规范体系受到快速冲击。

外出务工所带来的经济上和文化上的相对优势，构成了乡村社会成员更进一步走出乡村的动力。随之而来的是乡村社会成员与原来村庄的关系转变，参与村庄公共事务的动力减弱，获得村庄道德评价的动力也减弱，经济实力取得了绝对的支配地位，具体体现在乡村传统道德权威的全面落败。与此相对应，党和政府也意识到经济精英对乡村社会秩序良性运转的重要性，广泛出现能人治村的现象。与这种乡村社会关系淡化的同时，乡村纠纷解决也逐渐从原来以道德为核心的基础，转向以道德、法律、暴力、人情、金钱等为基础的纠纷解决模式。

这种模式转变并不是党和政府特意设置的结果。事实上，在20世纪90年代到21世纪初期，理论上关于乡村纠纷解决的研究更加关注以理想化的西方法治模式批判乡村纠纷解决的落后和愚昧。① 这种研究具有较强的选择性，与其说是对乡村社会秩序的批判，不如说是借批判乡村社会秩序而批判传统社会秩序，进而将传统和现代置于截然对立的位置。虽然这一时期有借助格尔茨的"地方性知识"和埃里克森的"无需法律的秩序"以解释乡村纠纷解决的正当性，也有以"马锡武审判模式""炕上开庭""秋菊打官司"等为焦点的异样声音，但主流的观点依然认为乡村纠纷解决形态是一个进化论模式下的不完整形态，需要以市民社会或者陌生人社会予以替代。对于党和国家来说，20世纪90年代确立依法治国的基本方略，在塑造融入国际法律秩序形象的同时，也在内部形成了以批判和破除传统纠纷解决模式的意识形态。②

（五）乡村纠纷解决宏观背景的构成

乡村社会内在的秩序变迁，国家对法治宣传的需要，法治理论对西方理想型的想象，共同构成了这一时期乡村纠纷解决的宏观背景。国家和理论上的想象以现代法治伦理为依据对乡村纠纷解决进行评价，而乡村社会秩序运行本身则以生存伦理为基础运行，二者间的矛盾和错误构成了这一时期乡村纠纷解决面貌的多样性和差异性。乡村社会秩序在理论上被修辞为一个不断增强法治属性的过程，但事实上乡村社会秩序在推拉双重力量下，既缺乏支持理想型法治秩序的资源，也无法维系传统的社会秩序，而是形成被动的秩序混乱，无法有效统合乡村社会秩序。中观上城乡二元机制带来乡村社会秩序并不能在基本社

---

① 郑永流等：《农民法律意识与农村法律发展：来自湖北农村的实证研究》，中国政法大学出版社2004年版，第9页。

② 可以参见历次普法决议的内容。

会结构上获得一致认同，进一步强化了乡村社会秩序的特殊性。真正决定乡村社会秩序的是参与进乡村社会实践的社会成员，一个以经济实力为核心的人力和财力抽取筛选机制将乡村能人和资源逐渐抽取到城市，乡村的空心化和象征化转向无法维系一个有机的社会团结机制，纠纷解决也没有稳定持续的模式。这一时期最终形成以党和国家的象征性叙事、理论专家的象征性批判、乡村社会成员的实用主义行动结合而成的乡村纠纷解决复杂形态。党和国家虽然设置了基本的乡村法治资源和制度如司法所、乡村人民调解委员会的供给，但其职能定位比较模糊，在乡村纠纷解决中并没有起到预期的作用。

第二节 嵌合型社会资本与社会秩序再造的内在机理

纠纷化解模式展示了党和政府在乡村社会场景中的权力支配结构，也是党和政府在乡村获取资源合法性的一个修辞手段。从晚清开始，国家力量试图进入乡村社会场景，但因为组织和技术的力量而无法解决支配的成本收益平衡。军阀混战、抗日战争和解放战争使得乡村社会的组织性力量逐渐增强，在新中国成立后党和政府通过对乡村社会的完全理性化组织，提供了权力进入乡村社会的组织和文化基础，一个在党的动员下运行的乡村社会为乡村纠纷化解提供了核心动力，并借助对政治、组织、文化、意识形态、伦理等重新修辞，围绕党和国家政治、意识形态、文化、经济等需要的不断组合与变体，乡村纠纷化解模式在21世纪近十年开始形成更为复杂的运作形态。宏观上的党和国家在乡村社会秩序中承担着抽象的合法性来源功能，形成了乡村社会对基层政府的满意度低于对党中央和国家的满意度的现象。微观上各种正式的、非正式的力量在各种力量驱动下进入乡村社会场景，共同在乡村的具体社会场景中展开纠纷运作的各种博弈。

一、嵌合型乡村社会秩序再造中纠纷参与者的动力

与传统乡村社会相比，嵌合型乡村社会中的各个主体通过复杂的利益关联起来，同时将人情和面子等因素置于更加理性的经济收益标准下加以衡量，以道德、人情和面子为主要修辞的纠纷解决转化为更加理性的纠纷解决。在具体纠纷解决中，参与者具有更加明确的社会位置意识，也具有更加明确的利益诉求。

（一）纠纷当事人角度的社会位置和动力机制

与传统当事人社会位置的简单、固定相比，嵌合型社会中的当事人

社会位置复杂、多变。传统社会位置由相对固定的地理空间和社会空间塑造，在缺乏足够的社会流动技术支持下，一个乡村社会的地理空间在几代人的实践范围内都会保持相对稳定。地理空间的封闭直接约束了社会成员行动的选择空间，也增强了乡村社会道德伦理规范的刚性。在特定的地理空间内，社会空间也非常狭隘，个体的社会位置在正常的乡村社会内部很难有重大转变，基本上与村庄最初的社会等级结构相伴。选择空间的狭隘和道德伦理的刚性共同作用于乡村社会秩序，形成了乡村社会秩序表面上以人情、面子为修辞，实质上以严格歧视性为底色，伦理构成道德权威维护自身社会位置的最有力手段。这也是乡村社会中容易出现暴力手段解决问题的重要原因，形成了与道德修辞下的乡村社会场景相对立的局面。借助国家权威制衡，乡村内部的暴力手段会被限制在可接受范围内，一旦强有力的国家力量失去对乡村的统摄，乡村社会内部的严酷打压便随之产生，原有的道德风俗习惯不能产生稳定的社会约束力。嵌合型乡村社会中，社会成员不再严格受制于地理空间和社会空间的制约，不仅成员之间有了更多的选择性，随着选择带来的不合作能力，有了离开乡村社会空间的能力。更多的选择空间带给乡村社会成员更多的利益类型，物质利益、社会关系和社会地位不再严格依赖某一不变的社会位置，而是随着社会位置的变化呈现开放和弹性的形态。对于乡村社会成员来说，单一的社会资本难以保证原有的社会位置，必须在嵌合型社会资本框架下重新进行选择，对任何个体保持一个稳定的社会关系。在乡村基层公共权力和私人权利的关系上，也必须从原来单一的支配管理转变为服务和合作关系，否则乡村社会成员完全可以选择去别的社会空间生活工作，从而脱离当地权力空间的支配。

对于纠纷解决当事人来说，如何解决、解决的目的是什么，都与当事人的社会位置密切相关，也具有更加多元的动力来源。在乡村社会中，大体可以区分为以下几类：第一类是传统型取向，这一类群体较少与外界交往，除了原来年龄较大的一部分外，就是绝对缺乏走出乡村的弱势群体，这类群体在身体或者认知上存在障碍，本身从属于其他群体的象征性庇护之下。第二类是以现代为主、传统为辅的群体，这一类包括早期外出打工返乡的农民工，也包括现在乡村创业的本地农。二者都依赖传统乡村社会提供非农业的经济收益，因此采取更加功利性依赖乡村各种资源的方式。在具体的纠纷解决中，更偏向于通过人情和面子的交换以得到更加长期的经济收益上的保证，类似于市场中的忠诚消费者培育。第三类是偏向城市生活者，在乡村的社会生活只是其更大社会关系中的一部分，包括在城市里居住的乡村干部和在乡村投资的经营者。随着乡村治理的规范化，原来具有明显兼业特点的乡村干部逐渐有职业化趋势，[①]与原来所依赖的乡村社会的社会经济收益关系逐渐松散，更多倾向于从上一级行政资源中汲取更多经济和政治上的回报。乡村投资者则根据投资类型与乡村社会存在多样关系，对于较少依赖地方人力资源的投资，可以较为强势地吸引和塑造乡村的认知，依赖地方人力资源的投资则采取与第二类群体相同的策略，或者与第二类中的精英人物合作以减少在乡村的人力资源监管成本。

这种当事人的复杂结构意味着在纠纷解决运作中，当事人会采取更加具有开放性和妥协性的纠纷解决策略。除非是当事人及其社会结构都处于严格的第一类倾向传统的类别，否则至少有一方会采取开放性和妥协性策略，无论是通过民间调解还是通过诉讼，纠纷都可以在现代理性的意义上得到解决。需要动员众多乡村正式和非正式力量才能解决的纠纷，大都是双方均不具有严格的脱离乡村社会的能力，从而转向高度依赖人情和面子的非理性纠纷解决方式，连带着乡村的调解也倾向于浓厚的道德取向。但一个值得注意的转变是乡村调解的道德转向的内容逐渐从传统的人情转向更加正式的党和国家对和谐社会、美好生活等政治追求的修辞，并且被约束在一个形式确定但内容抽象的村规民约中。[②]这意味着当事人社会结构总体上具有更加多变的特征。在改革开放至21世纪初期，这种变化尚缺乏更强的统摄性力量，从而呈现乡村社会整体性的快速衰败。自新农村建设和乡村振兴战略实施以来，原来的分散性快速在党和政府的统一政治修辞下重新聚合，尤其是扫黑除恶压制了乡村社会中的黑化和灰化的力量，前述的三类群体快速在党和国家的政治叙事和经济社会资源再分配下统一起来。党和国家的权威为当事人提供更加明确的行动焦点，更加开放的选择空间提供了接近党和政府需要的行动基础，一个以利益多元分工和社会资本多元嵌合的当事人纠纷解决行动模式逐渐形成。

（二）旁观者的动机和行为模式

在任何一个纠纷解决进程中，当事人都会将旁观者的动机作为一个重要的参考。在传统乡村社会中，人情和面子构成当事人的重要纠纷解决依据就是因为当事人考虑在旁观者眼中的当事人行为，如果会在旁观

[①] 吕德文：《"两栖"村干部的出现、演化及管理对策》，载《人民论坛》2020年第20期。

[②] 张静：《基层政权：乡村制度诸问题》，社会科学文献出版社2019年版，第104页。

者心中形成社会评价贬损，当事人就会极力夸大面子和人情的重要性，借助于道德修辞无限制地索取非理性的"说法"。在封闭的乡村社会空间中，面子和人情与社会经济资源的分配具有密切关系，是个体在乡村社会中地位和可支配社会资本的核心，因此在不同群体内部通过差序格局塑造一个稳定的面子和人情分配结构，并在代际传递中较为稳定地延续下来。乡村社会成员社会结构的变化削弱了人情和面子与经济社会资源之间的关联性，差序格局也就失去了基本的社会需求。这进一步带来了乡村社会总体观念上的变化，旁观者不再认为面子和人情是关系乡村社会地位的根本要素。这也是乡村社会向陌生人社会转变的一个突出标志，乡村社会成员不再将道德色彩很重的家务事当作绝对家丑，在夫妻婚姻纠纷和赡养纠纷中，作为旁观者的村民往往也以别人不靠自己吃饭为由拒绝干涉。

在乡村社会中，存在着丰富的相对于国家权力而言属于私权力范畴的社会公共权力，这些权力嵌于杜赞奇所说的"权力的文化网络"[①]，无论是私力救济、社会救济，还是公立救济，一个纠纷解决最后产生效果，依赖能否在社会中形成积极的社会秩序再造。在当今的乡村这种权力类型更加多样化，既包括传统的权力的文化网络，也包括权力的社会网络、经济网络、媒体网络等类型。社会网络由多样性的来源组成，既包括本地村庄的非正式网络，也包括某些本地精英联络起来的非正式网络。经济网络由本地和外地的创业精英构成，以市场机会和利润获取为主要行动动力，只有在获得足够经济资源之后才会转为在乡村交换得到和社会地位等更抽象的社会资本。媒体网络权力则是更加新型的权力网络类型，随着智能手机和网络社交媒体、短视频等方式形成，其主要两类群体：一类是年轻人，另一类是存在中原本就具有一定演艺能力的人，在网络中成为能够影响和动员超越地方限制的群体，具有不可估量的新型社会动员能力。这就提供类任何社会规范生效的结构性执行机制，即在给定的社会环境中，个人总是按照一种特定的方式行动，并且看到不遵循这种方式的人被给予惩罚，则规范就存在了。[②]

在乡村纠纷解决运作中，第三方旁观者视角不仅构成了当事人行动方案选择的背景，即所有的选择都是在第三方注视下的一个最优化博弈，

[①] [美]杜赞奇：《文化、权力与国家：1900—1942年的华北农村》，王福明译，江苏人民出版社2020年版，第13页。

[②] [美]阿克塞尔罗德：《合作的复杂性：基于参与者竞争与合作的模型》，梁捷、高笑梅等译，上海世纪出版集团2008年版，第44页。

也是纠纷解决能否产生预期社会秩序生产与再造的结构性要素。无论是对于哪一方主体来说，纠纷解决就是一个个人、社会、党和政府对社会行为和价值的指引。这也是"一次错误的判决，有甚于十次犯罪，因为犯罪污染的是水流，而错误的判决污染的却是水源"这一名言的内在社会机制。第三方旁观者事实上构成了乡村纠纷解决运作的外在压力来源，也构成乡村纠纷解决在社会秩序生产与再造正当性的重要依据。

（三）治理主体的动机与行动模式

在乡村治理话语下，特别强调治理主体的多元。但这里的多元主体如何参与进乡村治理，又具有何种职责和权力，最终实现何种目的，不同群体在乡村治理中的地位和预期不同，如何看待乡村纠纷解决，又如何嵌入治理主体的治理行为中，都是更加复杂的问题。

自21世纪初，治理话语日益成为乡村社会秩序生产运转的重要表达，尤其是在乡村振兴战略提出之后，对于乡村社会秩序的官方预期就从原来较为单一的政治领导，社会和经济自治的模式转向国家动员全方位力量反哺乡村的治理模式。治理话语的强大包容性不仅是一个力量话语系统，更是给国家的乡村振兴提供了更加包容性的知识和思想空间，在刚性的官僚等级制下，将项目制的方式更加灵活地融入乡村各项工作中，在提升乡村社会物质基础上，形成了全方位的乡村治理模式。

以党组织的刚性内在逻辑推进的乡村治理模式更大程度上是正式权力在乡村社会的全方位弥散性治理，话语中并提的党委领导、政府负责、社会协同、公众参与，通过法治、德治和自治有机融合，各方力量如何配置，在实践逻辑中则存在众多抵牾之处，并不像纯粹话语中的协调一致。在乡政村治模式下，乡村党组织可以借助有限的税收和计划生育管理权限建立与乡村的直接利益关系，治理语境下则需要通过带给乡村直接的物质利益获得正当性。

在国家土地流转政策和农业专项补贴政策引导下，形成吸引经济资本为主的社会协同；以带来乡村经济发展为基础的治理合法性来源，形成权力提供资源空间；社会提供经济资源的方式，形成治理话语下的合作关系。党委和政府通过带来乡村经济产业的发展获得更强的治理合法性，而经济资本在实现政治任务的同时也获得经济和政治上回报。这其中的安排更是通过对有感经济资本的更多经济利益和政策上的回报为基础。公众参与具有广泛性，但占公众主要比例的乡村社会成员难以在这种多元治理中获得主要地位。

1. 多元治理主体与国家正式权威的距离有本质差别。党和政府的权威和权力支配正当性来自法律和政治合法性，在多元主体中具有绝对支配地位。从我国的乡村治理模式来说，一直是以党和政府的政策法律自上而下展开，尤其明显的是新中国成立之后全方位地主导了乡村各项资源的配置方式。其他治理主体则没有这种当然的合法权威，而是由国家治理对于多方资源的需求产生，服从于党和国家的乡村治理发展需要，而乡村发展的需要又从属于国家整个社会经济发展的需要，这样理解的话就可以将乡村在目前解决中国经济社会发展的新领域关联起来，更大程度上其根本目的在于国家经济发展的机会，乡村本身的发展处于从属地位，这就意味着其他参与主体事实上并没有决定性，不仅是乡村本土的住户，也包括所有跟随乡村振兴进入乡村的各种社会主体，都是党和国家制定的乡村振兴政策的一个具体功能环节，而非主导环节。这背后的逻辑当然是为了中国社会主义的解决基础的意识形态需要，更是为了解决我国法治面临的空间受限的局面，通过乡村振兴提供拉动国家发展的新的机会。这种复合形态决定了党和政府对于乡村治理的政策在话语层面和隐喻层面具有多重性，在面对乡村社会秩序的变迁以及纠纷解决的时候，如何从乡村振兴的话语层面和隐喻层面建立新的支配性，并且能够在实践中形成融合原有乡村治理多方面资源的运作模式，不可避免出现从话语层面到实践层面的纠纷解决话语体系。转化为广泛话语体系和运作模式的话语呈现为多元纠纷解决话语下的纠纷化解，这一问题后边详细展开。

2. 多元主体本身具有明显的层级性。在管理者视角下，单一分析乡村治理中的纠纷解决资源供给并没有意义，尤其是单纯从纠纷解决角度理解更是与乡村振兴视野下的乡村多元纠纷解决机制运作没有必然关系。对于管理者来说，纠纷解决是服从于乡村振兴更大政治目标的一部分，按照党的十九大的布局，乡村振兴是决胜全面建成小康社会、全面建设社会主义现代化国家的重大历史任务，是新时代做好"三农"工作的总抓手。这一话语体系从党的系统构成了乡村纠纷解决的重要合法性基础，也是与乡村振兴之前的纠纷解决逻辑根本的区别。

到了乡村振兴之后，在政治任务的推动下，从党中央大力推动开始，形成了动员各种资源全面下乡的局面，作为增强乡村社会秩序治理的一个方面，纠纷解决被编织进更加具有能动性的乡村治理话语中，与其他的资源形成了话语和社会治理机制的多元互动，各种资源和权威也借助治理话语形成了更加具有主动性的纠纷化解形式。在这一背景下，纠纷解决就不再是乡村自身的问题,也不再是村民自身的问题,而是成为各种正式治理主体乡村治理任务的一项具体内容,并且通过将乡村治理的价值提升到国家治理现代化高度。实施乡村振兴战略,加强农村基层基础工作,健全乡村治理体系,确保广大农民安居乐业、农村社会安定有序,有利于打造共建共治共享的现代社会治理格局,推进国家治理体系和治理能力现代化。[①] 各种进入乡村的权威都将完成乡村振兴工作看作重要的政治任务,同时将治理话语的包容性转化为基层工作的全方位实践理性运作,实现了通过原来基层毛细组织和党政精英建立起来的权力运作通道和基层社会的融合转化,全方位进入乡村社会秩序的方方面面,从乡村社会秩序的日常中预防到最后纠纷解决实现社会再造的后续引导关注,全方位的纠纷化解秩序就形成了。

二、治理话语下纠纷解决模式再塑造

治理话语下党和国家动员了更多资源,从原来相对单一的以国家法律实现为目标的乡村纠纷解决方式转变为包含法律、社会、政治等更多元的目标。一个较为明显的转变是主动通过多种途径动员更多资源进入乡村社会场景,改变了传统乡村社会资源较为单一的情形。在村民的流动和外来资源共同作用下,纠纷解决模式从原来较为简单的纠纷和法律互动转变为更加复杂的文化、经济、社会等各种力量的参与。

在中国乡村社会秩序运行中,党和国家的话语模式直接决定对乡村纠纷解决的引导和塑造。自改革开放开始,党和政府的力量逐渐退出乡村社会,但保留了最基本的税收和计划生育的权力。与国家在党的十五大上提出依法治国基本方略相呼应,国家通过普法活动和在乡村的严打,快速形成了法律在乡村的权威,但也在乡村文化中形成了对诉讼的厌恶认知。在 20 世纪 90 年代的乡村纠纷解决研究中,基本都认为乡村存在法律认知和法律信仰缺乏的观念,但在缺乏与城市市民的法律认知对比的情况下,这种研究最多只有一个道德上的象征意义。这种认识下,乡村纠纷解决就是一个单向度的法律矫正乡村固有社会秩序和乡村社会文化的过程,即送法下乡,乡村社会中的道德伦理秩序都需要服从法律,从而形成法律阴影下的乡村纠纷解决模式。这种道德认知、经济成本和社会疏离带来了乡村社会对法律的疏离与排斥,最终严重影响了乡村社会秩序的良性运作。

---

① 中共中央、国务院:《乡村振兴战略规划(2018—2022 年)》,https://www.gov.cn/zhengce/2018-09/26/content_5325534.htm,最后访问日期:2024 年 4 月 12 日。

面对乡村社会自 20 世纪 80 年代以来的社会秩序快速变迁,以法律供给为核心甚至唯一的秩序正当性基础,就无法应对事实上通过更加灵活的选择行动而形成以社会关系和社会网络为基础的乡村纠纷解决现实。乡村社会在前期分田到户的基础上形成更加分散的社会关系,面对这种局面,党和政府对乡村管理的思路并未能相应调整,这就带来乡村社会秩序和农业生产某种程度上孤立于国家总体发展的严重危机。从话语上来说,国家历年的一号文件都提出了亟待解决的"三农"问题,但在具体的资源供给上存在放任乡村发展的现实,才出现"农民真苦,农村真穷,农业真危险"的认识,但这种认识是建立在前期严格限制农民选择空间的后果,在能够出去打工之后,一个更加广泛的从村庄到大城市的流动圈层也在解放农民。真正危险的是城市对资源的汲取会因为农村的衰败而缺乏根基,更会因为农民离开土地之后带来严重的粮食安全问题,进而冲击党和国家的政治合法性。尤其是在理论研究中,一直未能改变把乡村当作落后社会形态的观念,从根本上忽视了乡村和农民的主体地位,乡村的管理就只留下暴力型的计划生育和汲取型的税费收取,然后就是以公安为象征的严打行动。这几种因素综合起来,20 世纪 90 年代到 21 世纪初期的乡村就构成了多个领域中的破败、没落的经典塑造,并进一步强化了理论上设定的愚昧落后的前提。

21 世纪初期开始,国家的力量增强之后,对乡村的资源汲取依赖减弱。[①]政治和粮食安全就成为国家必须面对的问题,必须转变对乡村的管理方式,让党和政府的力量更多进入乡村社会。乡村社会成员开始形成能够与国家现代化相对应的观念和生活方式,这点一直是众多对乡村社会性质和乡村农民思想认识作出判断的起点,认为乡村的传统性与现代性截然二分,忽略了传统和现代只是宏观社会形态的划分,并不涉及对人的行动逻辑的根本描述。

对于农民来说,自 20 世纪 50 年代开始的城乡二元结构限制了其选择空间,相应的社会秩序也是特定乡村社会地理文化空间的结果。在 20 世纪 80 年代之后,尽管有城乡二元结构,但在农村的推力和城市的拉力共同作用下,农民在更加务实的实用理性指引下依然会作出更多元的选择。在多样化的选择空间中,在多元化的职业分工中,农民的理性化认知和行为模式与现代化之间的差距逐渐缩小,对乡镇基层政府的认识也更加

---

① 截至 2007 年年底,占中国人口总数比重依然达 55% 的农业人口,创造的农业增加值占全国 GDP 总量的比重只有 11%。考虑到每年 2.5 亿左右的农民工流动,农村劳动力还有大量以其他形式创造的劳动价值。

开放，这为党和政府重新进入乡村社会提供了社会基础。农业税费废除之后基层政府在经历了几年的悬浮型治理之后，随着国家项目制模式的展开，基层政府和乡村基层组织以更加具体的项目推动模式展开工作，一个基层政府和乡村自治组织合作进行项目竞争推动乡村发展的格局就此形成。[①] 尤为明显的是在党的十八届三中全会提出国家治理体系和治理能力现代化之后，乡镇基层政府的政治话语从简单以暴力为支持的法律供给，由单方面改变乡村社会的方式转变为更加具有合作动员性质的治理模式。尽管基层的治理话语并不同于建立在新管理理论下的治理理论，也不同于实质上的社会驱动，但已经包容了乡村社会多元变化的空间。

农业税费废除之后，党和国家通过项目制的方式进一步动员了更多的资本进入乡村，不仅应对了农业生产向规模化转变的需要，也解决了农村劳动力在单门独户条件下无法获得更高农业收益而大面积抛荒的问题，在新农村建设推动下，农村土地流转也应运而生。2013年习近平总书记到湖南湘西考察时首次作出了"实事求是、因地制宜、分类指导、精准扶贫"的重要指示，《中共中央 国务院关于打赢脱贫攻坚战的决定》提出到2020年确保我国现行标准下农村贫困人口实现脱贫，贫困县全部摘帽，解决区域性整体贫困。[②] 为了实现这一政治目标，党和政府动员更多社会、市场和行政力量进入乡村社会，快速提供了反哺乡村的多方面政治、政策、法律、经济、资本、文化、技术、交通、通信等资源，短时间内奠定了乡村社会与多方力量互动的新型社会秩序。

这种多元性并非自生自发，而是在党和政府的政治动员之下展开。多种纠纷参与主体也在表面的治理话语下作出更加弹性的行动选择，受制于乡村社会的具体社会资本和社会关系的制约，不同主体的目标并不相同。对于在地的村"两委"来说，其承担着由县乡两级下达的"小事不出村，大事不出乡"的硬性目标任务，必然需要采取各种手段来解决问题。对于派驻在乡村的各种干部，他们分别有不同的任务和追求，但都是通过特定的专项任务的方式派驻乡村，包括解决脱贫攻坚人员、第一书记、法治书记等多种角色。但这些干部更多是为了完成上级交付的任务，主要是经济社会法治，因此更多倾向于通过短期项目提升乡村经济

---

① 李祖佩：《项目制的基层解构及其研究拓展——基于某县涉农项目运作的实证分析》，载《政治学研究》2015年第5期。

② 中共中央、国务院《中共中央 国务院关于打赢脱贫攻坚战的决定》，http://www.beijingreview.com.cn/minsheng/201512/t20151208_800044364.html，最后访问日期：2024年2月16日。

水平，减少党和政府在乡村振兴中面临的资金和人才短期问题。这种身份的短期性和临时性非常明显，党和政府也意识到需要进一步通过党组织和政策的动员，保持相应机制延续更长时间。[1]乡村干部的离土性比较普遍，在村干部在乡村忙于各种考核事务，生活社交主要在县城的现象普遍存在，[2]2020年9月16日至18日，习近平总书记在湖南考察时指出："在接续推进乡村振兴中，要继续选派驻村第一书记，加强基层党组织建设，提高基层党组织的政治素质和战斗力。"[3]这事实上是继续保持党组织的动员能力，以解决这种干部身份的不稳定性。

对于进入乡村的资本来说，其目标非常单一明确，就是为了获得足够的利润，对乡村社会纠纷解决的动力和方式与利润实现的方式密切相关，但都服从于保证生产经营的成本最小化思路展开。对于不能完全脱离乡村社会生活的村民来说，又因为选择能力的强弱而不同，年龄较大又缺乏其他社会支持的村民，几乎完全被动在乡村生活，维持最低限度的生存状态，也不具有过强的利益诉求，可以说基本处在纠纷解决的视野之外。对于选择能力最强的村民来说，他们因为具有脱离当地社会关系支持的能力，从而获得最强的选择能力，村干部和其他驻村的干部也必须在严格的法律支持下才能满足这类群体的需求。当然，根据更加具体的利益类型，以及在乡村的社会关系的强弱不同，会有更加复杂的变体，但本书不做更泛化的分析，只是将这一类作宏观类型描述。乡村纠纷解决中能够动员起来的主体主要依赖乡村社会关系支持，同时又是有一定的选择能力的群体。这一类群体间的纠纷，本身就嵌入乡村社会关系中，与在地的乡村社会秩序密不可分，支持着这类群体在乡村社会生活中的基本价值实现，具有一定的实质非理性社会基础。同时这类群体又具有动员其他社会资源的能力，在知识水平、现代意识等方面高于其他村民，可以通过更强的议价行为去影响纠纷解决的运作。这类群体的纠纷提供了村干部和驻村干部运用工作手段解决问题的核心场景。

对于乡村纠纷解决来说，在有限的时间、精力、人力和经济资源限

---

[1] 这点在脱贫攻坚任务完成后具有非常明显的强化，2021年中央一号文件明确提出："选派优秀干部到乡村振兴一线岗位，把乡村振兴作为培养锻炼干部的广阔舞台，对在艰苦地区、关键岗位工作表现突出的干部优先重用。"

[2] 吕德文：《村干部为什么不在村？》，https://www.sohu.com/a/420872965_699490，最后访问日期：2021年12月23日。

[3] 新华社：《习近平在湖南考察时强调在推动高质量发展上闯出新路子谱写新时代中国特色社会主义湖南新篇章》，https://www.gov.cn/xinwen/2020-09/18/content_5544581.htm，最后访问日期：2024年3月20日。

制下,村干部和驻村干部为了完成上级交付的工作任务,就会选择能够更好施展自己解决问题手段的场景,对于事实上不能依靠民间手段解决的问题,或者不值得纳入纠纷解决的问题,则会不予关注。这样就形成了具有明显管理特色的乡村纠纷解决运作形态,由党和政府主导,在各种考核目标驱动下共同完成对乡村社会秩序的再造,具有非常明显的治理内卷化色彩。[①]

第三节 纠纷解决与社会资本的再造

纠纷解决是社会主体对自身社会位置偏离之后恢复社会位置和认知协调的行动选择,本身内嵌在特定的社会资本中。从这个角度来说,纠纷解决从来都不只是个体间的事情,更非私权利范畴能够解释,必然具有极强的公共属性。社会资本影响了主体是否认为社会偏离构成纠纷,是否需要特定的纠纷解决方式予以解决,能否在特定的社会场景中得到认同支持,使得社会偏离能够在特定的社会结构中得到修复,进而促进社会再造。因此,离开社会资本去理解、评价和设置纠纷解决机制,都会出现与社会秩序再造相违背的情形,可以说这种思路是马克思社会物质基础和上层建筑之间互动的一个具体领域。

一、从社会资本角度理解纠纷解决需要先理解纠纷

纠纷并不是当然存在的,而是特定文化对社会偏离的一个认知形态,对纠纷的认识也不是跨文化和跨历史的,需要从纠纷的实质内核进行分析。从社会秩序的动态发展来说,社会关系的偏离是一个常态现象,也是社会进步的常态现象。何种偏离不需要明确的解决就可以自动纳入社会秩序再造,何种社会偏离不能自动纳入社会再造,而必须通过特定机制予以恢复,便依赖具体的社会资本的约束。如果将社会发展看作偏离的动态集合的话,需要通过特定机制加以解决的社会偏离只是纠纷的部分偏离,超出了社会资本提供的自动社会秩序修复机制。如果一个社会中社会资本提供了足够的信任机制,能够在社会偏离中形成动态的稳定结构,这些偏离就构成了哈耶克意义上的自生自发社会秩序。[②] 如果被识

[①] 贺雪峰:《规则下乡与治理内卷化:农村基层治理的辩证法》,载《社会科学》2019年第4期。

[②] [英]哈耶克:《法律、立法与自由》(第一卷),邓正来、张守东、李静冰译,中国大百科全书出版社2000年版,第55页。

别为纠纷，就意味着社会资本所提供的信任机制不能将这种偏离约束进社会秩序本身，也就不能再依赖自生自发社会机制实现社会秩序的再造。这意味着纠纷的识别受到两个方面因素的影响：一个是观念的影响，另一个是社会偏离的影响。对于观念的影响来说，与社会秩序相协调的观念更加认同本社会的固有秩序形态，对于社会偏离的认识也更加能够内化为当然的社会秩序。这点可以通过对任何封闭社会的秩序的研究得到，无论是封闭的原始部落，还是拥有相对独立地理空间的传统封建社会，抑或是现代美国境内的地方社群、网络上的新型社群，都有自身的独有社会资本。可以说，一个群体能够从社会中被独立识别出来，就一定意味着特定的社会偏离形态被内化为特定的社会秩序，形成特定的社会资本，为整个社会群体的稳定存续提供规范基础和价值基础。

二、纠纷解决实践的多元化

纠纷解决机制存在层次上的多元化，也存在社会资本交错的多元化，使得纠纷解决实践呈现更加复杂的情形。层次上的多元化与传统的社会依赖关系密切相关，从血亲到国家，呈现为愈加间接的依赖关系，在一般社会状态下，个体纠纷总是遵循从内至外的依赖关系，只有内一层社会资本无法提供足够的社会秩序和社会位置的修复效力时，次一级的社会资本才会进入社会秩序的修复机制。从宏观的角度来看待这一纵向多元化，在各种社会形态中都存在，在中国乡村纠纷中也存在，只是在村民具有更加自由的选择空间之后，原来纵向的多元化与社会资本之间的关系更加复杂，而非线性的相关关系，更不是因果关系。村民的选择自由可以直接越过中间层级而直接选择法律机制，国家出于治理需要也期望能够借助纠纷解决方式选择行为直接控制乡村社会秩序演化方向。为纠纷解决提供更加多元的选择空间，也使得缓解激情、人情和面子的机制更加灵活，不需要在封闭空间中选择极端的"实质非理性"方案或者直接越过社会机制进入司法程序。这种选择空间的扩大与社会资本的演化之间有一定的错位，在社会资本不能支持更加多元的纠纷解决方案时，会反向强化个体过度依赖忍耐、激情、暴力，或者选择形式理性的法律手段实现实质非理性目的。这正是改革开放到新时代以前乡村纠纷解决在话语和实践上偏离的根本原因，但这种现象随着社会资本从 20 世纪 90 年代衰败高峰之后逐渐向更加融合的嵌合型社会资本演化。随着城镇化的发展，城乡之间的流动带来了社会关系的相对包容，农民工更是对乡村社会产生了深远的主体性影响。①从江浙到中西部，中国乡村呈现更加明显的社会资本演化形态从嵌合型强到弱的序列。②在乡村发展功能化基础上，江浙到中西部的乡村社会结构也渐趋稳定的多元化，多重身份和多元选择空间构成了乡村社会成员行动的新格局。

社会资本交错带来的横向多元化则是现代分工和身份多样化导致的。西方现代社会的分工更多基于生产方式变化，中国农民的身份变化则是在被动的生存逻辑下形成的，内部受到承包制基础上的小农生产方式收益低下的影响，外部受到城市的吸引力影响，乡村经济、公共资源供给等均处于相对弱势地位，农民才能接受农民工相对低的总体保障，长时间在城乡之间流动。对于乡村社会来说，宏观上农民身份体现在"半工半耕"的身份多样化，具体体现在一二三产的分工，以及一二三产分工中的不同派系。这些派系最初因为血缘、姓氏、地缘等原因产生，随着经济上的发展逐渐形成更加一致的经济利益群体，因为经济机会形成的交流合作逐渐稳定下来，不同经济利益群体中的精英更进一步结合在一起，改变了最初派系之间敌对多于合作的状态。前期各个派系封闭强化对抗的关系在每个派系的主导者之间的合作影响下逐渐削弱，形成了乡村新型社会资本的重要社会基础。身份多样化与乡村社会生产的多样性形态相伴随，国家的文化资源供给、技术资源供给等给乡村社会多样化提供了基础，政府主导下的社会组织也进入乡村社会，通过制度性设置，改变了乡村社会的基本结构，给乡村社会成员提供了行动指引，治理主体间更加强调民主协商、互助合作、共同参与。③乡村居民身份多样性与参与社会活动的多样性密切相关，尤其是社会组织的影响更加直接，是个人社会角色和社会事务丰富的结果，也是提高村民认知更加多元的重要途径。

在调研的王村，文化组织和自发的抖音演艺组织具有很强的社会秩

---

① 参见[爱尔兰]墨菲：《农民工改变中国农村》，黄涛、王静译，浙江人民出版社2009年版；[日]田原史起：《日本视野中的中国农村精英：关系、团结、三农政治》，山东人民出版社2012年版。

② 尽管如上海、江浙等地的乡村发展更快，也遇到了城镇化之后的问题，但这些地方的经济优势影响甚至遮蔽了乡村社会秩序和社会资本演化的特有问题，很难在不考虑其他地方社会资本的情况下简单挪用。参见夏柱智：《嵌入行政体系的依附农：沪郊农村的政府干预和农业转型》，载《中国乡村研究》2020年第1期；华生：《土地制度改革的实质分歧——答周其仁教授最新的批评》，载《华夏时报》2014年9月12日第29版；桂华：《警惕激进"拆村并居"给农村带来系统性风险》，载《新华每日电讯》2020年6月11日第7版。

③ 何阳：《农村社会组织参与乡村治理研究——以河南周山村为例》，中央党校2019年博士学位论文。

序整合能力，发挥了社会资本的整合作用。① 现有王村的演艺组织规模较大的有三个：一个是村"两委"支持的秧歌队，主要以王村的老年女性组成，除非农忙季节，都会有人组织学舞、练舞。在原来村庄的东寨门有一个较大的空地，经过改造后成为广场，练舞都会在这个场地举行。在2015年以来，这支秧歌队都会代表村里参加全县组织的民间曲艺比赛，最好的一次是进入全市的决赛。参加秧歌队的老年人获得了很强的身份认同，尤其是受到年轻人的鼓励之后，更加积极参加该活动。另两个是村子中原来的响器班子，在周边乡村给人们的红白事提供服务，具有较强的商业目标。在众多的抖音主播中，更加受人欢迎的是村子里的"虎牙妹"和"强子哥"，村民最朴素的评价是这两人真会演，演得好。

在王村"两委"相对较弱、村庄姓氏复杂的情形下，新型组织以超越姓氏家族、社会地位、经济条件、性别、道德评价等方式实现了对乡村社会秩序的整合，并且提供了一个新型的公共空间，使得各个年龄段和性别的村民都围绕文化组织形成新的社会秩序，形成了一种新型的公共社会空间，增强了人们的社会互动和黏性。其一，作为传统文化的"传承者"，农民文化自组织对于当前农村社会中"文化纽带"的断裂有着修复功能，缓解了因个体化趋向所带来的乡村治理难度；其二，作为公共文化服务的"提供者"，农民文化自组织对于供需错位的公共文化服务有着补充功能，一定程度上解决了乡村治理实践中农民文化权利难以实现的问题；其三，作为弱势群体的"增能者"，农民文化自组织对于公共参与不足的弱势群体有着赋权功能，促成了农民这一主体在乡村治理体系中的回归。② 同时在王村实施乡村旅游政策之后，在地方政府的支持下，通过对周边村庄的市场资源和文化资源的吸引交流，扩展了乡村社会秩序和乡村治理的视野和模式。人们对脱贫攻坚政策有了更加具体的认识，也切身感受到了党和政府近几年各种政策为乡村带来的面貌变化。在王村人的话语中更多开始关心村庄的发展，比如村庄西边蛇山的旅游开发，村子东西寨门的重新建设，老街中一些房屋的拆迁修缮，村民都非常积极配合。因为在村庄发展的公共福利追求下，整个村庄的共同意识被明确激励，原来姓氏复杂的分散社会资本被统一在村庄发展目标下，尤其

---

① 对于乡村来说，这类社会组织形成之后的存续更加重要。在缺乏资源的情况下，加上抖音直播变现的困难，王村的抖音基地受到疫情影响和资源短缺，在2021年下半年基本处于停滞状态。

② 郭豪楠：《乡村振兴视域下农民文化自组织的治理效应研究：基于河南省F县的调查》，载《河南牧业经济学院学报》2019年第4期。

是在与周边村庄的比较中，整个村庄的共同性被发展话语重新整合起来。

自晚清开始，中国乡村社会就一直被裹挟在外部的强制性变迁中，在20世纪五六十年代之后形成了一个刚性的党组织和基层行政组织的结构，在不断流动和变迁的社会背景下最初形成组织化的强制单一社会秩序和社会资本，改革开放到21世纪初自主选择带来的自发性多元社会资本，国家乡村振兴战略后形成以党和国家主导的资源、制度、观念、价值等全方位供给乡村的多元化社会资本，形成党和国家在法律政策指导下的刚性资源供给和乡村生产生活方式多样化改造的局面，既有通过城乡发展主导近郊乡村转变的模式，主要是江浙一带的乡村治理模式转型；也有强制性通过合村并居等方式实施乡村居住、生活和治理方式的转型，如山东从2001年开始的"合村并居"[①]，以及河南的新农村建设[②]。

这三个阶段的多元社会资本稳定性并不相同，在第一阶段的稳定性是一种静态僵化的稳定性，与现代市场化机制不协调，最多在某些特殊的乡村和特定的乡村社会成员适用，其根本原因在特定乡村的封闭性，或者说特定乡村社会成员因为年龄或者其他原因而导致的能力削弱。随着给整个乡村社会、经济、文化等带来严重的影响之后，党和国家很快转变了对乡村的治理模式。第二阶段是社会资本自由流动的阶段，在不同社会资本内部事实上有较强的约束力，但快速流动的社会资本也带来社会群体之间的黏合度弱化的局面，存在小群体高度内化的社会资本和宏观上乡村社会资本严重衰败的分离性局面。[③]第二阶段演化非常快，从改革开放初期人们试探性在乡村之外寻找机会，到20世纪90年代至21世纪初期人们快速流动分化，再到新时代初期城乡之间逐渐认同，乡村内部逐渐形成多元化的嵌合型社会资本。整个第二阶段可以描述为纺锤形结构，尾端更加具有多元性。已经因为城镇化而进化消失的乡村大量

---

① 2001年的第47号文件《山东省政府关于加强和改进小城镇建设用地管理的通知》作了如此说明："小城镇范围内旧村址或其他建设用地开发整理出来的耕地，可以等面积置换小城镇建设用地；县（市、区）完成耕地开垦计划以外，通过土地整理新增加耕地面积的60%，可优先安排中心镇使用；对旧城改造、合村并点的，也可给予一定数量建设用地周转指标，但改造建设完成后，必须开垦与用地周转指标等量的耕地面积。"

② 《河南省2006—2020年新农村建设规划纲要》载，2020年，河南农民人均年纯收入达到8000元左右（扣除通货膨胀因素），农村居民恩格尔系数低于3.6%。

③ 这可以解释乡村宗族势力借助基层乡镇政府实现对经济资源汲取的现象，如果将近几年的乡村扫黑除恶对象进行社会结构层面的分析的话，可以明显看到地方性、家族性的非正式社会资本对地方社会秩序的高度管理能力。

出现，因为人口流动而逐渐衰败消失的村庄也大量出现。① 到第三阶段，社会资本本身形成了稳定的互动，人们同时拥有了利害相关的社会身份，同时拥有多重社会位置和社会角色，每种社会位置和社会角色的预期利益也较为稳定，完全基于个人实质非理性的纠纷解决方式被更加多元包容的社会资本所约束，在多元选择空间中形成了妥协和包容的模式，这就避免了基于个体道德、冲动和情绪化等因素的纠纷解决选择，面子、人情、关系等传统的分析工具也可以更细化为社会资本间的妥协与交换，最终支撑起一个更加具有现代色彩的乡村多元纠纷解决机制，为中国社会秩序的演化提供了更加具有实践理性的解释框架。

三、通过纠纷解决与社会秩序再造有逻辑一致性

基于社会资本变迁的纠纷解决与社会秩序再造具有内在的逻辑一致性。理解、解释和评价纠纷解决机制离不开其所处的社会条件，社会条件不但对纠纷解决产生影响，也对整个社会秩序产生影响。社会资本先验内涵了对纠纷的认知和纠纷解决方式选择的动力，具有自下而上的实践理性，因此无论何种纠纷解决方式，都可以在乡村社会中形成稳定的再造机制。即便面对国家法律制度临时性进入乡村社会，形成乡村社会秩序再造的一个推动环节，也不会构成持续的乡村社会秩序推动要素，而是解决之后就退出乡村社会生活场景，国家权威和法律秩序并不构成乡村社会秩序再造的直接依据，最多作为一个道德符号存在，即抽象而概括的"法不容情"等道德观念而非规范观念。② 在改革开放到新时代之前，国家强制推进法律对乡村社会秩序的支配地位，以法律作为评价乡村社会秩序现代性的重要标准，并将乡村社会秩序和"韦伯式"的形式理性社会秩序相对应，借助国家和精英话语系统形成对乡村社会秩序的全面批判，并试图通过普法、能动司法、司法下乡等具体方式改变乡村社

---

① 从国家统计局的数据来看，2000年至2005年间我国平均每天有80个村庄消失，其中大部分是南方村落的消失。因为没有更加细分的数据，并不能从中推出村落消失和乡村衰败之间的关系，如果能够顺利转化为城镇居民，这自然是符合国家现代化发展的宏观政策。

② 这点在法制史研究中有较多争议，更多认为古代是皇权不下县，依靠士绅进行乡村社会的治理，也有研究认为从明清的案例和档案来看，各种细故都可能进入诉讼，因此古代乡村也是以法律为主要治理手段。详见黄宗智：《清代的法律、社会与文化：民法的表达与实践》，上海书店出版社2007年版。

会秩序的根本基础。①

进入新时代之后,在治理现代化理念下,受到乡村振兴战略的推动,国家采取了更多的资源反哺乡村的治理方式,并试图通过多种途径实现"三农"良性发展。与此同时,多种资源以不同方式进入乡村社会,形成了自上而下的乡村治理格局。与乡村社会自身从改革开放以来的社会秩序发展演变相对应,从改革开放初期乡村自身活力增加,社会秩序因为共同的利益而获得较大认同,并且因为市场未完全放开,外界的诱惑并不多,"乡政村治"模式能够发挥较好的社会秩序再造功能,乡村纠纷解决也能够在固有的社会资本中得到充分支持。随着乡村改革利益减弱,同时市场提供了更多的打工机会,人们选择机会增多和基层管理矛盾增加带来了人们对乡村的认同减弱,单一的社会资本构成转变为多元的社会资本构成,但多元社会资本之间尚缺乏话语和观念上协调互动的机制,尤其是国家对于法治化追求的强调和法律精英对法治的单一想象,更强化了乡村社会资本之间的冲突。这实际上构成了后期乡村社会治理向狠人治村、能人治村的转变,以及村庄黑化、灰化的重要社会基础。②"在当前我国农村社会,各利益群体之间的利益关系呈现出'疏离性'特征"。③ 这种社会资本具有很大的脆弱性,并不能提供稳定的乡村社会内部秩序的再造,导致了乡村社会全面的衰败。④ 在经历了长时期的农民工流动之后,加上交通便利和通信便利,城乡之间形成更加宽容和多元的互动关系,乡村社会内部也出现以不同社会资本更高层级相互融合交换

---

① 这种现象与两个因素有关:一个是法学研究中存在的将韦伯的"理想型"分析工具等同于社会历史实践,从而混淆了韦伯使用"实质非理性""形式理性"等概念的分析简化功能和社会历史实践,更是忽略了韦伯的分析所依赖的具体社会条件,即西方典型的城市生活,并且是具有理想市民社会观念的城市生活,即便在美国,这种典型的理想型城市生活也是稀缺的。但这种理论上的混淆又被直接用来评价中国乡村社会秩序,并且跨越中国乡村社会秩序的多样性差异。另一个是国家在改革开放推动市场经济的动力下,也将市场经济等同于法治经济,更进一步推出一个理想的社会形态应当是法律全部支配的形态,削弱了乡村自身的纠纷解决机制。与此同时农业收益相对较低,农民更多选择了"代际分工为基础的半工半耕"家计模式,国家和精英预期的法律对乡村的支配秩序被架空,不只是出现乡村治理的"灰化""黑化"问题,被默许的"狠人治村""分利型治理"等随之出现,乡村精英更多选择流向城市,导致乡村社会秩序严重衰败,再加上撂荒带来的农业生产安全问题,国家在21世纪初期不得不启动农村税费制度改革并最终在2006年历史性地取消了农业税。详细参见黄宗智:《中国的新型正义体系》,广西师范大学出版社2020年版;贺雪峰:《乡村治理40年》,载《华中师范大学学报(人文社会科学版)》2018年第6期。

② 从近几年乡村扫黑除恶的案例来看,其开始阶段基本都在20世纪90年代中后期,也正是当代乡村社会秩序开始分化的时期。

③ 唐晓腾:《基层民主选举与农村社会重构》,社会科学文献出版社2007年版,第257页。

④ 详细参见陈桂棣、春桃:《中国农民调查》,人民文学出版社2004年版;黄海:《灰地:红镇"混混"研究(1981—2007)》,生活·读书·新知三联书店2010年版。

的情形。早期以个体形式外出寻找机会的农民工也都进入不同的派系网络,在乡村的社会位置、经济资源和政治资源等领域形成多元合作形式,改变了原来以竞争对抗为主的交往模式。① 同时国家在治理话语体系下,借助乡村振兴和乡村治理等机制,动员各种力量进入乡村社会。尽管存在制度体系不完善等问题,尤其是在扶贫领域,全社会的主动参与度很低,几乎只有各级党政机关、事业单位、高等院校、科研院所、国有企业等"体制内部"的机构在孤军奋战,由它们抽调干部职工脱产组建专门的扶贫工作队"驻村入户"实施帮扶。② 但党和国家的话语和制度、经济等资源供给提供了一个更加务实理性的方式进入乡村社会的机制,形成更加全面的自上而下供给型与自下而上的需求型相结合的乡村治理模式,具有更强的乡村社会秩序再造能力。

当前全国农村正借助基层治理现代化来推进村级治理的规范化,主要表现就是试图通过为农民提供日常化规范化服务达到农村善治,表现出来的就是村干部的脱产化、正规化、职业化,村务管理的规范化、程序化,一直以来的农村简约治理被取代了。③ 这种嵌合型社会资本的形成,可以实现两个方面的连接功能:一个是连接了乡村社会秩序与党和国家的话语与资源供给,具有很强的包容性,以党和政府的刚性与资源和话语的柔性相结合,可以弥合早期过于偏重一方的乡村治理方式。另一个是连接了乡村微观社会资本和国家宏观社会资本。在基层社会秩序再造中,纠纷解决通过话语上的包容性和经验上的实践理性相结合,将党和国家话语上的权威机制与乡村社会的内生权威机制连接起来,并通过嵌合型社会资本予以更进一步地相互包容和交换,形成多元多层级的社会秩序再造机制。

第四节 通过纠纷化解再造乡村社会秩序

晚清以前,中国乡村社会秩序的再造具有很强的自主性,或者说具有很强的内卷化特征。④ 无论是经济、文化,还是政治伦理,晚清以前的乡村都按照自我的方式发展。自晚清开始,为了解决帝国对更加庞大的

---

① [爱尔兰]墨菲:《农民工改变中国农村》,黄涛、王静译,浙江人民出版社2009年版,第119页。
② 宋亚平:《40年农业农村改革的基本经验》,载《华中师范大学学报(人文社会科学版)》2018年第6期。
③ 贺雪峰:《乡村治理40年》,载《华中师范大学学报(人文社会科学版)》2018年第6期。
④ 黄宗智:《华北的小农经济与社会变迁》,中华书局2000年版,第66页。

支出的需要，以通过更好地控制乡村汲取更多财富，开始在经济上将乡村作为一个与城市相对的社会场域对待，随着思想上对现代文明的追求和经济发展方式上向现代工业的转变，一个以进步为思想核心的社会发展模式逐渐占据了中国社会发展的主要位置。在乡村逐渐被塑造为落后象征的过程中，支持乡村社会秩序再造的传统纠纷解决机制也失去了正当性。乡村价值的重塑或者说乡村主义的兴起，大都发生在乡村萎缩之后，即当农业 GDP 占总 GDP 的 10% 以下时，乡村的经济意义减弱，乡村主义开始复兴。当乡村社会秩序赖以为基础的文化、伦理、制度都失去主体性的时候，被现代性裹挟的各种力量就构成了乡村社会秩序再造的重要力量，乡村自身只保留了人力资源和政治资源的供给者职能，其他的只能依赖以现代为名的权力和精英的修辞，进入 21 世纪以来，中国乡村大体进入"强发展、弱治理"的发展阶段，进行乡村治理改革的根本目的是要让群众满意以最终实现社会公正，纠纷化解正是这一修辞的最完整体现。

在治理话语下，可通过动员各种社会力量共同参与乡村社会管理，这种理念更多是政治上一个抽象表达，表明了党和政府激发乡村社会成员主动性的一个立场。社会参与需要非常具体的配套要素，也包含不同主体对社会资源的动员和互动。中国乡村社会中有能力的村民基本都选择离开乡村，只留下没有太强能力离开乡村社会生活场景的农民，这意味着乡村社会中知识、现代性、认知、资本、经济水平等都处在相对较低的层次。经历了改革开放 40 多年国家和市场的汲取和村民自身选择离开的过程后，只留下较为薄弱的社会资源，与党和国家预期的治理现代化所需要的社会资源的配合都存在较多不足之处。在这一现实资源约束之下，党和基层政府所能作出的选择并不多，远远少于理论上所能提供的各种社会变迁理论模型的支持要素。在乡村振兴和治理话语中，以党的政策为核心，快速塑造新的社会秩序类型，必然会选择在纠纷解决中树立新型权威。这种权威既区别于传统的伦理道德，也区别于改革开放至乡村振兴之前的送法下乡的法律权威，而是以党的意识形态为主线，以经济的振兴、生态的振兴、社会的振兴，文化、教育、科技、生活的振兴，以及农民素质的提升为具体目标的社会秩序支持。这意味着纠纷解决必须在党和基层政府的全面动员中重新得到塑造，以便将原来的和新近的支持资源统一纳入乡村社会秩序的再造中。

一、纠纷化解的政治逻辑

任何一个纠纷解决,都是为了实现权力支配的正当性,将权力以最具体的形式与个体的行动合理性相联系,都属于政治形式的具体领域。对于嵌合型乡村纠纷解决来说,党和政府的主导性非常明显,其运行的根本动力来自乡村振兴战略和治理现代化的话语展开,具体体现在以下几个方面:

(一)纠纷化解是送法下乡在新的治理话语下的扩展

在送法下乡为主导时期,将乡村作为完全任其在经济和社会领域自由发展的领域,通过城镇化将乡村转化为城市,将农民转化为市民,这一单向度的发展并不考虑乡村自身社会、文化和价值世界的转变问题。在农村税费免除之后,为了农业安全和国家政治基础的稳定,不仅需要将乡村社会、经济等问题充分解决,更重要的是通过对乡村社会秩序、乡村伦理等价值的重新发现赋予乡村更强的主动性。但这两种进路都是在国家政策的阶段式推动下进行的,其间缺乏乡村自身的充分发展协调,无论是村民自身的社会经验还是思想认识,都难以自发衔接起这种进路的不同要求,借助党和政府的中介快速塑造乡村主体性的再发现就成为必然的政策选择。能够协调各种利益诉求,并且能够协同包容国家法治话语的做法,体现为通过纠纷化解协调各种资源,实现党和政府对乡村的引导发展。建立健全党委领导、政府负责、社会协同、公众参与、法治保障、科技支撑的现代乡村社会治理体制,以自治增活力、以法治强保障、以德治扬正气,健全党组织领导的自治、法治、德治相结合的乡村治理体系,构建共建共治共享的社会治理格局,走中国特色社会主义乡村善治之路,建设充满活力、和谐有序的乡村社会,不断增强广大农民的获得感、幸福感、安全感。[①]

(二)纠纷化解是基层党组织和官僚运作机制的功能性选择

在乡村治理中,党组织从新中国成立伊始就是乡村社会运行的重要正式权威,只是在改革开放至乡村振兴战略提出之前出现短时期的弱化。在乡村振兴战略和乡村治理等话语提出后,通过党组织继续实施党和国家的乡村振兴战略以及实施精准扶贫就成为党的组织选择。党组织严格的政治属性和纪律性可以快速形成乡村振兴和治理话语下的驱动力量,

---

① 中共中央办公厅、国务院办公厅:《关于加强和改进乡村治理的指导意见》,http://www.gov.cn/zhengce/2019-06/23/content_5402625.htm,最后访问日期:2021年12月23日。

同时为乡村社会各种社会力量的重新整合提供了明确的焦点，避免乡村社会自生自发变迁的缓慢进程，也保证了乡村社会秩序再造的稳定性和确定性。可以说正是党组织自上而下的强大动员，在短时间内将前期遗留的严重乡村问题及时控制。党通过对政治力量、政策资源的全国性动员，可以应对新中国成立以来所形成的城乡区域差异，在不改变城乡二元结构的基础上快速将社会主义、政治资源和经济资源导入乡村社会。在这一资源配置过程中党组织通过对资源供给的分配权进而获得对乡村社会秩序的主导权。为了配合国家的乡村振兴战略和精准扶贫工作，党组织需要把乡村的工作予以标准化，在关系到乡村社会秩序的纠纷解决工作中，一个集预防、解决为一体的纠纷化解模式就成为党组织乡村振兴工作的一个必然选择。

党组织与基层行政体制相结合，将原来送法下乡等工作所形成的原有机制与乡村社会固有秩序更加密切结合起来。虽然有送法下乡和普法工作，原来乡镇司法所和乡村的人民调解委员会并未发挥充分的作用，主要原因在于按司法资源功利化配置，除了少数乡村存在需要更多司法资源的情况，大部分乡村并不存在司法等正式法律资源供给的必要。[①] 乡村振兴和精准扶贫的政治属性和党组织的政治属性相结合，构建良好的乡村社会秩序成为党在新时代重要的一项政治愿景，其不能以功利化的成本收益模式去考虑乡村司法等正式资源的供给问题。通过党组织主导的治理机制的供给，科层制外衣加身的一线行政体制与行政化村级组织的制度性结合成为当前基层政权的普遍组织形态。[②] 这一过程中依然存在乡村社会固有秩序的问题，乡村治理所追求的农民积极参与依然有众多需要补强的问题，党组织和基层行政组织就在完成上级项目目标和考核标准的工作中，最终形成了纠纷化解的工作模式。

二、纠纷化解的社会逻辑

从党和政府的运作机制来说，有采取纠纷化解的政治化和制度化动力，从社会的角度来说，也形成了相应的合作机制。中国古代社会统治者虽然欲通过运用各种手段对社会生活的各个方面不同程度地进行干预，以实现对社会的全面控制，但由于国家政权对基础社会控制资源的有限性，就给其他社会力量的生存与发展留下或大或小的空间，在很多情况下国家必须借

[①] 刘思达：《割据的逻辑：中国法律服务市场的生态分析》（增订本），译林出版社2017年版，第69页。

[②] 陈柏峰：《基层社会治理模式的变迁与挑战》，载《学习与探索》2020年第9期。

助于社会力量，发挥司法、道德、行政三方力量开展调解工作，[①] 甚至构成了国家控制体系的组成部分，来实现对基层社会的控制。这就使得官方与民间组织之间不完全是官与民的统治与被统治关系，而是一种分工合作的互动关系。[②] 党和政府的纠纷化解工作需要纠纷参与者在认知和行动上合作，以形成纠纷化解的闭环，推动乡村社会秩序向党和政府预定的方向发展，既避免出现乡村衰败，也避免乡村发展产生新的阶层分化。

（一）新乡贤成为纠纷解决新生力量

在党组织和基层行政组织的正式权威力量之下，在全国范围内具有一定普遍意义的应当是能人或者新乡贤所描述的这一类群体。在目前的众多研究中，基本都以这一群体能够给乡村带来更多资源尤其是经济资源为主，带有很明显的功能色彩。[③] 即便是内生的新乡贤，在乡村纠纷解决参与中，也会采取与党组织和基层行政组织高度契合的行动方式，以获得更多的项目资源或者政治资源。近几年在乡村的扫黑除恶中发现的地方黑恶势力大都具有通过一定的正式身份获得更多经济资源的色彩，也从反面印证了这一类群体在纠纷化解中的合作特点。这似乎与传统社会中的盈利型经纪人有内在的联系，但与其不同的是新乡贤是在党和政府的积极政策支持中获得更强的资源，也就具有更加明显的与党组织和基层政府的合作色彩。

（二）外部社会资本的需求影响纠纷解决

对乡村社会秩序的稳定有序需求更为直接的还有进入乡村的社会资本，这一群体在资本逐利驱动下具有非常明确的动机，只要能够获得足够的利润，他们就会与其合作。在乡村社会中，土地、贷款、政策、补贴等都依赖基层政府的权力赋予，即便在解决与农民的利益冲突问题上，只要利益足够重大，社会资本也可以动员政府的权力去应对。如果党和政府的正式力量不能满足或者不够强大，社会资本就很容易转向通过灰色或者黑色力量从乡村社会中获取不当利润。这种特点也需要党和政府能够在乡村提供行动正当性的焦点，将社会资本引入党和政府所规划的路径上，最终促进乡村社会秩序本身的良性发展。

[①] 曹焱、陈和义、鲁绪琴：《"三力联调"走出乡村治理新路子》，载《人民调解》2019年第6期。

[②] 刘婷婷：《传统与现代：基层纠纷解决机制的法社会学分析》，载《政法论丛》2009年第3期。

[③] 付翠莲：《我国乡村治理模式的变迁、困境与内生权威嵌入的新乡贤治理》，载《地方治理研究》2016年第1期。

（三）具有一定选择能力的村民影响

在多年的农民工流动中，一部分返乡农民工具有较强的选择能力，其主要的经济收入和社会关系都已经转向城镇，在乡村的部分经济收入和社会关系比较间接但在短时间内尚无法完全脱离，这就需要在纠纷解决中获得更多的社会资本。因此这一类村民在纠纷解决的合作中最具有多样性，这与村民自己的个人经历、家庭社会成员、社会关系、个人社会地位等因素都有关系，也是乡村纠纷解决中最需要进行具体关照的群体。可以说，在乡村纠纷解决中，只有使这一群体的价值、社会、利益等诉求得到满足，其诉求才能得到具体乡村社会场景的支持。

（四）乡村社会中选择能力最弱的群体

对于这类群体来说，其基本上处于经济弱势、文化水平低、社会位置弱、诉求消极的局面中，正常情况下他们不会积极参与乡村纠纷解决。同时，这一类群体具有对党和政府的绝对信任和服从，尤其是党的正当性在这一群体中无可置疑，这就为党和基层政府展开纠纷化解提供了基层的支持要素。在实践中，乡村治理所追求的"小事不出村，大事不出镇"的主体也是这一类群体的纠纷，他们基本不会因为自己的能力或者通过社会关系的动员而出现乡村治理资源无法解决的问题。

这种纠纷解决的社会结构与党和政府共同形成纠纷化解的闭环。党和基层政府通过对资源的权力分配，获得对社会资本、新乡贤的直接动员，进而形成对基层乡村社会农民的全方位纠纷化解的社会结构建构。通过党和国家的刚性制度和意识形态弹性逻辑深入乡村社会秩序，以乡村纠纷解决机制为手段，以实现党和国家的项目制式治理的综合化机制为载体，乡村纠纷解决就成为党和国家在新时代深入塑造乡村社会秩序的重要机制。例如江西寻乌县人民法院主动融入诉源治理机制建设，大力推广"联村共治、法润乡风"的"寻乌经验"，参与实施"法律明白人"培养工程，深入开展"法律六进"等法治宣传活动，加强对非诉讼解纷力量的培训指导，积极推动矛盾纠纷源头化解、多元共治。①

三、乡村社会秩序的理性化和组织化

从改革开放到农业税费废除，再到党的十八大提出新的社会基本矛盾的变迁，乡村社会秩序在党和政府的主导下发生了一系列急剧变迁。

---

① 葛晓燕：《积极回应民众多元司法需求》，https://www.chinanews.com/gn/2020/05-27/9196582.shtml，最后访问日期：2021年12月23日。

改革开放之后的乡政村治模式并未能给乡村自身带来快速发展，相反在城乡二元结构下，推拉作用更加明显地推动了乡村基层社会秩序的失范，一个暴力和去道德化的行动逻辑逐渐成为乡村的行动正当性边界。[①]2006年农业税费改革之后，基层组织的悬浮型治理进一步弱化了基层组织的动员能力，在交通便利、通信技术普及、消费主义盛行的影响下，乡村社会秩序处于更强的推拉合力作用下，如何在城乡发展之间形成新的平衡状态，需要社会、经济、文化、组织、意识形态等一系列要素的快速配置，这种乡村发展的无序化也同时造就了传统社会秩序外的新型社会关系产生的基础。陈锋认为，在农村经济和农民收入获得极大提高的同时，市场经济的深入也给中国基层社会结构带来严峻挑战，带来社会阶层的分化和社会矛盾的激化；原本存在于经济和政治领域的对立和冲突，进一步演化为社会心理层面的情绪对立。这种日益泛化的社会阶层分化与矛盾，成为新时期中国基层治理无法回避的难题。[②]这是对乡村社会群体分化的消极认识，从社会结构变化来说，这种现象恰恰提供了社会成员脱离传统乡村社会地理和社会空间限制的弊端，从而更好地融入现代社会生活。

（一）乡村社会秩序的理性化

返乡农民工、本地经济能人等新乡贤因为与外部社会更多的交往，其身份认同、社会地位、盈利机会等都不会完全依赖某一特定群体，而是处于相互交织的社会关系网络中，同时又因为某一特殊的具有桥接功能的个体连接起来。与西方社会网络模式并不完全相同的是，每一个身份和社会地位往往又嵌入更大的特定群体中，这就给乡村社会成员提供了更多的利益牵连。不能通过传统道德为核心的实质非理性来确定自己行动的正当性，也不能以此为标准衡量其他人的行动的正当性，这就出现了与形式理性具有内在要求的道德实用主义指引下的理性行动。

在党组织和基层政府的具体社会治理行动中，如何将自上而下的战略性设计与乡村生活秩序的具体场景结合起来，按照层层设计的各项分解指标去开展自己的工作，就需要采取更加具有理性化的工作模式。针对乡村治理，受"枫桥经验"的影响，乡村要求构成一个相对独立的社会再造的闭环。虽然有少数研究者意识到乡村治理不应当局限在具体的单一村治内部，而应当是县域范围统筹考虑，以避免存于村之间形成更

[①] 陈柏峰：《去道德化的乡村世界》，载《文化纵横》2010年第3期。
[②] 陈锋：《中国农村阶层分化的政治社会后果》，载《文化纵横》2018年第6期。

加深度的差异甚至隔离。乡村振兴不能简单理解为"农村振兴"。从指称含义上讲，农村与城市相对应，主要是一个经济概念，强调的是物质方面的内容差异；而乡村则与"都市"等概念相对应，指的是一个内涵更丰富、内容更综合，更有情感色彩和人文关怀的生产生活共同体，更加强调精神价值、生活方式和归属感，凸显的是相对于都市来说的综合性关系，它的本质含义是"家园"。① 但在具体操作中，受制于乡镇和行政村的制度设置，以及长时间形成的村庄内部社会秩序再造的形式封闭性，乡村治理在微观上依然是由个体村庄承担。《关于加强和改进乡村治理的指导意见》规定："健全村级议事协商制度形成民事民议、民事民办、民事民管的多层次基层协商格局……鼓励农村开展村民说事、民情恳谈、百姓议事、妇女议事等各类协商活动。"②

（二）乡村社会秩序的组织化

在纠纷化解思路下，党组织和基层政府通过动员多种社会资源充分调动乡村社会资本形成的道德实用主义理性形式，保证了在纠纷化解中以政治权威、经济利益、社会资本、法律权威等多种要素管理乡村纠纷的运作。在上级下发的任务目标中，党组织和基层政府为了做到矛盾不上交，需要在以前被动的纠纷解决基础上，更加主动地动员更多力量，形成对乡村纠纷解决的全过程管理模式。在大数据等信息技术的影响下，党组织和基层政府对乡村的纠纷解决采取了更加深度介入的做法，即通过技术手段和高密度的人员支持，将潜在的纠纷标识出来。尽管这一做法具有明显的干预村民社会行动自由的嫌疑，但这种做法只在对市民生活中适用时会遭受质疑，而在乡村治理中基本被认定为治理手段和治理机制的创新。这就构成了一个更加明确的行政治理的现代理性逻辑与村民对利益诉求的实用主义理性结合的格局，在市场力量和消费主义的共同推动下，促进乡村社会秩序的理性化进程。

在乡村社会纠纷解决过程中，不同参与者通过纠纷解决使得社会秩序、社会关系和自身的社会位置得到再造，进而形成乡村社会秩序的再组织化过程。对于党组织和基层政府来说，纠纷解决过程中的利益引导和利益再分配，既是自身权威在乡村社会秩序再造中的强化和不断丰富，在具体的多种社会关系互动中的主导性作用的不断强化；也是将党的政

---

① 王立胜：《乡村振兴不是"村庄振兴" 要以县为"纲"统筹推进》，载《中国浦东干部学院学报》2020年第4期。

② 中共中央办公厅、国务院办公厅：《关于加强和改进乡村治理的指导意见》，http://www.gov.cn/zhengce/2019-06/23/content_5402625.htm，最后访问日期：2021年12月23日。

策和国家的法治实践在乡村社会场景中的转换修辞,进而获得上级对自身的认可,以获得更多政治、经济和社会资源。这种资源的交换过程可以弥补党组织和基层政府向更高官僚体系和更大市场发展的不足,通过一系列刚性官僚体系之外的社会交换以获取满足感。对于具有一定选择权的村民来说,其最能从纠纷化解模式中获取最大利益。从社会网络来说,在乡村社会具体场景中,真正具有连接城乡、官民的承担者就是这一群体。作为纠纷参与者,其既能够运用更加具有现代色彩的法治话语与党组织和基层政府等官方权威形成紧密关系,以推动乡村社会治理现代化;也能够运用自己可以动员更多社会资源、选择不合作的谈判能力为自身和乡村社会争取更多利益,实质上具有传统社会中的庇护型经纪人和盈利型经纪人的双重功能,在纠纷化解中完成自身非正式权威的权力实体化和组织化过程。最明显的一个体现就是以这一群体为主的新乡贤从符号性逐渐向实体性的转变。《乡村振兴战略规划(2018—2022年)》中,新乡贤作为农村人才队伍的有机构成,被赋予了更为直接的政治期待,"提升乡村德治水平……积极发挥新乡贤作用"[1]。对于选择能力最弱的群体来说,其通过在纠纷解决中的合作行为,可以获得更好的政治和社会评价,加上党和政府通过直接给村民相应的财政补贴,与纠纷化解形成了互补的关系。这类群体通过更加合作的方式获得了相应的经济社会保障,进而强化了在纠纷化解中的合作意识,也弱化了纠纷化解对乡村社会生活和村民个人生活和社会关系的过度干预问题,从而最终形成政治收益优先的纠纷化解模式在乡村治理中更好认同的局面,将话语和实践的多样化歧义黏合在一起,形成通过纠纷化解的乡村治理模式。

---

[1] 吴新叶、吕培进:《新乡贤入场与乡村响应:局外人代理的场景转换》,载《学术界》2020年第9期。

结语

一、要旨

面对乡村社会秩序的复杂性，基层权力运作、基层官员的竞争式治理、国家意识形态的话语约束、党组织的政治刚性、法治话语的象征性修辞、村民的实用道德主义行动、互联网等信息技术对乡村的全面渗透等，带来乡村社会运作的复调形态。相应地需要在理论假设上建立起复调叙事结构，本书在格兰诺维特"镶嵌"概念基础上，借鉴生物学上的嵌合体概念，采用"嵌合型社会"描述目前乡村社会秩序的混合形态，意指目前乡村社会中多种力量在乡村社会秩序运作中相互渗透、融合又竞争的状态，并透过乡村社会成员的社会互动展示出来，既可以涵盖乡村社会秩序的复杂性，对各种力量在乡村的运作进行描述，又可以兼顾我国乡村社会秩序受党和国家单向支配的宏观格局。嵌合体概念蕴含异常的道德判断，也可以描述目前乡村社会秩序的过度形态。

第一，纠纷解决处于具体场景中，受嵌合型社会资本的直接约束，是展示国家的抽象意识形态、文化、法律技术的场域，通过具体的纠纷解决行动连接起社会互动和国家治理需求。纠纷解决的认知、行动和效力镶嵌在社会关系中，是地方性社会秩序再造的一个核心机制。纠纷分类是社会资本影响下的文化产物，纠纷解决的动力来自多重社会资本之间的相互交换，纠纷解决的效力来自纠纷解决主体联通的社会资本之间的博弈。受各种社会资本和社会认知的影响，纠纷本身没有道德上的好坏之分，只有适合地方社会秩序的纠纷的认知和解决方式才是最好的。

乡村治理作为国家治理的基础和重要组成部分，实现乡村治理现代化是实现国家治理现代化的应有之义，法治乡村建设又是乡村治理现代化的重要内容。进入新时代以来，乡村社会出现了几个非常明显的转变，党和国家通过"乡政村治"模式的具体运行内容的不断完善，网络信息、交通网络的便利供给，农民工流动的相对自由，乡村这一固定的地理文化空间构成了多种资源共同汇聚的场域，形成了嵌合型社会结构，衍生了嵌合型社会资本，形成了一个以党和政府对乡村社会关系和社会资本的新型再造。在这一背景下，对乡村纠纷进行深入研究不仅对于乡村振兴有重要意义，对于观察社会变迁和社会结构的重建也有重要意义。

第二，纠纷及纠纷解决深深嵌在社会结构之中，是中介社会结构和社会行动的机制，社会资本直接决定了特定社会结构下纠纷解决方式的实践有效性，连接起纠纷解决和社会秩序的再造过程。随着新时代各项工作的不断变革，乡村这一子系统也面临社会资本和社会结构的巨大变化，20世纪末至21世纪初大量研究和政策所面对的乡村社会都发生了重大转变，一个新型的乡村社会结构和乡村嵌合型社会资本正在形成，要重建更加良性的乡村社会秩序，需要从重建乡村社会资本的基础工作做起。具体细分为三个方面：

1. 将乡村纠纷解决置于整个社会秩序的有机联系中，认为纠纷是社会偏离的一个特殊形态，纠纷解决是社会关系再造的一个机制，决定纠纷解决的基础是社会关系，直接动力源自社会资本的相互交换。通过对嵌合型社会资本的分析，展现变迁社会中乡村纠纷解决的经验逻辑，厘清纠纷解决在变迁社会背景下乡村社会秩序中的意义。纠纷解决方式的运行以及纠纷解决的效果都要通过嵌合型社会资本的分析来理解，而不能仅仅在抽象的制度建构的层面上做逻辑推理。纠纷解决是一个纠纷解决的参与人动员各自的社会资源进行社会交换的结果，一个积极的具有良性社会秩序再造的解决过程是各方社会资源均衡交换的结果。同时这一过程也受到宏观的社会资本的约束，在良性的社会资本中更加容易实现高效的纠纷解决，而在缺少社会资本的条件下，纠纷以及纠纷解决都需要耗费更多的社会资源，造成社会秩序的良性再造受到损害。

2. 中国乡村社会逐渐形成了嵌合型社会资本，提供了以"三治融合"为基础的多元化纠纷解决机制的社会基础。"乡土中国""熟人社会"等标签不再适合作为变迁中的乡村非诉讼纠纷解决实践的经验约束基础，尽管乡土社会中的纠纷解决方式的选择背后也有功利的选择，但这些约束更多是来自文化、地缘、血缘方面；在社会变迁的条件下，人们愈来愈摆脱原来的约束，进入由传统地缘、血缘关系混合业缘、趣缘等新型身份的混合型约束，其具有更强的嵌合性，构成嵌合型社会中的嵌合型社会资本，更好地支持了以党建引领的基层治理要求，形成以党建引领下的统合型和管理型纠纷解决机制，从而更好地包容了经典的法治理论，自20世纪兴起的纠纷解决理论，尤其包容了治理理念下的纠纷解决预防机制、案件诉源治理机制等纠纷解决创新实践。在嵌合型社会资本条件之下，纠纷解决在乡村具有新的变化，不能再仅仅依赖文化、地理、治理机制等单一视角加以解决，而是需要考虑多重因素影响的复杂过程，通过对宏观社会治理在乡村场景中的运作进行观察解释,以形成透过纠纷解决的乡村社会秩序再造描述,而这些都需要在更加广泛的社会结构之下予以理解和解释。

3.在乡村治理现代化背景下,乡村纠纷解决随着社会资本的变化呈现明显的变化阶段。在改革开放初期,乡村纠纷解决更多依赖乡村原有社会规范,在政社合一的国家治理机制撤退之后,乡村社会秩序只能向传统社会规范寻找社会资本,加上国家对于乡村治理制度和观念上尚不系统,乡村纠纷解决具有一定的过渡性,在出现严重社会秩序问题时,国家直接动用公安力量进行严打行动,一个制度化稳定的乡村治理模式尚在演化中。从20世纪80年代后期开始,"乡政村治"的治理模式开始固定下来,国家也开始逐渐向法治方向发展[①],与此同时,在法学研究中开始形成以法治评价乡村纠纷解决和乡村社会秩序的理论模式,认为通过普法和制度、组织、法律文化等供给,可以实现在乡村社会秩序中的法律支配地位,甚至形成某些极端的观念,认为乡村纠纷解决应当以是否符合法律标准进行批判性研究。[②] 进入新时代以来,在国家层面发生了一个治理转向,乡村治理也随之转向治理理念。[③]

治理理念的多元化和包容性为党和国家在乡村治理提供了更加方便的话语和制度资源,可以将税费改革之后的项目制工作方式统一起来,将不同来源的资金、人员、机会等附着在项目运作上的要素统一到治理的多元包容机制中,从而为党和国家进入乡村社会提供更多话语资源。与乡村治理的包容性和多元性相对应,党和国家也将乡村社会秩序发展作为乡村振兴的目标确定下来。举全党全国全社会之力,以更大的决心、更明确的目标、更有力的举措,推动农业全面升级、农村全面进步、农民全面发展,谱写新时代乡村全面振兴新篇章。到 2035 年,乡村振兴取得决定性进展,农业农村现代化基本实现。农业结构得到根本性改善,农民就业质量显著提高,相对贫困进一步缓解,共同富裕迈出坚实步伐;城乡基本公共服务均等化基本实现,城乡融合发展体制机制更加完善;乡风文明达到新高

[①] 党的十五大明确提出依法治国的基本方略,将过去"建设社会主义法制国家"的提法,改变为"建设社会主义法治国家",极其鲜明地突出了对"法治"的强调。

[②] 苏力:《送法下乡:中国基层司法制度研究》,北京大学出版社 2022 年第 3 版,第 143 页。

[③] 虽然乡村治理的观念提出很早,但在 21 世纪 20 年代之前都未能形成实质上的乡村治理,而是更加强调国家对乡村的直接管理,无论是税费改革之前的汲取型,还是后来的悬浮型,都是以国家需要对乡村社会的管理模式运行,导致乡村规范化的社会发展不充分,农业生产的市场化不充分,加上农民工流动带来了比较严重的农村空心化和农地抛荒现象,才开启了对农村税费改革,以及后来的新型城镇化、乡村振兴等一系列国家政策的制定。

度，乡村治理体系更加完善；农村生态环境根本好转，美丽宜居乡村基本实现。[1] 党和国家借助精准扶贫、乡村环境整治、厕所革命等一系列乡村建设行动，通过产业振兴、人才振兴等机制，党和国家的权力资源、制度资源高密度进入乡村场域，在乡村治理中，逐步完善严密了乡村自治机制，如"一肩挑""第一书记""诉源治理"等，乡村纠纷成为乡村治理的重要内容。加强和改进乡村治理，加快构建党组织领导的乡村治理体系，深入推进平安乡村建设，创新乡村治理方式，提高乡村善治水平。[2]

第三，在乡村振兴和乡村治理语境下，乡村纠纷被纳入治理工作，成为基层治理工作的一个具体环节。传统上把纠纷看作社会秩序的一个病理性形态，因此纠纷就具有更为特殊的象征性意味，与基层地方政府和基础管理者具有更加深刻的利害关系。传统文化中的无讼和厌讼观念与乡村纠纷解决的治理目标具有内在的一致性，并通过"三治融合"的方式上升为国家的战略性诉求。如果说传统社会中的厌讼和无讼理念借助文化机制实现，治理中的无讼就是借助系统的纠纷化解机制加以实现，成为乡村治理在新时代的无讼形态。纠纷不仅仅是乡村个人的利益冲突问题，也不仅仅是社会秩序失序问题，还是地方政府和基础管理者工作是否实现目标的一个重要标志。以"枫桥经验"为核心的乡村治理强调"发动和依靠群众，坚持矛盾不上交，就地解决。实现捕人少，治安好"，"小事不出村，大事不出镇，矛盾不上交，就地化解"。这带来纠纷解决的多个维度相互牵连的问题。对于纠纷当事人和乡村社会本身来讲，不同纠纷类型与不同社会资本相牵连，在长时间的村庄社会生活史中共享较为一致的社会资本，形成明显具有"地方性"的纠纷认知和纠纷解决方式。其中蕴含的道德意蕴、习惯规范与村庄的社会生活社会资本相互呼应，共同构成纠纷解决运作的微观结构。这一维度的纠纷解决机制运作具有极强的地方性和封闭性，在很大程度上存在排斥国家法律运作机制的特点，也是传统乡村纠纷解决研究中最受批评的一点。[3]

第四，在基层治理者看来，又分化为更加明显的话语和实践两个层面。在话语层面，无论是乡村党员干部、乡镇基层干部，还是其他身份

---

[1] 中共中央、国务院：《中共中央 国务院关于实施乡村振兴战略的意见》，https://www.gov.cn/zhengce/202203/content_3635295.htm，最后访问日期：2024年3月20日。

[2] 习近平：《习近平出席中央农村工作会议并发表重要讲话》，http://www.gov.cn/xinwen/2020-12/29/content_5574955.htm，最后访问日期：2021年11月22日。

[3] 这里忽略了纠纷解决对于社会秩序再造的分层特征，也忽略了规范产生作用的强制性和封闭性，将宏观法律规范强制介入地方封闭社会，由此导致乡村纠纷解决存在地方秩序能力不足，国家法律秩序进入弱化的问题。

进入乡村社会的具体管理者,在实践工作中,都面临着官方和地方社会成员的双重身份间的协调。从官方身份来说,以党组织为基础的刚性结构及其贯通的话语和意识形态,直接构成了面对乡村社会秩序的覆盖式话语转化和意识形态重构问题,乡村社会本身被党和国家的话语体系遮蔽。① 以此来看乡村纠纷解决就会出现以党和国家的抽象话语体系强制性套用在乡村社会秩序认知和评价上,导致基层党员干部对乡村纠纷认知的话语层面沿用党和国家的一般表达,在理论上套用法治理论的一般表达。② 对于基层党政干部来说,还有另一套话语系统是嵌入地方社会生活中,与当地乡村社会生活和价值观、话语系统高度契合,构成实践层面的沟通与交流。在实践层面的话语和行动与具体的乡村社会场景相融合,既没有抽象的意识形态话语,也没有超利益态度,而是按照明确的权力和利益结构展开行动,并遵循社会关系的回报最大化原则,即并不依赖原来的亲缘或者地缘等身份关系,而是在此基础上融合利益回报最大化导向。资源和规则下乡之后改变了村庄权力的运作逻辑以及公共资源的分配规则,构建起村庄内部的"权力—利益网络"。③ 这种二元缠绕关系导致规范层面的乡村纠纷解决运作与党和国家的话语体系高度一致,并且随着话语变化而变化,但在经验层面又遵循地方民间话语系统。

在两套话语关系中,来自党和国家的话语系统具有绝对的支配地位,尤其是借助于基层党员干部在政治上利益牵连,是否能够作出符合党和国家需要的纠纷解决制度安排直接标志着党员干部的态度和能力,把乡村纠纷解决运作的话语和机制纳入党和国家的话语体系和正式制度体系,成为基层党员干部在乡村纠纷解决中的必须解决的问题。如果基层党员干部不能解决问题,可以通过党组织的干部动员和调配,将具有更强资

---

① 这种遮蔽从新中国成立后逐渐强化,其初始形态源自20世纪二三十年代的苏维埃话语体系,在新中国成立后经过五六十年代的党和国家与乡村社会运行机构高度一体的政社合一,乡村社会在话语上和意识形态上最终被遮蔽,乡村社会就转化为党和国家话语体系中的形态,原来乡村的文化自主性被完全掩盖,加上乡村经济自主性的失去,乡村总体上成为党和国家政治运作的一个对象性部分,尽管在党和国家政治基础上依然强调阶级基础,在整个官方体系中已经很少再提农村的自主性问题,而是服从各种政策的设计和推动。

② 从基层党组织和基层政府来说,社会治理是一个具有明确政治优先的工作,纠纷是社会治理工作能否获得党组织和上级政府认可的重要依据,其直接与基层党员干部的评价和升迁挂钩。《南京市社会治理促进条例》第 61 条规定:按照属地管理、谁主管谁负责的原则,加强对社会治理工作的监督管理。根据国家和省有关规定,建立市域社会治理考核评价指标体系。考核评价结果与业绩评定、职务晋升、奖励惩戒等挂钩,作为对政府及其负责人、领导班子和领导干部综合考核的内容,并纳入高质量发展综合考核。

③ 邓泉洋等:《项目下乡后村庄秩序的再审视》,载《华中农业大学学报(社会科学版)》2020 年第 5 期。

源的党员干部派入乡村，在极端的情况下动员国家政法力量对不能贯彻党的政策思想的基层党员干部及其助手进行惩罚。这带来两点转向：第一个是基层党员干部分离性话语体系形成。在完成上级的任务系统中，将乡村纠纷解决转化为具体规范化的标准话语，形成与文本相对应的话语系统，与上级要求的社会秩序相对应。这一系统不仅将调解、法治、法律等概念嵌入工作中，更将乡村社会组织转化为官方色彩的组织，诸如理事会、乡贤理事会、说理会、说理堂等各种带有极强宣示性目的的制度创造。① 第二个是在自上而下的党和国家的刚性组织制度体系下，借助治理话语的包容性和多元性，与多元化纠纷解决话语相结合，形成话语上多元化纠纷解决，实质上自上而下向乡村社会全面渗透和覆盖的纠纷化解模式。最终会带来基层社会治理者在两种话语间机会性选择，将政治话语当作治理工作具体行动的修辞术，进而模糊其具体治理行动中的利益交换问题；将经验话语当作沟通基层社会治理参与者的修辞术，进而调用政治话语背后的资源而控制资源分配。

二、启示

嵌合型社会资本带来的理性化使得乡村纠纷解决中利益衡量成为主要考虑因素，乡村纠纷解决中是采取隐忍还是压服甚至采取毁灭性的暴力方式，就比之前的选择更为复杂。受嵌合型社会资本影响，当事人选择纠纷解决方式具有更强的灵活性。乡村纠纷解决被提炼出更加宏观的价值和意义，不但提供了乡村纠纷解决全流程管理的正当性依据，更是将乡村纠纷解决对乡村社会秩序的再造意义提升到国家和民族的层面，实现了多元化纠纷解决对社会秩序再造的善治目标。

在嵌合型社会中，通过纠纷解决过程中不同参与者的话语和行动，文化、价值、意识形态等要素被进一步强化，构成乡村社会成员进一步社会交换的依据，编织进一个更加符合各方需求的社会互动过程中。同时纠纷解决的参与者也实现了不同的交换，按照布劳的理论，纠纷解决就是以不同参与者的社会地位、社会关系、自我认同等资源为基础的社

---

① 这种目的性创造的话语对上具有极强的针对性，以形成基层权力与自上而下权力的应合，但在乡村社会中人们并不会特意强调话语的创造性，依然需要遵循日常互动的话语模式。人们并不会在意名词和概念的不断改变，只是关注核心的社会结构和相互之间的支配和服从关系问题。参见马树同：《基层治理视域下乡村人民调解的现代转型》，载《宁夏社会科学》2019 年第 1 期；雷望红：《动员型调解：乡村纠纷调解体系的适应与重构》，载《南京农业大学学报》2017 年第 2 期。

会秩序再造,[①]并且与嵌入的更大社会群体相互影响,强化特定群体在乡村社会场景中的社会地位,由此形成乡村社会秩序的结构化变迁。对于乡村纠纷来说,其在治理话语下,延续了前期送法下乡和普法宣传,基层党组织和基层政府以法律话语上的当然权威推动乡村纠纷解决的运作。加上乡村振兴和乡村治理现代化话语包容性修辞能力的进一步增强,动员经济和政策资源给予乡村更多的社会发展空间,也强化了基层党组织和基层政府在纠纷解决中的主导性权威,减弱了进入乡村社会具体生活场景的阻力,更容易推进自上而下的乡村社会秩序变迁进程。

这一进程所包含的党和国家以隐藏的家长主义在更大的政治路线图中得以展现,借以展现中国特色社会主义在乡村这一特殊的社会实验场景中的制度优越性,延续的是自晚清以来开始的国家权力通过制度和技术深入乡村的现代化模式。随着新中国成立以来以党组织为主要载体的乡村治理结构获得更多的治理资源和更加纯熟的治理艺术的发展,在信息技术、交通条件、市场经济和消费主义等多重影响下,通过纠纷化解实现乡村振兴的善治目标,也就具有更强的可操作性。

隐藏的问题是,作为现代化进程的一部分,乡村纠纷解决的现代化与乡村社会资本现代化明确相关,更与国家的总体现代化进程密切相关。这意味着在未来的乡村振兴中,需要乡村发展更加功能化,能够更加有机地融入整个市场、文化和政治共同体。[②]随着目前基于乡村振兴战略资源供给被动形成的社会秩序,在一段时间后可能会失去特定的社会支持基础,在积极的纠纷化解下,乡村社会群体缺乏足够的自我管理的能力。如何不断充实维续这一模式继续发展的乡村社会成员,并最终形成具有实质上自我管理、自我治理、自我参与能力的乡村社会群体,已经成为近几年党和国家政策的重要内容,也正是《中共中央 国务院关于实施乡村振兴战略的意见》中指出"深化村民自治实践"需要"积极发挥新乡贤作用"的重要社会背景。由此来看,通过党和国家的主动资源供给、规则强化,加上乡村社会成员的主动多元选择,一个具有可持续稳定变迁的嵌合型乡村社会资本带来更强大而又全面的社会秩序演化支持。现阶段的纠纷化解在未来的社会、政治和技术的共同作用下,通过嵌合型社会资本中介的乡村社会秩序再造,可以为乡村走向真正的现代化提供社会资本现代化的基础。需要注意的是如何在保证地方"三治融合"的情况下,强化乡村之间的相互依存、乡村和城镇之间的相互依赖。如果处理不好,依然会出现李怀印

---

① [美]布劳:《社会生活中的交换与权力》,李国武译,商务印书馆2008年版,第58页。
② 陈锡文:《乡村振兴的核心在于发挥好乡村的功能》,载《中国人大》2019年第8期。

提及的融合问题,[①]解决这些问题既需要乡村振兴更加强有力的制度供给,也需要培育更加统一的乡村嵌合型社会资本,以增强乡村社会成员社会资本进一步相互嵌合,通过纠纷解决反过来确认和促进嵌合型社会资本的发展,促进具有现代色彩的社会秩序不断得到再造。乡村社会成员通过这一机制可以在乡村之间、乡村和城镇之间自由选择社会关系和职业机会,最终使得乡村纠纷解决和社会资本脱离具体的地理和文化空间的限制。乡村在中国现代化的长时间进程中发挥功能性作用的同时,将农民和农民社会从乡村的地理空间和文化制度空间中解放出来,现代化的乡村治理才会出现,一个通过纠纷解决再造的现代化乡村社会秩序才会实现更加良性的发展,全面乡村振兴才能真正实现。

三、反思

本书通过运用嵌合型社会资本概念及相应分析框架,对变动中的乡村纠纷解决进行了分析。在本书对嵌合型社会资本的界定中,可以对乡村纠纷解决的类型变化、纠纷解决方式选择的内在逻辑,以及不同纠纷解决在乡村社会中的效力实现方式有一定的解释力,为新时代以来的乡村社会法治变迁的社会基础给予一定的描述。其优势在于从纠纷解决理论和法律社会学的基础层面解释流动性不断增强的乡村社会中存在多重社会资本共同影响乡村纠纷解决的现象,具有包容乡村社会秩序内生性和乡村治理在乡村社会秩序中不断增强影响力的现实,描述了乡村法治从单向度的送法下乡向通过乡村治理发掘乡村内部纠纷解决能力和外部法治资源供给的双重影响,相比单纯描述乡村法治变化或者多元纠纷解决方式的变化更加深入一层,这可以看作本书分析框架的最大价值。

作为一个新的分析框架,也存在对乡村社会变迁描述贴合度有限的问题。首先,社会资本本身的分析能力尚有一定争议,尽管本书在第三章中对嵌合型社会资本进行了界定,但只局限于从结构的层面描述群体的一种公共约束形态,即通过连带产生利益上的相互影响而具有一定的公共压力。类似于科尔曼在分析规范产生时的权利控制权的交换模式问题,在嵌合型社会资本约束下规范具有更强的被执行属性,从而使得多元纠纷解决的规范基础得以加强。[②]但乡村社会尚处在连续的变迁中,乡村振兴战略也带来更多的国家资源、技术资源和市场资源进入乡村社会,

---

① [美]李怀印:《乡村中国纪事:集体化和改革的微观历程》,法律出版社2010年版,第307页。

② [美]科尔曼:《社会理论的基础》(上),邓方译,社会科学文献出版社2008年版,第239页。

乡村社会固有的社会关系、文化资源、价值伦理、生活态度等也会形成新的形态，以党建引领的格局与"三治融合"在乡村社会中不断强化，从而塑造出更加多样性的乡村社会形态，同时乡村社会又具有不同的区位和发展上的分层，这意味着乡村社会存在更加多样的社会形态，再加上本书尚未考虑在法人类学中得到广泛关注的民族地区的文化习俗等问题，这都意味着本书的分析框架存在众多尚需验证的乡村纠纷解决实践以及乡村治理的形态。其次，本书仅提出了一个初步的分析框架，对嵌合型社会资本与乡村纠纷解决的中观结构要素进行了主要分析，对解释乡村多元纠纷类型的变化、纠纷解决方式变化、乡村治理对纠纷解决的影响以及乡村纠纷解决方式对乡村社会秩序再造的影响等问题。但对于更加微观的和宏观的方面较为薄弱，如何进一步研究嵌合型社会资本对乡村纠纷解决中个体行动的影响，需要在本研究的基础上进一步细化嵌合型社会资本解释乡村社会成员纠纷解决意识、动机、行动等问题，同时更加细致地构建个体通过嵌合型社会资本动员多元力量进入一个具体纠纷场景的行动模式，并进一步分析嵌合型社会资本对个体行动影响的特点和方式。从宏观方面来说，嵌合型社会资本带来乡村社会变化的同时又如何与城镇化社会资本相互沟通，并进一步形成新时代中国社会中纠纷解决更加普遍的模式，并且更具有中国特色的纠纷解决模式，为中国法治建设提供更为宏观的理论和经验。这些问题在本书中都尚未得到充分的分析。宏观上的进一步研究既需要完善嵌合型社会资本的理论模型及其适用范围，也需要对乡村嵌合型社会资本的普遍特点进行广泛概括，以涵盖我国存在广泛差异的乡村纠纷解决实践。面对这一问题，本书的分析框架不可避免存在无法穷尽的问题，我国乡村社会存在多样的差异，包括区域、资源、经济发展水平、文化、民族等众多影响因素，嵌合型社会资本的理论适用性也必然存在待进一步检验验证的问题，这都需要在本书基础上进一步对我国广泛的乡村社会秩序、嵌合型社会资本和纠纷解决等实践问题进行综合的分析，从综合比较中进一步完善分析框架。最后，本书分析框架仅关注了嵌合型社会资本对乡村纠纷解决基础的中介问题，如何将本分析框架进一步运用于乡村纠纷解决的经验性分析，强化与法治理论结合的深化，需要从具体的纠纷解决实证分析中发掘本分析框架的法治意涵。这一方面需要更加广泛的乡村纠纷解决实证资料的全面收集和分析，另一方面也需要将本书分析框架内涵挖掘建构更加丰富以连接宏观法治秩序的演化发展。

存在上述问题的原因有以下几个：（1）本书从法社会学的描述性和解释性解读构建基本分析框架，相对偏重于对乡村社会资本变化的描述，弱于对解决乡村法治建设问题的对策性研究。（2）本书试着对不断变迁具有巨大差异性的乡村社会资本进行高度抽象，难免与乡村纠纷实践存在一定的偏差。但本书的分析框架在合理界定后给出明确的适用场域，也就意味着不能在界定的嵌合型社会之外进行任意扩展，这必然带来本书分析框架效力的限制。（3）本书的分析框架和基本概念在社会学领域较为成熟，也有较多的成果研究分析乡村社会形态和社会秩序变迁的内在逻辑，但将法律秩序和法治理论与社会学描述的社会秩序连接起来进行有效分析的基础较少，本书必然面临理论基础需要更进一步完善的问题。（4）我国乡村社会形态的多样性和变动性，意味着社会资本理论面临极为现实的冲击，尽管在第三章引入嵌合型社会资本这一概念的时候已经结合乡村社会的特殊性对社会资本理论的局限性进行了分析，但有限的理论和实证基础难以充分适用复杂的乡村纠纷解决实践。

基于前述问题和原因，本书在后续将注重如下方面的研究：（1）更进一步进入乡村纠纷解决的经验性场景，通过具体的乡村纠纷解决过程中嵌合型社会资本在不同维度上影响方式和逻辑，以更细致地检验完善本书提出的初步分析框架的效力和局限，以"所有科学命题都要有可证伪性，不可证伪的理论不能成为科学理论"[①]为研究的方法论指引，通过"实践是检验真理的唯一标准"来矫正本书的分析框架。（2）在（1）基础上，需要对嵌合型社会资本在乡村社会中出现的条件做更细致的分析，以补充本书界定较为粗线条的问题。具体需要从乡村社会变迁的政治、社会、技术、文化等较多进行分析，并建立一个动态性的框架以涵盖不断变化的乡村社会形态。（3）界定嵌合型社会资本在微观、中观和宏观上的不同形态和对社会秩序的影响，尤其是不同维度上嵌合型社会资本如何影响行动者并最终影响乡村社会秩序的再造关系，可以涵盖乡村振兴战略下以党建引领的"三治融合"和乡村纠纷解决的多元融合形态，从而形成一个基于法治框架的社会秩序再生产模型。（4）在社会资本这一外部框架外结合乡村社会成员的内部认知、价值观、情感、伦理等因素进行完善，进一步探究嵌合型社会资本的要素构成及其相互作用机理，以及嵌入更大的社会要素之后的演化模式，描述乡村秩序社会不断变迁的历史进程。

[①] ［英］波普尔：《猜想与反驳：科学知识的增长》，傅季重、纪树立、周昌忠等译，中国美术学院出版社2006年版，第51~52页。

参考文献

一、中文著作类

1. 谢晖：《法律方法论：文化、社会、规范》，法律出版社 2020 年版。

2. 易军：《结构与过程：乡村纠纷解决中的权力研究》，中国政法大学出版社 2020 年版。

3. 于语和、刘晓梅、刘志松：《中国农村纠纷解决机制研究》，中国法制出版社 2013 年版。

4. 张勤：《当代中国农村土地纠纷解决研究——以广东省为例》，中国政法大学出版社 2018 年版。

5. 梁治平：《法辨：中国法的过去、现在与未来》，中国政法大学出版社 2002 年版。

6. 赵旭东：《权力与公正：乡土社会的纠纷解决与权威多元》，天津古籍出版社 2003 年版。

7. 苏力：《也许正在发生：转变中的中国法学》，法律出版社 2004 年版。

8. 苏力：《法治及其本土资源》，中国政法大学出版社 2004 年版。

9. 苏力：《送法下乡：中国基层司法制度研究》，北京大学出版社 2022 年第 3 版。

10. 彭大鹏、吴毅：《单向度的农村：对转型期乡村社会性质的一项探索》，湖北人民出版社 2008 年版。

11. 董磊明：《宋村的调解：巨变时代的权威与秩序》，法律出版社 2008 年版。

12. 熊培云：《一个村庄里的中国》，新星出版社 2011 年版。

13. 吴毅：《记述村庄的政治》，湖北人民出版社 2007 年版。

14. 贺雪峰：《乡村社会关键词：进入 21 世纪的中国乡村素描》，山东人民出版社 2010 年版。

15. 高建民：《当代中国农民与农村经济社会矛盾分析》，中国经济出版社 2009 年版。

16. 张静：《基层政权：乡村制度诸问题》，社会科学文献出版社 2019 年版。

17. 汪红梅：《社会资本与中国农村经济发展》，人民出版社 2018 年版。

18. 王贵斌：《虚拟社区中的社会资本：基于网络民族志的考察》，中国传媒大学出版社 2020 年版。

19. 郑晓云：《社会资本与农村发展》，中国社会科学出版社 2009 年版。

20. 胡荣：《社会资本与地方治理》，社会科学文献山版社 2009 年版。

21. 李惠斌、杨雪冬主编：《社会资本与社会发展》，社会科学文献出版社 2000 年版。

22. 张国芳：《社会资本与村庄治理转型的社区机制》，浙江工商大学出版社 2019 年版。

23. 卜长莉：《社会资本与社会和谐》，社会科学文献出版社 2005 年版。

24. 奂平清：《社会资本与乡村社区发展：以西北乡村为例》，中国社会出版社 2008 年版。

25. 王弼：《老子道德经注校释》，中华书局 2016 年版。

26. 陆学艺：《"三农"续论：当代中国农业、农村、农民问题研究》，重庆出版社 2013 年版。

27. 董建辉：《明清乡约：理论演进与实践发展》，厦门大学出版社 2008 年版。

28. 李祖军：《民事诉讼目的论》，法律出版社 2000 年版。

29. 范愉：《纠纷解决的理论与实践》，清华大学出版社 2007 年版。

30. 谢立中：《结构—制度分析，还是过程—事件分析？》，社会科学文献出版社 2010 年版。

31. 费孝通：《乡土中国　生育制度》，北京大学出版社 1998 年版。

32. 阎云翔：《私人生活的变革：一个中国村庄的爱情、家庭与亲密关系（1949—1999）》，龚小夏译，上海书店出版社 2006 年版。

33. 高其才、周伟平、姜振业：《乡土司法：社会变迁中的杨村人民法庭实证分析》，法律出版社 2009 年版。

34. 梁鸿：《中国在梁庄》，江苏人民出版社 2010 年版。

35. 梁鸿：《出梁庄记》，花城出版社 2013 年版。

36. 杨开道：《中国乡约制度》，商务印书馆 2015 年版。

37. 陈柏峰、郭俊霞：《农民生活及其价值世界：皖北李圩村调查》，山东人民出版社 2009 年版。

38. 吴毅：《小镇喧嚣：一个乡镇政治运作的演绎与阐释》，生活·读书·新知三联书店 2007 年版。

39. 邵华：《自组织权利救济：多元化纠纷解决机制的新视角》，中国法制出版社 2007 年版。

40. 瞿同祖：《清代地方政府》，范忠信、何鹏、宴锋译，法律出版社 2011 年版。

41. 张五常：《中国的经济制度》，中信出版社 2017 年版。

42. 陆益龙：《农民中国：后乡土社会与新农村建设研究》，中国人民大学出版社

2010 年版。

43. 黄国光：《人情与面子：中国人的权力游戏》，中国人民大学出版社 2010 年版。

44. 郑永流等：《农民法律意识与农村法律发展：来自湖北农村的实证研究》，中国政法大学出版社 2004 年版。

45. 徐昕：《论私力救济》，中国政法大学出版社 2005 年版。

46.《彭真文选》，人民出版社 1991 年版。

47. 徐昕：《调解的中国经验》，厦门大学出版社 2010 年版。

48. 黄宗智：《经验与理论：中国社会、经济与法律的实践历史研究》，中国人民大学出版社 2007 年版。

49. 强世功：《调解、法制与现代性：中国调解制度研究》，中国法制出版社 2001 年版。

50. 黄宗智：《过去和现在：中国民事法律实践的探索》，法律出版社 2009 年版。

51. 樊崇义、夏红：《正当程序文献资料选编》，中国人民公安大学出版社 2004 年版。

52. 杨懋春：《近代中国农村社会之演变》，台湾巨流图书公司 1980 年版。

53. 翟学伟：《中国社会中的日常权威：关系与权力的历史社会学研究》，社会科学文献出版社 2004 年版。

54. 徐勇：《现代国家乡土社会与制度建构》，中国物资出版社 2009 年版。

55. 杜润生：《杜润生自述：中国农村体制变革重大决策纪实》，人民出版社 2005 年版。

56. 赵旭东：《纠纷与纠纷解决原论：从成因到理念的深度分析》，北京大学出版社 2009 年版。

57. 吴晗、费孝通：《皇权与绅权》，天津人民出版社 1988 年版。

58. 沈宗灵：《现代西方法理学》，北京大学出版社 1992 年版。

59. 张柠：《土地的黄昏：中国乡村经验的微观权力分析》，东方出版社 2005 年版。

60. 陈桂棣、春桃：《中国农民调查》，人民文学出版社 2004 年版。

61. 刘思达：《割据的逻辑：中国法律服务市场的生态分析》（增订本），译林出版社 2017 年版。

62. 王鑫：《纠纷与秩序：对石林县纠纷解决的法人类学研究》，法律出版社 2011 年版。

63. 萧公权：《中国乡村：论 19 世纪的帝国控制》，张生、张皓译，台湾联经出版事业股份有限公司 2014 年版。

64. 张玉林：《流动与瓦解：中国农村的演变及其动力》，中国社会科学出版社 2012 年版。

65. 张五常：《经济解释：科学说需求》（卷一），中信出版社 2010 年版。

66. 朱晓阳：《罪过与惩罚：小村故事（1931—1997）》，天津古籍出版社 2003 年版。

67. 谭同学：《桥村有道：转型乡村的道德、权力与社会结构》，生活·读书·新知三联书店 2010 年版。

68. 黄海：《灰地：红镇"混混"研究（1981—2007）》，生活·读书·新知三联书店 2010 年版。

69. 萧楼：《夏村社会：中国"江南"农村的日常生活和社会结构(1976—2006)》，生活·读书·新知三联书店 2010 年版。

70. 狄金华：《被困的治理：河镇的复合治理与农户策略（1980—2009）》，生活·读书·新知三联书店 2015 年版。

71. 丁卫：《秦窑法庭：基层司法的实践逻辑》，生活·读书·新知三联书店 2014 年版。

72. 周红云：《社会资本与中国农村治理改革》，中央编译出版社 2007 年版。

73. 郑传贵：《社会资本与农村社区发展：以赣东项村为例》，学林出版社 2007 年版。

74. 陆学艺：《当代中国社会流动》，社会科学文献出版社 2004 年版。

75. 杨继绳：《中国当代社会阶层分析》，江西高校出版社 2013 年版。

76. 雷家宏：《中国古代的乡里生活》，商务印书馆 1997 年版。

77. 范愉、李洁：《纠纷解决：理论、制度与技能》，清华大学出版社 2010 年版。

78. 张维迎：《信息、信任与法律》，生活·读书·新知三联书店 2003 年版。

79. 桑本谦：《私人间的监控与惩罚：一个经济学的进路》，山东人民出版社 2005 年版。

80. 瞿同祖：《瞿同祖法学论著集》，中国政法大学出版社 2004 年版。

81. 凌濛初：《二刻拍案惊奇》，中华书局 2014 年版。

82. 王歌雅：《中国婚姻伦理嬗变研究》，中国社会科学出版社 2008 年版。

83. 李祖佩：《分利秩序：鸽镇的项目运作与乡村治理（2007—2013）》，社会科学文献出版社 2016 年版。

84. 陈柏峰：《乡村江湖：两湖平原"混混"研究》，中国政法大学出版社 2011 年版。

85. 黄宗智：《中国的新型正义体系：实践与理论》，广西师范大学出版社 2020 年版。

86. 张鸣：《乡村社会权力和文化结构的变迁（1903—1953）》，陕西人民出版社 2008 年版。

87. 中国法学会"枫桥经验"理论总结和经验提升课题组：《"枫桥经验"的理论构建》，法律出版社 2018 年版。

88. 黄宗智：《清代的法律、社会与文化：民法的表达与实践》，上海书店出版社 2007 年版。

89. 唐晓腾：《基层民主选举与农村社会重构》，社会科学文献出版社 2007 年版。

90. 黄宗智：《华北的小农经济与社会变迁》，中华书局 2000 年版。

91. 汪全军：《民间法·软法·地方法制：三种新兴法学理论的比较研究》，载谢晖、陈金钊、蒋传光主编：《民间法》（2019 年上卷·总第 23 卷），厦门大学出版社 2020 年版。

92.《马克思恩格斯全集》（第 3 卷），人民出版社 1960 年版。

93. [古希腊] 亚里士多德：《政治学》，吴寿彭译，商务印书馆 1997 年版。

94. [美] 庞德：《法理学》（第 1 卷），邓正来译，中国政法大学出版社 2004 年版。

95. [美] 戴弗雷姆：《法社会学讲义：学术脉络与理论体系》，郭星华、邢朝国、梁坤译，北京大学出版社 2010 年版。

96. [美] 罗尔斯：《正义论》，何怀宏、何包钢、廖申白译，中国社会科学出版社 2001 年版。

97. [美] 杜赞奇：《文化、权力与国家：1900—1942 年的华北农村》，王福明译，江苏人民出版社 2020 年版。

98. [美] 帕里泽：《过滤泡：互联网对我们的隐秘操纵》，方师师、杨媛译，中国人民大学出版社 2020 年版。

99. [美] 柯林斯、马科夫斯基：《发现社会之旅：西方社会学思想述评》，李霞译，中华书局 2006 年版。

100. [美] 庞德：《通过法律的社会控制》，沈宗灵译，商务印书馆 2008 年版。

101. [美] 霍贝尔：《原始人的法》，严存生译，法律出版社 2006 年版。

102. [美] 诺斯：《制度、制度变迁与经济绩效》，杭行译，格致出版社 2014 年版。

103. [美] 戈夫曼：《日常生活中的自我呈现》，冯钢译，北京大学出版社 2016 年版。

104. [美] 诺内特、塞尔兹尼克：《转变中的法律与社会：迈向回应型法》，张志铭译，中国政法大学出版社2004年版。

105. [美] 爱泼斯坦：《简约法律的力量》，刘星译，中国政法大学出版社2004年版。

106. [美] 布劳：《异质性与不平等》，王春光、谢圣赞译，中国社会科学出版社1991年版。

107. [美] 科林斯：《互动仪式链》，林聚任、王鹏、宋丽君译，商务印书馆2009年版。

108. [美] 特纳：《人类情感：社会学的理论》，孙俊才、文军译，东方出版社2009年版。

109. [美] 博登海默：《法理学：法律哲学与法律方法》，邓正来译，中国政法大学出版社2004年版。

110. [美] 波斯纳：《法律的经济分析》，蒋兆康译，中国大百科全书出版社1997年版。

111. [美] 贝克尔：《人类行为的经济分析》，王业宇、陈琪译，格致出版社2008年版。

112. [美] 斯威德伯格：《经济社会学原理》，周长城等译，中国人民大学出版社2005年版。

113. [美] 罗吉斯、伯德格：《乡村社会变迁》，王晓毅、王地宁译，浙江人民出版社1988年版。

114. [美] 布坎南：《成本与选择》，刘志铭、李芳译，浙江大学出版社2009年版。

115. [美] 贝勒斯：《法律的原则：一个规范的分析》，张文显译，中国大百科全书出版社1996年版。

116. [美] 布莱克：《法律的运作行为》，唐越、苏力译，中国政法大学出版社2004年。

117. [英] 罗伯茨、彭文浩：《纠纷解决过程：ADR与形成决定的主要形式》（第2版），刘哲玮、李佳佳、于春露译，北京大学出版社2011年版。

118. [美] 德沃金：《法律帝国》，李常青译，中国大百科全书出版社1996年版。

119. [美] 布莱克：《正义的纯粹社会学》，徐昕、田璐译，浙江人民出版社2009年版。

120. [美] 张信：《二十世纪初期中国社会之演变——国家与河南地方精英1900—1937》，岳谦厚、张玮译，中华书局2004年版。

121. [美]埃里克森：《无需法律的秩序：邻人如何解决纠纷》，苏力译，中国政法大学出版社2003年版。

122. [美]迈尔斯：《社会心理学》（第8版），张智勇、乐国安、侯玉波等译，人民邮电出版社2006年版。

123. [美]波斯纳：《法律与社会规范》，沈明译，中国政法大学出版社2004年版。

124. [美]阿克塞尔罗德：《合作的复杂性：基于参与者竞争与合作的模型》，梁捷、高笑梅等译，上海世纪出版集团2008年版。

125. [美]威廉姆森、温特：《企业的性质：起源、演变和发展》，姚海鑫、邢媛媛译，商务印书馆2007年版。

126. [美]格兰诺维特：《镶嵌：社会网与经济行动》，罗家德译，社会科学文献出版社2015年版。

127. [美]布劳：《社会生活中的交换与权力》，李国武译，商务印书馆2008年版。

128. [美]梅丽：《诉讼的话语：生活在美国社会底层人的法律意识》，郭星华、王晓蓓、王平译，北京大学出版社2007年版。

129. [美]瑞斯曼：《看不见的法律》，高忠义、杨婉苓译，法律出版社2007年版。

130. [美]伯尔曼：《法律与宗教》，梁治平译，中国政法大学出版社2003年版。

131. [美]李怀印：《华北村治：晚清和民国时期的国家与乡村》，岁有生、王士皓译，中华书局2008年版。

132. [美]诺思等：《暴力与社会秩序：诠释有文字记载的人类历史的一个概念性框架》，杭行、王亮译，格致出版社2013年版。

133. [美]米歇尔：《复杂》，唐璐译，湖南科学技术出版社2011年版。

134. [美]亨廷顿：《文明的冲突与世界秩序的重建》，周琦、刘绯、张立平等译，新华出版社2010年版。

135. [美]曼彻斯特：《黎明破晓的世界：中世纪思潮与文艺复兴》，张晓璐、罗志强译，化学工业出版社2017年版。

136. [美]伯尔曼：《法律与革命：西方法律传统的形成》，贺卫方译，中国大百科全书出版社1993年版。

137. [美]伯特：《结构洞：竞争的社会结构》，任敏、李璐、林虹译，格致出版社2008年版。

138. [美]弗里德曼：《选择的共和国：法律、权威与文化》，高鸿钧等译，清华大学出版社 2005 年版。

139. [美]沙培德：《战争与革命交织的近代中国（1895—1949）》，高波译，中国人民大学出版社 2016 年版。

140. [美]施坚雅：《中国农村的市场和社会结构》，史建云、徐秀丽译，中国社会科学出版社 1998 年版。

141. [美]科尔曼：《社会理论的基础》（上），邓方译，社会科学文献出版社 2008 年版。

142. [美]林南：《社会资本：关于社会结构与行动的理论》，张磊译，上海人民出版社 2005 年版。

143. [美]尤伊克、西尔贝：《法律的公共空间：日常生活中的故事》，陆益龙译，商务印书馆 2005 年版。

144. [法]布尔迪厄：《文化资本与社会炼金术：布尔迪厄访谈录》，包亚明译，上海人民出版社 1997 年版。

145. [法]布迪厄、[美]华康德：《实践与反思：反思社会学导引》，李猛、李康译，中央编译出版社 1998 年版。

146. [法]福柯：《词与物：人文科学的考古学》（修订译本），莫伟民译，上海三联书店 2016 年版。

147. [法]涂尔干：《社会分工论》，渠东译，生活·读书·新知三联书店 2000 年版。

148. [印]森：《论经济不平：不平等之再考察》，王利文、于占杰译，社会科学文献出版社 2006 年版。

149. [德]韦伯：《社会科学方法论》，李秋零、田薇译，华夏出版社 1999 年版。

150. [德]韦伯：《经济与社会》（下卷），林荣远译，商务印书馆 1998 年版。

151. [德]齐美尔：《社会是如何可能的：齐美尔社会学文选》，林荣远编译，广西师范大学出版社 2002 年版。

152. [日]牧口常三郎：《价值哲学》，马俊峰、江畅译，中国人民大学出版社 1989 年版。

153. [日]田原史起：《日本视野中的中国农村精英：关系、团结、三农政治》，山东人民出版社 2012 年版。

154. [日]棚濑孝雄：《纠纷的解决与审判制度》，王亚新译，中国政法大学出版社 2004 年版。

155. [日]小岛武司、伊藤真：《诉讼外纠纷解决法》，丁婕译，中国政法大学出版社 2005 年版。

156.［爱尔兰］墨菲：《农民工改变中国农村》，黄涛、王静译，浙江人民出版社 2009 年版。

157.［英］哈耶克：《法律、立法与自由》（第一卷），邓正来、张守东、李静冰译，中国大百科全书出版社 2000 年版。

158.［英］哈耶克：《法律、立法与自由》（第二、三卷），邓正来、张守东、李静冰译，中国大百科全书出版社 2002 年版。

159.［英］休谟：《人性论》，关文运译，商务印书馆 2016 年版。

160.［英］斯丹迪奇：《社交媒体简史：从莎草纸到互联网》，林华译，中信出版社 2019 年版。

161.［英］霍布斯：《利维坦》，黎思复、黎廷弼译，商务印书馆 1985 年版。

162.［英］莫里森：《法理学：从古希腊到后现代》，李桂林译，武汉大学出版社 2003 年版。

163.［英］伊万丝：《现代社会的形成：1500 年以来的社会变迁》，向俊译，中信出版集团 2017 年版。

164.［英］波普尔：《猜想与反驳：科学知识的增长》，傅季重、纪树立、周昌忠等译，中国美术学院出版社 2006 年版。

165.［英］哈特：《法律、自由与道德》，支振峰译，法律出版社 2006 年版。

166.［英］福蒂斯、普里查德：《非洲的政治制度》，刘真译，商务印书馆 2018 年版。

167.［英］斯密：《国富论》，唐日松等译，华夏出版社 2005 年版。

168.［瑞士］荣格：《原型与集体无意识》，徐德林译，国际文化出版公司 2011 年版。

二、外文著作类

1.Tim May& Zygmunt Bauman,*Thinking Sociologically*,Wiley-Blackwell,2018.

2.James MacLean, *Rethinking Law as Process, Creativity, Novelty, Change*, Routledge,2011.

3.BradlyW.Reed,*Talons and Teeth: County Clerks and Runners in the Qing Dynasty*，Stanford University Press，2000.

4.Palmer, *The Revival of Mediation in the People's Republic China*：*Extra-Judicial Mediation*, in Butler（ed），New York，Dobbs Ferry，1988.

5.Simmel, *Conflic*，Wolff（trans），The Free Press，1955.

6.Gary Minda, *Postmodern Legal Movements: Law and Jurisprudence at Century's End*，New York University Press，1995.

7.Colin Gordon, *Selected Interviews and Other Writings*，Pantheon，1980.

8.J.R.Lucas, *On Justice*，Oxford University.Press,1980.

三、论文类

1. 汪世荣：《"枫桥经验"视野下的基层社会治理制度供给研究》，载《中国法学》2018年第6期。

2. 陆益龙、韩梦娟：《事实裁剪、安全本位与基层司法实践的形式理性化——基于华北贾村人民法庭的案例研究》，载《社会学评论》2022年第6期。

3. 刘学：《回到"基层"逻辑：新中国成立70年基层治理变迁的重新叙述》，载《经济社会体制比较》2019年第5期。

4. 赵旭东、张洁：《乡土社会秩序的巨变——文化转型背景下乡村社会生活秩序的再调适》，载《中国农业大学学报（社会科学版）》2017年第2期。

5. 陆益龙、杨敏：《关系网络对乡村纠纷过程的影响——基于CGSS的法社会学研究》，载《学海》2010年第3期。

6. 贺雪峰：《乡村治理的制度选择》，载《武汉大学学报（人文科学版）》2016年第2期。

7. 汤玉权、徐勇：《回归自治：村民自治的新发展与新问题》，载《社会科学研究》2015年第2期。

8. 付翠莲：《我国乡村治理模式的变迁、困境与内生权威嵌入的新乡贤治理》，载《地方治理研究》2016年第1期。

9. 徐学庆：《新乡贤的特征及其在乡村振兴中的作用》，载《中州学刊》2021年第6期。

10. 周安平：《面子与法律——基于法社会学的视角》，载《法制与社会发展》2008年第4期。

11. 徐祖澜：《论基层司法中的脸面与法律——基于"炕上开庭，依法收贷"案的再分析》，载《理论界》2010年第3期。

12. 侯宏伟、马培衢：《"自治、法治、德治"三治融合体系下治理主体嵌入型共治机制的构建》，载《华南师范大学学报（社会科学版）》2018年第6期。

13. 徐祖澜：《绅权的法理及其现实观照》，载《法治现代化研究》2021年第3期。

14. 长子中：《重振转型期乡村价值世界》，载《社会科学报》2011年12月1日第2版。

15. 李金哲：《困境与路径：以新乡贤推进当代乡村治理》，载《求实》2017年第6期。

16. 黄宗智：《再论内卷化，兼论去内卷化》，载《开放时代》2021年第1期。

17. 陈涛：《外生型新乡贤有效参与乡村治理研究——基于嵌入理论的分析视角》，载《湖南行政学院学报》2023年第5期。

18. 徐婧、汪甜甜：《"快手"中的乡土中国：乡村青年的媒介呈现与生活展演》，载《新闻与传播评论》2021年第2期。

19. 张明皓：《新时代"三治融合"乡村治理体系的理论逻辑与实践机制》，载《西北农林科技大学学报（社会科学版）》2019年第5期。

20. 贺雪峰：《村干部实行职业化管理的成效及思考》，载《人民论坛》2021年第31期。

21. 朱政、徐铜柱：《村级治理的"行政化"与村级治理体系的重建》，载《社会主义研究》2018年第1期。

22. 望超凡：《村社包干：资源下乡背景下村级公共品供给的有效路径——基于对广西星村的经验考察》，载《农村经济》2021年第10期。

23. 林聚任、刘翠霞：《山东农村社会资本状况调查》，载《开放时代》2005年第4期。

24. 马长山：《社会资本、民间社会组织与法治秩序》，载《环球法律评论》2004年第3期。

25. 齐薇薇：《沿海发达地区农村离婚现象研究》，载《华中农业大学学报（社会科学版）》2022年第1期。

26. 王海娟：《从双轨冲突走向融合：干部驻村制度的农民动员困境与改进路径》，载《湖北行政学院学报》2020年第5期。

27. 夏柱智：《嵌入行政体系的依附农：沪郊农村的政府干预和农业转型》，载《中国乡村研究》2020年第1期。

28. 张志胜：《多元共治：乡村振兴战略视阈下的农村生态环境治理创新模式》，载《重庆大学学报（社会科学版）》2020年第1期。

29. 彭云、冯猛、周飞舟：《差异化达标"作为"：基层干部的行动逻辑——基于M县精准扶贫实践的个案》，载《华中师范大学学报（人文社会科学版）》2020年第2期。

30. 夏柱智、贺雪峰：《半工半耕与中国渐进城镇化模式》，载《中国社会科学》2017年第12期。

31. 吕德文：《"两栖"村干部的出现、演化及管理对策》，载《人民论坛》2020年第20期。

32. 宋亚平：《40年农业农村改革的基本经验》，载《华中师范大学学报（人文社会科学版）》2018年第6期。

33. 贺雪峰：《乡村治理40年》，载《华中师范大学学报（人文社会科学版）》2018年第6期。

34. 陈锋：《中国农村阶层分化的政治社会后果》，载《文化纵横》2018年第6期。

35. 吴新叶、吕培进：《新乡贤入场与乡村响应：局外人代理的场景转换》，载《学术界》2020年第9期。

36. 邓泉洋、费梅苹：《项目下乡后村庄秩序的再审视》，载《华中农业大学学报（社会科学版）》2020年第5期。

37. 马树同：《基层治理视域下乡村人民调解的现代转型》，载《宁夏社会科学》2019年第1期。

38. 雷望红：《动员型调解：乡村纠纷调解体系的适应与重构》，载《南京农业大学学报》2017年第2期。

致死性家族性失眠症:

患者无法入睡,日益虚弱,然后体温升高,呼吸过分加速,身体无法散热而且瘫痪,脉搏加快,出汗过多,接着会出现幻觉,幻觉这种障碍,身体机能逐一停止,令病人精疲力竭感到消瘦,抑郁不思未来,最后只能眼睁睁地看着自己死去。

睡眠相关暴力行为：

又称睡眠保关症，是一种睡中暴力、可以造成入睡者中伤到自己或他人、或是财物损毁，也可以造成他人或其他关系，或者您意他人，但一般不会对受害者而不自知。

帕青索尔:

当人分给自己和其他人该怎麽多,对每个人该公道的多,它将人了,甚至展样出来的东西。
在头脑清晰,当人公平并合理地把我的考察好,如雁落,随托,诽谤,甚至误杀。

溶解性：

是以溶质在溶剂中溶解后溶体性质为特性的一种与文化相关的综合分位。又是一种含混、含且反应。溶解度是指在自己的生理器官内溶解，或以为强而死亡，又是是本意识为特征色后，紧张、混乱，有测定感。

发作性睡病:

是一种慢性睡眠障碍,发作性睡病的患者睡意不受控制的,极其随意并会成群、大片、蒸笼着只管突袭而来会睡倒下去。这种患者差不多的总共状百分之一在睡觉,人睡而幻觉和睡眠瘫痪症。

签订终止劳动合同协议书：

签订劳动合同的双方当事人，若在劳动合同期满之前，经双方协商同意，也可以提前终止劳动合同，中止履行劳动合同中规定的权利义务，免除相对应的责任和义务。

化疗克痢斯-加啡叶托乐合征：

一种罕见的儿童并发症，主要见于 1~8 岁儿童，临床症状为急性体温过高，继发少尿及嗜睡，眼球凹陷斜视，随其病情进展及有人格改变。

特殊性羞愧症：

猴妈妈激引起了特殊反应，接着甩起触体逃跑状，一直翘曲触体逃出窝，情绪逐渐逃掉次沉浸况来。后如退休你爷，未你告诉未体相信自己经你爷了，并来现出所有你爷的典型选状。

班长锦囊：

多开于横线列车旅客，由于车厢内相对较密，空气污浊，其加上身体上的疲劳等，旅客很容易出现头晕恶心、情绪烦躁，原及反应迟缓等轻神经功能紊乱。

叔叔婶婶在上:

清早天冷,你奏跟痒偿小孩子,劝没有自信,不肯争优,看就拔请口,关系廒屈害。

科学原料不能否证:

遗漏是在第一个层次发生辩证逐步发生的,即具体化,为说明化而提出,等等都制定图难,将来通过构件构论化等。这样构件将一起类以求解。记忆分数还是主要入库,回时有时间是向源度,题材等操构造术。

双相情感障碍：

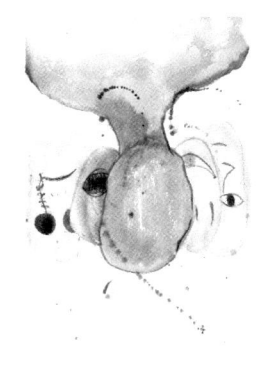

他叫特雷弗，这样激动是因为一场仅开十分钟的，他什么事都无法做了却秘的牙痛，与此一秒之差无论他讲得怎么慢，难说到他后，随即降落在无等的虚拟之间。

故事启示在：

通过这则开头的故事，是古来流传到的俗语，再次循环发展。从蔵、园标一切"美无先物的应用"的含义，从中能得经天的渺茫之感。至此止，这在者我他们还未尤乏之使用，其于一种影响到他们的生活度量。

人身兽的标志有：

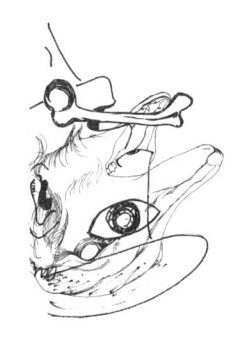

他叫他看起来更像兽类，带上骷髅或动物头盖骨的一样。在尖齿表露无遗中，别人都看出他是一个可怕的人，这种人的用处并非仅相信，他装扮的样子不只是吓人，也可以让人畏惧的动物。

明暗基础练花：

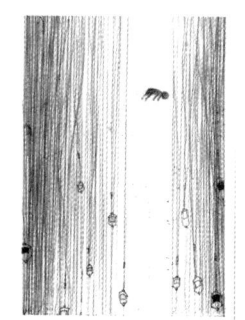

将人在光线的照射下，分了解光、灰、中间、暗、反光五个色块排列起来，外轮廓内轮廓勾线描的形状，随后再放光度，作为工具以练之明暗目的。

R:

幻听症：

幻听症是指一个人被迫听见自己并非亲耳听见，甚至会感觉到这声音。

获得积极反馈:

他还是不善待自己,差不多可以归入"病人",却无法做出让他满意反应,会觉得认为对方就是有敌意了。感情越重时,他希望并甚至强烈地要求自己的亲近者,并且能够多多提供自己的亲体。

接纳们属鳗多姿娘娘：

这是一种基于项目而协作的练习方式的多元延伸。一且因为的多维。活考虑各自在自己项目前项目一起作为一个多维的身体，并认为自己的的国为通于列人个人的的事体被目状的目标格物，是事的的入论考中就这次边的被议题。

学校管理策略：

将入力资本战略嵌入人力资源战略中，在校滚的践例中，嵌入学校各种方法策略，以便得借优秀。

亚重教给了你什么:

请来因为你经历过反复杂痛苦事，拔涉路途遥远，沉重兴奋，以致自身受伤死亡。

R:

亲爱的王子殿下：

一种被称之为偏见,或者是不能理性地看待某件事的,他们称呼为八卦精神病的,排排坐加为一类。是要要排入每天只听其他说其他人,认为只要他能说自己将来有天,涉入他们认为的或者对身边的人和事实情兴趣,将别事实情听所他们的心事,然后就说在他们的话点,让他们永远离开我。

答己篇：

是一种你通都接受的心理障碍，你真是值得工作人，又是我们的美德，人生可以想像你说没关系，经常出来玩，能刷心可无知道自己在什么场景，我非常善於自己不被好的迷惑中。

身体急躁性ASD困扰值：

当人觉得身体有明显一个部位不舒服时有己，必须排之列除才会这让心情愉悦。

阅读提示在在：

佛教在东传、流日与东亚北如印尼、阿萨姆以及日本活中的演变转变者，"情境与语言的迁"，主要体征变是流入经过一段情境适应的过程后，有统重转，如何中的那一样对一样入流行说来。

请联系后答卷:

又名股股东信任权,是系表我现有证券的证,或者以与所持有的分数,无论在所正确转,如果有人经制发展持有此证券,随内是一件难系,他都会十分重系。

R:

景

猫恶魔精神病：

她叫斯洛瓦人格分位，是一种与文化紧密相连的精神疾病，患者可能认为人肉有恶劣的效果，并可能意识成为食人者。这种患者是一种巨魔，来自美国北部和加拿大的原始森林地带。他的神话传说，它们什么都吃，甚至吃人肉。

旅行阅读笔记:

挑选出记忆亮点,着重只能记住难忘的记忆,无关的连琐的记忆。

建构性：

像身体从未发生的事情在体验过程中浮现出，十分逼真，仿佛确有其事。

挥发运动的原动力在于：

挥发运动依存于摩擦力和压力。具有沿反侧大幅度摩擦的摩擦性用。有研究认为这种分动来有规场，哪些低仪是系则摩擦场，均可引起人格改变。每力激起、记忆强化，甚至是偶健，这种机能状态是所谓的"挥发运动的原动力在"。

R:

解释性说明：

即幻想，我习惯性友善地假设行为。